锦天城法律实务丛书

ALLBRIGHT
LAW OFFICES
锦天城

医疗损害责任

LIABILITY FOR MEDICAL DAMAGE

Principles and Practice

原理与实务

陈德武 / 著

法律出版社 LAW PRESS · CHINA | 北京

图书在版编目(CIP)数据

医疗损害责任原理与实务 / 陈德武著. -- 北京:法律出版社,2022

(锦天城法律实务丛书)

ISBN 978-7-5197-6498-2

Ⅰ.①医… Ⅱ.①陈… Ⅲ.①医疗事故-民事纠纷-案例-中国 Ⅳ.①D922.165

中国版本图书馆CIP数据核字(2022)第044259号

锦天城法律实务丛书

医疗损害责任原理与实务
YILIAO SUNHAI ZEREN YUANLI YU SHIWU

陈德武 著

策划编辑 赵明霞 田 浩
责任编辑 赵明霞 田 浩
装帧设计 汪奇峰

出版发行 法律出版社
编辑统筹 法商出版分社
责任校对 王 丰
责任印制 胡晓雅
经　　销 新华书店

开本 710毫米×1000毫米 1/16
印张 25.5 **字数** 413千
版本 2022年6月第1版
印次 2022年6月第1次印刷
印刷 三河市龙大印装有限公司

地址:北京市丰台区莲花池西里7号(100073)
网址:www.lawpress.com.cn
投稿邮箱:info@lawpress.com.cn
举报盗版邮箱:jbwq@lawpress.com.cn

销售电话:010-83938349
客服电话:010-83938350
咨询电话:010-63939796

书号:978-7-5197-6498-2
定价:106.00元

凡购买本社图书,如有印装错误,我社负责退换。电话:010-83938349

自　序

鉴于笔者医、法结合的教育背景及在两个不同专业领域多年的执业实践，写一本医疗损害赔偿责任的书籍是近些年的夙愿，恰好锦天城每年均有法律丛书出版计划，由此，本书应运而生。

本书分为两部分，分别称之为理论及实务。笔者希望本书既非脱离司法实践的纯理论研究，也非不重学理的实务案例堆砌，力求理论与实践并重并能有机结合。

理论部分重点研究和阐述医疗损害责任原理，包括中国医疗损害责任立法及司法、医疗损害鉴定、医疗损害责任赔偿及医疗损害责任的比较研究。理论部分是本人基于多年医学、法律实践后针对医疗损害责任原理的一些个人理解和认知，其中不乏与我国医疗损害责任研究领域专家、学者的“纸上对话”。笔者不能保证本人的观点一定正确，但能保证均属有感而发，不无病呻吟、不拾人牙慧。笔者希望本书理论部分能在我国医疗损害责任学理、立法及司法层面起到抛砖引玉的作用。

实务部分均系笔者从法以来亲自代理的医疗损害责任纠纷案件，共遴选21例，以上海市医疗侵权案件为主，但也有少量长三角地区，如江苏、浙江、安徽三省的案例。案件中笔者既有代理原告患者方，也有代理被告医疗机构方，以代理原告患者方为主。案件中医疗损害鉴定以医学会医疗损害鉴定居多，但也遴选有法医临床鉴定。案例涉多个临床学科甚至多个被告，医疗损害责任之违法违规、违反注意义务及知情同意等均有涉略，也涉及类医疗产品损害责任。除个别案例外，每个案例均以“诉争由来”“医疗损害鉴定（包括诊治概要、代理人鉴定陈述、被告抗辩、鉴定分析说明及鉴定意见）”“法院裁判”“案例分析”予以完整呈现，供读者全景式的了解医疗损害责任司法实践，笔者希望通过该等案例使读者窥一斑而知全豹，事半功倍。

是为序，欢迎读者批评指正。

陈德武

2022 年 4 月 25 日

缩略语

《中华人民共和国民法典》	《民法典》
《中华人民共和国民法通则》	原《民法通则》
《中华人民共和国刑法》	《刑法》
《中华人民共和国侵权责任法》	原《侵权责任法》
《中华人民共和国侵权责任法（草案）》	《侵权责任法（草案）》
《中华人民共和国执业医师法》	《执业医师法》
《中华人民共和国基本医疗卫生与健康促进法》	《基本医疗卫生与健康促进法》
《中华人民共和国产品质量法》	《产品质量法》
《中华人民共和国药品管理法》	《药品管理法》
《中华人民共和国疫苗管理法》	《疫苗管理法》
《中华人民共和国献血法》	《献血法》
《中华人民共和国民事诉讼法》	《民事诉讼法》
《中华人民共和国人民调解法》	《人民调解法》
《最高人民法院关于适用〈中华人民共和国侵权责任法〉若干问题的通知》	《适用〈侵权责任法〉通知》

续表

《最高人民法院关于适用〈中华人民共和国民事诉讼法〉的解释》	《民事诉讼法解释》
《最高人民法院关于民事诉讼证据的若干规定》（法释〔2001〕33号）	《民事诉讼证据规则》（法释〔2001〕33号）
《最高人民法院关于民事诉讼证据的若干规定》（法释〔2019〕19号）	《民事诉讼证据规则（2019年修正）》
《最高人民法院关于审理人身损害赔偿案件适用法律若干问题的解释》（法释〔2003〕20号）	《人身损害赔偿司法解释》（法释〔2003〕20号）
《最高人民法院关于审理人身损害赔偿案件适用法律若干问题的解释》（法释〔2020〕17号）	《人身损害赔偿司法解释》
《最高人民法院关于参照〈医疗事故处理条例〉审理医疗纠纷民事案件的通知》	《参照〈医疗事故处理条例〉审理通知》
《最高人民法院关于审理医疗损害责任纠纷案件适用法律若干问题的解释》	《医疗损害责任司法解释》
《最高人民法院关于审理非法行医刑事案件具体应用法律若干问题的解释》	《非法行医司法解释》
《最高人民法院关于确定民事侵权精神损害赔偿责任若干问题的解释》	《精神损害赔偿司法解释》
《最高人民法院关于审理工伤保险行政案件若干问题的规定》	《工伤保险行政案件规定》
《最高人民法院关于审理食品药品纠纷案件适用法律若干问题的规定》	《食品药品纠纷案件审理规定》
《医师外出会诊管理暂行规定》	《会诊管理规定》
《关于推进和规范医师多点执业的若干意见》	《多点执业意见》
《关于进一步规范医疗行为促进合理医疗检查的指导意见》	《促进合理医疗检查指导意见》

续表

《卫生部关于做好〈侵权责任法〉贯彻实施工作的通知》	《卫生部〈侵权责任法〉贯彻实施通知》
《国家卫生健康委员会办公厅、国家中医药管理局办公室关于做好〈医疗纠纷预防和处理条例〉贯彻实施工作的通知》	《关于做好〈医疗纠纷预防和处理条例〉工作通知》

目·录

第一章 中国医疗损害责任立法及司法

第二章 医疗损害鉴定

第三章 医疗损害责任赔偿

第四章 医疗损害责任的比较研究

第五章　一般医疗损害责任纠纷

第一章 中国医疗损害责任立法及司法

第一节 《民法典》中侵权责任之医疗损害责任

一、《民法典》中医疗损害责任定义及特征

《民法典》侵权责任编第六章医疗损害责任第 1218 条规定："患者在诊疗活动中受到损害，医疗机构或者其医务人员有过错的，由医疗机构承担赔偿责任。"根据《民法典》的定义，医疗损害责任至少具有以下法律特征。

（一）被侵权人是患者，即罹患疾病的自然人

1. 被侵权人是罹患疾病的自然人

《说文解字》将"患"字解释为"患，憂也，从心"。[1] 又据《康熙字典》，"患"

① （汉）许慎：《说文解字》，（宋）徐铉等校订，中华书局 2013 年版，第 222 页下。

字有“[玉篇]祸也，疾也。[廣韻]惡也，苦也”之意，[①]《说文解字》将“疾”解释为“疾，病也，从疒”。[②]将“病”字解释为“病，疾加也，从疒”。[③]因此，如果说许慎先生在编撰《说文解字》时在东汉期间“患”字尚不能完全与疾病概念对等的话，且不论梁武帝大同九年（543年）成书的《玉篇》，至少在《康熙字典》1716年出版时的清朝康熙年间，“患”即有疾病之意。至于“者”字，《说文解字》有“者，別事詞也，从白”。[④]《道德经》中有“知人者智，自知者明”。《论语·子罕》中有“逝者如斯夫！不舍昼夜”等词句。可见早在春秋战国时，“者”字即用在形容词、动词、动词词组或主谓词组之后，组成“者”字结构，用以指代人、事、物。

关于使用“患者”概念抑或“病人”概念，曾有过争论。陈孝平院士曾有将医学教材和医学出版物中的“患者”一词统一更改为“病人”的建议，[⑤]陈院士的主要观点为：“在我国古代‘患’字虽有‘病’意，也有‘患……者’的语式，但并无用来专门指称病人的‘患者’一词。”“‘病人’翻译成日文是‘患者さん（かんじゃさん）’。根据几位老医学家的观点‘患者’一词出现于‘九·一八’事变后的‘伪满洲国’时期，很有可能就是由直接使用日文翻译而来。因此，带有很明显的殖民文化嫌疑。”对陈院士的观点，既有支持亦有多人反驳。[⑥]笔者认为，“患者”一词毫无疑问是汉字组合，早在清朝康熙年间“患”即有疾病之意，“者”则为指示代词，“患者”与中国古代中的“贤者”“老者”“逝者”等并无二致，它就是一个自然而然组合的中华民族原生词汇，“病人”翻译成日文是“患者さん（かんじゃさん）”只是一个巧合而已。笔者支持使用患者的概念，因为病人字眼过于直白地定义疾病本身，除不够文雅外，也可能给患者带来负面情绪。

患者系罹患疾病的自然人，疾病是与健康相对应的一种人体机体非正常状态、

---

① （清）张玉书等编：《康熙字典》，上海书店出版社1985年版，第424页。

② （汉）许慎：《说文解字》，（宋）徐铉等校订，中华书局2013年版，第151页上。

③ （汉）许慎：《说文解字》，（宋）徐铉等校订，中华书局2013年版，第151页上。

④ （汉）许慎：《说文解字》，（宋）徐铉等校订，中华书局2013年版，第69页上。

⑤ 参见陈孝平：《关于将医学教材及医学出版物中“患者”一词统一更改为“病人”的建议》，载《中国实用外科杂志》2017年第1期。

⑥ 参见王一方：《为什么不能以“病人”取代“患者”？》，载《中国医学人文》2017年第1期；胡凤松等：《不同群体对“患者”和“病人”两词的态度研究》，载《中国卫生法制》2019年第2期。

异常生命活动过程并继而引发一系列代谢、功能、结构的变化，表现为一定可识别的主诉、症状、体征等异常特征，疾病分类有常见病与罕见病、普通非精神疾病与精神疾病等。疾病是与健康相对应的一种非健康状态，基于现代西医的角度，除尚未发现的疾病外，各种疾病都有其确定的规范诊断名称，狭义而言，患者即是按照现代医学诊断学罹患其中一种或数种疾病的人，通俗地说，就是病人。因此，从该等角度出发，医疗美容者不属于《民法典》规制的患者，因为其不是真正的病人。

2. 医疗美容不属于医疗损害责任的规制对象

程啸教授认为，美容医疗机构或者开设医疗美容科室的医疗机构实施医疗美容活动时因过失给他人造成损害的，属于医疗损害责任，适用《民法典》侵权责任编第六章的规定。[①] 笔者认为，医疗美容是否属于医疗损害责任系有争议问题，本书认为，医疗美容不属于医疗损害责任的规制对象。《医疗美容服务管理办法》第2条第1款规定："本办法所称医疗美容，是指运用手术、药物、医疗器械以及其他具有创伤性或者侵入性的医学技术方法对人的容貌和人体各部位形态进行的修复与再塑。"该定义与《医疗机构管理条例实施细则》定义的医疗美容概念基本一致。[②] 该办法第2条第2款规定："本办法所称美容医疗机构，是指以开展医疗美容诊疗业务为主的医疗机构。"第4款规定："本办法所称医疗美容科为一级科目，美容外科、美容牙科、美容皮肤科和美容中医科为二级科目。"第29条规定："外科、口腔科、眼科、皮肤科、中医科等相关临床学科在疾病治疗过程中涉及的相关医疗美容活动不受本办法调整。"另外，《医疗机构管理条例实施细则》在第3条"医疗机构的类别"后用第4条将美容服务机构等进行单列和重点阐述。[③] 据此，笔者理解，《医疗美容服务管理办法》所规范的医疗美容应该是非畸形、非残疾的美容，其目的是需求正常人之上的"更美"，为狭义的医疗美容。

根据《医疗损害责任司法解释》第1条第2款"患者以在美容医疗机构或者

---

① 程啸：《侵权责任法》（第3版），法律出版社2021年版，第633页。

② 《医疗机构管理条例实施细则》第88条第3款规定："医疗美容：是指使用药物以及手术、物理和其他损伤性或者侵入性手段进行的美容。"

③ 《医疗机构管理条例实施细则》第4条规定：卫生防疫、国境卫生检疫、医学科研和教学等机构在本机构业务范围之外开展诊疗活动以及美容服务机构开展医疗美容业务的，必须依据条例及本细则，申请设置相应类别的医疗机构。

开设医疗美容科室的医疗机构实施的医疗美容活动中受到人身或者财产损害为由提起的侵权纠纷案件，适用本解释”及第3款“当事人提起的医疗服务合同纠纷案件，不适用本解释”之规定，美容医疗机构从事的医疗美容服务可以适用医疗损害责任，基于竞合，也可以选择适用医疗服务合同纠纷。但笔者认为，该司法解释将医疗美容服务纳入医疗损害赔偿责任并不表明《医疗美容服务管理办法》规制的医疗美容就是《民法典》中的医疗损害赔偿责任。[①] 笔者认为，司法解释之所以将医疗美容纳入医疗损害赔偿，更主要的原因在于：尽管接受医疗美容者明显不同于医疗损害责任纠纷中的患者，但实践中很难依据医疗美容服务合同进行规制，因为该等合同基于医疗机构主导地位及格式合同特征等，不太可能如商事合同一样对等地约定权利义务，尤其是违约责任等。因此，从保护接受美容者权益的角度将其纳入医疗损害责任纠纷供其选择。鉴于医疗美容与疾病诊疗确有重大区别，笔者建议另行立法予以规制。

与畸形、残疾等疾病相关的正畸、矫形、修复等诊疗活动属于医疗损害责任范畴，属于疾病诊治，其接受诊治的目的是“正常人的美”而非“更美”，可以归为广义的医疗美容范畴。

3. 接受人类辅助生殖技术者属于患者

人类辅助生殖技术是为人类不育不孕而采取的辅助生殖技术，不孕不育属于疾病诊断，当前我国对人类辅助生殖技术的应用制定了严格准入制度。[②] 有学者认为，人类辅助生殖技术和医疗美容一样，也时常作为合同纠纷处理并援引了“郑

---

① 《为构建和谐医患关系推进健康中国建设提供司法保障——最高人民法院研究室负责人就〈最高人民法院关于审理医疗损害责任纠纷案件适用法律若干问题的解释〉答记者问》，载 https：//www.chinacourt.org/article/detail/2017/12/id/3107384.shtml。

“问：《解释》对医疗美容损害责任纠纷的法律适用是如何规定的？答：审判实践中，因为美容问题引发的纠纷如何适用法律，尤其是对此类纠纷是否属于医疗损害责任纠纷的范畴争议较大。明确医疗美容损害责任纠纷的法律适用规则，对于规范医疗美容行业健康有序发展、维护广大人民群众的健康利益具有重要意义。在充分调研论证基础上，参考《医疗机构管理条例实施细则》第八十八条、《医疗美容服务管理办法》第二条的规定，《解释》明确了医疗美容属于‘诊疗活动’的范围，规定因医疗美容行为引发的纠纷应属于医疗损害责任的范围，应当适用医疗损害责任的规定。同时，《解释》还参考《医疗机构管理条例实施细则》《医疗美容服务管理办法》的有关规定，对医疗美容损害责任纠纷作了明确界定，以与生活美容类损害责任纠纷相区别。”

② 开展人类辅助生殖技术的各类医疗机构需依据《人类辅助生殖技术管理办法》等审批、实施。

某、陈某诉江苏省人民医院医疗服务合同纠纷案”进行说明。[①] 笔者认为，不孕不育采取人类辅助生殖技术治疗属于典型的诊疗行为，与医疗机构内进行的其他诊疗行为并无不同，但与医疗美容具有根本的不同。学者援引的案例有其特殊性，可能不具有普适意义。其一，患者系 2002 年 9 月就诊，南京市鼓楼区人民法院 2003 年 7 月 18 日作出判决，此时《人身损害赔偿司法解释》（法释〔2003〕20 号）尚未发布，原《侵权责任法》更是直至 2010 年方实施。此时，患者除了医疗服务合同纠纷外，唯一可选择适用的只能是 2002 年生效的《医疗事故处理条例》。其二，根据该案的一审、二审判决，笔者认为患者主张的并非医疗事故，主张医院擅自将约定的“单精子卵腔内注射”技术（ICSI 技术）改为“体外受精和胚胎移植”技术（IVF 技术）违约并导致治疗失败。其三，尽管判决书最终认为医院违约，但根据原《侵权责任法》或《民法典》，其实质是违反知情同意权导致的损害赔偿责任。笔者认为，接受人类辅助生殖技术治疗者属于医疗损害责任上的患者。

4. 医疗器械及药物人体临床试验具有特殊性

有学者认为试验性医疗行为属于非治疗性医疗行为，[②] 该等观点值得商榷。医疗器械尤其是药物临床试验具有其特殊性，《药物临床试验质量管理规范》第 11 条第 1 项规定：“临床试验，指以人体（患者或健康受试者）为对象的试验，意在发现或验证某种试验药物的临床医学、药理学以及其他药效学作用、不良反应，或者试验药物的吸收、分布、代谢和排泄，以确定药物的疗效与安全性的系统性试验。”笔者认为，药物临床试验、非治疗性临床试验（对受试者没有预期的直接临床获益的试验）的健康受试者，均不属于医疗损害责任中的患者。在医疗机构内进行的，由患者（与健康受试者对应）参加的除非治疗性临床试验外的其他试验造成的损害构成医疗损害赔偿责任。有学者认为可将非治疗性临床试验的范畴缩小至Ⅰ期临床试验和生物等效性试验，[③] 如果按照该等观点将非治疗性临床试验的范畴缩小至Ⅰ期临床试验和生物等效性试验，那么构成医疗损害责任的应是

① 参见王利明：《侵权责任法》（第 2 版），中国人民大学出版社 2021 年版，第 277 页。

② 参见王岳主编：《医事法》（第 3 版），人民卫生出版社 2019 年版，第 15 ~ 16 页。

③ 参见杨竟、陈勇川：《非治疗性临床试验的伦理考量——基于 2020 版 GCP 的探讨》，载《医学与哲学》2020 年第 14 期。

Ⅱ期、Ⅲ期、Ⅳ期临床试验。[①]

5. 接种疫苗产生损害并不一定适用《民法典》中的医疗损害责任

（1）免疫规划疫苗及非免疫规划疫苗[②]所产生的预防接种异常反应，[③]不适用《民法典》中的医疗损害责任，由国家及疫苗上市许可持有人进行补偿

根据《疫苗管理法》第56条之规定，国家实行预防接种异常反应补偿制度。实施接种过程中或者实施接种后出现受种者死亡、严重残疾、器官组织损伤等损害，属于预防接种异常反应或者不能排除的，应当给予补偿。补偿范围实行目录管理，并根据实际情况进行动态调整。接种免疫规划疫苗所需的补偿费用，由省、自治区、直辖市人民政府财政部门在预防接种经费中安排；接种非免疫规划疫苗所需的补偿费用，由相关疫苗上市许可持有人承担。国家鼓励通过商业保险等多种形式对预防接种异常反应受种者予以补偿。预防接种异常反应补偿应当及时、便民、合理。预防接种异常反应补偿范围、标准、程序由国务院规定，省、自治区、直辖市制定具体实施办法。因此，免疫规划疫苗及非免疫规划疫苗所产生的

---

① 《药品注册管理办法》第21条规定：药物临床试验分为Ⅰ期临床试验、Ⅱ期临床试验、Ⅲ期临床试验、Ⅳ期临床试验以及生物等效性试验。根据药物特点和研究目的，研究内容包括临床药理学研究、探索性临床试验、确证性临床试验和上市后研究。已失效2007年版《药品注册管理办法》第31条第3款规定：Ⅰ期临床试验：初步的临床药理学及人体安全性评价试验。观察人体对于新药的耐受程度和药代动力学，为制定给药方案提供依据。第7款规定：生物等效性试验，是指用生物利用度研究的方法，以药代动力学参数为指标，比较同一种药物的相同或者不同剂型的制剂，在相同的试验条件下，其活性成分吸收程度和速度有无统计学差异的人体试验。

② 《疫苗管理法》第97条规定：免疫规划疫苗，是指居民应当按照政府的规定接种的疫苗，包括国家免疫规划确定的疫苗，省、自治区、直辖市人民政府在执行国家免疫规划时增加的疫苗，以及县级以上人民政府或者其卫生健康主管部门组织的应急接种或者群体性预防接种所使用的疫苗。非免疫规划疫苗，是指由居民自愿接种的其他疫苗。

③ 《疫苗管理法》第52条规定：预防接种异常反应，是指合格的疫苗在实施规范接种过程中或者实施规范接种后造成受种者机体组织器官、功能损害，相关各方均无过错的药品不良反应。下列情形不属于预防接种异常反应：（1）因疫苗本身特性引起的接种后一般反应；（2）因疫苗质量问题给受种者造成的损害；（3）因接种单位违反预防接种工作规范、免疫程序、疫苗使用指导原则、接种方案给受种者造成的损害；（4）受种者在接种时正处于某种疾病的潜伏期或者前驱期，接种后偶合发病；（5）受种者有疫苗说明书规定的接种禁忌，在接种前受种者或者其监护人未如实提供受种者的健康状况和接种禁忌等情况，接种后受种者原有疾病急性复发或者病情加重；（6）因心理因素发生的个体或者群体的心因性反应。

预防接种异常反应不具有民事可诉性。

（2）因疫苗质量问题给受种者造成的损害，因接种单位违反预防接种工作规范、免疫程序、疫苗使用指导原则、接种方案给受种者造成的损害适用《民法典》中的医疗损害赔偿责任

疫苗本身就属于《药品管理法》规制的药品，药品产品质量缺陷适用《民法典》第1223条医疗产品责任规定应无异议。根据《疫苗管理法》第45条之规定，医疗卫生人员实施接种，应当告知受种者或者其监护人所接种疫苗的品种、作用、禁忌、不良反应以及现场留观等注意事项，询问受种者的健康状况以及是否有接种禁忌等情况，并如实记录告知和询问情况。受种者或者其监护人应当如实提供受种者的健康状况和接种禁忌等情况。有接种禁忌不能接种的，医疗卫生人员应当向受种者或者其监护人提出医学建议，并如实记录提出医学建议情况。医疗卫生人员在实施接种前，应当按照预防接种工作规范的要求，检查受种者健康状况、核查接种禁忌，查对预防接种证，检查疫苗、注射器的外观、批号、有效期，核对受种者的姓名、年龄和疫苗的品名、规格、剂量、接种部位、接种途径，做到受种者、预防接种证和疫苗信息相一致，确认无误后方可实施接种。医疗卫生人员应当对符合接种条件的受种者实施接种。受种者在现场留观期间出现不良反应的，医疗卫生人员应当按照预防接种工作规范的要求，及时采取救治等措施。

如医疗卫生人员违反该条规定，应承担医疗损害责任。

（3）疫苗储存、运输等导致疫苗质量问题应承担医疗损害责任

《疫苗管理法》第37条规定："疾病预防控制机构、接种单位、疫苗上市许可持有人、疫苗配送单位应当遵守疫苗储存、运输管理规范，保证疫苗质量。疫苗在储存、运输全过程中应当处于规定的温度环境，冷链储存、运输应当符合要求，并定时监测、记录温度。疫苗储存、运输管理规范由国务院药品监督管理部门、国务院卫生健康主管部门共同制定。"

因此，相关责任主体承担因违反疫苗储存、运输特定要求而产生的医疗产品损害责任。另外，尽管《民法典》第1223条医疗产品责任并未明确规定配送单位的责任承担问题，为免诉累，司法层面可将配送单位列为共同被告。

（二）患者是在诊疗活动中遭受损害

1. 诊疗活动

诊疗活动应包括诊断活动和治疗活动。《医疗机构管理条例实施细则》第 88 条第 1 项规定："诊疗活动：是指通过各种检查，使用药物、器械及手术等方法，对疾病作出判断和消除疾病、缓解病情、减轻痛苦、改善功能、延长生命、帮助患者恢复健康的活动。"该等诊疗活动应当包括《执业医师法》第 21 条规定的诊断及治疗活动，[①] 也包括《护士条例》第 15 条规定的护理活动及第 17 条规定的紧急情形下诊疗活动。[②] 根据《综合医院分级护理指导原则（试行）》的规定，护士的主要执业活动包括密切观察患者的生命体征和病情变化，正确实施治疗、给药及护理措施，并观察、了解患者的反应等。[③]

执业医师的诊疗活动无须赘述，但执业护士的诊疗活动有其自身特征。《综合医院分级护理指导原则（试行）》中规定的执业护士"正确实施治疗、给药及护理措施，并观察、了解患者的反应等"前提是"根据医嘱"，[④] 此诊疗活动具有依附性，是依附于执业医师的诊疗活动。"根据医嘱"既包括执行诊断医嘱，也包括执行治疗医嘱。执业护士执行执业医师诊断医嘱属于诊断行为的一部分，执行治疗医嘱则属于治疗行为的一部分。至于"给药"则同理，既可以是诊断给药，

---

① 《执业医师法》第 21 条第 1 款第 1 项规定：医师在执业活动中享有下列权利：在注册的执业范围内，进行医学诊查、疾病调查、医学处置、出具相应的医学证明文件，选择合理的医疗、预防、保健方案。

② 《护士条例》第 15 条规定：护士有获得疾病诊疗、护理相关信息的权利和其他与履行护理职责相关的权利，可以对医疗卫生机构和卫生主管部门的工作提出意见和建议。第 17 条规定：护士在执业活动中，发现患者病情危急，应当立即通知医师；在紧急情况下为抢救垂危患者生命，应当先行实施必要的紧急救护。护士发现医嘱违反法律、法规、规章或者诊疗技术规范规定的，应当及时向开具医嘱的医师提出；必要时，应当向该医师所在科室的负责人或者医疗卫生机构负责医疗服务管理的人员报告。

③ 《综合医院分级护理指导原则（试行）》第 12 条规定："护士应当遵守临床护理技术规范和疾病护理常规，并根据患者的护理级别和医师制订的诊疗计划，按照护理程序开展护理工作。护士实施的护理工作包括：（一）密切观察患者的生命体征和病情变化；（二）正确实施治疗、给药及护理措施，并观察、了解患者的反应；（三）根据患者病情和生活自理能力提供照顾和帮助；（四）提供护理相关的健康指导。"

④ 《综合医院分级护理指导原则（试行）》第 13、14、15、16 条均规定"根据医嘱，正确实施治疗、给药措施"。

也可以是治疗给药，当然，治疗给药相较诊断给药应为多数。“密切观察患者的生命体征和病情变化”也同样依附于执业医师的医嘱行为，分级护理的级别均由执业医师医嘱决定，分级护理的级别又决定“密切观察患者的生命体征和病情变化”的具体执行。比如，对Ⅰ级护理患者的护理需要每小时巡视患者，观察患者病情变化，而对Ⅱ级护理患者的护理则需要每2小时巡视患者，观察患者病情变化。执业护士或许唯一不具有依附性的诊疗活动是《护士条例》第7条第1款规定的紧急救护行为，但法律仍对该等情形规定了需向执业医师立即通知的义务。

诊疗活动还应包括执业药师、临床检验师等诊疗活动，也包括卫生技术人员从事的辅助诊疗相关的技术活动等。

2. 几种特殊主体诊疗活动

符合《乡村医生从业管理条例》相关条件并经培训与考核，依法取得乡村医师执业资格的人员依法从事的医疗活动属于合法诊疗行为。符合《外国医师来华短期行医暂行管理办法》相关规定并取得《外国医师短期行医许可证》的外国医师从事的医疗活动属于合法诊疗行为，如因其执业产生医疗损害责任，责任应由聘请单位承担。根据《多点执业意见》，医生多点执业导致的医疗损害属于诊疗活动中的医疗损害责任，其责任由当事医疗机构承担。

3. 患者非诊疗活动遭受的损害

患者非诊疗活动受到的损害分为两种情形。其一，患者非在诊疗活动场所发生与诊疗活动无关的损害，此应与医疗机构、医疗损害责任均无涉；其二，患者在诊疗场所内发生的与诊疗活动无关的损害，该等损害视具体情形判定医疗机构的责任，但与医疗损害责任无关。

4. 职务外诊疗活动造成患者损害

《民法典》中的医疗损害责任应该限定为医务人员在其医疗机构内进行的诊疗活动，也应该包括受医疗机构指派、委派在医疗机构外从事的诊疗活动。根据卫生部对最高人民法院的复函，随急救车出诊或随采血车出车采血的，对病人实施现场急救的，经医疗、预防、保健机构批准的家庭病床、卫生支农、出诊、承担政府交办的任务和卫生行政部门批准的义诊等，另外，经培训、考核并取得相应的合格证书的家庭接生人员不属于未被批准行医的场所行医。①

① 《最高人民法院关于非法行医罪犯罪主体条件征询意见函》（法函〔2001〕23号）。

职务外诊疗活动主要包括两类，一为未批准的会诊行为。根据《会诊管理规定》经批准的会诊行为具有合法性，当然属于医疗损害责任，包含在《民法典》的医疗损害责任中。未批准的会诊行为或俗称“飞刀”“走穴”行为由于其并不完全合法，似乎不应属于医疗损害责任的范畴，但司法实践中，该等情形还是以医疗损害责任处理，只是其医疗损害责任主体为其他医疗机构；另外，根据《会诊管理规定》第20条第1款之规定，未批准的会诊行为仅是由所在医疗机构记入医师考核档案或给予行政处分或者纪律处分，第2款的规定与执业医师在本医疗机构违法执业并无不同。[①] 因此，笔者认为，该等情形符合中国医疗发展不均衡的现实情况，当前阶段也具有一定的合理性。二为非在其他医疗机构内进行的诊疗行为，比如下班后的家庭诊疗行为等，[②] 该等行为依法应不属于《民法典》的医疗损害责任，因其并非从事职务行为，如果发生医疗损害，责任主体应为其个人，与所在医疗机构无涉。非在其他医疗机构内进行的诊疗活动不属于《民法典》中规定的医疗损害责任，立法当然不能鼓励非职务行为的私自诊疗行为。但笔者认为，司法实践中应当参照《民法典》中的医疗损害责任及相关司法解释处理，除了责任由其个人承担外，医疗过错及赔偿的认定应完全一致，毕竟其不是非法行医，也是诊疗活动中产生的医疗损害。

5. 诊疗活动是指合法诊疗，非法行医当然排除

非法行医包括两种情形，其一，未取得医疗机构执业许可证进行非法执业；其二，未取得执业医师资格进行非法行医。第一种情形将承担行政处罚及民事责任，第二种情形要承担民事责任和行政责任，也可能承担刑事责任。非法行医的该等两种情形，均不属于《民法典》中规定的医疗损害赔偿责任。

《基本医疗卫生与健康促进法》第99条第1款规定：“违反本法规定，未取得医疗机构执业许可证擅自执业的，由县级以上人民政府卫生健康主管部门责令停止执业活动，没收违法所得和药品、医疗器械，并处违法所得五倍以上二十倍以下的罚款，违法所得不足一万元的，按一万元计算。”另根据《执业医师法》

---

① 《会诊管理规定》第20条规定：“医师违反第二条、第七条规定擅自外出会诊或者在会诊中违反第十七条规定的，由所在医疗机构记入医师考核档案；经教育仍不改正的，依法给予行政处分或者纪律处分。医师外出会诊违反《执业医师法》有关规定的，按照《执业医师法》第三十七条处理。”

② 该等家庭诊疗行为与社区家庭医师是不同的概念，社区家庭医生是基于医疗机构指派或委派，是职务行为。

第 39 条之规定，执业医师未经批准擅自开办医疗机构行医，对医师可予以吊销执业证书处罚。

未取得医生执业资格的人非法行医，由于根本不具有执业主体资格，其也不能称为诊疗活动。情节严重的，相关部门应根据《刑法》第 336 条的规定追究其非法行医、非法进行节育手术的刑事责任。根据《非法行医司法解释》，4 种情形应认定为《刑法》第 336 条规定的“未取得医生执业资格的人非法行医”，5 种情形属于《刑法》第 336 条规定的“情节严重”。[①] 非法行医尚未达到“情节严重的”，由县级以上人民政府卫生行政部门予以取缔，没收其违法所得及药品、器械，并处 10 万元以下的罚款；给患者造成损害的，依法承担赔偿责任。[②]

（三）侵权人是医疗机构或者其医务人员，但医务人员不包括管理及后勤服务人员

侵权行为主体是医疗机构或者其医务人员，结合《医疗机构管理条例》《医疗机构管理条例实施细则》的规定，医疗机构是指依据《医疗机构管理条例》和《医疗机构管理条例实施细则》的规定，经登记取得医疗机构执业许可证，从事疾病诊断、治疗或其他诊疗活动的机构。根据《医疗机构管理条例实施细则》，当前我国医疗机构共有 14 大类 41 种。

医疗损害赔偿责任中的医务人员尚未见确切定义。根据《关于〈医疗事故处理办法〉若干问题的说明》第 1 条第 1 款“医疗事故的行为人必须是经过考核和卫生行政机关批准或承认，取得相应资格的各级各类卫生技术人员。因诊疗护理工作是群体性的活动，构成医疗事故的行为人，还应包括从事医疗管理、后勤服

① 《非法行医司法解释》第 1 条规定：“具有下列情形之一的，应认定为刑法第三百三十六条第一款规定的‘未取得医生执业资格的人非法行医’：（一）未取得或者以非法手段取得医师资格从事医疗活动的；（二）个人未取得《医疗机构执业许可证》开办医疗机构的；（三）被依法吊销医师执业证书期间从事医疗活动的；（四）未取得乡村医生执业证书，从事乡村医疗活动的；（五）家庭接生员实施家庭接生以外的医疗行为的。”第 2 条规定：“具有下列情形之一的，应认定为刑法第三百三十六条第一款规定的‘情节严重’：（一）造成就诊人轻度残疾、器官组织损伤导致一般功能障碍的；（二）造成甲类传染病传播、流行或者有传播、流行危险的；（三）使用假药、劣药或不符合国家规定标准的卫生材料、医疗器械，足以严重危害人体健康的；（四）非法行医被卫生行政部门行政处罚两次以后，再次非法行医的；（五）其他情节严重的情形。”

② 参见《执业医师法》第 39 条。

务等人员”之规定，结合已废止的《医疗事故处理办法》中规定的医疗事故定义中医务人员概念，[①] 医务人员应指取得相应资格的各级各类卫生技术人员，以及从事医疗管理、后勤服务等人员。

杨立新教授认为，医疗损害责任的行为主体是医务人员。医务人员的范围应适当放宽，包括医院的医疗、护理人员，以及其他管理人员。例如，医疗机构调派救护车迟延救护造成患者损害的，构成医疗管理损害责任，管理人员同样是医务人员，应当承担损害赔偿责任。[②] 王利明教授在其《侵权责任法》（第2版）医疗损害责任章节中并未论述或区分医务人员的概念，但认为“一般情况下，医务人员的过错都属于医疗机构的过错”，“医务人员的过错应当被认定为医疗机构的过错”，即“患者只要证明医务人员存在过错，就可直接认定医疗机构存在过错，并可以请求医疗机构承担责任”。[③]

笔者认为，当前中国医疗卫生法律法规中规定的医务人员就是卫生技术人员，不包括从事医疗管理、后勤服务等人员。医疗管理、后勤服务等人员因为过错导致患者遭受医疗损害，其也属于医疗机构过错而产生的医疗损害责任，但不是医务人员过错产生的医疗损害责任，这其中存在细微差别。理由如下。

《基本医疗卫生与健康促进法》中使用的“医疗卫生人员”概念与医务人员概念最接近，该法第107条第5项规定：“医疗卫生人员，是指执业医师、执业助理医师、注册护士、药师（士）、检验技师（士）、影像技师（士）和乡村医生等卫生专业人员。”该法第53条同时规定：“国家对医师、护士等医疗卫生人员依法实行执业注册制度。医疗卫生人员应当依法取得相应的职业资格。”因此，“医疗卫生人员”可以解读为具有执业资格或职业资格的卫生专业人员，笔者认为，《基本医疗卫生与健康促进法》中规定的“医疗卫生人员”就是《民法典》中规制的“医务人员”，两个概念具有同一性。

《医疗机构管理条例》第28条规定：“医疗机构不得使用非卫生技术人员从事医疗卫生技术工作。”《医疗机构管理条例实施细则》第88条第5款规定：“卫生技术人员：是指按照国家有关法律、法规和规章的规定取得卫生技术人员资格

---

① 《医疗事故处理办法》第2条规定：本办法所称的医疗事故，是指在诊疗护理工作中，因医务人员诊疗护理过失，直接造成病员死亡、残废、组织器官损伤导致功能障碍的。

② 参见杨立新：《医疗损害责任法》，法律出版社2012年版，第12页。

③ 王利明：《侵权责任法》（第2版），中国人民大学出版社2021年版，第276、281页。

或者职称的人员。”部门规章《卫生技术人员职务试行条例》第3条规定，卫生技术人员的卫生技术职务分为医、药、护、技4类，医指医疗、预防、保健人员，职称具体分为主任医师、副主任医师、主治（主管）医师、医师、医士；药指中药、西药人员，职称具体分为主任药师、副主任药师、主管药师、药师、药士；护指护理人员，职称具体分为主任护师、副主任护师、主管护师、护师、护士，技指其他卫生技术人员，职称具体分为主任技师、副主任技师、主管技师、技师、技士。因此，具有卫生技术职务、卫生技术职称的人员属于《医疗机构管理条例实施细则》中的卫生技术人员，至于《医疗机构管理条例实施细则》中规定的“取得卫生技术人员资格人员”应该是指执业资格，依据《执业医师法》第2条之规定，应指取得执业医师资格或执业助理医师资格后依法注册执业的人员；依据《护士条例》第2条之规定，应指取得护士执业证书的人员；依据《执业药师注册管理办法》第3条之规定，应指取得执业药师职业资格证书后依法注册执业的人员。

根据《关于加强卫生专业技术职务评聘工作的通知》，《卫生部、人事部关于印发〈预防医学、全科医学、药学、护理、其他卫生技术等专业技术资格专试暂行规定〉及〈临床医学、预防医学、全科医学、药学、护理、其他卫生技术等专业技术资格考试实施办法〉的通知》，卫生部、人事部成立“卫生专业技术资格考试专家委员会”（委员会分设临床医学、预防医学、全科医学、药学、护理和技术等专业组）和“卫生专业技术资格考试办公室”，办公室设在卫生部人事司，具体考务工作委托卫生部人才交流服务中心实施。根据国家卫生健康委人才交流服务中心主办的“中国卫生人才网”，2020年12月25日公布的“卫生专业技术资格考试专业目录”中，“技术”类专业技术职称有口腔医学技术、发射医学技术、临床医学检验技术、病理学技术、康复医学治疗技术、卫生检验技术、病案信息技术、输血技术、神经电生理（脑电图）技术、核医学技术、超声波医学技术、理化检验技术、微生物检验技术、消毒技术、心电学技术、肿瘤放射治疗技术。

综上所述，根据我国当前的卫生管理实践，卫生技术人员是个大概念，包含医、药、护、技4类人员，其中执业医师、执业护士、执业药师需要取得执业证书，不具有执业证书的临床医学检验学、药士/药师及技术人员等需要取得专业技术职称，属于卫生技术人员范畴，具有从业的合法资质。笔者认为，临床医学检验学等采取执业资格管理属应有之义，随着我国卫生事业的逐步发展，执业资格管理应会逐步推广。

通过上述叙述，笔者可得出结论，医务人员仅指卫生技术人员，是直接从事诊疗活动或辅助诊疗活动的卫生技术人员，该等人员因与患者生命健康权密切相关，故需要执业证书或专业技术职称，非卫生技术人员不得从事医疗卫生技术工作。因此从事医疗管理、后勤服务等人员应不属于卫生技术人员。①

从事医疗管理、后勤服务等人员属于医疗机构从业人员，②他们也可能因自身工作过失导致医疗损害责任，比如电工作为后勤服务人员，因其过失导致手术室长时间停电，而恰好手术室正在进行夜间手术且患者肝脾等大出血正在紧急抢救，因长时间停电导致无法及时抢救而死亡，此属于医疗损害责任，但这种责任不属于医务人员过错，根据《民法典》中的医疗损害责任应归类为医疗机构过错并由医疗机构承担责任，此时医疗机构系作为一个整体而存在，覆盖其非医务人员的过错导致的患者医疗损害。杨教授前文提及的医疗机构调派救护车迟延，属同理，是医疗机构责任而非医务人员责任。笔者认为，《民法典》中的医疗损害责任对侵权人及医疗损害责任主体进行了区分，侵权人是医疗机构或者其医务人员，只是医疗损害责任由医疗机构承担。从责任承担的角度，王利明教授表达的“医务人员的过错应当被认定为医疗机构的过错”可以成立，但从过错的角度出发，该等表达值得探讨，如表达为“医务人员过错视为医疗机构的过错”可能更为准确。

（四）医疗损害责任归责原则

广而言之，侵权责任归责原则，是侵权法的统帅和灵魂，是侵权行为法理论的核心，同样，医疗损害责任的归属原则也是医疗损害责任法的统帅、灵魂和理论核心。研究医疗损害责任首先就必须研究其适用何种归责原则。③我国《民法典》中规定的医疗损害责任以过错责任为一般归责原则，特定情形下采推定过错原则，医疗产品责任采无过错原则。

---

① 需要说明的是，医疗机构很多从事医疗管理、后勤服务的人员其自身也可能是执业医师、执业护士、执业药师等，但这里阐述的是与其自身执业资格无关的医疗管理、后勤服务活动中的身份。

② 《医疗机构从业人员行为规范》第2条规定：“本规范适用于各级各类医疗机构内所有从业人员，包括：（一）管理人员。指在医疗机构及其内设各部门、科室从事计划、组织、协调、控制、决策等管理工作的人员。……（六）其他人员。指除以上五类人员外，在医疗机构从业的其他人员，主要包括物资、总务、设备、科研、教学、信息、统计、财务、基本建设、后勤等部门工作人员。”

③ 参见杨立新：《医疗侵权法律与适用》，法律出版社2008年版，第47、48页。

医疗损害责任归责原则不包括公平责任原则似乎已成为法学界的共识，[①]杨立新教授甚至认为公平责任不能作为一个独立的归责原则，理由是：第一，原《民法通则》并没有规定公平责任是一个归责原则，从立法上说，原《民法通则》对其规定的章节，以及原《侵权责任法》对其规定的章节，都不是规定归责原则的章节位置。第二，调整的范围过于狭小且不属于严格的侵权行为。[②]刘鑫教授认为，医疗损害责任不适用公平责任原则。医疗行为因其属于社会稀缺性资源，且具有公益性质和高风险性，在无法律规定的情况下，如果让医疗机构在无过错时承担患者自身疾病造成的后果，既违反民事法律的基本原则，又使医疗机构的有限医疗资源不能得到正常使用，使社会整体利益受损，故而医疗损害责任不适用公平责任原则。[③]笔者认为，公平责任的确是承担民事责任、分担风险的一种法定方式，是否属于归责原则重要但也并不重要，《民法典》部分承继了原《民法通则》、原《侵权责任法》中的公平责任，但对其进行了适用限定。《民法典》第1186条规定："受害人和行为人对损害的发生都没有过错的，依照法律的规定由双方分担损失。"根据该规定，只有法律明确规定的行为才适用公平责任，才由双方分担损失。例如，《民法典》第182条第2款规定的紧急避险损害责任、第183条见义勇为损害责任、第1190条第1款完全民事行为能力人对自己的行为暂时没有意识或者失去控制损害责任、第1254条第1款建筑物中抛掷物品或者从建筑物上坠落的物品损害责任都可以归为法定适用公平责任的范畴。公平责任的滥用导致法的规范指引作用弱化，"和稀泥"与法治精神不符，显然需要限定；但公平责任的严格适用是否一定能取得良好的社会治理效果尚有待观察。笔者至少认为，对输血、透析等造成的病毒感染，基于检测窗口期现有科技尚无法完全防范和避免，保留一定的公平责任并辅以医疗保险，对患者作为弱者的权利保护是可行的，也许是必要的。另外，还存有一些医疗产品质量或缺陷纠纷，司法实践中因缺乏专业鉴定机构甚至都无法通过委托鉴定来明确责任，该等情形，没有公平责任的有效平衡，将会导致裁判困难。

---

① 参见王利明：《侵权责任法》（第2版），中国人民大学出版社2021年版；程啸：《侵权责任法》（第3版），法律出版社2021年版；刘鑫：《医事法学》（第2版），中国人民大学出版社2015年版；杨立新：《医疗损害责任法》，法律出版社2012年版。

② 参见杨立新：《侵权责任法》，北京大学出版社2014年版，第50页。

③ 参见刘鑫：《医事法学》（第2版），中国人民大学出版社2015年版，第226页。

1. 归责原则的历史沿革[①]

原《医疗事故处理办法》与《医疗事故处理条例》确定的归责原则一脉相承，原《医疗事故处理办法》确立的是过失原则，其第 2 条规定："本办法所称的医疗事故，是指在诊疗护理工作中，因医务人员诊疗护理过失，直接造成病员死亡、残废、组织器官损伤导致功能障碍的。"第 5 条规定："医疗事故分责任事故和技术事故。责任事故是指医务人员因违反规章制度、诊疗护理常规等失职行为所致的事故；技术事故是指医务人员因技术过失所致的事故。"因此，无论是其定义还是责任事故及技术事故的分类，均确立过失原则。《医疗事故处理条例》同样采过失原则，其第 2 条规定："本条例所称医疗事故，是指医疗机构及其医务人员在医疗活动中，违反医疗卫生管理法律、行政法规、部门规章和诊疗护理规范、常规，过失造成患者人身损害的事故。"并在《医疗事故技术鉴定暂行办法》第 36 条将医疗事故医疗过失行为责任程度分为完全责任、主要责任、次要责任、轻微责任。

2002 年 4 月 1 日起施行的《民事诉讼证据规则》（法释〔2001〕33 号）、2003 年 1 月 6 日施行的《参照〈医疗事故处理条例〉审理通知》（已失效）及 2004 年 5 月 1 日施行的《人身损害赔偿司法解释》（法释〔2003〕20 号），改变了相关规则。《民事诉讼证据规则》（法释〔2001〕33 号）第 4 条第 1 款第 8 项确立了"因医疗行为引起的侵权诉讼，由医疗机构就医疗行为与损害结果之间不存在因果关系及不存在医疗过错承担举证责任"的举证倒置规则；《参照〈医疗事故处理条例〉审理通知》第 1 条第 1 款"因医疗事故以外的原因引起的其他医疗赔偿纠纷，适用民法通则的规定"为医疗损害二元化处理机制打开了方便之门；《人身损害赔偿司法解释》（法释〔2003〕20 号）确立了包括医疗损害赔偿等人身损害赔偿案件法律适用的具体规则。

2002 年 4 月 1 日《民事诉讼证据规则》（法释〔2001〕33 号）施行至 2010 年 1 月 1 日原《侵权责任法》生效近 8 年时间，患方提起的非医疗事故的医疗侵权损害赔偿，均适用举证责任倒置，由医疗机构承担无过错、不存在因果关系的举证责任，采过错推定归责原则。当然，过错推定原则也属于过错归责原则，两者仅是一般与特殊的关系。

---

① 为叙述方便，鉴于医疗事故责任与医疗损害责任具有相互承继关系，故一并表述。

2010年7月1日施行的原《侵权责任法》将医疗损害责任又回归过错归责原则，但在特定情形下适用过错推定原则，即第58条规定的三种过错推定情形。医疗产品责任适用无过错责任原则，具体规定在第59条。

2021年1月1日施行的《民法典》除个别词句调整外，承继了原《侵权责任法》之过错归责原则、过错推定原则、无过错责任原则。

2. 过错归责原则及其认定

民法中的过错理论主要有主观过错说和客观过错说，主观过错说认为，过错是指行为人主观上应受非难的一种心理状态。该学说认为民事责任应从行为人主观的意思或能力上寻找依据，而不应从客观损害的事实现象寻求归责基础，从而充分体现了过错的道德非难性。客观过错说则认为应从某种客观的行为标准来判定行为人有无过错，行为人的行为若不符合某种行为标准（如不符合一个合理人或者善良家父的标准）即为过错。① 我国立法和司法解释基本上采取主观过错说。就其本质而言，过错是一种主观的东西，是行为人的可归责的心理状态，是行为人存在实施行为时的疏忽、轻信或故意乃至恶意的心理状态。② 有学者认为，过错责任原则是一种主观归责原则，要求在判断侵权人的责任时，应当依据行为人的主观心理状态来确定，而不是依据行为人的客观方面来确定，过错责任原则以行为人在主观上有无过错为归责的绝对标准。③ 笔者认为，该等观点值得商榷，"过错责任原则以行为人在主观上有无过错为归责的绝对标准"这个判断本身没有错误，但"而不是依据行为人的客观方面来确定"明显不妥，例如，依据诊疗常规，开放性骨折必须先清创后才能进行内固定手术，如果执业医师不进行清创即进行手术，其后导致感染，认定执业医师主观心理状态存有过错或推定过错应无异议。但在普通外科胆结石合并胆囊炎结石取出术中，执业医师尽管非常小心但仍因为手术者个人能力差异因素导致肝总管或胆总管损伤，此时，很难判断其主观心理状态为过错，因为其本身是竭力要避免损伤肝总管或胆总管的。司法实践中，胆结石合并胆囊炎结石取出术导致肝总管或胆总管损伤构成医疗损害应无异议。该等情形下，是以执业医师错误的手术行为来判断其违反注意义务，不符合"当时医疗水准"进而认定存有过错的。简言之，《民法典》中的医疗损害责任中的过错，

---

① 参见王岳主编：《医事法》（第3版），人民卫生出版社2019年版，第72页。

② 参见张新宝：《侵权责任法原理》，中国政法大学出版社2005年版，第227页。

③ 参见刘鑫：《医事法学》（第2版），中国人民大学出版社2015年版，第225页。

尽管是一种主观心态，但判定该等过错的主观心态，既包括主观过错的更包括客观行为推定出的主观过错。就过错本质而言，过错是人的主观心理状态，是主观的概念，但检验过错标准的客观化不能导致过错的本质属性发生质的改变而使过错本身客观化。检验过错标准的客观化主张以客观行为标准判断行为人主观上是否有过错，认为过错体现在行为之中，并且应该从行为中检验、判断行为人是否有过错，但不表明过错本身具有客观属性或过错就是行为本身。①

鉴于主观过失理论已经越来越不符合现代社会的需要，各国在过失判断的标准上逐渐趋于采取一种相对客观化的方法，即在认定是否具有过失时不再探究特定行为人的主观心理状态，也不因行为人的年龄、性别、健康、知识水平等主观因素的不同而有差异，而是统一采纳基于社会共同需要而提出的客观标准即所谓“合理人”标准或“善良管理人”标准。② 笔者同意该等观点，即基于行为人内心探究的困难性及趋利避害心理，主观心态客观化有利于统一标准并进行裁判。有学者认为，随着过失概念的客观化，医疗过失的概念宜采用客观说，理由是：①医疗过失的概念不应停留在对行为人主观心理状态的分析上，而应具体反映过失的外在表现形式和认定标准，从而使过错的概念更易于理解和操作。②在医疗侵权行为中，强调行为人的主观心理状态并无特别的意思。就医疗侵权而言，只要医药机构及其医务人员没有履行注意义务，造成患者的损害后果，就应承担损害赔偿责任，至于加害人在何种主观心态下实施了医疗行为，则在所不问。同时，医务人员的过错形态、过错的程度并不影响责任的成立和责任程度。③医疗过失概念的客观化实际上将过失和违法性要件合二为一，行为人违反注意义务，则意味着行为人的行为具有违法性，从这个意义上讲，认定医疗过失也就包含对医疗行为违法性和法的非难性的认定。该学者进而定义医疗过失是指医疗机构及其医务人员在医疗活动中违反应尽的注意义务，导致患者人身、健康损害的情形。③对此，笔者存有不同观点，其一，《民法典》中规定的医疗损害责任除存在注意义务的违反外，还存有违反诊疗规范及知情同意等其他责任，注意义务的违反更多体现在医疗技术损害责任操作层面，注意义务的违反不能涵盖所有医疗损害责任；其二，注意义务的违反包括违法性但并不一定表明存在违法性，这也是《民

① 参见杨立新：《侵权行为法专论》，高等教育出版社 2005 年版，第 109 页。

② 参见程啸：《侵权行为法总论》，中国人民大学出版社 2008 年版，第 347 页。

③ 参见王岳主编：《医事法》（第 3 版），人民卫生出版社 2020 年版，第 73 页。

法典》第 1222 条第 1 款第 1 项规定的违反法律、行政法规、规章以及其他有关诊疗规范的规定直接推定过错存在的主要原因。因此，主观心态客观化符合现实发展要求，但主观过错说一定是基础，这也是侵权责任法作为主客观相统一科学体系的内在要求。

笔者认为，《民法典》第 1222 条规定的几种推定过错情形并不适用注意义务的违反，无须法官依据注意义务违反作出认定。注意义务就等同于《民法典》第 1221 条规定的“医务人员在诊疗活动中未尽到与当时的医疗水平相应的诊疗义务，造成患者损害的”，就是我国对《民法典》中的医疗注意义务的违反，我国《民法典》医疗损害责任中对注意义务的违反给出了明确的认定标准或间接定义，根据该条规定，如果未尽到与当时的医疗水准相应的诊疗义务且造成损害的，就是违反了注意义务，就存有过错。

除医疗技术损害责任采过错归责原则外，《民法典》第 1226 条规定的“泄露患者的隐私和个人信息，或者未经患者同意公开其病历资料的”侵权责任也同样适用过错归责原则。但杨立新教授将该类侵权归入医疗伦理损害责任，并认为医疗伦理损害责任适用过错推定原则，将医疗伦理过错的举证责任归之于医疗机构，其他侵权责任构成要件的举证责任仍然由受害患者一方承担。在受害患者一方能够证明侵权责任的其他构成要件时，而医疗机构不能证明自己有过失的，就构成侵权责任。[①] 笔者对此持有不同意见，其一，患者的隐私权保护是法定的，《执业医师法》第 22 条明确规定了“关心、爱护、尊重患者，保护患者的隐私”的执业医师执业活动义务；《医疗机构病历管理规定》第 15 条明确规定，除相关人员外，“其他任何机构和个人不得擅自查阅患者病历”。其二，患者的隐私权和个人信息属于人格权范畴，“未经患者同意公开其病历资料的”也属于患者个人信息及病情隐私不被公开的内在要求，总体而言都属于人格权范畴，《民法典》第 1226 条只是《民法典》人格权编中关于隐私和个人信息等在医疗损害责任上的重述，人格侵权应适用过错归责原则。其三，《民法典》中规定的医疗损害责任仅有第 1222 条明确规定适用推定过错。其四，《民法典》侵权责任编中规定的推定过错法条均有规范、适用举证倒置的表达方式，例如第九章饲养动物损害责任

---

① 参见杨立新：《医疗损害责任法》，法律出版社 2012 年版，第 14 页。

之第1245条规定。[①] 很显然,《民法典》第1226条的规定不适用过错推定责任。

笔者同样认为,《民法典》中医疗损害责任第1219条规定的知情同意权的违反也属于过错归责原则,而不是过错推定原则,理由基本同上。《民法典》第1227条规定的过度检查同样属于过错归责原则。医疗机构及其医务人员违反诊疗规范实施不必要的检查,既属于违背职业道德范畴也属于违法范畴,[②] 因此,存有过错。但从《民法典》第1227条的法条规范结构观察,该条款当前更多属于管理性规范而非效力性规范且仅限于检查而不包括治疗。[③]《医疗损害责任司法解释》也未对过度检查的司法适用进行解释。但笔者认为,除非无须治疗或无手术适应症的过度医疗并造成患者人身损害情形应适用医疗损害责任外,一般过度检查造成人身损害的概率较低,可能尚不构成医疗损害责任,更多是患者支付过高不必要费用的财产损害。该等过度检查可能构成不当得利,应承担返还财产等责任。执业医师违背医德及职业道德、违反合理检查诊疗规范、违反卫生管理法律法规进行不必要的检查有深刻的转型社会根源,其演进并发展以至于规范在《民法典》中,也仅是近30年的事情。实际上,当前《民法典》仅规定了不得违反

---

① 《民法典》第1245条规定:饲养的动物造成他人损害的,动物饲养人或者管理人应当承担侵权责任;但是,能够证明损害是因被侵权人故意或者重大过失造成的,可以不承担或者减轻责任。

② 《医疗机构从业人员行为规范》第21条规定:规范行医,严格遵循临床诊疗和技术规范,使用适宜诊疗技术和药物,因病施治,合理医疗,不隐瞒、误导或夸大病情,不过度医疗。《基本医疗卫生与健康促进法》第54条规定:医疗卫生人员应当遵循医学科学规律,遵守有关临床诊疗技术规范和各项操作规范以及医学伦理规范,使用适宜技术和药物,合理诊疗,因病施治,不得对患者实施过度医疗。《促进合理医疗检查指导意见》第1条第1款规定,"一、加强医疗管理,进一步规范医疗行为(一)完善诊疗规范体系。国家卫生健康委组织制定国家临床诊疗指南、临床技术操作规范、合理用药指导原则、临床路径等。医疗机构要严格落实医疗管理的主体责任,加强对医务人员医疗行为规范性的监督管理,按照国家有关行业管理规定,将明确和细化的各病种诊疗规范、用药指南、临床路径等,通过电子病历、知识库、智能审核等多种方式,以电子化形式嵌入医务人员工作站,促进合理检查、合理用药、合理治疗(国家卫生健康委、国家中医药局、中央军委后勤保障部卫生局等按职责分工负责)"。《关于建立医务人员医德考评制度的指导意见(试行)》第3条第5款规定:"三、考评的主要内容(五)因病施治,规范医疗服务行为。1.严格执行诊疗规范和用药指南,坚持合理检查、合理治疗、合理用药。2.认真落实有关控制医药费用的制度和措施。3.严格执行医疗服务和药品价格政策,不多收、乱收和私自收取费用。"

③ 拟于2022年3月1日施行的新《执业医师法》第31条将治疗也纳入过度医疗范畴,明确规定:"……不得对患者实施不必要的检查、治疗。"

诊疗规范实施不必要的检查，并未规定过度治疗行为，例如，血管支架过度安装问题、无移位骨折内固定问题、可国产替代但偏要使用进口药品、试剂及耗材问题、其他无手术适应症却强行手术问题等。

3. 推定过错归责原则

王利明教授认为，过错推定仍然是以过错为归责依据的责任，过错推定原则属于法定的特殊侵权责任。我国《民法典》第 1165 条第 2 款关于过错推定归责原则的规定，是确立过错推定责任的基本归责原则，并因此在我国侵权责任法中形成了一项独特的归责原则。① 杨立新教授认为，过错推定原则从本质上说也是过错责任原则，其价值判断标准和责任构成要件也都与一般的过错责任原则的要求一致。在过错责任原则诞生之时，就分为两种不同形式，作出不同的规定，调整不同的侵权案件。这就是《法国民法典》第 1382 条（过错归责）和第 1384 条（推定过错）的规定。因此，可以确定，过错推定原则与过错原则是有区别的。将过错推定原则独立出来，作为一个单独的归责原则，具有积极的意义。② 张新宝教授持有不同意见，他认为，过错推定属于过错责任原则的一部分，是过错责任原则适用中的一种特殊情形，它仍然以侵权人一方的过错为责任的根据或标准，因此，不可将其与过错责任原则相提并论，更不可将其作为侵权责任法的规则原则之一。从我国民事立法的现状来看，过错推定在一些法律条文（如《民法典》第 1199、1248、1252 ~ 1258 条等）中得到具体的适用，而不是普遍适用，因此没有必要把其从其依附的过错责任原则中独立出来。③ 笔者认为，严格意义上说，过错推定是过错原则的一种适用，而不是归责原则。但是如果基于过错推定确有一些不同于过错原则适用规则或特征角度，人为地将其认定为一种归责原则也无妨。一般而言，过错推定适用举证倒置，允许加害人反证，但在医疗损害责任中的推定过错却可能存有不同。

《民法典》第 1222 条规定的三种情形适用过错推定原则，患者在诊疗活动中受到损害，有下列情形之一的，推定医疗机构有过错：（1）违反法律、行政法规、规章以及其他有关诊疗规范的规定；（2）隐匿或者拒绝提供与纠纷有关的病历资料；（3）遗失、伪造、篡改或者违法销毁病历资料。

---

① 参见王利明：《侵权责任法》（第 2 版），中国人民大学出版社 2021 年版，第 50 ~ 51 页。

② 参见杨立新：《侵权责任法》，北京大学出版社 2014 年版，第 49 页。

③ 参见张新宝：《侵权责任法》（第 5 版），中国人民大学出版社 2020 年版，第 19 页。

（1）违反法律法规以及其他有关诊疗规范的规定之推定过错

①违反法律、行政法规、规章以及强制性诊疗规范即为过错，不应该是推定过错

全国人大常委会法工委民法室编写组在其编写的《民法典立法背景与观点全集》中列举了医疗损害责任立法征求意见稿中的不同观点，其中一个观点为，“有的地方提出，存在违反法律法规及有关规定的诊疗行为、伪造篡改销毁病历资料等行为本身即构成过错，无需推定存在过错”。[①] 在《民法典》编纂过程中，对医疗机构“违反法律、行政法规、规章以及其他有关诊疗规范的规定”究竟是推定过错还是视为过错，存在争论。有观点认为，医疗机构、医务人员当然需要遵守法律、行政法规、规章以及其他有关诊疗规范的规定，违反这些规定本身就是过错，而非被推定出来的过错。医疗机构不可能通过推翻所谓的过错推定来抗辩，只能通过证明该有过错之行为与损害的发生不存在因果关系从而免除责任。另一种观点认为，诊疗活动是非常复杂的，“病万变，药亦万变”，法律、行政法规、规章以及其他有关诊疗规范的规定也并非适合所有情形。在有些情形下，可能就需要采取违背法律、行政法规、规章以及诊疗规范的规定的行为，这些是合理的，也达到了应有的目的，就可以推翻对医疗机构过错的推定。如果视为过错，这种情形下医疗机构无法推翻对其过错的推定，显然是不妥的。最后，立法机关接受了第二种观点。[②] 程啸教授本人将该段文字放在“讨论《民法典》第 1222 条第 1 项是推定过错还是视为过错”项下。

现代侵权责任法理论认为，行为违法时可以直接认定行为人有过错，因为行为人知道或者应当知道广义的法及其相关的义务要求。在知道或者应当知道自己的法定义务而不履行此等义务时，行为人当然有过错。[③] 这个客观标准，就是医疗卫生管理法律、行政法规、部门规章和诊疗护理规范，而且医疗卫生管理的部门规章、诊疗护理规范，是判断医疗过错的基本依据。只要违反了这些规章和规范的规定，就应认定其有过失。[④] 笔者认同《民法典立法背景与观点全集》及张

① 《民法典立法背景与观点全集》编写组编:《民法典立法背景与观点全集》，法律出版社 2020 年版，第 757 页。

② 程啸 :《侵权责任法》(第 3 版)，法律出版社 2021 年版，第 647 页。

③ 参见张新宝 :《侵权责任法》(第 5 版)，中国人民大学出版社 2020 年版，第 201 页。

④ 参见杨立新 :《医疗损害责任法》，法律出版社 2012 年版，第 109 页。

新宝、杨立新教授之违反法律、行政法规、规章以及其他有关诊疗规范的规定本身即构成过错的观点，该等情形下无须推定存在过错。笔者也更完全支持“医疗机构不可能通过推翻所谓的过错推定来抗辩，只能通过证明该有过错之行为与损害的发生不存在因果关系免除责任”的观点并认为这属于应有之意，合法、缜密、科学。但笔者对程啸教授的“立法机关接受了第二种观点”的表述是否书写错误，如果书写正确且确实存在“立法机关接受了第二种观点”，作者只能表达震惊，因为第二种观点是一个完全错误的观点，不应存在被接受的可能性。

《民法典》以及原《侵权责任法》规定推定过错的立法目的，应存有用立法形式持续规范诊疗行为，保障患者作为就医者权利、生命健康权之宗旨，依法行为、依法诊疗已成为全社会的共识，医护人员的诊疗行为涉及生命健康权，自当依法依规进行。2002 年生效的《医疗事故处理条例》将违反医疗卫生管理法律、行政法规、部门规章和诊疗护理规范、常规作为构成医疗事故的首要条件，并且该条例实施至今已有 19 年，医疗活动中不得违法违规已成为医务人员的普遍共识。与医疗卫生相关的法律、行政法规、规章以及其他有关诊疗规范的规定是中国乃至全球医务人员、医疗管理专家、法学专家、立法专家等在既往临床医学探索、发展过程中极其宝贵的经验总结、智慧结晶，是在无数的错误甚至血的教训中逐步发展而来的，是循证医学及科学发现等共同推动形成的自然科学人类文明成果。毫不夸张地说，严格遵守法律、行政法规、规章以及其他有关诊疗规范的规定一定会最大限度地保障诊疗行为的有效性及医疗安全；反之，如果不遵从法律、行政法规、规章以及其他有关诊疗规范的规定，医疗损害的发生一定不能避免。因此，在诊疗活动中，不会有任何容忍违反法律、行政法规、规章以及其他有关诊疗规范的规定情形存在的可能性，一旦出现该等违法违规行为，立即判断过错为应有之义，不应存在任何妥协空间。因此，笔者认同违法违规性本身即构成过错，无须推定存在过错。从这个角度而言，立法存有修正的可能性。

对一个患者的诊疗行为而言，医疗机构或者医务人员存在违反法律、行政法规、规章以及其他有关诊疗规范的规定情形尽管直接认定为过错，但却不一定能导致医疗损害责任，只有与损害后果的发生存有因果关系的违反法律、行政法规、规章以及其他有关诊疗规范规定的行为才需要承担损害赔偿责任，这涉及经典的侵权行为四要件说，即违法行为、过失、因果关系、损害后果。在存有违法行为的侵权行为违法性与过失合二为一，实质为三要件，在存有违法行为且存有损害后果时，因果关系此时尤为主要，如果违法行为与损害后果具有因果关系则侵权行为成立，反之则不成立。因此，笔者同意在存在违法违规行为的情况下，只能通过证明该等过错行为与损害结果发生不存在因果关系从而免除责任，即程啸教授著作中的第一种观点。

程啸教授著作中提及的第二种观点无异于通过立法助长和鼓励违背法律、行政法规、规章以及诊疗规范的规定的行为，其本质是否定作为自然科学的医学科学性、体系性，将会陷入不可知论、不确定论，极其有害，应坚决摒弃。

②违反强制性诊疗规范的行为即为过错，非强制性规范的违反可作为认定医方违反诊疗规范的依据

当前，我国医疗卫生系统尚未形成《民法典》第1222条第1款第1项中规定的“其他有关诊疗规范的规定”体系，规定散在且表现形式各异，既有强制性诊疗规范，也有非强制性诊疗规范。强制性诊疗规范在医疗损害责任中与法律、行政法规或规章的效力等同，如果违反均可直接推定医方存有过错，对非强制性诊疗规范的适用可能存有争议。笔者认为，违反非强制性诊疗规范并不必然推定过错，如果医方违反非强制性诊疗规范且无相反的证据表明其诊疗行为合法、正当的，非强制性规范可以作为认定医方违反诊疗规范的依据。

全国人大常委会2021年8月20日通过并公布，自2022年3月1日起施行的《执业医师法》第23条第1款第2项规定：“医师在执业活动中履行下列义务：……（二）遵循临床诊疗指南，遵守临床技术操作规范和医学伦理规范等”；这是以法律形式确定执业医师具有遵循临床诊疗指南，遵守临床技术操作规范等义务。从另一角度而言，实质是赋予临床诊疗指南，遵守临床技术操作规范等确定的法律效力。

③《民法典》第1222条“其他有关诊疗规范的规定”

《民法典》第1222条第1款第1项规定的违反法律、行政法规、规章具有确定性、有效性，法律、行政法规及规章均系有权立法机关通过法定程序制定并公开，但规定的违反“其他有关诊疗规范的规定”却概念不清且并不系统也不完善。迄今为止，据笔者所知，尚不存在一个系统的完整的诊疗规范体系，国家卫生健康委、国家发展改革委、财政部、人力资源社会保障部、市场监管总局、国家医保局、国家中医药管理局、中央军委后勤保障部卫生局联合发布并于2020年12月29日实施的《促进合理医疗检查指导意见》即为例证，该意见第1条第1款

明确规定“完善诊疗规范体系。国家卫生健康委组织制定国家临床诊疗指南、临床技术操作规范、合理用药指导原则、临床路径等”。

笔者认为,《民法典》规定的“其他有关诊疗规范的规定”并不是仅指规范名称中含有“诊疗规范”字样的规范，有权机关制定的规范性文件中对诊疗行为进行规范的规定均属于“其他有关诊疗规范的规定”，当然,《民法典》中的“其他有关诊疗规范的规定”不包括卫生管理法律、行政法规及规章，是在卫生管理法律、行政法规及规章外的“其他有关诊疗规范的规定”。迄今为止，诊疗规范并未见法律上的确定定义，众说纷纭。王利明教授认为，诊疗规范为三种，一是法律和行政法规规定的诊疗规范，二是由有关部门规定的行政规章，三是医疗机构制定的诊疗规范。第三类诊疗规范属于效力层次较低的诊疗规范，但其也是医务人员应当遵守的行为规则，如果医务人员违反该诊疗规范，也可以推定其具有过错。[①] 该等观点有商榷余地，首先是将《民法典》第 1222 条第 1 款第 1 项规定的违反法律、行政法规、规章与违反其他有关诊疗规范的规定混同，其次也不存在医疗机构内部制定的诊疗规范的司法适用问题。程啸教授认为，诊疗规范分为狭义和广义两种，所谓“狭义的诊疗规范”是指由卫生部、国家中医药管理局制定或者认可的与诊疗活动有关的技术标准、操作规程等规范性文件；广义的诊疗规范除了狭义的诊疗规范外，还包括由全国性行业协（学）会（如中华医学会、中华护理学会）针对本行业的特点，制定的各种标准、规程、规范、制度的总称。[②] 笔者部分认同程啸教授的观点，笔者认为,《民法典》中的诊疗规范是指与疾病诊断及治疗相关的由有权机关制定并发布的用于规范和指导诊疗活动的一切规范的总称，其效力级别一般为部门规范性文件或部门工作文件。

根据法律出版社法规中心编撰的《医院常用诊疗规范、法规文件全书》统计，[③] 截至 2016 年 10 月，诊疗规范有：《国家卫生计生委医政医管局关于印发〈结直肠癌诊疗规范〉等 3 个肿瘤诊疗规范的通知》（2015 年 10 月 25 日）、《国家卫生计生委办公厅关于印发精神障碍治疗指导原则（2013 年版）等文件的通知》（2013 年 12 月 23 日）、《国家卫生计生委办公厅关于印发需要紧急救治的急危重伤病标准及诊疗规范的通知》（2013 年 11 月 18 日）、《卫生部办公

① 参见王利明：《侵权行为法》（第 2 版），中国人民大学出版社 2021 年版，第 286 页。

② 参见程啸：《侵权责任法》，法律出版社 2011 年版，第 446 页。

③ 参见法律出版社法规中心：《医院常用诊疗规范、法规文件全书》，法律出版社 2016 年版。

厅关于印发〈肺结核门诊诊疗规范〉和耐多药肺结核等3个肺结核病临床路径的通知》(2012年1月16日)、《卫生部办公厅关于印发〈癌症疼痛诊疗规范(2011年版)〉的通知》(2011年12月21日)、《卫生部办公厅关于印发〈慢性阻赛性肺疾病诊疗规范(2011年版)〉的通知》(2011年8月12日)、《卫生部办公厅关于印发〈乳腺癌诊疗规范(2011年版)〉的通知》(2011年5月31日)、《卫生部办公厅关于印发〈胃癌诊疗规范(2011年版)〉的通知》(2011年2月16日)、《卫生部关于印发〈住院患者基础护理服务项目(试行)〉等3个文件的通知》(2010年1月22日)。诊疗指南有:《国家卫生计生委办公厅关于印发登革热诊疗指南(2014年第2版)的通知》(2014年10月11日)、《国家卫生计生委办公厅关于印发胃癌等五种恶性肿瘤规范化诊疗指南的通知》(2013年4月23日)、《卫生部办公厅关于印发布鲁氏菌病诊疗指南(试行)的通知》(2012年10月8日)、《卫生部办公厅关于印发〈性早熟诊疗指南(试行)〉的通知》(2010年12月7日)、《卫生部办公厅关于印发〈市、县级医院常见肿瘤规范化诊疗指南(试行)〉的通知》(2010年11月16日)、《卫生部办公厅关于印发〈重金属污染诊疗指南(试行)〉的通知》(2010年11月4日)、《卫生部关于印发〈手足口病诊疗指南(2010年版)〉的通知》(2010年4月20日)。

诊疗方案有:《国家卫生计生委办公厅关于印发黄热病诊疗方案(2016年版)》(2016年3月30日)、《国家卫生计生委办公厅关于印发寨卡病毒诊疗方案(2016年第2版)的通知》(2016年3月17日)、《国家卫生计生委办公厅关于做好埃博拉出血热医疗救治准备工作的通知》(2014年10月16日)、《国家卫生计生委办公厅关于印发人感染H7N9禽流感诊疗方案(2014年版)的通知》(2014年1月24日)、《卫生部办公厅关于印发〈慢性阻塞性肺疾病诊疗规范(2011年版)〉的通知》(2011年8月12日)、《卫生部办公厅关于印发〈鼠疫诊疗方案(试行)〉的通知》(2011年1月11日)、《卫生部办公厅关于印发〈甲型H1N1流感诊疗方案(2010年版)〉的通知》(2010年4月30日)、《卫生部关于印发埃博拉出血热等6种传染病预防控制指南和临床诊疗方案的通知》(2008年7月12日)、《卫生部关于印发〈人禽流感诊疗方案(2005年版修订版)〉的通知》(2005年11月23日)。

诊疗原则、诊疗要点有:《国家卫生计生委办公厅关于印发精神障碍治疗指导原则(2013年版)等文件的通知》(2013年12月23日)、《国家卫生计生委办公厅关于做好胡蜂蜇伤患者医疗救治工作的通知》(2013 年 10 月 1 日)、《国家卫生计生委办公厅关于印发四肢骨折等 9 个常见病种(手术)早期康复治疗原则的通知》(2013 年 4 月 2 日)、《卫生部办公厅关于印发〈肠出血性大肠杆菌 O104：H4 感染诊疗指导原则(试行)〉的通知》(2011 年 6 月 24 日)、《卫生部关于印发〈综合医院分级护理指导原则(试行)〉的通知》(2009 年 5 月 22 日)、《卫生部关于印发〈流行性脑脊髓膜炎诊疗要点〉的通知》(2005 年 2 月 24 日)。

另外，需要重点提及的是，自 2001 年开始，原卫生部委托中华医学会组织编写《临床诊疗指南》和《临床技术操作规范》，但一直未被明确属于"诊疗规范"。

根据笔者的检索，《民法典》第 1222 条第 1 款第 1 项之"其他有关诊疗规范的规定"，自 2011 年 7 月 1 日至 2021 年 8 月 10 日，至少有 171 项，[①] 该等"其他有关诊疗规范的规定"表现形式各异、法律效力也各有不同。该等 171 项尚不包括 2011 年 7 月 1 日以前卫生管理部门制定的"其他有关诊疗规范的规定"。

该等 171 项表现形式各异，有：管理规范、诊疗规范、禁止开展通知、资格认定通知、指导原则、诊疗方案、专项治理行动的通知、治疗管理办法、技术要求、工作手册、服务指南、加强管理的通知、临床应用指导方案、医疗质量控制指标、强制性卫生行业标准、推荐性卫生行业标准、调整用法用量的通知、操作规范、基本标准、技术方案、技术操作规程、诊疗指南、专家共识、服务规范、要求、工作规范等。该等 171 项包含内容也各异，既有综合性管理也有单纯诊疗，既有诊疗行为也包括医疗产品管理、医学检验相关，既有诊疗方案也有单纯诊断规定、临床路径规定等，既有管理方案也有操作方案等。效力级别主要是部门规范性文件和部门工作文件。根据该等 171 项的通知行文，主要使用"贯彻执行""遵照执行""参照执行""参考使用"等表述。

笔者认为，除推荐性卫生行业标准基于其推荐本身而不具有确定的法律效力外，国家卫健委及其办公厅或其他部门发布的部门规范性文件或部门工作文件均具有法律效力，通知中明确"贯彻执行""遵照执行""参照执行"为强制性诊疗规范，[②] 应属于《民法典》第 1222 条第 1 款第 1 项规定的"其他有关诊疗规范的规定"，"参考使用"等为非强制性诊疗规范，在符合特定条件时，可作为认定医

---

① 具体可见本书附录。

② 笔者认为，"参照执行"应允许被告抗辩其如果不参照执行仍然是合法合规的。

方过错的依据。鉴于当前《民法典》中“其他有关诊疗规范的规定”并未有权威的立法或司法解释但其本身又实属重大可直接推定过错，为避免法律适用歧义，需要立法或司法部门尽早予以明确。另外，笔者认为，《民法典》中的“其他有关诊疗规范的规定”规定过于狭窄，至少可以考虑将人民卫生出版社临床医学5年制本科通用教材纳入。此外，新修订的将于2022年3月1日起施行的《执业医师法》仅在第23条和第29条规定“遵循临床诊疗指南，遵守临床技术操作规范和医学伦理规范等”“遵循药品临床应用指导原则、临床诊疗指南和药品说明书等合理用药”，而国家卫健委发布的规范性文件和部门工作文件名称远不限于此，后续有待对相关规定的性质继续解释和规范。

（2）隐匿或者拒绝提供与纠纷有关的病历资料及遗失、伪造、篡改或者违法销毁病历资料之推定过错

病历是医务人员对患者进行诊疗活动的全过程记载，是判断诊疗行为合法合规、有无过错的近乎唯一依据，医疗机构或医务人员对病历管理相关规定的违反，将被推定存在过错。根据《医疗损害责任司法解释》第6条第1款之规定，《民法典》第1222条规定的病历资料包括医疗机构保管的门诊病历、住院志、体温单、医嘱单、检验报告、医学影像检查资料、特殊检查（治疗）同意书、手术同意书、手术及麻醉记录、病理资料、护理记录、出院记录以及国务院卫生行政主管部门规定的其他病历资料。笔者理解，“病历资料”作为住院患者即为病历，作为门诊患者，“病历资料”既包括门（急）诊病历也包括检查检验结果。

《民法典》将隐匿或者拒绝提供与纠纷有关的病历资料和遗失、伪造、篡改或者违法销毁病历资料分列为第1222条第2项和第3项，笔者认为，本质上该两种行为均属于违反病历管理规定的行为，具有相似性，故作为同一性质一并阐述。违反病历管理规范与《民法典》第1222条第1项性质迥异，违反法律、行政法规、规章以及其他有关诊疗规范的规定行为即为过错而非推定过错，但违反病历管理规范行为适用推定过错则完全正确，属法律应有之义。理由在于：违反病历管理规范的行为仅为违反病历管理的规定，病历作为诊疗活动记录的载体，与诊疗活动有关但也并非就是诊疗活动或诊疗行为本身，但病历资料的缺失或不真实将导致无法查清事实。因此，违反病历管理的行为并不一定就表明诊疗行为存在过错，但基于维护诊疗秩序、保障患者权益的需要，法律对其进行价值判断并进行否定性评价，立法将其规定为推定过错是客观科学的。

①隐匿或者拒绝提供与纠纷有关的病历资料

根据《医疗机构病历管理规定》，病历是指医务人员在医疗活动过程中形成的文字、符号、图表、影像、切片等资料的总和，包括门（急）诊病历和住院病历。病历归档以后形成病案。按照病历记录形式的不同，可区分为纸质病历和电子病历。电子病历与纸质病历具有同等效力。住院病历应当按照以下顺序排序：体温单、医嘱单、入院记录、病程记录、术前讨论记录、手术同意书、麻醉同意书、麻醉术前访视记录、手术安全核查记录、手术清点记录、麻醉记录、手术记录、麻醉术后访视记录、术后病程记录、病重（病危）患者护理记录、出院记录、死亡记录、输血治疗知情同意书、特殊检查（特殊治疗）同意书、会诊记录、病危（重）通知书、病理资料、辅助检查报告单、医学影像检查资料。门（急）诊病历原则上由患者负责保管。医疗机构建有门（急）诊病历档案室或者已建立门（急）诊电子病历的，经患者或者其法定代理人同意，其门（急）诊病历可以由医疗机构负责保管。住院病历由医疗机构负责保管。门（急）诊病历由患者保管的，医疗机构应当将检查检验结果及时交由患者保管。门（急）诊病历由医疗机构保管的，保存时间自患者最后一次就诊之日起不少于15年；住院病历保存时间自患者最后一次住院出院之日起不少于30年。[①]

除患者自己保管的门（急）诊病历及检查检验结果外，基于诊疗活动的特殊性，病历资料应属于《民事诉讼法》中规定的“原件在对方当事人控制之下”[②]的情形，该等证据也属于“对方当事人依照法律规定有权查阅、获取的书证”[③]并适用控制证据相关法律归责。笔者认为，病历资料既属于原告证据也属于被告证据，在医疗损害赔偿责任法中，医疗机构保存的证据属于双方证据。作为患者的原告以此证明被告的诊疗行为存有过错或推定过错，医疗机构以此证据证明医疗机构无诊疗过错。至于《医疗损害责任司法解释》第4条第1款规定的“患者依据民法典第一千二百一十八条规定主张医疗机构承担赔偿责任的，应当提交到该医疗机构就诊、受到损害的证据”。只是起诉并受理的表面证据，即证明与医疗机构之间存在医疗服务关系而已，患者方还必须申请鉴定，即该解释第2款规定的“患者无法提交医疗机构或者其医务人员有过错、诊疗行为与损害之间具有因果关系

① 具体见《医疗机构病历管理规定》第2、4条、第9条第1款、第10、11、29条。

②《民事诉讼法司法解释》第111、112、113条。

③《民事诉讼证据规则（2019年修正）》第45、47、48条。

的证据，依法提出医疗损害鉴定申请的，人民法院应予准许”情形，但医疗损害鉴定还是依据病历资料进行的鉴定，其实质还是病历资料。此外，司法实践中，患者方也不可能仅鉴定了事，其聘请的代理人也必须事先进行研究并指出医疗机构或者医务人员在诊疗活动中的过错并在鉴定机构阐述。相应地，医疗机构或者医务人员同样需要在病历资料的基础上抗辩其不存在过错，医疗机构主张不承担责任的，根据《医疗损害责任司法解释》第 4 条第 3 款之规定，应当就《民法典》第 1224 条第 1 款规定情形等抗辩事由承担举证证明责任。总而言之，病历资料是医疗损害责任中最重要或可称为唯一的证据，对医疗损害责任的认定至关重要。

医疗机构在诉讼过程中，隐匿或拒绝提供与纠纷有关的病历资料，其主观心理状态应为故意，该等故意应为恶意，其隐匿或拒绝提供与纠纷有关的病历资料将导致诊疗活动的事实无法查明或导致鉴定不能。根据《医疗损害责任司法解释》的规定，患者依法向人民法院申请医疗机构提交由其保管的与纠纷有关的病历资料等，医疗机构未在人民法院指定期限内提交的，人民法院可以依照《民法典》第 1222 条第 2 项规定推定医疗机构有过错，但是由于不可抗力等客观原因无法提交的除外。另根据《民事诉讼证据规则（2019 年修正）》第 31 条第 2 款之规定，对需要鉴定的待证事实负有举证责任的当事人，在人民法院指定期间内无正当理由不提出鉴定申请或者不预交鉴定费用，或者拒不提供相关材料，致使待证事实无法查明的，应当承担举证不能的法律后果。

笔者认为，《医疗损害责任司法解释》规定的“但是因不可抗力等客观原因无法提交的除外”值得商榷。其一，《民法典》第 1222 条第 2 项规定的是“隐匿或者拒绝提供与纠纷有关的病历资料”，此属于故意或恶意范畴，故意或恶意范畴与“但是因不可抗力等客观原因无法提交的除外”没有关联性。其二，不可抗力是法定免责事由，当然可以阐述。异议主要在于最高人民法院在不可抗力后增加的“等客观因素”用词，这可能会导致被滥用，基于故意或恶意本质上不存在其他客观因素。其三，《民法典》第 1222 条规定的推定过错，是医疗损害责任上的推定过错，与《民法典》其他法条规定的推定过错不具有一致性，《民法典》第 1222 条是不能反证的推定过错，不可抗力除外。

法律上通常规定的“过错推定”是第一种“推定”，即许可被推定人以相反的证据予以推翻的推定；法律规定的第二种推定，属于特别情形。这两种过错推定在法律条文表述上有明显的区别。第一种过错推定或者真正的过错推定，即许可被推定人以相反的证据予以推翻的推定，法律条文通常表述为“不能证明自己没有过错的，应当承担侵权责任”，如原《侵权责任法》第85、88、90条的规定。第二种过错推定，亦即“不可推翻的过错推定”，如原《侵权责任法》第58条的规定。严格来说,第二种过错推定不是真正的推定,实际上是立法者预先作出的“直接认定”而非“假定”,其法律效力等同于另一个技术性概念“视为”。所谓“视为”，是法律的直接认定，不允许被告推翻此项认定，如原《合同法》第158条的规定。原《侵权责任法》第58条规定的“推定医疗机构有过错”，亦是如此。人民法院一经审理查明，案件存在原《侵权责任法》第58条规定的3种法定情形之一的，即应认定被告医疗机构有过错，并驳回被告医疗机构关于不存在过错的主张（或抗辩）。[①]

②遗失、伪造、篡改或者违法销毁病历资料的

遗失、伪造、篡改或者违法销毁病历资料的，同样应当承担过错推定责任，现分述之。

遗失应为过失且应推定为重大过失，遗失不太可能包括故意遗失，故意遗失就相当于抛弃或销毁。笔者之所以认为遗失应认定为医疗机构重大过失，是基于病历资料是患者诊疗行为的唯一记录且专门制定了《医疗机构病历管理规定》这一部门规范性文件对其进行严格管理，除非不可抗力，任何的遗失均应视为医疗机构存在重大过失。

原《侵权责任法》中对医疗损害责任并未规定遗失，该等遗失属《民法典》的增加项，该等规定使得医疗损害责任更为全面和周延。基于遗失，导致事实无法认定及鉴定不能，如造成患者损害的，医疗机构应被推定存在过错并承担损害赔偿责任。

伪造和篡改病历资料同样属于法律法规严令禁止的行为，[②]伪造即为以假充真，是将不存在的诊疗活动记载在病历上的行为。比如未进行某种诊疗行为却将该等诊疗行为进行记载。篡改是将已存在的诊疗活动进行改动的行为，例如，将剂量、给药时间进行篡改的行为，篡改不同于按照书写规范修改的合法行为。根据《病历书写基本规范》第2、3、7条的规定，病历书写是指医务人员通过问诊、

---

① 参见梁慧星：《论〈侵权责任法〉中的医疗损害责任》，载《法商研究》2010年第6期。

② 《医疗机构病历管理规定》第14条规定：医疗机构应当严格病历管理，任何人不得随意涂改病历，严禁伪造、隐匿、销毁、抢夺、窃取病历。

查体、辅助检查、诊断、治疗、护理等医疗活动获得有关资料，并进行归纳、分析、整理形成医疗活动记录的行为。病历书写应当客观、真实、准确、及时、完整、规范。在病历书写过程中出现错字时，书写人应当用双线划在错字上，使原记录清晰、可辨，并注明修改时间，修改人签名。不得采用刮、粘、涂等方法掩盖或去除原来的字迹。《中医病历书写基本规范》第 2、3、7 条亦作出同样规定。

伪造和篡改病历将导致病历资料不能客观、真实地反映诊疗活动及过程，实质等同于伪造和变造证据。另外，一般而言，伪造和篡改病历意味着一定程度掩饰不规范诊疗行为的不良动机，不仅违法而且违背从业人员行为规范[①]和职业道德，对该等行为如果不严加制止和规范，不仅对患者不公，也将会引发医务人员的道德风险，对整个国家医疗卫生事业带来负面影响，因此，伪造和篡改病历应直接推定存在过错。

违法销毁病历资料指的是违反门（急）诊病历由医疗机构保管的保存时间自患者最后一次就诊之日起不少于 15 年、住院病历保存时间自患者最后一次住院出院之日起不少于 30 年的规定，在该法定期限前进行销毁病历资料的行为。如果在上述期限外销毁病历资料，属于依法处置病历资料。该等违法销毁病历资料应该为故意或重大过失，笔者之所以认定为重大过失，理由同病历资料遗失。该等情形，应推定医疗机构或医务人员存有过错。

（3）医疗产品责任归责原则

①无过错责任或严格责任

医疗产品责任规定在《民法典》第 1223 条，该条规定，因药品、消毒产品、医疗器械的缺陷，或者输入不合格的血液造成患者损害的，患者可以向药品上市许可持有人、生产者、血液提供机构请求赔偿，也可以向医疗机构请求赔偿。患者向医疗机构请求赔偿的，医疗机构赔偿后，有权向负有责任的药品上市许可持有人、生产者、血液提供机构追偿。

杨立新教授认为，原《侵权责任法》规定的医疗损害责任的归责原则是一个体系，由三个归责原则构成，分别是过错责任原则、过错推定原则和无过错原则，过错责任原则是基本的归责原则。医疗技术损害责任实行过错责任原则，医疗伦

---

① 《医疗机构从业人员行为规范》第 23 条规定：认真执行医疗文书书写与管理制度，规范书写、妥善保存病历材料，不隐匿、伪造或违规涂改、销毁医学文书及有关资料，不违规签署医学证明文件。

理损害责任适用过错推定原则，医疗产品损害责任适用无过错责任原则。① 无过错责任原则还称为严格责任、危险责任或者风险责任，其真实含义，就是只要是法律规定的场合，行为人的行为造成了被侵权人的损害，具备了法律规定的要件，行为人无论是否有过错，都应承担侵权责任。事实上，无过错责任就是严格责任。严格责任的“严格”，就是不考虑行为人过错的因素，而是就行为的后果论责任。那种将严格责任和无过错责任原则对立起来的观点，既无法律依据，也无客观基础。② 王利明教授认为，对于药品、医疗器械等的缺陷导致患者损害的责任，应当适用严格责任。③ 将严格责任称为无过错责任并不准确。所谓无过错责任（non-fault liability），是指既不考虑行为人的过错，也不考虑受害人过错的绝对责任；而严格责任虽然是严格的，但并非不考虑过错，它仍然是以不可抗力、受害人的过错和第三人的过错作为抗辩事由。④ 张新宝教授认为，医疗产品责任和输入不合格血液造成患者损害的责任，大致属于产品责任的范畴。医疗产品的生产者（含药品上市许可人）、不合格血液的提供者对有缺陷的医疗产品或不合格的血液造成的患者人身损害和财产损失承担无过错责任，医疗机构（如果既不是医疗产品的生产者，也不是不合格血液的提供者）大致承担与一般产品销售者一样的责任。⑤

《药品管理法》根本未提及药品缺陷，也不存在药品缺陷的定义。该法第 98 条规定，禁止生产（包括配制，下同）、销售、使用假药、劣药；禁止未取得药品批准证明文件生产、进口药品；禁止使用未按照规定审评、审批的原料药、包装材料和容器生产药品，并对假药和劣药进行定义。有下列情形之一的，为假药：药品所含成分与国家药品标准规定的成分不符；以非药品冒充药品或者以他种药品冒充此种药品；变质的药品；药品所标明的适应症或者功能主治超出规定范围。有下列情形之一的，为劣药：药品成分的含量不符合国家药品标准；被污染的药品；未标明或者更改有效期的药品；未注明或者更改产品批号的药品；超过有效期的药品；擅自添加防腐剂、辅料的药品；其他不符合药品标准的药品。该法同时规定了药品上

---

① 参见杨立新：《医疗损害责任法》，法律出版社 2012 年版，第 85 ~ 89 页。

② 参见杨立新：《侵权责任法》，北京大学出版社 2014 年版，第 56 页。

③ 参见王利明：《侵权责任法》（第 2 版），中国人民大学出版社 2021 年版，第 276、292 页。

④ 参见王利明：《侵权行为法研究》（上卷），中国人民大学出版社 2004 年版，第 270 页。

⑤ 参见张新宝：《侵权责任法》（第 5 版），中国人民大学出版社 2020 年版，第 202 页。

市后不良反应的监测制度和报告制度等。[①]《消毒管理办法》(2017年修订)和《医疗器械监督管理条例》(2021年修订)也并未规定消毒产品、医疗器械缺陷的定义。最高人民法院在《食品药品纠纷案件审理规定》中也未提及药品缺陷，根据该司法解释第2、5、7、15条的规定，药品质量责任被解释为“存在质量问题”，并允许“药品的生产者、销售者能证明损害不是因产品不符合质量标准造成的除外”抗辩。

产品缺陷定义来自《产品质量法》，该法第46条规定：“本法所称缺陷，是指产品存在危及人身、他人财产安全的不合理的危险；产品有保障人体健康和人身、财产安全的国家标准、行业标准的，是指不符合该标准。”第41条第2款规定：“生产者能够证明有下列情形之一的，不承担赔偿责任：(一)未将产品投入流通的；(二)产品投入流通时，引起损害的缺陷尚不存在的；(三)将产品投入流通时的科学技术水平尚不能发现缺陷的存在的。”依据文意及体系解释，笔者认为，产品缺陷定义可从两方面进行解读，其一，缺陷存有两个标准，不符合国家标准、行业标准的为缺陷，存在不合理危险的为缺陷；其二，存有国家标准、行业标准时，适用不符合国家标准、行业标准认定缺陷，排除不合理危险认定缺陷的适用，二者不能并存。笔者更进一步认为，不符合国家标准、行业标准的缺陷认定实质或主要为不合格产品认定，而不合理危险缺陷的认定才是真正的产品缺陷。由于立法并未区分“产品不合格”与“产品缺陷”并混合表达，导致“缺陷”概念定位不清、使用不明，也引起学界及司法实践的持续争议。另外，《民法典》侵权责任编之产品责任并未表明适用《产品质量法》第41条第2款的免责条款，也导致了医疗产品责任是否可以适用该等免责条款之争议。

梁慧星教授在有关立法理由书中指出：“《产品责任法》第四十六条规定：‘本法所称缺陷是指产品存在危及人身、他人财产安全的不合理的危险；产品有保障

① 《药品管理法》第80条规定：“药品上市许可持有人应当开展药品上市后不良反应监测，主动收集、跟踪分析疑似药品不良反应信息，对已识别风险的药品及时采取风险控制措施。”第81条规定：“药品上市许可持有人、药品生产企业、药品经营企业和医疗机构应当经常考察本单位所生产、经营、使用的药品质量、疗效和不良反应。发现疑似不良反应的，应当及时向药品监督管理部门和卫生健康主管部门报告。具体办法由国务院药品监督管理部门会同国务院卫生健康主管部门制定。对已确认发生严重不良反应的药品，由国务院药品监督管理部门或者省、自治区、直辖市人民政府药品监督管理部门根据实际情况采取停止生产、销售、使用等紧急控制措施，并应当在五日内组织鉴定，自鉴定结论作出之日起十五日内依法作出行政处理决定。”

人体健康和人身、财产安全的国家标准、行业标准的，是指不符合该标准。’采反对解释方法，如果产品符合‘保障人体健康和人身、财产安全的国家标准、行业标准’，则应当解释为‘产品不存在缺陷’，于是应当许可生产者通过证明产品符合该强制性标准而获得免责。但考虑到，这种情形的受害人不可能从其他渠道（例如国家赔偿、意外损害赔偿基金）获得补偿，许可生产者免责将显然违背产品责任制度的性质和目的。因此，裁判实务中并不许可生产者主张产品符合强制性标准而要求免责。鉴于此，并考虑发达国家和地区的产品责任法均对‘缺陷规定单一判断标准的经验’，本条仅保留《产品质量法》第四十六条第一句，删除第二句。”① 张新宝教授认为，缺陷也不等同于“质量不合格”或“不符合质量标准”。如果产品达到国家和行业标准中的其他要求，而没有达到其保障人体健康、人身和财产安全方面的要求，则不能认定产品为“合格产品”或“没有缺陷”。② 产品符合法定标准中关于保证人身、财产安全的要求，却致人损害的，该产品是否可以被认定为缺陷产品？其生产者是否需要承担产品责任？比较一致的学术观点是，应当采用单一的一般标准衡量产品是否有缺陷，在确定产品责任时“符合法定标准”不能作为免除责任的抗辩事由。③ 但张新宝教授又认为，医疗产品缺陷，是指医疗产品具有危及患者或他人之人身、财产安全的不合理的危险。由于药品等医疗产品具有国家标准，有缺陷的医疗产品一般都不符合国家有关强制性标准的要求。④ 最高人民法院则认为，应当对符合强制性标准的产品同时适用“不合理的危险”标准，即认定产品缺陷以不合理标准为基本标准，以强制性标准为辅助标准，违反任何一项标准的均属缺陷产品。产品缺陷，包括设计缺陷、质量缺陷、指示缺陷。关于生产者的免责事由有一定的争论，原《侵权责任法》没有将《产品质量法》第 41 条第 2 款的规定重新加以规定，但该法第 41 条规定，其他法律对侵权责任另有特别规定的，依照其规定。由于《产品质量法》对免责事由作出了规定，所以应该按照《产品质量法》的规定确定免责事由。⑤

---

① 转引自张新宝：《侵权责任法原理》，中国人民大学出版社 2005 年版，第 396 页脚注。

② 参见张新宝：《侵权责任法原理》，中国人民大学出版社 2005 年版，第 395、396 页。

③ 张新宝：《侵权责任法》（第 5 版），中国人民大学出版社 2020 年版，第 207 页。

④ 同上书，第 202 页。

⑤ 最高人民法院侵权责任法研究小组编著：《〈中华人民共和国侵权责任法〉条文理解与适用》，人民法院出版社 2010 年版，第 416 ~ 418 页。

笔者认为,《产品质量法》第46条存在立法缺陷，学者及司法机关的解释有超越立法本身扩大解释的嫌疑，立法缺陷需要通过再修订予以解决。许传玺教授等认为,《产品质量法》第46条可以更改为："本法所称缺陷，是指产品存在危及人身、他人财产安全的不合理的危险；产品不符合保障人体健康和人身、财产安全的国家标准、行业标准的，推定产品具有缺陷。"[①]笔者认为，该等建议只是解决了两个标准的冲突问题。

王利明教授认为，因为药品缺陷而导致的侵权，主要是因假药或者劣药造成的患者损害。[②]笔者认为，该等观点是从药品是否符合国家标准、是否合格这个角度而言的，不符合国家标准的假药或者劣药的确会导致对患者的侵权并构成医疗产品质量缺陷，但也存有即便是假药或劣药却损害显著轻微或无损害情形。比如，以面粉胶囊冒充感冒药之假药，比如更改有效期导致有效期延长一周且该等药物仅为普通抗感冒及上呼吸道感染的劣药，该等情形由于损害后果轻微不一定会构成侵权。

笔者认为,医疗产品责任不同于《产品质量法》中的产品责任,也不同于《民法典》第七编第四章的产品责任，医疗产品缺陷具有自身定义，医疗产品缺陷及其责任有其自身独特性,医疗产品缺陷及其责任应独立论述并进行单独法律规制。

就《民法典》药品缺陷产品责任而言，不包括假药和劣药，也不应包括上市后的不良反应，但药品缺陷产品责任应包含在上市后严重不良反应、新的药品不良反应及药品群体不良事件，[③]并分布在药物研发、药品生产、药品说明等各环

---

① 许传玺、付文飙：《关于修订〈产品质量法〉中产品责任规则的若干思考》，载《北京社会科学》2019年第10期。

② 王利明：《侵权责任法》(第2版)，中国人民大学出版社2021年版，第290页。

③《药品不良反应报告和监测管理办法》第63条规定："本办法下列用语的含义：(一)药品不良反应,是指合格药品在正常用法用量下出现的与用药目的无关的有害反应。……(三)严重药品不良反应,是指因使用药品引起以下损害情形之一的反应：1.导致死亡；2.危及生命；3.致癌、致畸、致出生缺陷；4.导致显著的或者永久的人体伤残或者器官功能的损伤；5.导致住院或者住院时间延长；6.导致其他重要医学事件，如不进行治疗可能出现上述所列情况的。(四)新的药品不良反应，是指药品说明书中未载明的不良反应。说明书中已有描述，但不良反应发生的性质、程度、后果或者频率与说明书描述不一致或者更严重的，按照新的药品不良反应处理。(五)药品群体不良事件，是指同一药品在使用过程中，在相对集中的时间、区域内，对一定数量人群的身体健康或者生命安全造成损害或者威胁，需要予以紧急处置的事件。同一药品：指同一生产企业生产的同一药品名称、同一剂型、同一规格的药品。……"

节。生产、销售假药和劣药，除予以行政处罚外，足以严重危害人体健康或对人体健康造成严重危害的，构成生产、销售假药罪及生产、销售劣药罪；另外，受害人还可以依据《民法典》第四章规定的产品责任要求侵权人承担赔偿责任。

《药品不良反应报告和监测管理办法》（卫生部令第81号）第63条第1款第1项规定："药品不良反应，是指合格药品在正常用法用量下出现的与用药目的无关的有害反应。"根据该等定义很清晰地就能判断，假药和劣药不应是药品不良反应的规制对象，"药品不良反应"是指合格上市的药品在正常用法用量下出现的人身损害，这才是真正的"药品质量缺陷"。

2003年以来，国内披露了多起药物群体不良事件，例如，2003年披露的"龙胆泻肝丸马兜铃酸致肾衰案"（关木通代替木通入药典），2006年披露的"亮菌甲素注射液急性肾衰致死案"（工业原料二甘醇冒充药用辅料丙二醇），2006年披露的"鱼腥草注射剂过敏性休克等致死案"，2006年披露的"克林霉素磷酸酯葡萄糖注射液（商品名为欣弗）致死案"（未按批准的工艺参数灭菌，无菌检查和热源检查不符合规定），2008年披露的"刺五加注射液致死案"（流通环节被雨水浸泡受到细菌污染，后又被更换包装标签并销售）、2010年披露的"延申生物和福尔公司狂犬病疫苗事件"（效价低于国家标准）、2018年的披露"长生生物冻干人用狂犬病疫苗案"（企业编造生产记录和产品检验记录，随意变更工艺参数和设备）等。依据笔者的观点，这其中真正属于药品缺陷或者设计缺陷的应该仅是龙胆泻肝丸马兜铃酸致肾衰案，其他更多的是质量不合格事件。

导致死亡、危及生命及致癌、致畸、致出生缺陷等的非个例药品不良反应的严重药物不良反应或导致死亡、危及生命及致癌、致畸、致出生缺陷等的非个例药品不良反应新的药物不良反应属于药物缺陷，药品群体不良事件同样属于药品缺陷，应当受《民法典》医疗损害责任之药品缺陷责任规制。

根据国家药品不良反应监测中心组织编撰的《国家药品不良反应监测年度报告（2020年）》，2020年全国药品不良反应监测网络收到《药品不良反应/事件报告表》167.6万份。2020年全国药品不良反应监测网络收到新的和严重药品不良反应/事件报告50.6万份；新的和严重药品不良反应/事件报告占同期报告总数的30.2%。2020年全国药品不良反应监测网络收到严重药品不良反应/事件报告16.7万份，严重药品不良反应/事件报告占同期报告总数的

10.0%。[①]

因此，笔者对《民法典》中规定的药物缺陷的定义为：上市流通前即存在危及人身安全的非个例药物不良反应、非一般不良反应的危险但未被发现，合格上市并使用后对人身安全造成较大损害的药物。根据该等界定，笔者合理地认为，这种药物缺陷一般均是在药品研制和注册前未能发现的缺陷，也可能是药品生产阶段产生的缺陷，但该等情形应较少，基于此，药物缺陷归责原则应为无过错责任，属于人类认知范畴或科学本身所不能及，此等情形，无须探讨加害人的过错，法律基于保护生命健康权的需要，规定药品存有缺陷的上市持有人等直接承担赔偿责任。笔者更进一步认为，药品缺陷不能援引《产品责任法》第41条第2款的三种情形免责。

就《民法典》中规定的医疗器械缺陷产品责任，王利明教授认为，因医疗器械缺陷而导致的责任的构成要件包括：第一，医疗器械不合格，医疗器械是一种典型的产品，生产医疗器械，应当符合医疗器械国家标准；没有国家标准的，应

---

① 《国家药品不良反应监测年度报告（2020年）》

2.3 化学药品、生物制品监测情况

2.3.1 总体情况。2020年药品不良反应/事件报告中，涉及怀疑药品179.8万例次，其中化学药品占83.0%，生物制品占1.1%。2020年严重不良反应/事件报告涉及怀疑药品21.3万例次，其中化学药品占90.3%，生物制品占1.2%。

2.3.3 涉及药品情况。2020年药品不良反应/事件报告涉及的化学药品中，例次排名前5位的类别依次为抗感染药、心血管系统用药、肿瘤用药、电解质/酸碱平衡及营养药、神经系统用药。2020年严重药品不良反应/事件涉及化学药品中，报告数量最多的为肿瘤用药，占32.2%；其次是抗感染药，占28.3%。按严重报告占本类别报告比例计算，肿瘤用药的严重报告比例最高，为41.5%，再次是免疫系统用药，为21.4%。2020年药品不良反应/事件报告涉及的生物制品中，抗毒素及免疫血清占37.8%，细胞因子占27.7%，血液制品占4.9%。

2.4 中药监测情况

2.4.1 总体情况。2020年药品不良反应/事件报告中，涉及怀疑药品179.8万例次，其中中药占13.4%；2020年严重不良反应/事件报告涉及怀疑药品21.3万例次，其中中药占6.3%。

2.4.3 涉及药品情况。2020年药品不良反应/事件报告涉及的中药中，例次排名前5位的类别分别是理血剂中活血化瘀药（25.8%）、清热剂中清热解毒药（11.9%）、祛湿剂中清热除湿药（6.5%）、补益剂中益气养阴药（5.7%）、祛湿剂中祛风胜湿药（4.6%）。2020年中药严重不良反应/事件报告的例次排名前5位的类别分别是理血剂中活血化瘀药（41.2%）、补益剂中益气养阴药（12.7%）、开窍剂中凉开药（7.9%）、清热剂中清热解毒药（7.3%）、祛湿剂中清热除湿药（3.0%）。

当符合医疗器械行业标准。医疗器械的使用说明书、标签、包装应当符合国家有关标准或者规定。第二，医疗器械是由医疗机构使用或安装的。因医疗器械而导致的责任包括两种情况：一是医疗机构售出的医疗器械本身有瑕疵，如心脏的起搏器不合格等。如果患者自行购买了医疗器械，因医疗器械的缺陷导致损害，应当由患者向医疗器械的生产者或销售者主张产品责任。二是医疗器械售出的医疗器械本身没有瑕疵，但医疗机构的使用、安装存有瑕疵。例如，心脏起搏器因安装不规范而导致导线断裂。第三，因医疗器械不合格导致患者的损害。如果是因为患者对医疗器械的不当使用或者违背医嘱的使用而造成了自身的损害，则不属于医疗器械不合格而导致的损害。① 基于不合理危险审查的现实困难，结合司法实践，有学者认为，不合格标准与鉴定人的鉴定能力相符，标准明确可靠，且由于医疗过失容易发现，如果发现不了还可借助公平责任，不合格标准不会明显降低对患者的保护水平，因此，药品、医疗器械缺陷应采用不合格标准。② 有学者统计 353 件涉医疗器械使用纠纷案，有 10 件非产品责任纠纷案，可确定为医疗产品缺陷的案例仅有 16 件，有 32 件是不确定的。究其原因，一是符合医疗产品鉴定条件的鉴定机构较少，申请鉴定时常常被鉴定机构以无鉴定条件而退回；二是鉴定机构受理鉴定的条件较为严苛，部分鉴定申请因不符合受理条件而被退回。③

《医疗器械监督管理条例》（2020 年修订）第 103 条规定：“医疗器械，是指直接或者间接用于人体的仪器、设备、器具、体外诊断试剂及校准物、材料以及其他类似或者相关的物品，包括所需要的计算机软件；其效用主要通过物理等方式获得，不是通过药理学、免疫学或者代谢的方式获得，或者虽然有这些方式参与但是只起辅助作用；其目的是：（一）疾病的诊断、预防、监护、治疗或者缓解；（二）损伤的诊断、监护、治疗、缓解或者功能补偿；（三）生理结构或者生理过程的检验、替代、调节或者支持；（四）生命的支持或者维持；（五）妊娠控制；（六）通过对来自人体的样本进行检查，为医疗或者诊断目的提供信息。”该条例第 7 条规定：“医疗器械产品应当符合医疗器械强制性国家标准；尚无强制性国

---

① 参见王利明：《侵权责任法》（第 2 版），中国人民大学出版社 2021 年版，第 276、290 ~ 291 页。

② 参见马辉：《药品和医疗器械缺陷认定标准探析》，载《医学与社会》2014 年第 10 期。

③ 参见刘静、马辉：《医疗产品侵权实证研究》，载《中国卫生法制》2019 年第 3 期。

家标准的，应当符合医疗器械强制性行业标准。”

根据前述概念可知，医疗器械的效用主要通过物理等方式获得，不是通过药理学、免疫学或者代谢的方式获得，在制造业发达的今天，机械类相对单纯、可控。体外诊断试剂、软件等只是按照医疗器械进行管理，其本身也并不和患者人体直接接触，不会产生直接的侵权损害；至于大型医疗器械设备，既可以是诊断的，比如B超、X线、CT、MRI，也可以是治疗的，比如钴60放疗设备、直线加速器等，其本身也不直接接触人体，当然，钴60放疗设备、直线加速器等也可能因照射剂量失控导致人身损害，但这种损害主要还是执业医师的控制行为，应由执业医师承担责任；如果是机器损坏导致失控，一般均属于产品质量或维保问题。最容易导致人体损害的是第Ⅲ类医疗器械，根据《医疗器械监督管理条例》第6条第4款之规定，第三类是具有较高风险，需要采取特别措施严格控制管理以保证其安全、有效的医疗器械。比如接骨板及人工关节、心脏支架、心脏起搏器、人工晶体等，该类产品实质还是植入材料产品质量问题。此外，我国的医疗器械基于仿制而来，一般均属国外多年成熟技术并被长期广泛使用之验证，因此，设计缺陷本身也较少。因此，笔者认为，当前我国医疗器械产品责任主要还是产品质量合格责任。

《医疗器械不良事件监测和再评价管理办法（试行）》第35条规定：“……医疗器械不良事件，是指获准上市的质量合格的医疗器械在正常使用情况下发生的，导致或者可能导致人体伤害的各种有害事件。……严重伤害，是指有下列情况之一者：（一）危及生命；（二）导致机体功能的永久性伤害或者机体结构的永久性损伤；（三）必须采取医疗措施才能避免上述永久性伤害或者损伤。”根据“医疗器械不良事件”该等定义，笔者认为这属于典型的医疗器械产品缺陷定义，而不是指医疗器械产品质量不合格。因为该不良事件指的是“获准上市的质量合格的医疗器械在正常使用情况下发生的，导致或者可能导致人体伤害的各种有害事件”。

医疗器械不良事件遵循可疑即报的原则，即怀疑某事件为医疗器械不良事件时，均可以作为医疗器械不良事件进行报告。根据国家药品不良反应监测中心编撰的《国家医疗器械不良事件监测年度报告（2020年）》，国家医疗器械不良事件监测信息系统共收到医疗器械不良事件报告536,055份，比上年增加

35.25%。[①]

因此，笔者认为，医疗器械质量缺陷应包含在医疗器械不良事件之中，尤其是应包括在严重伤害中。该等“不良事件”或“缺陷”是指获准上市的质量合格的、正常使用过程中发生的损害，而不是指质量不合格。笔者对医疗器械缺陷的定义为：上市流通前即存在危及人身安全的严重不良事件发生的危险但未被发现，合格上市并使用后对人身安全造成较大损害的医疗器械。就前文阐述的药品缺陷而言，作为主要考虑物理特性的医疗器械，其与药品缺陷存有差异，即造成的损害会较少、较小且易于识别和改进。2020 年药品不良反应 / 事件报告 167.6 万份，而医疗器械不良事件报告仅为 53.61 万份。另外，我国已发生多起群体性的药品缺陷事件，但医疗器械缺陷群体性事件却很少听闻。

针对医疗器械不合格的责任，应允许各责任主体以医疗器械合格及受害人不当使用为由等进行抗辩，从这个角度而言，医疗器械不合格责任应为严格责任。但医疗器械缺陷，应为无过错责任且生产者不能援引《产品责任法》第 41 条第 2 款的三种情形免责。

综上所述，笔者建议，就医疗产品责任而言，重新定义“缺陷”并将“缺陷医疗产品”与“不合格医疗产品”进行区分，对药品及医疗器械缺陷责任与药品及医疗器械不合格责任进行分别管理并使用不同的法律规制。

---

① 《国家医疗器械不良事件监测年度报告（2020 年）》规定：“……三、全国医疗器械不良事件报告统计分析……（二）按事件伤害程度统计分析。2020 年，国家药品不良反应监测中心收到的医疗器械不良事件报告中，伤害程度为死亡的报告 218 份，占报告总数的 0.04%；伤害程度为严重伤害的报告 32，874 份，占报告总数的 6.13%；伤害程度为其他的报告 502，963 份，占报告总数的 93.83%。2020 年，对于事件伤害程度为死亡的医疗器械不良事件报告，国家药品不良反应监测中心均及时进行了处置，督促注册人开展调查、评价。在目前完成分析评价的事件中，绝大多数与涉及医疗器械无明确相关性。后续监测中，尚未发现上述事件涉及医疗器械风险异常增高情况。（三）按医疗器械管理类别统计分析。2020 年，国家药品不良反应监测中心收到的医疗器械不良事件报告中，涉及 Ⅲ 类医疗器械的报告 178, 305 份，占报告总数的 33.26%；涉及 Ⅱ 类医疗器械的报告 242, 457 份，占报告总数的 45.23%；涉及 Ⅰ 类医疗器械的报告 46, 995 份，占报告总数的 8.77%；未填写医疗器械管理类别的报告 68, 298 份，占报告总数的 12.74%。……（六）按实际使用场所统计分析。2020 年，国家药品不良反应监测中心收到的医疗器械不良事件报告中，使用场所为‘医疗机构’的报告 459, 553 份，占报告总数的 85.73%；使用场所为‘家庭’的报告 64, 109 份，占报告总数的 11.96%；使用场所为‘其他’的报告 12, 393 份，占报告总数的 2.31%。……”

②司法适用

《医疗损害责任司法解释》第 7 条对医疗产品责任司法适用作出规定，第 1 款规定了患者作为原告“应当提交使用医疗产品或者输入血液、受到损害的证据”的立案标准，第 2 款规定了“患者无法提交使用医疗产品或者输入血液与损害之间具有因果关系的证据，依法申请鉴定的，人民法院应予准许”之因果关系举证责任及鉴定安排，第 3 款规定了相关责任主体“应当对医疗产品不存在缺陷或者血液合格等抗辩事由承担举证证明责任”。根据该司法解释，当出现医疗产品责任纠纷时，患者作为原告应举证证明医疗产品或输入血液之间存在因果关系或对因果关系申请鉴定义务，医疗机构或其他主体作为被告应当对医疗产品不存在缺陷或者血液合格等抗辩事由承担举证证明责任。实际上，医疗机构或其他责任主体除举证医疗产品进入流通领域前的包括但不限于资质证照、包装外观、检验合规等表面程序外，产品质量是否存在缺陷仍有赖于鉴定，因此，医疗机构或其他责任主体的“举证责任”实际上还是申请鉴定并预交鉴定费，并非真正的举证。

输入血液合格证明责任稍有复杂，除非输血后留存有血样标本，否则可能无法进行鉴定，根据《单采血浆站管理办法》（卫生部令第 39 号）第 39 条“单采血浆站所采集的每袋血浆必须留存血浆标本，保存期应不少于血液制品生产投料后 2 年”的规定，此意味血液制品生产投料后 2 年后将不会有留存血浆标本供重新监测。根据《血液制品管理条例》，血液出厂前经过三次检验，一为单采血浆站的原料血浆初检，[①] 二为血液制品生产经营单位原料血浆投料生产前复检，三为血液制品出厂前质量检验。[②] 医疗机构在使用血液制品时必须进行核查，[③] 但仅限于入库核对、储存、出库等，除非医疗机构临时采集血液，否则并不进行重新检验。[④]《临床输血技术规范》明确规定了血液入库、核对、贮存的相关程序和条件，

---

① 《单采血浆站管理办法》第 29 条规定：单采血浆站在每次采集血浆前，必须将供血浆者持有的身份证或者其他有效身份证明、《供血浆证》与计算机档案管理内容进行核实，确认无误的，方可按照规定程序进行健康检查和血样化验；对检查、化验合格的，按照有关技术操作标准和程序采集血浆，并详细记录。第 36 条规定：单采血浆站应当保证所采集的血浆均进行严格的检测。

② 《血液制品管理条例》第 12、15、25、26 条。

③ 《献血法》第 13 条规定：医疗机构对临床用血必须进行核查，不得将不符合国家规定标准的血液用于临床。

④ 《医疗机构临床用血管理办法》第 15、16、17、18 条。

医疗机构进行输血治疗，应经过输血申请、受血者血样采集与送检、交叉配血、发血、输血程序，同样未规定医疗机构的重新检验程序，根据该技术规范之规定，血液发出后，受血者和供血者的血样保存于 2 ～ 6℃的冰箱内至少 7 天，以便对输血不良反应追查原因。[①] 因此，针对输血导致的病毒感染等，留存血浆标准供重新检验鉴定的时间为血液制品生产投料后 2 年后，如果超过该等时间，病毒监测层面或输血合格层面将无法进行技术鉴定，超过 10 年，将无法获取血浆采集、检测和供浆的原始记录，但理论上可通过计算机系统对供血浆者的信息进行追溯并采集供血血浆血液进行鉴定，但这种追溯，一方面可能因年代久远而失去鉴定的科学性，另一方面也基于不得强制抽血而导致采样不能。

《民法典》规定的医疗产品缺陷责任是不真正连带责任，根据《医疗损害责任司法解释》第 21 条第 2、3 款之规定，医疗机构承担赔偿责任后，向缺陷医疗产品的生产者、销售者、药品上市许可持有人或者血液提供机构追偿的，应予支持。因医疗机构的过错使医疗产品存在缺陷或者血液不合格，医疗产品的生产者、销售者、药品上市许可持有人或者血液提供机构承担赔偿责任后，向医疗机构追偿的，应予支持。医疗产品损害责任的不真正连带责任，是指医疗机构、医疗产品的生产者、销售者违反法定义务，致使有缺陷的医疗产品对患者造成人身损害，对产生的具有同一内容的损害赔偿各负全部责任，并因医疗机构、生产者、销售者之一承担责任而使全体责任人的责任归于消灭，并最终归属于医疗产品的生产者或者有过错的医疗机构或者销售者承担的侵权责任形态。[②]

《民法典》第 1223 条规定的不真正连带责任最大的争议在于：其一，医疗机构是产品销售者还是产品使用者，如果是产品的使用者就不承担责任；其二，医疗机构提供的诊疗服务适用过错责任原则，对于医疗机构来说，由于药品侵权适用无过错责任，使得一旦出现药品致害现象，即使医疗机构不存在过错，患者也可以依据无过错责任起诉法院，这一规定加重了医疗机构的责任。[③] 第一个问题几无意义，《民法典》第 1223 条明确规定的是“也可以向医疗机构请求赔偿”，这是法律的明确规定，医疗机构是否属于《产品质量法》中的销售者已无需考虑，另外，医疗产品无论是平价进抑或加价进的医疗机构，最终向患者收取医疗产品

① 《临床输血技术规范》第 2 章、第 3 章、第 4 章、第 5 章、第 6 章第 27 条、第 7 章。

② 参见杨立新：《医疗损害责任法》，法律出版社 2012 年版，第 181 页。

③ 参见刘鑫：《医事法学》（第 2 版），中国人民大学出版社 2015 年版，第 167 页。

费用的是医疗机构，从这个角度说医疗机构是销售者并无不当。对于第二个问题，张新宝教授认为，由于受害的患者很难明确指出有缺陷的药品、器材等的生产者，因而其得直接向医疗机构主张医疗产品或者不合格血液致害责任，医疗机构不得推诿，但可于无过错之情形向生产者等追偿。[①]杨立新教授披露，在制定原《侵权责任法》时，究竟是参照缺陷产品生产者的标准还是参照缺陷产品销售者的规定确定医疗机构的责任，是一个争论特别大的重要问题。[②]王利明教授认为，允许患者直接向医疗机构索赔，是因为医疗机构出售了药品等，其作为销售者原本应承担产品责任。尤其是因为药品、消毒药剂、医疗器械的生产者和血液的供应者可能距离受害人过于遥远，要求医疗机构赔偿便于受害人主张权利。此外，药品等的生产者可能不具备足够的赔偿能力。因此，法律应当赋予患者选择权，同时赋予医疗机构追偿权。[③]

笔者认为，《民法典》医疗产品责任规定的医疗机构责任，主要还是方便患者提诉考量，从患者的朴素角度出发，其是去医疗机构就诊，其是和医疗机构建立了诊疗关系而不是与产品生产者或血液提供机构建立销售关系，因此，医疗机构作为第一被告属自然而然、应有之义；反之，如果仅起诉产品生产者或血液提供机构，患者仍需要去医疗机构复制病历并明确产品生产者或血液提供者，从这个角度而言，极少会有患者如此选择；再者，医疗产品责任既有产品缺陷责任也有诊疗行为责任且二者可能交织，将医疗机构作为共同被告也属民事案件代理人的最优考虑方案。[④]

另外，《民法典》第1223条规定的互相追偿看似很美好，实际上可能无法操作，司法实践中主审法官大概率也不会如此操作。例如，如果仅起诉医疗机构且医疗机构并不向人民法院申请追加药品上市许可持有人、生产者、血液提供机构等作为共同被告，将会因药品上市许可持有人、生产者、血液提供机构缺席导致对医疗产品不存在缺陷或者血液合格等抗辩事由的举证责任弱化，当然，根据司法解

① 参见张新宝：参见《侵权责任法》（第5版），中国人民大学出版社2020年版，第204页。

② 参见杨立新：参见《医疗损害责任法》，法律出版社2012年版，第184页。

③ 参见王利明：参见《侵权责任法》（第2版），中国人民大学出版社2021年版，第289页。

④ 梁慧星教授认为，这个条文在法律政策考虑上，没有考虑连带不连带的问题，纯粹是为了方便受害人求偿，立法上着重考虑受害者是不是能得到实际利益。参见梁慧星：《我国〈侵权责任法〉的几个问题》，载《暨南大学学报（哲学社会科学版）》2010年第3期。

释的规定，医疗机构也可以越俎代庖就医疗产品不存在缺陷或者血液合格等抗辩事由承担举证证明责任，但毫无疑问，医疗机构对此并不专业。此外，假定医疗机构为唯一被告且法院裁判存在产品缺陷责任，其可能无法追偿或追偿过程艰辛，原因很简单，人民法院判决存在产品缺陷责任但产品缺陷责任的最终承担者并未能参加诉讼并有效表达意见，该等法律后果，除非基于医疗机构作为采购方强势逼迫最终承担者妥协，否则，其有理由不予认可。因此，在产品缺陷责任最终承担者不认可的情况下，将会在医疗机构与医疗产品责任最终承担者之间演绎出二审终审的法律诉讼，或者不排除经过重新鉴定推翻此前患者与医疗机构产品缺陷鉴定意见的可能性。该等情形既诉累也浪费司法资源。实际上，以上只是一种假设，当医疗机构基于医疗产品责任成为被告且为唯一被告时，假如其有一个比较专业的代理人，其一定会向人民法院申请追加药品上市许可持有人、生产者、血液提供机构为共同被告，人民法院也一定会支持。反之，当药品上市许可持有人、生产者、血液提供机构成为唯一被告时，其大概率也会申请人民法院追加医疗机构参加诉讼，人民法院也一定会支持。医疗机构、药品上市许可持有人、生产者、血液提供机构作为共同被告参与诉讼是司法实践的常态和常识。①

除前述阐述的不真正连带责任外，医疗产品责任还存有真正的连带责任，该等情形即为缺陷医疗产品与医疗机构的过错诊疗行为共同造成患者同一损害时应承担的共同侵权连带责任。《医疗损害责任司法解释》第 22 条规定："缺陷医疗产品与医疗机构的过错诊疗行为共同造成患者同一损害，患者请求医疗机构与医疗产品的生产者、销售者、药品上市许可持有人承担连带责任的，应予支持。医疗机构或者医疗产品的生产者、销售者、药品上市许可持有人承担赔偿责任后，向其他责任主体追偿的，应当根据诊疗行为与缺陷医疗产品造成患者损害的原因力大小确定相应的数额。输入不合格血液与医疗机构的过错诊疗行为共同造成患者同一损害的，参照适用前两款规定。"该等情形下属于《民法典》第 1168 条规定的两人以上共同实施侵权行为造成他人损害

---

① 《医疗损害责任司法解释》第 3 条规定："患者因缺陷医疗产品受到损害，起诉部分或者全部医疗产品的生产者、销售者、药品上市许可持有人和医疗机构的，应予受理。患者仅起诉医疗产品的生产者、销售者、药品上市许可持有人、医疗机构中部分主体，当事人依法申请追加其他主体为共同被告或者第三人的，应予准许。必要时，人民法院可以依法追加相关当事人参加诉讼。患者因输入不合格的血液受到损害提起侵权诉讼的，参照适用前两款规定。"

的，应当承担连带责任情形；《民法典》第1171条规定的两人以上分别实施侵权行为造成同一损害，每个人的侵权行为都足以造成全部损害的，行为人承担连带责任情形。

司法实践中，医疗产品责任中还存有惩罚性责任，即医疗产品的生产者、销售者、药品上市许可人明知医疗产品存在缺陷仍然生产、销售，造成患者死亡或者健康严重损害，被侵权人请求生产者、销售者赔偿损失及二倍以下惩罚性赔偿的，人民法院应予支持。[①] 该等条款相关内容规定在《民法典》第七编第四章产品责任第1207条但该条未规定具体标准，两倍以下惩罚性赔偿属于司法适用。但该条款内容并未规定在《民法典》的医疗损害责任中，最高人民法院认为，医疗产品事关广大人民群众的生命健康，从某种意义上讲，缺陷医疗产品的危害较普通产品的危害更为严重。在医疗产品责任纠纷中适用惩罚性赔偿，对于规范医疗领域存在的医疗产品市场不规范、制售假冒伪劣医疗产品屡禁不止等问题具有重要意义。[②]

（4）医疗机构承担举证责任是加重医疗机构负担系伪命题

2002年4月1日起施行的《民事诉讼证据规则》（法释〔2001〕33号）第4

① 《医疗损害责任司法解释》第23条规定：医疗产品的生产者、销售者、药品上市许可持有人明知医疗产品存在缺陷仍然生产、销售，造成患者死亡或者健康严重损害，被侵权人请求生产者、销售者、药品上市许可持有人赔偿损失及两倍以下惩罚性赔偿的，人民法院应予支持。

② 《为构建和谐医患关系推进健康中国建设提供司法保障——最高人民法院研究室负责人就〈最高人民法院关于审理医疗损害责任纠纷案件适用法律若干问题的解释〉答记者问》，载https://www.chinacourt.org/article/detail/2017/12/id/3107384.shtml，最后访问日期：2021年12月16日。

问：《解释》对医疗产品责任纠纷案件中适用惩罚性赔偿是如何规定的？答：侵权责任法在产品责任一章中确立了惩罚性赔偿制度，其目的在于通过制裁故意将缺陷产品投放市场并且已经造成了使用人严重人身损害的行为，督促生产者、经营者规范其行为，以充分保护产品使用人的合法权益。医疗产品事关广大人民群众生命健康，从某种意义上讲，缺陷医疗产品的危害较普通产品的危害更为严重。在医疗产品责任纠纷中适用惩罚性赔偿，对于规范医疗领域存在的医疗产品市场不规范、制售假冒伪劣医疗产品屡禁不止等问题具有重要意义。由于侵权责任法第四十七条并没有规定相应的惩罚性赔偿的标准，经过慎重考虑，《解释》参照《消费者权益保护法》第五十五条第二款的规定，明确规定了医疗产品的生产者明知医疗产品存在缺陷仍然生产或者医疗产品的销售者明知医疗产品存在缺陷仍然销售的，造成患者死亡或者健康严重损害，患者请求生产者或者销售者赔偿损失及所受损失二倍以下的惩罚性赔偿的，人民法院应予支持。这对于威慑或者阻遏明知医疗产品存在缺陷仍然生产、销售的行为，维护广大人民群众的生命健康利益，具有重要而积极的作用。

条第1款第8项规定，因医疗行为引起的侵权诉讼，由医疗机构就医疗行为与损害结果之间不存在因果关系及不存在医疗过错承担举证责任。[①] 该条款即为医方举证倒置条款，直至2010年7月1日因原《侵权责任法》生效而废止。该条款适用期间，曾有诸多异议。根据原《侵权责任法》第54条的规定，医疗损害责任属于过错责任，按照原《侵权责任法》第6条第1款关于过错责任原则的规定，本应由受害患者向法庭举证证明医务人员有过错。但是，全国人大法律委员会和全国人大常委会法制工作委员会认为，鉴于诊疗活动本身的特殊性与发生医疗损害的许多情形，不仅患者方面往往难以举证证明医疗机构和医务人员有过错，而且医疗机构和实施诊疗行为的医务人员也往往难以举证证明自己无过错，无论是将举证责任和举证不能的后果由患者方面承担还是由医疗机构方面承担，均有失偏颇。鉴于此，既不宜机械地按照原《侵权责任法》第6条第1款（《民法典》第1165条第1款）关于过错责任原则的规定，要求原告（患者）一方承担证明医疗机构和医务人员具有过错的举证责任，并在原告（患者）不能举证或者不能充分举证证明医疗机构和医务人员有过错时，作出不利于原告（患者）的事实认定，也不宜沿用《民事诉讼证据规则》（法释〔2001〕33号）第4条第8款对医疗纠纷案件采用举证责任倒置的规定，要求医疗机构承担证明自己无过错的举证责任，并在医疗机构不能举证或者不能充分举证证明自己无过错时，作出不利于医疗机构的事实认定。原《侵权责任法》在总结人民法院裁判经验的基础上，参考借鉴发达国家和地区关于“过错客观化”的判例学说，专设若干法律条文明确规定判断过错的客观标准，以方便法庭正确判断过错，避免将举证责任和举证不能的后果简单化地归属于任何一方所可能造成的不公正结果。因此，人民法院在审理医疗损害责任案件时，不应适用原《侵权责任法》第6条第1款（《民法典》第1165条第1款）过错责任原则关于过错举证的一般规则，被告是否存在过错，应由人民法院根据原《侵权责任法》第55、58、60条（《民法典》第1219、1222、1224条）规定的判断标准予以认定。[②]

杨立新教授认为，最高人民法院在上述司法解释中规定医疗过错的完全推定归责，并且配合因果关系推定归责，就使医疗机构陷入严重不利的诉讼地

① 2020年5月1日实施的《民事诉讼证据规则（2019年修正）》已将该条款删除。

② 参见梁慧星：《论〈侵权责任法〉中的医疗损害责任》，载《法商研究》2010年第6期。

位，医疗机构及其医务人员为了自保，采用一切能够采取的医疗措施保存医疗诉讼证据，对其具有医疗风险的诊疗行为采取回避态度，基本上形成了防御性医疗的局面。采取这种诉讼规则反而损害了作为全体患者的人民群众的利益。①

笔者认为，该等问题确有理论探讨的必要，医方举证是否一定导致防御性医疗，除非有较为权威的研究证明，否则笔者持有保留意见，笔者认同前文梁慧星教授提及的观点。医疗损害责任纠纷的司法实践中，所谓举证责任增加负担的确是个伪命题。医疗损害责任纠纷的举证责任具有其特殊性，与其他的民事法律关系举证有显著差别。显著差别在于，医疗损害责任纠纷的所谓“举证”实质或最主要的是医疗损害鉴定意见，一般而言，医疗损害责任纠纷至提起诉讼时，该等证据尚未形成，根本不存在某一方举证的问题。无论是 2002 年 4 月 1 日至 2010 年 7 月 1 日的举证倒置医方举证，还是 2010 年 7 月 1 日至今的患方作为原告的举证，医方需要举证的最主要证据均是住院病历或门诊病历（如果门诊病历由医方保存的话），患者方需要举证的是存在诊疗关系（包括门诊病历等）及支付的医疗费等据以提起侵权之诉的表面证据。所谓举证倒置医方举证，或遵从“谁主张，谁举证”的患者方举证，举证责任的实质就是谁申请鉴定、谁预交鉴定费的问题。举证倒置由医方举证根本不存在所谓杨立新教授认为的“就使医疗机构陷入严重不利的诉讼地位”问题，如果让医方预交了几千块鉴定费即为“就使医疗机构陷入严重不利的诉讼地位”则另当别论。

司法实践中，医疗损害责任纠纷的所谓过错及因果关系举证责任的最终实质即为鉴定申请及预交鉴定费的责任，笔者认为，医疗损害责任纠纷基于其特殊性，除极个别例外情况外，实质不存在某一方举证的问题，各方均需要在医疗损害鉴定听证会上“举证”或抗辩其有过错或没有过错，有因果关系或没有因果关系。基于案件是由患者方发起的，即便在实施举证倒置医方举证，也是完全需要由患者方“举证”医方存有过错且该等过错与损害后果存有因果关系；否则，事先没有研究和明确指出医方构成侵权之事实与理由的鉴定，根本无法有针对性地进行。

---

① 参见杨立新：《医疗损害责任法》，法律出版社 2012 年版，第 142 页。

根据《医疗损害责任司法解释》第4、5、7条之规定，[①]非医疗产品损害责任纠纷案件，“举证责任”或申请鉴定并预交鉴定费的义务在患者方；知情同意权的举证责任在医方，该等责任一般无需鉴定，根据有无书面证据即可判断；医疗产品损害责任纠纷因果关系“举证责任”或申请鉴定并预交鉴定费的义务在患者方，医疗产品不存在缺陷或者血液合格等抗辩事由承担举证证明责任的是医方或医疗产品的生产者、销售者、药品上市许可持有人或者血液提供机构，该等责任除非有极少数的表面证据即能证明产品存在缺陷，否则，绝大多数案例所谓“举证责任”也是该等机构申请鉴定并预交鉴定费的义务。

综上所述，笔者认为，基于医疗损害责任纠纷对鉴定及其意见的严重依赖性，所谓“举证责任”，除个别例外情况外，司法实践中就是谁申请鉴定及预交鉴定费的问题，不会造成所谓对某一方严重不利的情形。退而言之，提起医疗损害责任纠纷的均是作为自然人或其家庭的个体，而医疗机构一般均是法人机构，医疗机构提出鉴定申请及预交鉴定费也不是特别严重的问题。当然，申请鉴定并预交鉴定费也的确可阻却一部分想诉讼但又不愿意支付的原告，但这更多是一个法的价值判断问题。

4. 医疗损害责任系用人单位责任

根据《民法典》第1218条的规定，患者在诊疗活动中受到损害，医疗机构或者其医务人员有过错的，由医疗机构承担赔偿责任。其中规定的医务人

---

① 《医疗损害责任司法解释》第4条规定：患者依据《民法典》第1218条规定主张医疗机构承担赔偿责任的，应当提交到该医疗机构就诊、受到损害的证据。患者无法提交医疗机构或者其医务人员有过错、诊疗行为与损害之间具有因果关系的证据，依法提出医疗损害鉴定申请的，人民法院应予准许。医疗机构主张不承担责任的，应当就《民法典》第1224条第1款规定情形等抗辩事由承担举证证明责任。第5条规定：患者依据《民法典》第1219条规定主张医疗机构承担赔偿责任的，应当按照前条第1款规定提交证据。实施手术、特殊检查、特殊治疗的，医疗机构应当承担说明义务并取得患者或者患者近亲属明确同意，但属于《民法典》第1220条规定情形的除外。医疗机构提交患者或者患者近亲属明确同意证据的，人民法院可以认定医疗机构尽到说明义务，但患者有相反证据足以反驳的除外。第7条规定：患者依据《民法典》第1223条规定请求赔偿的，应当提交使用医疗产品或者输入血液、受到损害的证据。患者无法提交使用医疗产品或者输入血液与损害之间具有因果关系的证据，依法申请鉴定的，人民法院应予准许。医疗机构，医疗产品的生产者、销售者、药品上市许可持有人或者血液提供机构主张不承担责任的，应当对医疗产品不存在缺陷或者血液合格等抗辩事由承担举证证明责任。

员有过错的，由医疗机构承担赔偿责任，属替代责任。杨立新教授认为，医疗损害责任的责任形态是替代责任并赞同替代责任并不是单纯的雇主责任。所谓替代责任，是指行为人就与自己有某种特殊关系的第三人实施的侵权行为人对受害人承担的侵权责任。替代责任并不是单纯的雇主责任。换言之，雇主责任并不是替代责任的全部，仅仅是替代责任的一种类型。我国原《侵权责任法》未采用雇主责任的概念，而是采取用人单位的责任的概念。认为医疗损害责任是医务人员承担的过错责任和医疗机构承担的替代责任的综合，也是不正确的。[①] 杨立新教授进而也将医疗损失替代责任扩展至医疗产品，并将医疗损失责任的替代责任定义为“医疗损害责任的替代责任，是指医疗机构作为责任人，为医务人员违反诊疗规定的行为以及所使用的医疗产品造成患者损害所承担的赔偿责任的侵权责任形态”。[②] 张新宝教授认为，医疗单位对其雇佣的医护人员所造成的医疗事故所应承担的赔偿责任是一种雇主责任或替代责任。医疗单位不得以“无选任不当之过错”或“已尽监督职责”为由而推卸医疗事故责任。[③] 王利明教授并未阐明替代责任，但赞同“医务人员都是隶属于医疗机构，他们并不是以个人的身份对外行医，而是以医疗机构的名义对外活动，因此，在因医疗过错导致损害的情况下，应由医疗机构承担责任”观点。[④]

笔者认为，替代责任外延的确大于雇主责任，雇主责任是替代责任，但替代责任还包括其他非雇主责任情形，比如《民法典》第1188条规定的无民事行为能力人、限制民事行为能力人造成他人损害的由监护人承担侵权责任情形。但笔者赞同张新宝教授的观点，替代责任是实际侵权人与责任承担人之间的关系，是人的替代而不是物的替代，对物的替代责任就是物件致害责任。就《民法典》中规定的医疗机构承担医务人员过错导致的损害赔偿责任而言，替代责任、雇主责任、用人单位责任并无实质区别。替代责任、雇主责任、用人单位责任规定在《民

① 参见杨立新：《侵权责任法》，北京大学出版社2014年版，第323页。
② 参见杨立新：《医疗损害责任法》，法律出版社2012年版，第173页。
③ 参见张新宝：《侵权责任法原理》，中国人民大学出版社2005年版，第226页。
④ 参见王利明：《侵权责任法》（第2版），中国人民大学出版社2021年版，第276页。

法典》第1191条，也可以延及第1192条第1款，[①] 根据该条款规定，构成替代责任至少需要三个构成要件，其一，属于用人单位的雇员，该等雇员可以是人事聘用合同关系、劳动合同关系、劳务派遣关系、短期劳务关系等；其二，因执行用人单位的工作任务期间，非执行用人单位工作任务期间排除适用；其三，因执行用人单位的工作任务造成他人损害的。因此，从三个构成要件出发，替代责任、雇主责任、用人单位责任并无实质区别，替代责任只是着眼责任替代，雇主责任及用人单位责任只是着眼单位与个人的特殊关系。另外，法人责任、职务侵权、雇主责任在我国立法中由来已久，1987年实施的原《民法通则》、1992年实施的《最高人民法院关于适用〈中华人民共和国民事诉讼法〉若干问题的意见》（法发〔1992〕22号）及2004年施行的《人身损害赔偿司法解释》（法释〔2003〕20号）[②] 均对职务侵权或雇主责任作出明确规定，这是由特殊国情决定的，也是从单位人到社会人过渡的必然。我国的医疗机构过去均为国有事业或企业单位，鲜有民营医疗机构，直至今日，国有事业医疗机构仍占据极高比例。我们也未能如美国一般建立医师独立执业制度，执业医师等的执业具有地域性且必须依附于医疗机构而存在。因此，从历史沿革及习惯而言，笔者将该等责任称为用人单位责任。

需要说明的是，《民法典》将原《侵权责任法》中的用人单位替代责任进行了修订，原《侵权责任法》第34条并未规定用人单位承担责任后的追偿，[③] 但《民法典》第1191条规定了可向工作人员追偿但限定为“故意或重大过失”，[④] 但原《侵

① 《民法典》第1191条规定：用人单位的工作人员因执行工作任务造成他人损害的，由用人单位承担侵权责任。用人单位承担侵权责任后，可以向有故意或者重大过失的工作人员追偿。劳务派遣期间，被派遣的工作人员因执行工作任务造成他人损害的，由接受劳务派遣的用工单位承担侵权责任；劳务派遣单位有过错的，承担相应的责任。第1192条规定：个人之间形成劳务关系，提供劳务一方因劳务造成他人损害的，由接受劳务一方承担侵权责任。接受劳务一方承担侵权责任后，可以向有故意或者重大过失的提供劳务一方追偿。

② 《人身损害赔偿司法解释》（法释〔2003〕20号）第8条规定：法人或者其他组织的法定代表人、负责人以及工作人员，在执行职务中致人损害的，依照《民法通则》第121条的规定，由该法人或者其他组织承担民事责任。上述人员实施与职务无关的行为致人损害的，应当由行为人承担赔偿责任。

③ 原《侵权责任法》第34条规定：用人单位的工作人员因执行工作任务造成他人损害的，由用人单位承担侵权责任。劳务派遣期间，被派遣的工作人员因执行工作任务造成他人损害的，由接受劳务派遣的用工单位承担侵权责任；劳务派遣单位有过错的，承担相应的补充责任。

④ 《民法典》第1191条第1款规定：“用人单位的工作人员因执行工作任务造成他人损害的，由用人单位承担侵权责任。用人单位承担侵权责任后，可以向有故意或者重大过失的工作人员追偿。”

权责任法》和《民法典》均未在医疗损害责任章节规定可追偿。因此，如果医疗损害责任的医疗单位不能向有过错的医务人员追偿，雇主责任或用人单位责任在能否追偿问题上将与医疗损害替代责任产生区别，从这个意思上言，又不完全一致。

杨立新教授将医疗损害替代责任的具体赔偿关系分为不可追偿的替代责任和可追偿的替代责任。在医疗损害责任中，医疗机构承担替代责任，是医务人员因自己的过失诊疗行为致使受害患者受到人身损害而由医疗机构承担替代责任，医疗机构承担替代责任之后，取得向有过错的医务人员的追偿权，实施过失诊疗行为的医务人员应向医疗机构赔偿因自己过失诊疗行为所致损害，就医疗机构承担赔偿责任所遭受的损失承担赔偿责任。这种替代责任赔偿关系，就是可追偿的替代责任。其追偿的范围是医疗机构因赔偿受害患者医疗损害所造成的一切损失。[①] 对此，笔者持有保留意见，其一，《民法典》在医疗损失责任章节中并未明确规定可追偿，尽管《民法典》第 1191 条规定了追偿权，但属于一般侵权与特殊侵权的关系，并不一定适用医疗损害赔偿责任；其二，司法实务中，医疗机构承担因医务人员过错导致的医疗损害赔偿责任后，鲜有对医务人员进行司法追偿的，即便是重大过失或造成严重人身损害后果的，也很少见。原因很简单，绝大部分医疗机构是国有事业单位，医务人员仅是国有事业单位的拿工资报酬的员工且诊疗行为本身就具有一定的风险性，任意地对员工起诉追偿将导致医务人员不稳定、出现防御性医疗，不利于医疗卫生事业的健康发展；另外，造成严重伤残或死亡的，赔偿可能是百万级数量，普通医务人员可能也赔不起。据笔者所知，实务中几乎不存在向医务人员进行司法追偿的情形，至多是扣罚科室及个人一定比例的奖金而已。当然，基于重大过错且产生严重人身损害后果的，还会给予纪律处分、行政处罚等。

医疗机构替代责任也适用于会诊行为，医疗机构邀请本单位以外的医务人员对患者进行诊疗，因受邀医务人员的过错造成患者损害的，由邀请医疗机构承担赔偿责任。[②] 同样，也适用于未签订协议的外国医师来华的短期行医

① 参见杨立新：《医疗损害责任法》，法律出版社 2012 年版，第 177 页。

② 《医疗损害责任司法解释》第 20 条规定：医疗机构邀请本单位以外的医务人员对患者进行诊疗，因受邀医务人员的过错造成患者损害的，由邀请医疗机构承担赔偿责任。

行为。[①]

二、医疗损害责任之知情同意权条款

（一）我国知情同意权条款及沿革

《民法典》第 1219 条规定："医务人员在诊疗活动中应当向患者说明病情和医疗措施。需要实施手术、特殊检查、特殊治疗的，医务人员应当及时向患者具体说明医疗风险、替代医疗方案等情况，并取得其明确同意；不能或者不宜向患者说明的，应当向患者的近亲属说明，并取得其明确同意。医务人员未尽到前款义务，造成患者损害的，医疗机构应当承担赔偿责任。"第 1220 条规定："因抢救生命垂危的患者等紧急情况，不能取得患者或者其近亲属意见的，经医疗机构负责人或者授权的负责人批准，可以立即实施相应的医疗措施。"此即为《民法典》知情同意权条款。

《民法典》实施前，卫生管理法律法规及原《侵权责任法》均规定了知情同意条款。1994 年 9 月 1 日起施行的《医疗机构管理条例》（该条例于 2016 年重新修订）第 33 条规定："医疗机构施行手术、特殊检查或者特殊治疗时，必须征得患者同意，并应当取得其家属或者关系人同意并签字；无法取得患者意见时，应当取得家属或者关系人同意并签字；无法取得患者意见又无家属或者关系人在场，或者遇到其他特殊情况时，经治医师应当提出医疗处置方案，在取得医疗机构负责人或者被授权负责人员的批准后实施。"1994 年 9 月 1 日起施行的《医疗机构管理条例实施细则》（该细则于 2006 年重新修订）第 62 条规定："医疗机构应当尊重患者对自己的病情、诊断、治疗的知情权利。在实施手术、特殊检查、特殊治疗时，应当向患者作必要的解释。因实施保护性医疗措施不宜向患者说明情况的，应当将有关情况通知患者家属。"第 88 条第 3 款规定："特殊检查、特殊治疗：是指具有下列情形之一的诊断、治疗活动：（一）有一定危险性，可能产生不良后果的检查和治疗；（二）由于患者体质特殊或者病情危笃，可能对患者产

① 《外国医师来华短期行医暂行管理办法》第 5 条规定：外国医师申请来华短期行医，必须依本办法的规定与聘用单位签订协议。有多个聘用单位的，要分别签订协议。外国医师应邀、应聘来华短期行医，可以根据情况由双方决定是否签订协议。未签订协议的，所涉及的有关民事责任由邀请或聘用单位承担。

生不良后果和危险的检查和治疗；（三）临床试验性检查和治疗；（四）收费可能对患者造成较大经济负担的检查和治疗。”1999 年 5 月 1 日起施行的《执业医师法》第 26 条规定：“医师应当如实向患者或者其家属介绍病情，但应注意避免对患者产生不利后果。医师进行实验性临床医疗，应当经医院批准并征得患者本人或者其家属同意。”2002 年 9 月 1 日施行的《医疗事故处理条例》第 11 条规定：“在医疗活动中，医疗机构及其医务人员应当将患者的病情、医疗措施、医疗风险等如实告知患者，及时解答其咨询；但是，应当避免对患者产生不利后果。”2010 年 7 月 1 日施行的原《侵权责任法》第 55 条规定：“医务人员在诊疗活动中应当向患者说明病情和医疗措施。需要实施手术、特殊检查、特殊治疗的，医务人员应当及时向患者说明医疗风险、替代医疗方案等情况，并取得其书面同意；不宜向患者说明的，应当向患者的近亲属说明，并取得其书面同意。医务人员未尽到前款义务，造成患者损害的，医疗机构应当承担赔偿责任。”第 56 条规定：“因抢救生命垂危的患者等紧急情况，不能取得患者或者其近亲属意见的，经医疗机构负责人或者授权的负责人批准，可以立即实施相应的医疗措施。”因此，我国至少早在 1994 年即对知情同意权进行立法规制。

原《侵权责任法》与此前卫生管理法律法规规定的知情同意条款的主要区别在于“替代医疗方案”的医务人员说明义务及患者的选择权。某类疾病诊治活动中可能存有多种治疗方案，比如股骨颈骨折，既可以经颈空心钉内固定，也可以进行全髋关节置换术，传统的甚至可悬吊牵引。执业医师的责任是告知患者各种诊治手段的利弊，甚至亦可基于自身的专业判断提出具体的诊治手段建议，但执业医师应尊重患者的最终选择权。“替代医疗方案”不仅涉及方案选择还属于经济问题，不同的方案将会产生不同的医疗费用，因此，规定“替代医疗方案”知情同意及选择实属必要。

比较原《侵权责任法》与《民法典》中的知情同意条款，有一些细微变化，《民法典》将“说明”修改为“具体说明”，将“书面同意”修改为“明确同意”，即“医务人员应当及时向患者具体说明医疗风险、替代医疗方案等情况，并取得其明确同意”，近亲属知情同意亦为“明确同意”。这一修订表明《民法典》更注重对患者知情同意权的实体、实际保护，减少操作层面模糊空间的立法意旨。总而言之，自 1994 年行政法规第一次规定知情同意至 2020 年《民法典》生效，我国医疗损害责任知情同意权条款已经比较完善，此对保护患者合法权益、平衡医患关系具有重大意义。

（二）知情同意滥觞于美国并席卷欧洲和整个普通法系世界

关于同意权的法律是政策导向的，有时很难勾勒出法律框架的体系。政策本身是紧张关系的产物，一头连着个人自由，另一头连着社会共同利益和国家意志。[①]知情同意权（informed consent）是法制化进程推进到医疗领域、人本主义回归的必然结果。“知情同意权发展于强大司法权让位于个人自由期，它反映了一个信仰：未经本人同意，他人不得干预个人自由；同时，它也是一个基本道德准则：强制一个人违背他人的意愿去行为是错误的。该理念起源于1914年Schloendrff v.Society of New York Hospital一案中，即‘任何一个成年的、有理性思维的人有权决定如何处理自己的身体’。”[②]

“告知后同意”本身滥觞于美国，但如同许多其他观念一样，它横跨大西洋，席卷欧洲和整个普通法系世界。“告知后同意”血统高贵，尽管对其确切的发源时间存有争议，但1957年美国加利福尼亚上诉法院的判决无疑是一个重要的节点。该判决指出：“假如医生保有任何有利于患者对治疗方案做出明智判断的信息而未告知患者，则其违背了对原告应负之职责，应承担法律责任。”在“告知后同意”和其他法律原则的基础上，美国法院逐步建立起一座法律大厦来保障患者权益、规范医生行为。在具有重大影响的“坎特伯雷诉斯彭斯案”（1972）中，审理案件的美国联邦地区法院认为，医生的职责不仅包括回答问题，还包括主动提供信息。法院拒绝在同意权问题上使用英国的“博勒姆标准”，[③]认为保障患者的自我决定权在法律上至关重要，应由法律而不是医生本身设立所需的标准。法院认为医生必须披露所有“重要风险”。“重要风险”的判断标准是，“一个理性的人评估个别或整体风险以决定是否接受治疗措施时，对医生所掌握的信息或站在患者立场应当知道的信息赋予的重要性”。只有当披露风险可能导致“患者心理产生严重的伤害”时，不向患者披露风险才是正当的。[④]涉及该议题的英国法

---

① 参见［英］查尔斯·福斯特：《医师法》，刘文戈译，译林出版社2020年版，第46页。

② Barry R.Furrow et al., *Health law-cases, materials and problems*, West Group, 2001, p.346.

③ 关于该标准，可参见本书第四章之医疗损害责任比较法研究。

④ 参见［英］查尔斯·福斯特：《医师法》，刘文戈译，译林出版社2020年版，第56～57页。

则较难归纳。“赛德威诉皇家伯利恒医院和莫兹利医院理事会案”（1985）是主要判例，法律见解相当复杂。但是英国的律师们渐渐转而关注和使用另外一些判例，特别是按照美国的方式处理这一问题的判例。①

欧洲医生在治疗（基于诊断目的或直接的治疗目的）前必须正确地告知病人疗法所附带的风险，这已为欧洲各国所共同认可；略有不同的只是医生在特定情形下（除非病人从一开始就放弃其资讯权利）具体应阐述到什么程度。该告知义务的保护客体主要是已经带有人格权色彩的病人自主决定权，而首先不是健康权利。充分履行了告知义务并不能免除治疗失败的责任；医学上毫无瑕疵的治疗也不阻却未充分履行告知义务的责任。医生不能试图为病人作任何利弊权衡；后者应自己决定，他认为什么是有意义的。② 为什么欧洲越来越多地使用美国的“告知后同意”？另一个因素发挥了作用，那就是《欧洲人权公约》。《欧洲人权公约》第 8 条严格地保护着患者的自主权。③

（三）我国知情同意权的具体内容

1. 一般知情权

《民法典》第 1219 条规定的“医务人员在诊疗活动中应当向患者说明病情和医疗措施”即为患者的一般知情权，该等知情权主要包括病情介绍及拟采取的治疗措施等。一般知情权应为医务人员主动而为的告知，当然也包括及时回复患者方的问询，一般知情权应为门诊鉴别诊断或明确诊断时或不能诊断时即为告知，或住院当时或几日内即为告知。一般知情权建议为书面形式，注意到现时有不少医疗机构入院时即签署《医患沟通告知书》，此即为一般知情权满足的表现形式，告知书应结合患者本身病情并明确具体，避免格式化、流程化但却忽略真正的告知意图，如告知不明确不具体且无针对性，尽管有《医患沟通告知书》也难言满足了一般知情权。

2. 知情同意权及范围

《民法典》第 1219 条规定的“需要实施手术、特殊检查、特殊治疗的，医务

---

① 参见［英］查尔斯·福斯特：《医师法》，刘文戈译，译林出版社 2020 年版，第 57 页。

② 参见［德］克里斯蒂安·冯·巴尔：《欧洲比较侵权行为法》（第 2 版）（下卷），焦美华译，法律出版社 2004 年版，第 369 ~ 370 页。

③ 参见［英］查尔斯·福斯特：《医师法》，刘文戈译，译林出版社 2020 年版，第 57 ~ 58 页。

人员应当及时向患者具体说明医疗风险、替代医疗方案等情况，并取得其明确同意”属于知情同意权，即不仅知情还需要明确同意。实施手术满足知情同意属应有之义，特殊检查和特殊治疗主要是指《医疗机构管理条例实施细则》第88条第3款规定的4种情形，其中“有一定危险性，可能产生不良后果的检查和治疗”“由于患者体质特殊或者病情危笃，可能对患者产生不良后果和危险的检查和治疗”两种为常见的主要形式，“临床试验性检查和治疗”尽管不常见但涉及患者生命健康权，如发生当然需要满足知情同意权。至于“收费可能对患者造成较大经济负担的检查和治疗”也属于知情同意范围，但该等范围不涉及患者的生命健康权，更多是基于经济负担层面的考量，笔者认为，严格意义上说不属于医疗损害责任知情同意权的范畴。

知情同意权范围或判断标准迄今为止尚未有民事法律规定，也未见卫生管理法律法规之规定，基于个案各异，也不适宜明确具体规定。因此，衍生出不少学理学说，比如美国法上的理性人标准，日本学理上的合理医师标准说、具体患者标准说、二重标准说等。笔者认为，实施手术治疗知情同意权的范围至少应包括：（1）罹患的疾病及其特征；（2）该等疾病现有的可供选择的治疗方法和手段及该等可供选择的治疗方法和手段的具体适应症；（3）针对患者本人的个体状况，选择手术治疗而非保守治疗的可行性及必要性；（4）手术本身作用的局限性或疾病本身导致后遗损伤的可能性；（5）基于手术的复杂性，术中如遇特殊情况的备选方案；（6）术中及术后可能产生的并发风险；（7）无治疗经验和能力的转诊义务；（8）其他等。

《民法典》规定的知情同意是明确同意，《民法典》较原《侵权责任法》增加“明确”二字就是需要患者的真正同意而不是模糊表达，模糊表达有犹豫下的同意或不明事理下的同意，《民法典》希望杜绝之，希望的是正面的明确、确定的同意。王利明教授认为，因为医患关系本身就是高度信赖的关系，患者对于医疗机构和医务人员具有高度的信赖，如果任何诊疗活动都需要患者的同意才能实施，则医疗活动难以正常开展，这对于患者显然是不利的。因此，一般情况下，医务人员只需要对患者说明病情和医疗措施，如果患者对此没有明确提出异议，则医务人员就可以实施医疗措施。但是如果患者明确表示反对，则医务人员不能实施。[①]

① 参见王利明：《侵权责任法》（第2版），中国人民大学出版社2021年版，第295页。

这种观点值得商榷，其一，该观点与《民法典》的规定相悖，《民法典》要求的是正向的明确、确定的同意，而上述观点是反向的，即只要患者不明确反对；其二，患者对医务人员的信赖是医疗家父主义盛行的时期，现今医疗实践中难言患者对医生的信赖，更多是一种平等关系尤其是在知情同意事项上；其三，也不会产生任何诊疗活动都需要患者的同意，《民法典》并无这样的规定。因此，适当地遵从法定的知情同意不会对诊疗活动的开展造成障碍；相反，基于法律的约束，诊疗活动反而可能会开展得更审慎、更科学。

明确同意当然是书面同意。有人认为，侵权责任法等法律、法规要求的“书面”同意，其主要目的应当是要求医患双方对病情和医疗措施严肃对待、谨慎决策，对各自的行为负责。如果追求“书面”形式而延误治疗，实乃逐本舍末。因此，将“书面”同意修改为“明确”同意。至于同意的形式，可结合诊疗规范、操作经验等综合认定。[①] 这种观点非常值得商榷，其一，明确同意是指对手术、特殊检查及特殊治疗的知情同意，并不是指“紧急情况下”；《民法典》第1220条规定的紧急情况下知情同意豁免属无需患者方知情同意的情形，因此仅有的“紧急情况下”是指手术中发生难以预料的情况下医务人员临时出手术室取得近亲属的口头知情同意，但这是特殊情况，审慎的执业医师也可能会要求手术巡回护士让近亲属签署知情同意书。其二，知情同意权既是人本主义也是避免医疗损害责任或医疗纠纷，书面证据是《民事诉讼法》规定的8种证据中最有效的证据之一，其他证据形式劣后。因此，主张明确同意不一定就是需要书面同意，既不符合法律规定也不符合实务操作，更可能有害。笔者认为，这种观点需要纠正。

3. 近亲属知情同意权

《民法典》第1219条规定的“不能或者不宜向患者说明的，应当向患者的近亲属说明，并取得其明确同意”系近亲属知情同意权，该条款中不宜说明的实质是患者保护条款，主要是基于避免患者身患绝症后的绝望情绪而设立，初衷良好。但该条款也不能一概而论，现实中既有崩溃者也有激发战胜病魔的信念者，猜忌本身对心理强大者而言也是一种伤害。如患者本人坚持需要知情同意，仍然需要满足患者本身享有的权利。

---

① 参见黄薇主编：《中华人民共和国民法典侵权责任编释义》，法律出版社2020年版，第152页。

4. 紧急情况下知情同意豁免

《民法典》第 1220 条规定的“因抢救生命垂危的患者等紧急情况，不能取得患者或者其近亲属意见的，经医疗机构负责人或者授权的负责人批准，可以立即实施相应的医疗措施”属于特殊情形下的知情同意豁免，这种时刻生命优先，基于患者的生命健康权利益，可在履行医疗机构内部程序后直接施治。法律应该毫不犹豫地保护医疗机构及其医务人员该等崇高的救死扶伤行为而不是相反，否则见死不救将会为常态，此不符合法律应有之义。

（四）违反知情同意的法律后果

根据《民法典》第 1219 条第 2 款之规定，医务人员未尽到前款义务，造成患者损害的，医疗机构应当承担赔偿责任。《医疗损害责任司法解释》第 5 条规定，患者依据《民法典》第 1219 条规定主张医疗机构承担赔偿责任的，应当按照前条第 1 款规定提交证据。实施手术、特殊检查、特殊治疗的，医疗机构应当承担说明义务并取得患者或者患者近亲属明确同意，但属于《民法典》第 1220 条规定情形的除外。医疗机构提交患者或者患者近亲属明确同意证据的，人民法院可以认定医疗机构尽到说明义务，但患者有相反证据足以反驳的除外。第 17 条规定，医务人员违反《民法典》第 1219 条第 1 款规定义务，但未造成患者人身损害，患者请求医疗机构承担损害赔偿责任的，不予支持。

根据《民法典》的规定，违反知情同意义务且造成患者损害的，医疗机构应当承担赔偿责任；根据司法解释的规定，尽管违反知情同意义务但没有造成患者人身损害的，不予赔偿。该等条款规定使笔者感到困惑，具体分析如下。

1. “造成患者损害的”是指人身损害，精神损害不能独立存在

“造成患者损害的”是指何种损害，是人身损害抑或精神损害？张新宝教授认为，损害是指医疗事故所造成的后果，既包括对受害人生命健康的损害（死亡、健康受到伤害），也包括对受害人及其家属的财产的损害，还应包括精神损害。受害人的严重精神损害或者因加害人的故意、严重疏忽所引起的一般精神损害，应当列入损害后果，并给予民法上的救济。[①] 程啸教授赞同《医疗损害责任司法解释》第 17 条的规定并认为，如果医疗机构仅仅是没有履行告知义务，侵

① 参见张新宝：《侵权责任法原理》，中国政法大学出版社 2005 年版，第 226 页。

害了患者的知情同意权，却没有给患者造成人身损害，那么患者不能仅以此为由要求医疗机构承担侵权赔偿责任。[①] 另据《民法典》第 1183 条的规定，仅在侵害自然人人身权益造成严重精神损害的情况下，被侵权人才有权请求精神损害赔偿。因此，《民法典》侵权责任编并不承认医疗损害责任中单独存有精神损害，故《民法典》第 1219 条第 2 款规定的“造成患者损害的”仅指人身权益损害。精神损害不是独立存在，是依附于人身损害的。

2. 单独违反知情同意义务求偿权的司法适用范围狭窄

根据笔者的认知，违反知情同意更多的是一种人本权益，除未遵从患者的选择权会产生机会利益损害、未获得知情同意的毁损性或破坏性手术等，否则其本身并不产生独立的人身损害。比如手术并发风险，[②] 医务人员告知与不告知均可能发生，即便告知且同意也不必然免责，还需要考察其是否违反法律法规及诊疗规范、注意义务等。手术未签字同意、未告知手术风险之违反知情同意义务本身，一般而言并不会造成人身损害，产生损害的更多是违反注意义务、不具备当时的医疗水准。因此，一般而言，知情同意违反多数情况下与违反注意义务等捆绑才会产生“造成患者损害的”情形。

杨立新教授认为，医疗伦理损害责任具体的利益损害包括：（1）现实的权益损害；（2）期待利益损害，其中又包括丧失治疗最佳时机（包括存活机会）、最佳治疗方案，丧失其他可预见利益、其他间接性损害。[③] 根据笔者的理解，杨教授归纳的内容同样也能说明知情同意权司法适用的狭窄。

3. 机会利益丧失及破坏性手术求偿权

一般而言，替代医疗方案与原定医疗方案属均可适用于患者的治疗方案，否则也不能称为替代医疗方案，只是在优劣程度上存有不同理解。正如笔者前文提及的股骨颈骨折，除非患者的自身因素导致某一种或几种治疗方案不能实施，否则经颈空心钉内固定、全髋关节置换术，甚至牵引保守治疗均可实施，这些方案均属于适应症，只不过选择者在于患者。该等情况下，如医务人员未履行知情同意权中的告知并同意替代医疗方案，最终医方实施了全髋关节置换术并导致损害，

---

① 参见程啸：《侵权责任法》（第 3 版），法律出版社 2021 年版，第 644 页。

② 医学教科书喜欢称之为并发症，笔者为避免并发症概念可能带来的医学界认为属于“法定免责事由”的歧义，而使用并发风险用语。

③ 参见杨立新：《医疗损害责任法》，法律出版社 2012 年版，第 249 ~ 250 页。

作为原告的患者可以主张未满足其经颈空心钉内固定手术选择权而导致的机会利益损害吗？笔者认为，患者的这一主张大概率不会获得法院的支持，只要其有全髋关节适应症，医疗损害鉴定大概率不会认为选择权会导致医疗损害并让医方承担医疗损失责任。当然，基于判例法的英国存有类似治愈机会丧失案例。[①]

破坏性手术一般是指截肢、摘除器官等，这种手术一般不涉及注意义务违反，其并非修复重建而为简单截肢或摘除，因此，会涉及单独违反知情同意权构成损害问题，但破坏性手术除非未遵从手术适应症，否则在未满足患者知情同意权的情况下患者也不一定能获得赔偿。

4. 如果违反知情同意义务“造成患者损害的”必须与违反注意义务进行捆绑，那么知情同意义务的价值何在

《民法典》第1226条对患者的隐私和个人信息保密、病历资料进行特别保护，甚至删除了原《侵权责任法》第62条的“造成患者损害”才承担责任的规定。如果违反知情同意义务“造成患者损害的”必须与违反注意义务等进行捆绑，那么实质上最终的医疗损害责任来自其他违法违规及违反诊疗规范的行为或注意义务的违反，此时，尽管也存在知情同意违反但其并不是“造成患者损害的”原因，仅是附随而已。因此，知情同意失去适用的独立价值将会导致沦为宣示条款，如果仅将知情同意作为宣示性条款而不予惩罚，而该条款在医疗损害责任中又是如此重要，此应当属于立法缺陷。

5. 知情同意权应当是医疗损害责任上的一项独立性权利并予以立法规制

笔者认为，知情同意权当前“造成患者损害的”之规定导致知情同意权适用范围狭窄，不利于对患者知情同意权的保护。知情同意权应为医疗损害责任上的一项独立性权利，其造成了患者损害，该等损害并非财产性损害，应为非财产性精神损害，应当通过立法规定对知情同意权的违反即与对其他人格权利违反一样构成独立责任并可以诉请赔偿。

（五）手术同意书的法律效力

在外科领域，无论是普通外科还是其他专科，签署手术同意书是手术得以顺

---

① 参见［英］乔纳森·赫林、杰西·沃尔：《医事法里程碑判例》，王岳主译，北京大学医学出版社2020年版，第281～295页。

利进行的必要条件，有关手术同意书的法律效力曾经颇具争议，众说纷纭。现今司法实践已达共识。须特别注意的是，对原《侵权责任法》第55条不能作反对解释，不能误认为只要履行本条规定的说明义务、取得患者或其近亲属的书面同意，就可以不承担赔偿责任。虽然履行了原《侵权责任法》第55条规定的说明义务、取得了患者或其近亲属的书面同意，但如果医疗机构和医务人员在实施诊疗活动中未尽到原《侵权责任法》第57条规定的一般注意义务或者有原《侵权责任法》第58条规定的情形之一的,那么仍应对患者遭受的损害承担赔偿责任。[①]即手术同意书是满足知情同意权的证据或外在表现，但手术同意书记载的内容并不必然成为免责事由，具体尚需依据是否违反法律法规及诊疗规范、违反注意义务等进行实质判断。由于该等内容迄今尚并不为所有医务人员认知或认同，故仍有阐述的必要。

依目前看法，因“承诺”而阻却违法之医疗行为，其要件大约如下：(1)须具有医疗之目的；(2)须医师已尽说明之义务；(3)承诺者需有承诺之能力。目前进行重大医疗行为之前，医疗机构往往要求患者或其家属填写“如有意外，医师不负责任”之类之同意书。一般认为，此种同意书仅具承诺之效力，至于免除医师过失责任，抛弃损害赔偿请求权部分，一般学者均以违背公序良俗而认定无效；外国实例亦常持此种观点。[②]丘聪智先生的观点和我国《民法典》第506条确立的造成对方人身损害的免责条款无效之规定吻合。王泽鉴先生在评析我国台湾地区一起案件时指出：“对施行手术的同意，是阻却对手术本身的违法性，医生因手术过失致侵害病人的身体健康时，仍应负侵权行为责任，不因立手术书同意在先而受影响。”[③]国内具有代表性的观点曾有两种：一是手术同意书不具有或不完全具有法律效力，原因在于手术同意书是所谓格式合同，是医疗机构及其工作人员利用患者的弱势地位，强加于患者的不公正条款，所以不具有或不完全具有法律效力。[④]二是认为医患双方是平等的民事主体关系，根据私法自治原则，具有完全民事能力的患方就应当承担其认诺的不利后果，只要已充分满足了其知情权。所以，手术同意书的签署是典型的正当免责事由。

---

① 参见梁慧星：《论〈侵权责任法〉中的医疗损害责任》，载《法商研究》2010年第6期。

② 参见邱聪智：《民法研究（一）》(增订版)，中国人民大学出版社2002年版，第305～307页。

③ 王泽鉴：《侵权行为法》(第1册)，中国政法大学出版社2001年版，第249页。

④ 参见乔世明：《医疗过错认定与处理》，清华大学出版社2003年版，第24～25页。

笔者认为，手术同意书仅为满足患者知情同意权，必须签署但并不当然属于免责条款；但对于一些公认的现有诊疗技术尚无法治疗的病例，如患方强烈要求选择前沿但欠成熟性的诊疗技术及方法，应允许医患双方合意，其合意或同时赋予公证程序的条款应该是免责条款。简言之，现有诊疗技术下的医疗行为前的知情同意权满足，并不当然具有免责条款特征，如果医疗机构及其医务人员违反诊疗常规、违背注意义务等并造成患者人身损害的，仍需承担侵权责任；而超越现有成熟技术以外的诊疗行为前的知情同意权的满足，应理解为正当免责条款。

三、医疗损害责任之注意义务违反

《民法典》第 1221 条规定的“医务人员在诊疗活动中未尽到与当时的医疗水平相应的诊疗义务，造成患者损害的，医疗机构应当承担赔偿责任”即为《民法典》中规定的注意义务违反之医疗损害责任，笔者认为，该条不仅是确立注意义务的标准为当时医疗水准说，也是通过立法间接表明违反注意义务即为过错。

与其他国家相比，我国无论在立法上还是学理上均无注意义务的一般概念，学者也多在论及过失的判断标准时，才谈及该义务，这与大陆法系一些学者的认识基本一致。[①]《学说汇纂》中提到拉贝奥对罗马法上“善良家父的勤谨注意”归责标准的界定：“人对事务的认识程度应为既不是最细致周到的，又不是最粗枝大叶的，而是通过一般的注意就能获得的。”拉贝奥从一个抽象的精明、勤谨的人——善良家父的行为标准的角度，对罗马法上“善良家父的勤谨注意”作出了准确解释。罗马法上所确定的善良家父的标准对现代大陆法国家的立法有较大的影响。大陆法国家的现代民法几乎完全继受了罗马法依据利益原则设立的过失判断制度，并几乎都把“善良家父的勤谨注意”作为确定当事人有无过失的客观判断标准。[②]因此，除以保护他人目的之法律、法典中（分量较少）的侵权行为法部分、损害赔偿法及根源于法官造法的普通法之“有名侵权”之外，各国都有进一步的为侵权行为法所特有的“规范发生器”：一般注意义务。换句话说，如果行为人未实施对一个“善良家父”即合理谨慎之人可以期待的作为和不作为时，其行为就构成不当行为。这些对正当行为的要求因不与行为人的能力、经历及个

① 参见田韶华、杨清：《专家民事责任制度研究》，中国检察出版社 2005 年版，第 50 页。

② 参见陈志红：《罗马法“善良家父的勤谨注意”研究》，载《西南民族大学学报（人文社科版）》2005 年第 8 期。

性相结合而显得“抽象”，但在“不得施加加害人完全无法实现的谨慎义务”（正如奥地利最高法院 1995 年 10 月 2 日判决中所表达的）这个意思上它是人道的。法律原则上仅要求在特定领域内对一般人可以期待的谨慎。“善良家父”、“理性之人”或所谓“一般谨慎之人”实际所指的当然并非指平均的、谨慎的“家父”。这些表达更多的是指被告所属的群体中一个谨慎的成员应该遵守的义务。医生的行为应当根据其专业标准加以判断，一个银行家应有的不是家父之谨慎而是对一个银行家可以期待的谨慎等。[①] 现代过失侵权行为发端于 19 世纪早期，发生于被告违反对原告所负有的关注责任。在 1951 年的 Candler v.Carane，Christmas & Co. 一案中，法官认为，从那时起，过失侵权行为遂以所谓“不相连的厚板”形式不断发展。在 1856 年的 Blyth v.Birmingham Waterworks Co. 一案中，法官 Anderson 对过失侵权的定义一般被认为是经典：“过失是一个理智的人没有去做他应该做的某事，或者一个文雅和理智的人做了他不应该做的某事。”在英美国家如主张被告构成过失侵权则原告必须证明以下事实：（1）被告对原告负有一种“关注的法律责任”（legal duty of care）；（2）被告“违反”了他关注的法律责任；（3）原告因“违反的结果”遭受损失，而且该损失必定不是“太遥远”（remote）。[②] 美国的过失标准与英国法一脉相承，其采用通情达理人的标准（the reasonable-person standard），而专业人员的玩忽职守（professional malpractice）则采用其所属职业中通常专业人员所具有的知识、培训和技术水平。[③]

因此，笔者有理由认为，注意义务的违反发端于罗马法，其后经英国判例并最终延展至欧洲大陆，欧洲大陆对注意义务的违反更多适用于“除以保护他人目的之法律、法典中（分量较少）的侵权行为法部分、损害赔偿法及根源于法官造法的普通法之‘有名侵权’之外”，更多是应对现实生活中千变万化的一种依据法官认知、自由心证，注意义务除了系法定侵权之外的补充，也更侧重于加害人的行为而不是法律规范。笔者更进一步认为，注意义务的违反基于其抽象性，其价值更多在于是法官认定过错的理由，是无法定情形或难以直接适用法律条文的

---

① 参见［德］克里斯蒂安·冯·巴尔：《欧洲比较侵权行为法》（第 2 版）（下卷），焦美华译，法律出版社 2004 年版，第 281 ~ 283 页。

② 徐爱国：《英美侵权行为法》，法律出版社 1999 年版，第 73 ~ 74 页。

③ 参见［美］文森特·R. 约翰逊：《美国侵权行为法》（第 5 版），赵秀文等译，中国人民大学出版社 2017 年版，第 76 ~ 82 页。

一种前置措施。回到《民法典》中规定的医疗损害责任，笔者认为《民法典》第1222条规定的几种推定过错情形并不适用于注意义务的违反，此并不抽象，也无须法官依据注意义务违反作出认定。同时，笔者认为,《民法典》第1221条规定的“医务人员在诊疗活动中未尽到与当时的医疗水平相应的诊疗义务，造成患者损害的”，就是我国《民法典》中的医疗注意义务违反，我国法律至少在《民法典》医疗损害责任部分对注意义务的违反给出了明确认定标准或间接定义。根据该条规定，如果未尽到与当时的医疗水准相应的诊疗义务且造成损害的，就是违反了注意义务，就存有过错，该等过错应主要针对医疗技术损害责任而言。从这个意义而言,注意义务违反已从最初的抽象概念直接上升为成文法的明确规定。

笔者认为，当时医疗水准说应该是全国统一的普遍适用的标准，当时的医疗水准并无国家统一标准，此依赖于医疗行业某一专业之专家共识。①

四、医疗损害责任之抗辩

《民法典》第1224条规定:“患者在诊疗活动中受到损害,有下列情形之一的，医疗机构不承担赔偿责任 :（一）患者或者其近亲属不配合医疗机构进行符合诊疗规范的诊疗 ;（二）医务人员在抢救生命垂危的患者等紧急情况下已经尽到合理诊疗义务 ;（三）限于当时的医疗水平难以诊疗。前款第一项情形中，医疗机构或者其医务人员也有过错的，应当承担相应的赔偿责任。”

（一）患者或者其近亲属不配合医疗机构进行符合诊疗规范的诊疗

诊疗行为是对患者的诊疗，患者履行配合义务是诊疗得以顺利进行的前置条件，如果前置条件不存在，自当免除医方责任。该等情形不常见，但现实中的确存在。原因可能多种，比如 : 患者年龄偏大、对生死已经置之度外 ; 患者自觉无需治疗，可以扛过去 ; 考虑经济因素，对儿女造成额外负担或者子女不愿意继续进行疗效并不确切的治疗等。除了紧急情况下的抢救医方不得拒绝外，对患者方经多次释明，仍确认放弃或不配合治疗的，可准允之并免责，因为医方对常规诊疗并无强制医疗的权力。但医方仍需履行知情同意义务，将患者或近亲属的拒绝配合或放弃诊疗记录在案并明确写明确定的意思表示，该等确定的意思表示至少

① 关于当时医疗水准说之笔者观点，也可参见笔者在本书其他章节的论述。

应包括：（1）拒绝配合诊疗或放弃诊疗；（2）明确表达自愿承担因拒绝配合或放弃诊疗所导致的一切人身损害后果。尽管如此，需要提醒的还有，除非患者本人不能表达意志或意愿外，拒绝配合或放弃诊疗仍需患者本人亲自知情同意。

（二）医务人员在抢救生命垂危的患者等紧急情况下已经尽到合理诊疗义务

抢救生命垂危患者在急诊科、住院病房或手术室为常态，其中尤以急诊科为甚。住院病房的抢救以及手术室因手术本身导致的危急（也包括特殊检查或特殊治疗本身产生的危急）一定程度上不同于急诊室的抢救状态。笔者认为，该等条款应该是指患者急诊入院在急诊科或其他科室的紧急抢救，不应该包括住院患者的抢救以及因手术本身导致的危急抢救（也不包括特殊检查或特殊治疗本身产生的危急抢救），之所以如此，是因为住院患者因手术本身（包括特殊检查或特殊治疗本身）导致的危急并非原发危急，而是经历了诊疗行为后的继发危急，该等情形下当然不能适用该条款免责，仍应按照一般的医疗损害责任条款承担其法律责任。

丘聪智先生如此解释紧急情况下条款："紧急情况由于医疗之判断时间急促，对各种状态无法详尽地检查、观察、诊断，自难要求其与通常时期之注意义务相埒。因此，紧急性在医疗过失上，便成为最重要之缓和注意义务之条件。"[①] 笔者认为，在紧急情况下，在以人为本、生命至上原则下，没有什么比抢救生命更重要。例如，在火车上某乘客突发食源性窒息，为抢救生命，医务人员使用未消毒的水果刀进行气管切开术，用两端通畅的钢笔套插入切开之气管作为维持气管通道直到送至医院。由于未消毒等，该等急救有产生感染并发生损害的可能。笔者相信，在这种情况下，没有任何一个被抢救者会主张该感染属于医疗损害。[②] 但笔者需指出的是：医疗机构采取的紧急医学措施不同于公共场所的自愿急救，仍必须符合诊疗规范，它不同于在火车上发生的案例，善良的撒玛利亚人法应不适用医院急诊室当班人员。能见善久认为，专家责任具有信赖、高度注意义务与忠实义务的特征，由于工作内容高度专门化，因此要求专家应具有与所要求的资格相符的

---

① 丘聪智：《民法研究（一）》（增订版），中国人民大学出版社 2002 年版，第 312 页。

② 将于 2022 年 3 月 1 日生效的新《执业医师法》第 27 条第 3 款规定："国家鼓励医师积极参与公共交通工具等公共场所急救服务；医师因自愿实施急救造成受助人损害的，不承担民事责任。"

高度的能力、技能，并且不能以能力、技能的不足作为免责理由，发生一定水准以下的行为时，即当然认定为有过失。亦即高度的能力、注意义务被客观化了。[①]医务人员抢救生命垂危的患者时尽管紧急，但这是医务人员尤其是急诊医务人员的日常工作常态，作为急诊医务人员本身即要求其对急诊抢救训练有素、专业高效，如果未尽到合理诊疗义务，仍应承担医疗损害责任。

（三）限于当时的医疗水平难以诊疗

限于当时的医疗水平难以诊疗是否构成免责事由，尚需具体案例具体探讨，与前两个免责事由尚有细微差别。患者方拒绝配合或放弃诊疗更多的是法律评价，紧急情况下尽到合理诊疗义务既有法律评价也有注意义务评价，限于当时的医疗水平难以诊疗更多是单纯对注意义务的评价。鉴于近年来医学科学迅速发展，根本不能诊疗的疾病已经不多见，那种过去共识的不治之症也已很少，因此，除非是在有医学界共识的毫无治愈或缓解可能的病种时方可用，否则，仍需具体案例具体分析。另外，即便是毫无治愈或缓解可能的病种，医方在不同阶段的诊疗活动过程中仍需遵守法律法规及规范，遵守不同阶段诊疗活动之注意义务，限于当时的医疗水平难以诊疗仅是某一病种在现有医学科技水平上难以诊疗这一宏观层面论述，而不包括细节层面。笔者认为，该免责事由仍需要进行注意义务的医学评价，仍需要通过医疗损害鉴定明确。

五、医疗损害责任定义的沿革

《医疗事故处理办法》（国发〔1987〕63号）第2条规定："本办法所称的医疗事故，是指在诊疗护理工作中，因医务人员诊疗护理过失，直接造成病员死亡、残废、组织器官损伤导致功能障碍的。"第18条规定："确定为医疗事故的，可根据事故等级、情节和病员的情况给予一次性经济补偿。补偿费标准，由省、自治区、直辖市人民政府规定。医疗事故补偿费，由医疗单位支付给病员或其家属。病员及其家属所在单位不得因给予了医疗事故补偿费而削减病员或其家属依法应该享受的福利待遇和生活补贴。病员由于医疗事故所增加的医疗费用，由医疗单

---

① 参见［日］能见善久:《论专家的民事责任——其理论架构的建议》，梁慧星译，载《外国法译评》1996年第2期。

位支付。”

《医疗事故处理条例》第 2 条规定：“本条例所称医疗事故，是指医疗机构及其医务人员在医疗活动中，违反医疗卫生管理法律、行政法规、部门规章和诊疗护理规范、常规，过失造成患者人身损害的事故。”第 52 条规定：“医疗事故赔偿费用，实行一次性结算，由承担医疗事故责任的医疗机构支付。”

《人身损害赔偿司法解释》（法释〔2003〕20 号）[①] 第 8 条第 1 款“法人或者其他组织的法定代表人、负责人以及工作人员，在执行职务中致人损害的，依照民法通则第一百二十一条的规定，由该法人或者其他组织承担民事责任。上述人员实施与职务无关的行为致人损害的，应当由行为人承担赔偿责任”之规定，确立医疗机构承担医疗损害赔偿责任。

原《侵权责任法》的立法过程中，就医疗损害责任定义也经数次反复。[②]2009 年 11 月 6 日第一次发布的《侵权责任法（草案）》，将医疗损害责任限定为“医务人员有过错的，由所属的医疗机构承担赔偿责任”；二次审议稿只是将一条改为二条，内容几乎一致，只是在第 53 条规定医务人员的过错责任，第 54 条规定医疗机构赔偿主体；三次审议稿回归第一次审议稿；四次审议稿有较大调整，将“医务人员有过错的”调整为“医疗机构及其医务人员有过错的”，将“由所属的医疗机构承担赔偿责任”调整为“由医疗机构承担赔偿责任”。四次审议稿最终获得通过，原《侵权责任法》中的医疗损失责任定义出台，后经《民法典》再次修正。

《民法典》中的医疗损害责任定义与原《侵权责任法》的规定有细微变化，即《民法典》将原《侵权责任法》中的侵权责任主体“医疗机构及其医务人员”修改为“医疗机构或者其医务人员”。

---

① 该司法解释已被法释〔2020〕17 号修订。

② 全国人大常委会法制工作委员会 2009 年 11 月 6 日第 1 次发布的《侵权责任法（草案）》第 54 条规定：患者在诊疗活动中受到损害，医务人员有过错的，由所属的医疗机构承担赔偿责任。《侵权责任法（草案）》（二次审议稿）第 53 条规定：患者在诊疗活动中受到损害，医务人员有过错的，应当承担赔偿责任。第 54 条规定：因医务人员的过错造成患者损害的，由所属的医疗机构承担赔偿责任。《侵权责任法（草案）》（三次审议稿）第 54 条规定：患者在诊疗活动中受到损害，医务人员有过错的，由所属的医疗机构承担赔偿责任。《侵权责任法（草案）》（四次审议稿）第 54 条规定：患者在诊疗活动中受到损害，医疗机构及其医务人员有过错的，由医疗机构承担赔偿责任。

医疗损害经历医疗事故、人身损害赔偿、医疗损害责任的不同概念，医疗损害也从具有行政管理属性逐步过渡到平等主体之间的民事侵权责任。1987 年 1 月 1 日施行的原《民法通则》[①] 及 1987 年 6 月 29 日实施的《医疗事故处理办法》一定程度上导致了医疗诉讼解决机制二元化；2002 年 4 月 1 日起施行的《民事诉讼证据规则》(法释〔2001〕33 号)、2002 年 9 月 1 日起施行《医疗事故处理条例》、2003 年 1 月 6 日实施的《参照〈医疗事故处理条例〉审理通知》(法〔2003〕20 号)、[②]2004 年 5 月 1 日起施行的《人身损害赔偿司法解释》(法释〔2003〕20 号)打开了医疗纠纷二元化处理机制的混乱之门。直至 2010 年 1 月 1 日原《侵权责任法》施行前，国内医疗损害责任一直存在医疗纠纷二元化解决机制并存的局面，人身损害赔偿与医疗事故赔偿并行，导致同案不同判、赔偿不统一等司法适用严重混乱的局面，严重背离了法制精神。

这期间的混乱还表现在全国各省市的规定也不统一，某些省份允许原告选择医疗事故或人身损害案由，某些省份却只允许医疗事故损害赔偿情形。比如，上海市实质上仅允许医疗事故责任赔偿并仅允许进行医疗事故鉴定，绝对不允许人身损害赔偿及法医学临床鉴定，但安徽省允许原告自行选择并允许法医临床鉴定，浙江省通过摇号在医疗事故鉴定及法医临床鉴定之间择一，江苏省也是法医临床鉴定与医疗事故鉴定并行。笔者曾代理上海某患者死亡案件，医学会的鉴定认为构成一级甲等医疗事故并由医方承担主要责任，但却不支持赔偿死亡赔偿金，理由是《医疗事故处理条例》未规定死亡赔偿金。如果该案发生在安徽省，原告选择侵权责任，则一定会支持死亡赔偿金。这种局面对作为患者的原告严重不公，但却无可奈何。甚至出现位于上海的司法部司法鉴定中心（现司法鉴定科学研究院）可任意接受外省市委托的医疗损害法医临床鉴定但却不能接受上海市任何医疗损害法医临床鉴定的奇怪现象。该等医疗纠纷二元化机制并存局面被 2010 年 1 月 1 日原《侵权责任法》的施行打破，此后医疗损害责任的司法适用逐步全国趋同，法制得以统一。

---

① 原《民法通则》第 119 条规定：侵害公民身体造成伤害的，应当赔偿医疗费、因误工减少的收入、残废者生活补助费等费用；造成死亡的，并应当支付丧葬费、死者生前扶养的人必要的生活费等费用。

② 《参照〈医疗事故处理条例〉审理通知》第 1 条第 1 款规定："条例施行后发生的医疗事故引起的医疗赔偿纠纷，诉到法院的，参照条例的有关规定办理；因医疗事故以外的原因引起的其他医疗赔偿纠纷，适用民法通则的规定。"

原《侵权责任法》立法过程中医疗损害责任定义的修正，体现了立法严谨、科学精神，四次审议稿将“医务人员有过错的”调整为“医疗机构及其医务人员有过错的”，将“由所属的医疗机构承担赔偿责任”调整为“由医疗机构承担赔偿责任”是适当的、科学的，正如本书前文所阐述，医务人员过错尚不能全面覆盖医疗损害责任，的确存有非医务人员的其他从业人员过错导致赔偿的情形，该等情形下视为医疗机构过错，这一规定很好地解决了医务人员过错为主要、医疗机构过错为辅助的情形。将所属医疗机构承担赔偿责任调整为医疗机构承担赔偿责任则很好地解决了会诊、医疗定向帮扶等导致的赔偿责任主体问题。

《民法典》将原《侵权责任法》的侵权责任主体“医疗机构及其医务人员”修改为“医疗机构或者其医务人员”，对比立法机关的解释为：见原《侵权责任法》第 54 条规定，患者在诊疗活动中受到损害，医疗机构“及其”医务人员有过错的，由医疗机构承担赔偿责任。在《民法典》侵权责任编的编纂过程中，有的人提出，医务人员是医疗机构的工作人员，依照本法第 1191 条第 1 款“用人单位的工作人员因执行工作任务造成他人损害的，由用人单位承担侵权责任”的规定，医疗机构有过错的，由医疗机构承担赔偿责任自不待言；医务人员有过错的，也应当由医疗机构承担赔偿责任。因此，建议将原《侵权责任法》第 54 条中的“及其”修改为“或者”。经研究，相关部门采纳了这一意见。① 这一意见应该是想将医疗机构与医务人员分开，重点说明可能既存在医疗机构侵权也存在医务人员侵权，但责任均由医疗机构承担。但笔者认为这样修改意义并不大。理由有三点，其一，从汉语层面理解，“医疗机构及其医务人员”也可以理解为“医疗机构或者其医务人员”，并不必然解释为必须是医疗机构与医务人员一体，关键在于以发展的观点理解汉语“及其”的含义，“及其”并不一定就是“和”的意思，“及其”还有“以及”之意，“以及”之意也隐含“或者”之意；其二，原规定的“医疗机构及其医务人员”并未妨碍司法适用或导致歧义，司法实践中还是以医务人员过错为主、医疗机构过错为辅，或者医务人员及医疗机构共同过错，司法适用中该等三种情形并未导致适用歧义；其三，用“或者”反而可能不能涵盖既有医疗机构过错也有医务人员过错的共同过错导致的医疗损害责任情况。

① 参见黄薇主编：《中华人民共和国民法典侵权责任编释义》，法律出版社 2020 年版，第 149 页。

第二节 医疗事故责任当前适用及与医疗损害责任的异同

一、《医疗事故处理条例》现时作用仅限行政追责

（一）《医疗纠纷预防和处理条例》的相关规定

《医疗纠纷预防和处理条例》于 2018 年 10 月 1 日生效，根据该条例第 55 条规定，[①] 以及《关于做好〈医疗纠纷预防和处理条例〉工作通知》,《医疗事故处理条例》适用于卫生健康行政部门对发生医疗事故的医疗机构及医务人员的行政处理，不适用于包括赔偿在内的民事纠纷处理。且行政处理仅适用于患方对医疗损害责任提起民事诉讼，同时要求对医疗机构或医务人员进行行政处理时。[②]

《医疗纠纷预防和处理条例》主要规定了医疗纠纷预防、医疗纠纷的处理等内容，医疗纠纷处理章节重点明确了诉前人民调解、行政调解及医疗损害鉴定的相关事项。该条例第 32 条规定："设立医疗纠纷人民调解委员会，应当遵守《中华人民共和国人民调解法》的规定，并符合本地区实际需要。"第 34 条规定："医疗纠纷人民调解委员会调解医疗纠纷，需要进行医疗损害鉴定以明确责

① 《医疗纠纷预防和处理条例》第 55 条规定：对诊疗活动中医疗事故的行政调查处理，依照《医疗事故处理条例》的相关规定执行。

② 《关于做好〈医疗纠纷预防和处理条例〉工作通知》第 2 条第 4 款规定：落实行政处理措施。各地在该条例施行过程中，应当做好与《医疗事故处理条例》施行的有效衔接。《医疗事故处理条例》适用于卫生健康行政部门对发生医疗事故的医疗机构及医务人员的行政处理，不适用于包括赔偿在内的民事纠纷处理。患方对医疗损害责任提起民事诉讼，同时要求对医疗机构或医务人员行政处理，卫生健康行政部门应当调查核实，依据《执业医师法》、《医疗机构管理条例》和《医疗事故处理条例》等法律法规，对医疗机构或相关责任人进行行政处理，强化对医疗行为的监管，持续改进医疗质量，提升整体医疗安全水平。

任的，由医患双方共同委托医学会或者司法鉴定机构进行鉴定，也可以经医患双方同意，由医疗纠纷人民调解委员会委托鉴定。”第 35 条规定：“医疗损害鉴定专家库由设区的市级以上人民政府卫生、司法行政部门共同设立。专家库应当包含医学、法学、法医学等领域的专家。聘请专家进入专家库，不受行政区域的限制。”该条例同时规定，医学会或者司法鉴定机构开展医疗损害鉴定，应当执行规定的标准和程序，尊重科学，恪守职业道德，对出具的医疗损害鉴定意见负责，不得出具虚假鉴定意见。医疗损害鉴定的具体管理办法由国务院卫生、司法行政部门共同制定。第 41 条第 1 款规定：“卫生主管部门调解医疗纠纷需要进行专家咨询的，可以从本条例第三十五条规定的专家库中抽取专家；医患双方认为需要进行医疗损害鉴定以明确责任的，参照本条例第三十四条的规定进行鉴定。”此外，《国家卫生健康委员会办公厅、国家中医药管理局办公室关于做好〈医疗纠纷预防和处理条例〉贯彻实施工作的通知》同时就医疗纠纷中委托的医疗纠纷中尸检机构及专业技术人员的条件进行了规定并列为附件。

（二）《医疗纠纷预防和处理条例》规制的医疗损害责任诉前调解鉴定与医疗事故行政处理医疗事故鉴定客观上又使医疗损害分别在民事及行政两个维度形成了鉴定二元化机制

《医疗纠纷预防和处理条例》规定了诉前人民调解及行政调解适用的医疗损害鉴定及司法鉴定，但同时也规定了医疗事故适用于行政处理，这实质上又形成了医疗损害责任的二元化处理机制。与既往不同的是，既往二元化解决机制均属于民事赔偿领域，现今是民事赔偿与行政处理不同领域形成二元化解决机制。或者可以说，从一个二元化过渡到另外一个二元化，核心还是卫生主管部门及医疗机构需要维护其特殊地位、行业特殊保护。唯一可理解的益处是，与《刑法》衔接，保留了医疗事故罪的犯罪基础，否则，医疗事故罪就需要从《刑法》中去除。

（三）医疗事故责任仍有研究价值

《医疗事故处理条例》仍现行有效，只是医疗事故不再适用于民事赔偿，但仍作为行政处理的依据。即当患者要求进行医疗事故鉴定并依据鉴定结论追究医疗机构及其医务人员的责任时仍为适用规定，从这个意义上说，医疗事故责任仍有研究的必要。另外，医疗损害责任的重要法的渊源即为医疗事故责任，对其进行研究并与现行法律进行比较研究，对立法及司法均有重要意义。上述两点也是本书继续进行医疗事故研究的主要出发点。

二、医疗事故责任

（一）医疗事故的定义及解释

根据《医疗事故处理条例》第2条的规定，医疗事故是指医疗机构及其医务人员在医疗活动中，违反医疗卫生管理法律、行政法规、部门规章和诊疗护理规范、常规，过失造成患者人身损害的事故。根据《医疗事故处理条例》该等定义，医疗事故具有以下法律特征。

1. 被侵害人是患者，即罹患疾病的自然人

此不赘述，应与医疗损害责任一致。

2. 患者是在医疗活动中遭受的损害

《医疗事故处理条例》中使用了“医疗活动中”这一概念，此与《民法典》使用的“诊疗活动中”并不一致，但笔者认为，医疗活动中与诊疗活动中的含义并无不同，医疗活动包括诊断与治疗活动，两者属于同一概念。

3. 责任主体是医疗机构及其医务人员，但医务人员不包括管理及后勤服务人员

医疗机构是指依照《医疗机构管理条例》的规定取得《医疗机构执业许可证》的机构。医务人员的范围应与医疗损害责任中的医务人员一致，也不包括管理和后勤服务人员，但后勤管理和后勤服务人员也可能导致医疗事故，该等时候由于医务人员隶属于医疗机构，视同医疗机构过失，故属医疗机构医疗事故。

但计划生育技术服务有其特殊性，根据《医疗事故处理条例》第60条第2款之规定，县级以上城市从事计划生育技术服务的机构依照《计划生育技术服务管理条例》的规定开展与计划生育有关的临床医疗服务，发生的计划生育技术服务事故，依照本条例的有关规定处理。但是，其中不属于医疗机构的县级以上城市从事计划生育技术服务的机构发生的计划生育技术服务事故，由计划生育行政部门行使依照本条例有关规定由卫生行政部门承担的受理、交由负责医疗事故技

术鉴定工作的医学会组织鉴定和赔偿调解的职能；对发生计划生育技术服务事故的该机构及其有关责任人员，依法进行处理。该等规定也意味存在二元化处理机制，即计划生育技术服务主体属于医疗机构的，适用《医疗事故处理条例》，如不属医疗机构的，由计划生育行政部门主导处理。

根据现行有效的《计划生育技术服务管理条例（2004年修订）》的相关规定，计划生育技术服务包括与计划生育有关的临床医疗服务，计划生育技术服务机构可以开展施行避孕、节育手术和输卵（精）管复通手术，但无须取得依照《医疗机构管理条例》的规定取得《医疗机构执业许可证》，仅需计划生育行政部门批准即可。计划生育技术服务机构开展《计划生育技术服务管理条例（2004年修订）》第8、9条规定以外的其他临床医疗服务，应当依照《医疗机构管理条例》的有关规定进行申请、登记和执业。但第8、9条规定的计划生育技术服务实质就是诊疗活动，①但不受卫生部监管。当然，现在国家计生委与卫生部已经合并，过去不同部委管理职能分割的现象会逐步消除；另外，随着国家人口政策的改变，与之相关法规及规范也会发生重大变化，本节仅为回顾。

4. 医疗机构及其医务人员存有违法违规过失行为的

（1）构成医疗事故责任应仅为违法违规性，过失包括在违法违规性之中

医疗事故的定义存有不精准的情形，根据其定义，对违法违规行为与过失行为是单独存在就构成医疗事故还是必须同时具备才构成医疗事故存有歧义。根据《医疗事故处理条例》及配套相关规定可推论其立法原意。根据《医疗事故处理

① 《计划生育技术服务管理条例》第8条规定："县级以上城市从事计划生育技术服务的机构可以在批准的范围内开展下列与计划生育有关的临床医疗服务：（一）避孕和节育的医学检查；（二）计划生育手术并发症和计划生育药具不良反应的诊断、治疗；（三）施行避孕、节育手术和输卵（精）管复通手术；（四）开展围绕生育、节育、不育的其他生殖保健项目。具体项目由国务院计划生育行政部门、卫生行政部门共同规定。"第9条规定："乡级计划生育技术服务机构可以在批准的范围内开展下列计划生育技术服务项目：（一）放置宫内节育器；（二）取出宫内节育器；（三）输卵（精）管结扎术；（四）早期人工终止妊娠术。乡级计划生育技术服务机构开展上述全部或者部分项目的，应当依照本条例的规定，向所在地设区的市级人民政府计划生育行政部门提出申请。设区的市级人民政府计划生育行政部门应当根据其申请的项目，进行逐项审查。对符合本条例规定条件的，应当予以批准，并在其执业许可证上注明获准开展的项目。"

条例》第5条，第6条，第27条第1款，第31条第2款第4、5、6、7项[①]及根据《医疗事故技术鉴定暂行办法》第4条，第35条第1款第4、5、6、7项之规定，[②]笔者认为，违法违规性是医疗事故的首要构成要件，过失包括在违法违规性当中，即只要违反医疗卫生管理法律、行政法规、部门规章和诊疗护理规范、常规即为过失，未有违反则无过失，因此是否违法违规是判断过失的唯一前提。

笔者认为，该等规定无可厚非，即医务人员系依法依规从事诊疗行为，符合法律法规及诊疗护理规范、常规，即便造成患者损害，也是医学科学的内在规律，医务人员无须为每一种损害行为担责。但这种立法的科学性是基于所有诊疗行为均规定在医疗卫生管理法律、行政法规、部门规章和诊疗护理规范、常规范围内，如果存在立法立规不周延，则可能存有歧义或适用困难。根据笔者的理解，我国卫生法制发展至今，已经建立了比较完备的法律法规及诊疗规范体系，应该能覆盖多数诊疗行为，但必须明确，与日常诊疗最密切的诊疗规范体系仍需继续完善、

---

① 《医疗事故处理条例》第5条规定：医疗机构及其医务人员在医疗活动中，必须严格遵守医疗卫生管理法律、行政法规、部门规章和诊疗护理规范、常规，恪守医疗服务职业道德。第6条规定：医疗机构应当对其医务人员进行医疗卫生管理法律、行政法规、部门规章和诊疗护理规范、常规的培训和医疗服务职业道德教育。第27条第1款规定：专家鉴定组依照医疗卫生管理法律、行政法规、部门规章和诊疗护理规范、常规，运用医学科学原理和专业知识，独立进行医疗事故技术鉴定，对医疗事故进行鉴别和判定，为处理医疗事故争议提供医学依据。第31条第2款规定："医疗事故技术鉴定书应当包括下列主要内容：……（四）医疗行为是否违反医疗卫生管理法律、行政法规、部门规章和诊疗护理规范、常规；（五）医疗过失行为与人身损害后果之间是否存在因果关系；（六）医疗过失行为在医疗事故损害后果中的责任程度；（七）医疗事故等级……"

② 《医疗事故技术鉴定暂行办法》第4条规定：医学会组织专家鉴定组，依照医疗卫生管理法律、行政法规、部门规章和诊疗护理技术操作规范、常规，运用医学科学原理和专业知识，独立进行医疗事故技术鉴定。第35条规定："医疗事故技术鉴定书应当包括下列主要内容：……（四）医疗行为是否违反医疗卫生管理法律、行政法规、部门规章和诊疗护理规范、常规；（五）医疗过失行为与人身损害后果之间是否存在因果关系；（六）医疗过失行为在医疗事故损害后果中的责任程度；（七）医疗事故等级……"

医疗行为管理仍需持续加强。[①] 因此,《医疗事故处理条例》作为行政法规，其对医疗事故立法存有缺陷或不周延，但这只属于立法技术问题，违法违规即为过失并承担责任这一规定是科学、适当的。根据笔者参加的医疗事故技术鉴定实践，鉴定专家们更多依据自己多年的医学教育及医学临床实践来判定是否违法违规尤其是否违反诊疗护理规范、常规，并不特别在意对法律法规或诊疗护理规范、常规的援引。有的鉴定会写明违反诊疗护理规范、常规，有的直接就写明存有过失，择一即可。

（2）《医疗事故处理条例》采过错归责原则，过失根据是否违法违规来确定

根据《医疗事故处理条例》的规定，“违反医疗卫生管理法律、行政法规、部门规章和诊疗护理规范、常规”直接为过失，而不是推定过错，笔者赞同之。医疗损害责任将违法违规行为规定为推定过错，属立法不当或缺陷。

《医疗事故处理条例》中对过错使用的是“过失”的概念。过错是指行为人的一种可归责的心理状态，表现为故意和过失两种形态。“行为人丧失他的应有的预见性，叫作过失。”过失（negligence）为过错之一种，它表现为行为人因疏忽或轻信而未达到应有的注意程度的一种不正常或不良的心理状态，是侵权责任法中最常见的过错形态。过失可以分为两种：一种表现为行为人对自己行为的后果应当或者能够预见而没有避免，谓之疏忽的过失；另一种表现为行为人虽然预

① 《促进合理医疗检查指导意见》第 1 条规定：“加强医疗管理，进一步规范医疗行为（一）完善诊疗规范体系。国家卫生健康委组织制定国家临床诊疗指南、临床技术操作规范、合理用药指导原则、临床路径等。医疗机构要严格落实医疗管理的主体责任,加强对医务人员医疗行为规范性的监督管理，按照国家有关行业管理规定，将明确和细化的各病种诊疗规范、用药指南、临床路径等，通过电子病历、知识库、智能审核等多种方式，以电子化形式嵌入医务人员工作站，促进合理检查、合理用药、合理治疗。（国家卫生健康委、国家中医药局、中央军委后勤保障部卫生局等按职责分工负责）（二）加强医疗行为管理。医务人员应当遵循医学科学规律，遵守有关临床诊疗技术规范和各项操作规范以及医学伦理规范，使用适宜技术和药物，合理诊疗，因病施治。医疗机构要建立大型医用设备检查适宜性点评制度，对检查的适应证、必要性、检查结果阳性率等进行评估并在机构内公示结果。充分发挥药师作用，加强处方审核和点评，重点加强国家监控药物、抗菌药物、抗肿瘤药物、心血管类药物等使用情况监测。强化医疗技术准入、临床路径管理和卫生技术评估，逐步提高临床路径管理的入径率、完成率，降低变异率、退出率。2022 年年底前，三级医院 50% 出院患者、二级医院 70% 出院患者要按照临床路径管理。（国家卫生健康委、国家中医药局、中央军委后勤保障部卫生局等按职责分工负责）”

见了其行为的后果，却轻信此种后果可以避免，谓之轻信的过失。[①]《民法典》侵权责任编也并未全部使用过错，第1183条第2款使用了“重大过失”的概念。[②]王利明教授也认为，医疗损害中的过错，通常是指“过失”。[③]

一般认为，医疗事故责任或医疗损害责任均为医疗机构及其医务人员的过失而非故意，如果系故意，则涉及《刑法》故意伤害或故意杀人等罪名，医疗事故罪也是过失犯罪。因此，笔者认为，至少在医疗事故责任或医疗损害责任层面，医疗机构及其医务人员应为过失而绝对排斥故意，从这个意思上而言，医疗事故使用的“过失”并无不当且更为精准。另外，根据笔者的理解，将汉字词组的“过错”与“过失”进行比较可知，“过失”除与“过错”一样揭示主观心理状态外，还存在不当行为之意，此似乎更契合不当诊疗行为的特征。

另外，医疗事故使用了违反“诊疗护理规范、常规”概念，但医疗损害责任采违反“其他有关诊疗规范的规定”。从字面意思理解，“其他有关诊疗规范的规定”应大于“诊疗护理规范、常规”且失于宽泛，根据笔者的理解，《医疗事故处理条例》规定的违反“诊疗护理规范、常规”即为过错，该等“诊疗护理规范、常规”应为法定，至少应为国家卫健委或其内设相关部门的规定，医疗损害责任之“其他有关诊疗规范的规定”为推定过错，因此，也应该是国家卫生健康委或其内设部门的规定。至于中华医学会等规定的相关诊疗规范、指南、共识等，除非经国家卫生健康委授权并明确依法适用，否则不应视为“其他有关诊疗规范的规定”，从这个意思上说，笔者认为医疗损害责任之“其他有关诊疗规范的规定”不够严格和严谨。

（3）医疗产品责任不属于医疗事故规范范畴，适用产品责任另行依法处理

在输血导致不良损害案件中，根据《医疗事故处理条例》第33条之规定，无过错输血感染造成不良后果的不属于医疗事故。此表明，输血感染导致的损害，如果是医疗机构及其医务人员的过失造成的感染，属于医疗事故范畴；如果不是，则不属于医疗事故范畴，应属于医疗产品质量范畴，应由提供该血液的采供血机构承担责任。原《侵权责任法》和《民法典》改变了该等规定，医疗机构

---

① 参见张新宝：《侵权责任法》（第5版），中国人民大学出版社2020年版，第34～35页。

② 《民法典》第1183条第2款规定：因故意或者重大过失侵害自然人具有人身意义的特定物造成严重精神损害的，被侵权人有权请求精神损害赔偿。

③ 参见王利明：《侵权责任法》（第2版），中国人民大学出版社2021年版，第282页。

作为血液制品的使用者需要承担医疗产品损害责任，即便医疗机构使用过程中无过错。这是法的价值判断在立法技术中的体现，《医疗事故处理条例》本身规定的无过错输血感染不属于医疗事故本身并无可指责性。尽管《医疗事故处理条例》第 17 条及第 28 条第 2 款规定了“疑似输液、输血、注射、药物等引起不良后果”的处理，但实质上除非医务机构及其医务人员在输液、注射、药物等诊疗过程中存有过失并可能构成医疗事故，否则，医疗产品缺陷本身导致的损害不属于医疗事故规范范畴，应适用产品责任另行依法处理。《民法典》现将该等列为医疗产品责任范畴。

（4）医疗事故损害是指“造成患者明显人身损害的其他后果的”，轻微损害不构成医疗事故

根据《医疗事故处理条例》第 4 条第 1 款第 4 项及《医疗事故分级标准（试行）》的规定，“造成患者明显人身损害的其他后果的”属于四级医疗事故（对应的伤残等级为十级），如果未造成患者明显人身损害的其他后果的，则不构成医疗事故。该等规定颇受诟病，认为是对医疗机构及其医务人员的过度保护，对患者方不利。但实际上，这还是既往对医疗行为认知局限造成的，即医学界普遍认为医疗行为本身伴有并发损害，医疗行为本身存有可允许性风险特征等。原《侵权责任法》和《民法典》均未再使用“明显人身损害”的表述而仅表达为“损害”。

当前人身损害伤残等级鉴定，司法实践中存有三个标准，一为《医疗事故处理条例》《医疗事故分级标准（试行）》标准，二为《劳动能力鉴定 职工工伤与职业病致残等级》（GB/T 16180 — 2014）标准，三为 2017 年 1 月 1 日起施行的由最高人民法院等五机关部委制定的《人体损伤致残程度分级》。由于《劳动能力鉴定 职工工伤与职业病致残等级》属职业特殊保护，故在所不论。笔者仅就《医疗事故分级标准（试行）》与《人体损伤致残程度分级》伤残最低等级十级进行了简单比较，笔者的初步意见为，《医疗事故分级标准（试行）》与《人体损伤致残程度分级》分别确定的伤残十级，难言高低，标准并不完全一致。具体分析如下。

“双侧轻度不完全性面瘫，无功能障碍”构成医疗事故十级伤残，“一侧部分面瘫”即构成《人体损伤致残程度分级》十级伤残，从该等标准判断，医疗事故标准高于《人身损害致残程度分级》标准；“面部轻度色素沉着或脱失”构成医疗事故十级伤残，“面部片状细小瘢痕形成或者色素异常，累计面积达 10.0cm^2”

为《人体损伤致残程度分级》十级伤残，该等标准难以判断孰高孰低；“一侧眼睑有明显缺损或外翻”构成医疗事故十级伤残，“一侧眼睑下垂，遮盖部分瞳孔；一侧眼睑轻度畸形；一侧睑球粘连影响眼球运动”为《人体损伤致残程度分级》十级伤残，该等标准难论孰高孰低；“拔除健康恒牙”构成医疗事故十级伤残，“牙齿缺失或者折断7枚以上；牙槽骨部分缺损，合并牙齿缺失或者折断4枚以上”为《人体损伤致残程度分级》十级伤残，医疗事故标准低于《人身损害致残程度分级》标准；“口周及颜面软组织轻度损伤”构成《人体损伤致残程度分级》十级伤残，“唇外翻或者小口畸形或唇缺损或者畸形，致露齿”为《人体损伤致残程度分级》十级伤残，医疗事故标准低于《人身损害致残程度分级》标准；“一拇指末节1/2缺损或一手除拇指、食指外，有两指近侧指间关节无功能或一足拇趾末节缺失”构成医疗事故十级伤残，“一足拇趾功能丧失75%以上或手或者足功能丧失分值≥10分”为《人体损伤致残程度分级》十级伤残，医疗事故标准低于《人身损害致残程度分级》标准；“局部注射造成组织坏死，成人大于体表面积2%，儿童大于体表面积5%”构成医疗事故十级伤残，“皮肤瘢痕形成达体表面积4%或皮肤创面长期不愈超过1年，范围达体表面积1%”，该等标准难论孰高孰低。

最大的问题在于，根据《医疗事故处理条例》《医疗事故分级标准（试行）》，达不到四级医疗事故或达不到十级伤残的医疗损害不构成医疗事故，不构成医疗事故的则不赔偿；[①] 而根据医疗损害责任，不构成十级伤残的，只要是构成人身损害的，均需赔偿。基于医疗事故十级与《人体损伤致残程度分级》十级的标准难言优劣，不构成医疗事故的损害也许也不构成人身损伤的十级伤残，并不赔偿伤残等级赔偿金，但医疗损害责任除伤残等级赔偿金外，其他赔偿项目仍然需要赔付。从这个角度而言，医疗损害责任系对患者更全面的保护。

（二）与《医疗事故处理条例》相关的法律规范

与《医疗事故处理条例》相关的法律规范有《医疗事故技术鉴定暂行办法》和《医疗事故分级标准（试行）》；2018年10月1日后，《医疗纠纷预防和处理条例》《关于做好〈医疗纠纷预防和处理条例〉工作通知》及其附件《医疗纠纷中尸检

① 《医疗事故处理条例》第49条第2款规定：不属于医疗事故的，医疗机构不承担赔偿责任。

机构及专业技术人员条件》也共同构成与《医疗事故处理条例》相关的法律规范。

（三）医疗事故赔偿及与人身损害赔偿的对比

1. 医疗事故赔偿的一般规定

《医疗事故处理条例》第49条第1款规定："医疗事故赔偿，应当考虑下列因素，确定具体赔偿数额：（一）医疗事故等级；（二）医疗过失行为在医疗事故损害后果中的责任程度；（三）医疗事故损害后果与患者原有疾病状况之间的关系。"构成医疗事故的，根据《医疗事故处理条例》第50条之规定，医疗机构应赔偿医疗费、误工费、住院伙食补助费、陪护费、残疾生活补助费、残疾用具费、丧葬费、被扶养人生活费、交通费、住宿费、精神损害抚慰金。根据第51条之规定，还应赔偿参加医疗事故处理的患者近亲属所需交通费、误工费、住宿费，参照条例第50条的有关规定计算，计算费用的人数不超过2人。医疗事故造成患者死亡的，参加丧葬活动的患者的配偶和直系亲属所需交通费、误工费、住宿费，参照条例第50条的有关规定计算，计算费用的人数不超过2人。

2. 医疗事故的具体赔偿标准及与人身损害赔偿对比

（1）医疗费

赔偿的医疗费并非就医的全部医疗费用，不包括原发病的医疗费用。但司法实践中，该条款因无法确定何为原发病的医疗费用而根本无法执行，实质为全部医疗费用，这是立法缺陷。《人身损害赔偿司法解释》（法释〔2003〕20号）第19条规定，医疗费根据医疗机构出具的医药费、住院费等收款凭证，结合病历和诊断证明等相关证据确定。赔偿义务人对治疗的必要性和合理性有异议的，应当承担相应的举证责任。医疗费的赔偿数额，按照一审法庭辩论终结前实际发生的数额确定。器官功能恢复训练所必要的康复费、适当的整容费以及其他后续治疗费，赔偿权利人可以待实际发生后另行起诉。但根据医疗证明或者鉴定结论确定必然发生的费用，可以与已经发生的医疗费一并予以赔偿。

（2）误工费

误工费的计算对收入高于医疗事故发生地上一年度职工年平均工资3倍以上的，按照3倍计算；无固定收入的，按照医疗事故发生地上一年度职工年平均工资计算。此规定较《人身损害赔偿司法解释》（法释〔2003〕20号）对患方更有利，该司法解释第20条第3款规定，受害人有固定收入的，误工费按照实际减少的收入计算。受害人无固定收入的，按照其最近3年的平均收入计算；受害人不能举证证明其最近3年的平均收入状况的，可以参照受诉法院所在地相同或者相近行业上一年度职工的平均工资计算。

（3）陪护费

患者住院期间需要专人陪护的，按照医疗事故发生地上一年度职工年平均工资计算。《人身损害赔偿司法解释》（法释〔2003〕20号）称为护理费，且不限于住院期间，更主要的是规定了出院后或伤残导致需要护理的情形。该司法解释第21条规定，护理费根据护理人员的收入状况和护理人数、护理期限确定。护理人员有收入的，参照误工费的规定计算；护理人员没有收入或者雇佣护工的，参照当地护工从事同等级别护理的劳务报酬标准计算。护理人员原则上为一人，但医疗机构或者鉴定机构有明确意见的，可以参照确定护理人员人数。护理期限应计算至受害人恢复生活自理能力时止。受害人因残疾不能恢复生活自理能力的，可以根据其年龄、健康状况等因素确定合理的护理期限，但最长不超过20年。受害人定残后的护理，应当根据其护理依赖程度并结合配制残疾辅助器具的情况确定护理级别。因此，医疗事故陪护费仅限于住院期间，是对医疗机构的特殊保护，对患者不公，属于立法缺陷。

（4）残疾生活补助费

根据伤残等级，按照医疗事故发生地居民年平均生活费计算，自定残之月起最长赔偿30年；但是，60周岁以上的，不超过15年；70周岁以上的，不超过5年。司法解释称为残疾赔偿金，根据《人身损害赔偿司法解释》（法释〔2003〕20号）第25条第1款的规定，残疾赔偿金根据受害人丧失劳动能力程度或者伤残等级，按照受诉法院所在地上一年度城镇居民人均可支配收入或者农村居民人均纯收入标准，自定残之日起按20年计算。但60周岁以上的，年龄每增加一岁减少一年；75周岁以上的，按5年计算。

根据对比可知，医疗事故残疾生活补助费是以人均寿命75周岁计算，司法解释按80周岁计算；医疗事故以发生地居民年平均生活费计算，应为当年标准且不分城镇及农村，司法解释按上一年度城镇居民人均可支配收入或者农村居民人均纯收入标准，分城镇与农村；医疗事故赔偿30年，司法解释赔偿20年。总体而言，就残疾生活补助费而言，医疗事故赔偿不区分城镇与农村，体现人生而平等的进步观念；医疗事故尽管采取较低的居民年平均生活费标准计算，但因赔偿 30 年，并无不公。

（5）被扶养人生活费

被扶养人生活费以死者生前或者残疾者丧失劳动能力前实际扶养且没有劳动能力的人为限，按照其户籍所在地或者居所地居民最低生活保障标准计算。对不满 16 周岁的，扶养到 16 周岁。对年满 16 周岁但无劳动能力的，扶养 20 年；但是，60 周岁以上的，不超过 15 年；70 周岁以上的，不超过 5 年。《人身损害赔偿司法解释》（法释〔2003〕20 号）第 28 条规定，被扶养人生活费根据扶养人丧失劳动能力程度，按照受诉法院所在地上一年度城镇居民人均消费性支出和农村居民人均年生活消费支出标准计算。被扶养人为未成年人的，计算至 18 周岁；被扶养人无劳动能力又无其他生活来源的，计算 20 年。但 60 周岁以上的，年龄每增加一岁减少一年；75 周岁以上的，按 5 年计算。被扶养人是指受害人依法应当承担扶养义务的未成年人或者丧失劳动能力又无其他生活来源的成年近亲属。被扶养人还有其他扶养人的，赔偿义务人只赔偿受害人依法应当负担的部分。被扶养人有数人的，年赔偿总额累计不超过上一年度城镇居民人均消费性支出额或者农村居民人均年生活消费支出额。

根据对比，医疗事故被扶养人成年人确定为 16 周岁，人均寿命按 75 周岁计算；《人身损害赔偿司法解释》确定为 18 周岁，人均寿命按 80 周岁计；医疗事故居民最低生活保障标准计算，不分区城镇与农村；《人身损害赔偿司法解释》区分城乡，按照城镇居民人均消费性支出和农村居民人均年生活消费支出标准计算；医疗事故并未限定被扶养人有数人时的总额，《人身损害赔偿司法解释》进行了限定，即被扶养人有数人的，年赔偿总额累计不超过上一年度城镇居民人均消费性支出额或者农村居民人均年生活消费支出额。根据该等对比可以看出，医疗事故不区分城镇与农村、不限定赔偿总额等是进步的，但在赔偿标准、计算年限等方面有商榷的余地。

（6）死亡赔偿金

《医疗事故处理条例》没有规定死亡赔偿金，这是最大的立法缺陷，是对作为原告的患者方极大的损害，是立法的严重不公，且容易诱发医务人员的道德风险。即造成残疾的或者严重残疾的，基于需要赔付 30 年残疾生活补助费导致赔偿较多，但造成死亡的既无须赔偿残疾生活补助费（因为死亡，故该项目自始不存在），也无须赔偿死亡赔偿金，死亡赔偿金是死亡类案件的最大、最主要的赔偿项目，这就等于是宣告造成患者死亡的，几乎不需要赔偿或赔偿额极低。正是基于该等严重立法缺陷且机械执行，导致《医疗事故处理条例》在施行期间某些省市拒不赔偿死亡赔偿金。以立法之名行不公，是最大的非正义。正如约翰·罗尔斯所指出的那样："同样，某些法律和制度，不管它们如何效率和有条理，只要它们不正义，就必须加以改造或废除。每个人都拥有一种基于正义的不可侵犯性，这种不可侵犯性即使以社会整体利益之名也不能逾越。"①

北京市高级人民法院在实施《医疗事故处理条例》期间，注意到该等严重不公，2005年7月13日施行的《北京市高级人民法院关于审理医疗损害赔偿纠纷案件若干问题的意见（试行）》第21条规定："确定医疗事故损害赔偿标准，应参照《医疗事故处理条例》第49条至第52条的规定；如参照《医疗事故处理条例》处理将使患者所受损失无法得到基本补偿的，可以适用《民法通则》及相关司法解释的规定适当提高赔偿数额。确定一般医疗损害赔偿标准，应适用《民法通则》及相关司法解释的规定。"另外，不少其他省市基于既可以提起医疗事故赔偿责任纠纷也可以依据2003年1月6日施行的《参照〈医疗事故处理条例〉审理通知》中"因医疗事故以外的原因引起的其他医疗赔偿纠纷，适用民法通则的规定"之规定提起其他医疗赔偿纠纷而得到救济。

（7）精神损害抚慰金

精神损害抚慰金按照医疗事故发生地居民年平均生活费计算。造成患者死亡的，赔偿年限最长不超过6年；造成患者残疾的，赔偿年限最长不超过3年。《医疗事故处理条例》对精神损失抚慰金进行了限定，《人身损害赔偿司法解释》更多地授予法官自由裁量，但总体而言，当今中国司法判决中对精神损失抚慰金的支持金额普遍过低，精神损害抚慰金并无优劣之分。

三、医疗事故责任与医疗损害责任的异同

（一）医疗事故责任与医疗损害责任的相同或相似

根据笔者的理解，医疗事故责任与医疗损害责任并无实质区别，本质为侵权

---

① 参见［美］约翰·罗尔斯：《正义论》，何怀宏、何包钢、廖申白译，中国社会科学出版社1988年版，第3页。

责任中的医疗侵权责任，实质为医疗损害责任，是医疗机构或者医务人员在诊疗活动中违法违规、违反当时的医疗水准，过失造成患者人身损害的应予赔偿的民事侵权责任。

医疗事故责任只是我国不同发展阶段的医疗损害责任，是在社会发展不同阶段，基于认知局限及医疗卫生相关行政部门对医疗机构特殊保护等而产生的一个过渡期责任。《医疗事故处理条例》对医疗事故在侵权主体、责任承担、违法违规、过失、人身损害等方面的规定与原《侵权责任法》或《民法典》医疗损害责任并无本质的区别，医疗事故本身即医疗侵权，只是基于对医疗机构的特殊保护，提高了医疗事故的构成标准，即确定了不构成医疗事故的轻微人身损害不赔原则；在医疗事故赔偿领域制定了一些与《人身损害赔偿司法解释》不同的标准，尤其是在死亡赔偿金问题上出现重大立法缺陷。笔者认为，如果抛开死亡赔偿金问题，《医疗事故处理条例》作为一部过渡期行政法规，总体上是一部兼顾立法历史沿革、中国社会发展不同阶段、平衡医患双方较好的行政法规。当然，医疗事故早期鉴定，尤其在一些比较小的乡土社会，医学会鉴定存在一定的医医相护导致不公正的鉴定结论出现的情形，但随着其后国家社会经济各领域的发展，整个社会包括医务人员中鉴定专家人文素养、法制意识的整体提高，医疗事故鉴定中不公正现象也在减少。此外，法医临床鉴定并不是医学会的执业医师专家进行鉴定，难以保证其每一次鉴定一定客观、公正，根据笔者的司法实践，法医临床鉴定对医疗机构及其医务人员总体而言，从严要求。

（二）医疗事故责任与医疗损害责任的不同

医疗事故责任与医疗损害责任也存有一定程度的不同，诸如概念不同、适用范围不同、构成标准不同、归责原则不同、赔偿项目及标准不同等。当然，二者还有立法技术差异等。关于二者不同，前文已有部分阐述，下面进一步简述之。

1. 适用范围不同

医疗事故责任并不包括医疗产品责任，尽管其规定了对“疑似输液、输血、注射、药物等引起不良后果的”处理，但仅限于诊疗活动过程中是否存有医疗过失，对产品责任本身是否存在缺陷在所不论。医疗事故责任也不包括侵害患者的隐私和个人信息等权利。而医疗损害责任既包括医疗产品责任，也包括侵害患者的隐私和个人信息等责任。

2. 归责原则不同

医疗事故责任只有过错归责原则，未规定过错推定原则，由于无医疗产品责任，也未规定无过错或严格责任原则。而医疗损害责任主要为过错责任原则，但也包括推定过错、无过错或严格责任原则。

3. 立法技术不同

医疗损害责任历经原《侵权责任法》和《民法典》，体现了较高的立法水准，尤其是将过错责任原则列为医疗损害责任的核心，将违法违规等情形规定在推定过错中。另外，引入当时医疗水准说及注意义务，解决了医疗损害不限于或不能完全使用“违法违规”的表述可概括的不周延性。此外，将医疗产品责任归为医疗损害责任等。王利明教授认为，虽然医疗产品责任属于特殊的产品责任，考虑到其与医疗的密切联系，因此，将其置于医疗损害责任部分，也具有合理性。[①]笔者认为，医疗产品责任不仅涉及产品质量责任，也涉及医疗机构及其医务人员的使用责任，存有医疗机构及其医务人员不合法、不合规、不合理使用导致存在质量问题的可能。因此，在医疗机构及其医务人员使用该等医疗产品时，该等医疗产品责任已经无法从单纯产品质量责任中割裂出来，即便原《侵权责任法》和《民法典》未规定为医疗产品责任，司法实践中，绝大多数的案件均将医疗机构列为共同被告，除非患者在人民法院释明的情况下仍拒绝追加医疗机构为被告，否则，一定是将医疗产品责任与医疗损害责任合并审理。因此，笔者的观点不仅是“具有合理性”，而且也是司法实践所必须。

四、医疗事故责任与医疗损害责任的不同适用范围

《医疗纠纷预防和处理条例》《关于做好〈医疗纠纷预防和处理条例〉工作通知》明确规定《医疗事故处理条例》适用于卫生健康行政部门对发生医疗事故的医疗机构及医务人员的行政处理，不适用于包括赔偿在内的民事纠纷处理。行政处理仅适用于患方对医疗损害责任提起民事诉讼，同时要求对医疗机构或医务人员进行行政处理的情形。因此，《医疗事故处理条例》中民事损害赔偿内容实质已经被废止，鉴于《民法典》作为国家基本法律已经生效，医疗事故责任现缩窄为仅行政处理时适用，《民法典》中规定的医疗损害责任为当前医疗损害赔偿领

① 参见王利明：《侵权责任法》（第2版），中国人民大学出版社2021年版，第288页。

域唯一的可以适用的法律。

五、《医疗事故处理条例》应废止

笔者认为，即便当前《医疗事故处理条例》仅适用于行政处理，也仍应废止。其一，医疗损害责任之民事赔偿责任与医疗事故责任之行政责任二元化处理机制，属于旧的二元化机制刚解决不久，又出现新的二元化机制，导致当事人诉累，需要重复提起两个诉请才能解决民事及行政问题。其二，标准不统一。医疗事故责任是必须达到对应十级伤残的四级方构成医疗事故，属于“造成患者明显人身损害的其他后果的”方构成医疗事故，此与医疗损害责任明显不同。当然，卫生行政部门可能抗辩说，造成轻微损害的属于医学科学的可允许性风险，属于难以预料并不可防范或避免的并发症等，如此就对医疗机构及其医务人员处罚存有不合理性。但笔者认为，标准必须统一，这是法制国家的基本要求，法制不统一就会导致混乱，医疗事故责任及医疗损害责任二元化造成的严重后果即例证。至于卫生行政部门的担忧也不无道理，但完全可以在医疗损害责任在造成人身损害后果程度、疏忽大意过失抑或过于自信过失的过错责任程度等方面寻求解决之道，比如医疗机构及其医务人员构成医疗损害主要责任且造成患者较高伤残等级的等。综上所述，笔者认为《医疗事故处理条例》应予彻底废止。

第三节 医疗纠纷的解决路径

根据《医疗纠纷预防和处理条例》第 2 条之规定，医疗纠纷是指医患双方因诊疗活动引发的争议。根据《医疗纠纷预防和处理条例》第 22 条之规定，当前我国医疗纠纷有 5 个解决路径，分别为双方自愿协商、申请人民调解、申请行政调解、向人民法院提起诉讼、法律法规规定的其他途径。

一、医患双方自愿协商路径

医疗纠纷属于平等主体之间的民事纠纷，当事人有权处分自己的民事权益，医患双方自愿协商于法不悖且具有高效的优势，当然合法并应予鼓励。

根据《医疗纠纷预防和处理条例》第30条之规定，医患双方选择协商解决医疗纠纷的，应当在专门场所协商，不得影响正常医疗秩序。医患双方人数较多的，应当推举代表进行协商，每方代表人数不超过5人。协商解决医疗纠纷应当坚持自愿、合法、平等的原则，尊重当事人的权利，尊重客观事实。医患双方应当文明、理性表达意见和要求，不得有违法行为。协商确定赔付金额应当以事实为依据，防止畸高或者畸低。对分歧较大或者索赔数额较高的医疗纠纷，鼓励医患双方通过人民调解的途径解决。

医患双方能否共同委托依据《医疗纠纷预防和处理条例》第35条规定设立的医疗损害鉴定专家库进行医疗损害鉴定，[①]条例并未作出明确规定，条例仅规定申请人民调解及行政调解可委托依据第35条设立的医疗损害鉴定专家库。因此，存有医患双方共同委托但医疗损害鉴定专家库不受理的可能。医患双方可以申请法医临床鉴定，也就是所谓的过错及因果关系鉴定，但这以法医临床鉴定机构愿意接受该等鉴定为前提，根据笔者所知，存有一部分大型国有企事业司法鉴定机构只接受人民法院委托鉴定的情况。

如果医患双方不能在自愿协商路径下取得鉴定意见，那么医患双方尤其是患方更多地会依赖自身对医疗损害责任的判断，从这个角度说，患者作为个体或家庭，基于对临床知识及法律知识的缺乏，可能存有劣势；当然，凡事皆有可能，也存有医疗机构基于重大人身损害后果、基于诊疗秩序等多重因素考虑，接受较高赔偿的可能性。

二、申请人民调解路径

医疗纠纷人民调解委员会进行的医疗纠纷人民调解，其法的渊源为《人民调解法》，根据该法的相关规定，[②]人民调解是指人民调解委员会通过说服、疏导等方法，促使当事人在平等协商基础上自愿达成调解协议，解决民间纠纷的活动。人民调解委员会调解民间纠纷，不收取任何费用。人民调解委员会是依法设立的

① 《医疗纠纷预防和处理条例》第35条规定：医疗损害鉴定专家库由设区的市级以上人民政府卫生、司法行政部门共同设立。专家库应当包含医学、法学、法医学等领域的专家。聘请专家进入专家库，不受行政区域的限制。

② 《人民调解法》第2、4、7、17、28、31、33条。

调解民间纠纷的群众性组织。当事人可以向人民调解委员会申请调解；人民调解委员会也可以主动调解。当事人一方明确拒绝调解的，不得调解。经人民调解委员会调解达成调解协议的，可以制作调解协议书。当事人认为无须制作调解协议书的，可以采取口头协议方式，人民调解员应当记录协议内容。经人民调解委员会调解达成的调解协议，具有法律约束力，当事人应当按照约定履行。经人民调解委员会调解达成调解协议后，双方当事人认为有必要的，可以自调解协议生效之日起 30 日内共同向人民法院申请司法确认，人民法院应当及时对调解协议进行审查，依法确认调解协议的效力。人民法院依法确认调解协议有效，一方当事人拒绝履行或者未全部履行的，对方当事人可以向人民法院申请强制执行。人民法院依法确认调解协议无效的，当事人可以通过人民调解方式变更原调解协议或者达成新的调解协议，也可以向人民法院提起诉讼。

现阶段全国各地均设立有医疗纠纷人民调解委员会，调解采取自愿原则，不收取费用。《医疗纠纷预防和处理条例》第 31 条规定:“申请医疗纠纷人民调解的，由医患双方共同向医疗纠纷人民调解委员会提出申请；一方申请调解的，医疗纠纷人民调解委员会在征得另一方同意后进行调解。申请人可以以书面或者口头形式申请调解。书面申请的，申请书应当载明申请人的基本情况、申请调解的争议事项和理由等；口头申请的，医疗纠纷人民调解员应当当场记录申请人的基本情况、申请调解的争议事项和理由等，并经申请人签字确认。医疗纠纷人民调解委员会获悉医疗机构内发生重大医疗纠纷，可以主动开展工作，引导医患双方申请调解。当事人已经向人民法院提起诉讼并且已被受理，或者已经申请卫生主管部门调解并且已被受理的，医疗纠纷人民调解委员会不予受理；已经受理的，终止调解。”第 32 条第 2 款规定：“医疗纠纷人民调解委员会应当根据具体情况，聘任一定数量的具有医学、法学等专业知识且热心调解工作的人员担任专（兼）职医疗纠纷人民调解员。”第 33 条规定:“医疗纠纷人民调解委员会调解医疗纠纷时，可以根据需要咨询专家，并可以从本条例第三十五条规定的专家库中选取专家。”第 34 条第 1 款规定：“医疗纠纷人民调解委员会调解医疗纠纷，需要进行医疗损害鉴定以明确责任的，由医患双方共同委托医学会或者司法鉴定机构进行鉴定，也可以经医患双方同意，由医疗纠纷人民调解委员会委托鉴定。”第 35 条规定:“医疗损害鉴定专家库由设区的市级以上人民政府卫生、司法行政部门共同设立。专家库应当包含医学、法学、法医学等领域的专家。聘请专家进入专家库，不受行政区域的限制。”第 38 条规定：“医疗纠纷人民调解委员会应当自受理之日起 30 个工作日内完成调解。需要鉴定的，鉴定时间不计入调解期限。因特殊情况需要延长调解期限的，医疗纠纷人民调解委员会和医患双方可以约定延长调解期限。超过调解期限未达成调解协议的，视为调解不成。”第 39 条规定：“医患双方经人民调解达成一致的，医疗纠纷人民调解委员会应当制作调解协议书。调解协议书经医患双方签字或者盖章，人民调解员签字并加盖医疗纠纷人民调解委员会印章后生效。达成调解协议的，医疗纠纷人民调解委员会应当告知医患双方可以依法向人民法院申请司法确认。”

综上所述，人民调解制度是我国的司法特色，也是行之有效解决民间纠纷的好方法，《医疗纠纷预防和处理条例》确立的解决医疗纠纷的特色在于调解人员的专业性并配备有专家咨询及医疗损害鉴定作为保障，如此，既有专业、独立、公正、不收费的第三方人民调解员介入，也有专家咨询及医疗损害鉴定以保障解决专业知识不对称问题，较医患双方自愿协商路径具有明显优势。据笔者所知，现阶段大量的医疗纠纷在医疗纠纷调解委员会得以消化，息诉止争，收到良好的社会效果。

三、申请行政调解

《医疗纠纷预防和处理条例》第 40 条规定：“医患双方申请医疗纠纷行政调解的，应当参照条例第三十一条第一款、第二款的规定向医疗纠纷发生地县级人民政府卫生主管部门提出申请。卫生主管部门应当自收到申请之日起 5 个工作日内作出是否受理的决定。当事人已经向人民法院提起诉讼并且已被受理，或者已经申请医疗纠纷人民调解委员会调解并且已被受理的，卫生主管部门不予受理；已经受理的，终止调解。卫生主管部门应当自受理之日起 30 个工作日内完成调解。需要鉴定的，鉴定时间不计入调解期限。超过调解期限未达成调解协议的，视为调解不成。”第 41 条规定：“卫生主管部门调解医疗纠纷需要进行专家咨询的，可以从本条例第三十五条规定的专家库中抽取专家；医患双方认为需要进行医疗损害鉴定以明确责任的，参照条例第三十四条的规定进行鉴定。医患双方经卫生主管部门调解达成一致的，应当签署调解协议书。”第 42 条同时规定：“医疗纠纷人民调解委员会及其人民调解员、卫生主管部门及其工作人员应当对医患双方的个人隐私等事项予以保密。未经医患双方同意，医疗纠纷人民调解委员会、卫生主管部门不得公开进行调解，也不得公开调解协议的内容。”

行政调解不属于《人民调解法》中人民调解的范畴，但也不是行政行为，只是卫生行政部门作为平等、独立的第三方参与调解。虽然称为行政调解，但其实质还是民事调解，只是卫生行政部门的身份为行政部门而已。行政调解的优点及缺点同样明显，优点在于有政府信用及公信力，缺点在于患者容易认为卫生行政部门与公立医院为一体，从而对公信力产生怀疑。笔者认为，行政调解不失为一个调解路径，但不宜过多干预，医疗纠纷调解还是应以医疗纠纷人民调解为主。

四、向人民法院提起诉讼

司法权具有终极性，是公平正义的最后一道屏障，依法向人民法院提起医疗损害责任纠纷是医疗纠纷最常用的手段之一。诉讼具有公开、公平、公正特征并执行严格的程序规定，对医患双方予以平等保护。但诉讼也具有一些缺点，比如既需诉讼程序也需鉴定程序导致时间较长（如果是医学会医疗损害鉴定还可能有二次鉴定），需要缴纳诉讼费及鉴定费，还可能涉及二审程序等。

五、法律法规规定的其他途径

根据笔者的理解，诉前及诉讼程序中还存在司法调解或司法委托调解，也适用于医疗损害责任。《最高人民法院关于人民法院民事调解工作若干问题的规定（2020 年修正）》（法释〔2020〕20 号）、《最高人民法院印发〈关于建立健全诉讼与非诉讼相衔接的矛盾纠纷解决机制的若干意见〉的通知》（法发〔2009〕45 号）、《最高人民法院印发〈关于扩大诉讼与非诉讼相衔接的矛盾纠纷解决机制改革试点总体方案〉的通知》、《最高人民法院关于人民法院特邀调解的规定》（法释〔2016〕14 号）等就诉前及诉中调解、构建诉调对接工作平台及调解等作出相关规定，其实质还是属于司法调解或司法委托调解的范畴，对构建和谐社会，息诉止争同样具有重要作用。

第二章 医疗损害鉴定

第一节 医疗损害鉴定的历史演进

我国与医疗损害责任相关的鉴定，近 20 年来始终处于博弈格局、混沌状态，医学会医疗事故鉴定、司法鉴定之法医临床鉴定、医学会医疗损害鉴定、诉前医疗损害鉴定交织、并行，直至 2021 年 1 月 1 日《民法典》生效至今，仍有继续混沌的趋势，这不仅严重损害了法制统一，也反映了对医疗损害鉴定始终难以达成共识的复杂状态。根据笔者总结，自 2002 年始至今，医疗损害鉴定的历史大致经历以下几个阶段。

一、医疗事故鉴定与司法鉴定的二元化格局

该期间是 2002 年 9 月 1 日至 2010 年 7 月 1 日前。即自 2002 年 9 月 1 日《医疗事故处理条例》实施至 2010 年 7 月 1 日原《侵权责任法》生效前。根据《参照〈医疗事故处理条例〉审理通知》第 2 条第 1 款之规定，人民法院在民事审判中，根据当事人的申请或者依职权决定进行医疗事故司法鉴定的，交由条例所规定的医学会组织鉴定。因医疗事故以外的原因引起的其他医疗赔偿纠纷需要进行

司法鉴定的，按照《人民法院对外委托司法鉴定管理规定》组织鉴定。

该时间段的司法鉴定是指符合《全国人民代表大会常务委员会关于司法鉴定管理问题的决定》的司法鉴定机构进行的法医临床鉴定。因此，2002 ~ 2010 年，医疗事故鉴定与司法鉴定并行，呈现典型的医疗损害鉴定二元化格局，医疗事故鉴定为主流，司法鉴定为辅助。但笔者所言主流与辅助仅是指全国范围而言，具体省市各有不同，有的省市仅允许医疗事故鉴定，有的省市司法鉴定为首选。

二、医学会、司法鉴定机构医疗损害鉴定及医疗事故鉴定三元化

该期间是 2010 年 7 月 1 日至 2018 年 10 月 1 日前，即 2010 年 7 月 1 日原《侵权责任法》生效后至 2018 年 10 月 1 日《医疗纠纷预防和处理条例》生效前。根据《适用〈侵权责任法〉通知》第 3 条之规定，人民法院适用原《侵权责任法》审理民事纠纷案件，根据当事人的申请或者依职权决定进行医疗损害鉴定的，按照《全国人民代表大会常务委员会关于司法鉴定管理问题的决定》、《人民法院对外委托司法鉴定管理规定》及国家有关部门的规定组织鉴定。根据 2010 年 6 月 28 日实施的《卫生部〈侵权责任法〉贯彻实施通知》第 4 条第 1 款第 2 项之规定，对于司法机关或医患双方共同委托的医疗损害责任技术鉴定，医学会应当受理，并可参照《医疗事故技术鉴定暂行办法》等有关规定，依法组织鉴定。医疗损害责任技术鉴定分级参照《医疗事故分级标准（试行）》执行。

原《侵权责任法》生效及按照最高人民法院的通知，司法鉴定机构的法医临床鉴定本应为主要鉴定方式，"国家有关部门的规定组织鉴定"（实质为医学会鉴定）组织鉴定本应为辅。但实际不然，根据最高人民法院通知中的"国家有关部门的规定组织鉴定"及《卫生部〈侵权责任法〉贯彻实施通知》，一切照旧，只是医学会将其医疗事故鉴定改为"医疗损害技术鉴定"。比如，上海市仍以原医疗事故鉴定班底进行医疗损害鉴定，即将医疗事故鉴定改称为医疗损害技术鉴定。

鉴于《医疗事故处理条例》仍合法运行，这一时期也存有少量医疗事故鉴定。从这个意义上说，这个时期是医疗损害鉴定三元化期间，即医疗事故鉴定、司法鉴定机构法医临床鉴定、医学会医疗损害鉴定。

另外，根据笔者的理解，人民法院对医学会医疗损害鉴定有从被动接受过渡到逐步主动认可的趋势，这可以从最高人民法院不同时期对医疗损害鉴定的规定中窥见一斑。根据对 2002 年《参照〈医疗事故处理条例〉审理通知》、2010 年《适

用〈侵权责任法〉通知》、2017年《医疗损害责任司法解释》进行相关对比，可以顺理成章地得出笔者的前述结论。

三、医学会及司法鉴定机构医疗损害鉴定二元化格局

2018年9月13《国家卫生健康委员会办公厅、国家中医药管理局办公室关于做好〈医疗纠纷预防和处理条例〉贯彻实施工作的通知》(日国卫办医函〔2018〕798号)及2018年10月1日《医疗纠纷预防和处理条例》生效后，民事赔偿领域的医疗事故鉴定被废止。2018年10月1日至今，诉讼过程中，医疗损害鉴定仍为二元化格局，即医学会医疗损害鉴定、司法鉴定机构法医临床鉴定，但鉴于认知改变，医学会医疗损害鉴定为主流，法医临床鉴定为辅。

四、《医疗纠纷预防和处理条例》确立的诉前医疗损害鉴定

前面三个阶段阐述的均为诉讼过程中的医疗损害鉴定，但随着《医疗纠纷预防和处理条例》2018年10月1日的生效，我国医疗纠纷处理又创设了诉前医疗损害鉴定新机制，司法部政府网曾在2018年8月30日刊登了刘鑫教授的观点，刘鑫教授认为《医疗纠纷预防和处理条例》针对医疗损害鉴定面临的突出问题作了规范，是医疗损害鉴定管理模式的创新。根据条例第34条的规定，调解医疗纠纷需要进行医疗损害鉴定以明确责任的，由医患双方共同委托医学会或者司法鉴定机构进行鉴定，也可以经医患双方同意，由医疗纠纷人民调解委员会委托鉴定。医学会或者司法鉴定机构接受委托从事医疗损害鉴定，应当由鉴定事项所涉专业的临床医学、法医学等专业人员进行鉴定；医学会或者司法鉴定机构没有相关专业人员的，应当从本条例第35条规定的专家库中抽取相关专业专家进行鉴定。根据第35条之规定，医疗损害鉴定专家库由设区的市级以上人民政府卫生、司法行政部门共同设立。专家库应当包含医学、法学、法医学等领域的专家。聘请专家进入专家库，不受行政区域的限制。根据前述规定，诉前医疗损害鉴定为医学会医疗损害鉴定与司法鉴定机构医疗损害鉴定并行；专家库是人民政府卫生与司法部门共同新设，应与原医疗事故鉴定医学会专家库不同；同时，专家库的人员也可以为司法鉴定机构使用，即司法鉴定机构进行医疗损害诉前鉴定，可抽取的相关鉴定专家不一定必须具有司法鉴定人资质。

2018年10月11日，国家卫生健康委、司法部在国家卫生健康委网站共同发布《国家卫生健康委　司法部关于〈医疗损害鉴定管理办法（征求意见稿）〉公

开征求意见的通知》，征求对该管理办法的意见，期限为一个月。附件包括：“医疗损害鉴定管理办法（征求意见稿）”“关于《医疗损害鉴定管理办法（征求意见稿）》的起草说明”。根据附件 2 第 1 条起草说明的第 2 款专门性鉴定，《医疗纠纷预防和处理条例》规定的医疗损害鉴定，作为诉讼前鉴定，不属于司法鉴定。医疗损害鉴定并不等同于法医类鉴定，也不属于《全国人民代表大会常务委员会关于司法鉴定管理问题的决定》中规定的需由司法行政机关登记管理的鉴定事项。同时，医疗损害鉴定也不同于医疗事故技术鉴定，后者将作为卫生行政部门处理发生医疗事故的医疗机构和医务人员的依据。截至目前，该管理办法仍未正式发布。

2021 年 1 月 6 日，国家卫生健康委单独发布《国家卫生健康委关于加强医疗损害鉴定管理工作的通知》，其第 2 条规定，医学会应当结合医疗损害鉴定工作需要建立专家库。第 6 条规定，医学会医疗损害鉴定规则由中华医学会制定，报国家卫生健康委同意后印发。2021 年 2 月 25 日，《中华医学会关于印发〈医学会医疗损害鉴定规则（试行）〉的通知》出台，明确中华医学会医疗损害鉴定相关工作由医疗事故技术鉴定工作办公室具体负责。笔者注意到，《医疗纠纷预防和处理条例》规定的医疗损害鉴定专家库由设区的市级以上人民政府卫生、司法行政部门共同设立，国家卫生健康委单独发布通知且由医学会独自建立专家库是有违行政法规规定的，在这个层面上，卫生部门与司法部门对相关诉前医疗损害鉴定的意见可能还未能完全达成一致。

第二节 无鉴定则无司法裁判

一、医疗损害责任纠纷对鉴定及其意见存有重大依赖

（一）《民事诉讼法》《民事诉讼法解释》《民事诉讼证据规则（2019 年修正）》对鉴定问题的规定

《民事诉讼法》第 63 条规定的证据种类为 8 种，鉴定意见排在第 7 位，分别为：

当事人的陈述、书证、物证、视听资料、电子数据、证人证言、鉴定意见、勘验笔录。《民事诉讼法》第76条规定，当事人可以就查明事实的专门性问题向人民法院申请鉴定。当事人申请鉴定的，由双方当事人协商确定具备资格的鉴定人；协商不成的，由人民法院指定。当事人未申请鉴定，人民法院对专门性问题认为需要鉴定的，应当委托具备资格的鉴定人进行鉴定。因此，鉴定意见分为当事人申请及人民法院认为需要鉴定两种情形。《民事诉讼法解释》第121条规定，当事人申请鉴定，可以在举证期限届满前提出。申请鉴定的事项与待证事实无关联，或者对证明待证事实无意义的，人民法院不予准许。人民法院准许当事人鉴定申请的，应当组织双方当事人协商确定具备相应资格的鉴定人。当事人协商不成的，由人民法院指定。符合依职权调查收集证据条件的，人民法院应当依职权委托鉴定，在询问当事人的意见后，指定具备相应资格的鉴定人。根据该条规定，尽管当事人可以申请鉴定程序，但是否准允，由人民法院决定。《民事诉讼证据规则（2019修正）》第30条第1款规定，人民法院在审理案件过程中认为待证事实需要通过鉴定意见证明的，应当向当事人释明，并指定提出鉴定申请的期间。因此，《民事诉讼法》《民事诉讼法解释》《民事诉讼证据规则（2019修正）》对鉴定的提起尽管存有细微差异，但无疑问的是，人民法院对是否鉴定具有决定权，鉴定是否最终提起和委托，依赖人民法院在审理案件过程中是否认为待证事实需要通过鉴定意见证明的情形。通俗言之，民事案件诉讼过程中并非所有民事侵权案件都需要鉴定，法院认为无须鉴定的就不委托，除非人民法院在审理案件过程中认为待证事实需要通过鉴定意见证明的则会进行委托、鉴定。

（二）《医疗损害责任司法解释》《适用〈侵权责任法〉通知》关于鉴定问题的规定

《医疗损害责任司法解释》第8条规定，当事人依法申请对医疗损害责任纠纷中的专门性问题进行鉴定的，人民法院应予准许。当事人未申请鉴定，人民法院对前款规定的专门性问题认为需要鉴定的，应当依职权委托鉴定。《适用〈侵权责任法〉通知》第3条规定：“人民法院适用侵权责任法审理民事纠纷案件，根据当事人的申请或者依职权决定进行医疗损害鉴定的，按照《全国人民代表大会常务委员会关于司法鉴定管理问题的决定》、《人民法院对外委托司法鉴定管理规定》及国家有关部门的规定组织鉴定。”该等解释及通知与前述《民事诉讼法解释》《民事诉讼证据规则（2019修正）》对鉴定的提起有比较大的变化，即当事人申请鉴定的权利已经无须人民法院进行审核、准允，直接规定的是“人民法院应予准许”，进行医疗损害鉴定已经成为医疗损害责任纠纷案件当事人的一项法定权利，只要当事人申请，必须准允。这就是医疗损害责任纠纷领域，无鉴定无裁判的司法解释来源。

（三）所有医疗损害责任纠纷案件是否都必须鉴定

1. 案件事实简单且不涉及过多医学专业知识案件本无须鉴定

笔者认为，医疗损害责任纠纷案件绝大部分需要医疗损害鉴定，但也有很多案件无须鉴定。以笔者正在代理的一个上海市某区人民法院受理案件为例，医疗机构没有履行知情同意义务即将仍处于昏迷状态的患者转院，也未安排医护人员护送，严重违反卫生部《医院工作制度》第30条规定的转院、转科制度，即“病员转院，如估计途中可能加重病情或死亡者，应留院处置，待病情稳定或危险过后，再行转院。较重病人转院时应派医护人员护送”。该等案件，属于《民法典》第1222条中的“违反法律、行政法规、规章以及其他有关诊疗规范的规定”，依法应直接推定医疗机构或其医务人员存有过错并为完全原因力。但在案件的举证质证程序中，法官助理在原告代理人认为无须鉴定并坚决反对鉴定的情况下，仍坚决要求进行医疗损害鉴定。法官助理的观点也很简单，即“我对医疗又不懂，你说的我们都已记录在案，但还是要鉴定的”。笔者再举一例释之：患者骨折入院接受手术，未有输血。入院前及本次手术前进行过丙肝抗体等监测，为阴性。但因术后感染，住院时间很长。期间再次进行丙肝抗体等监测，发现阳性，辅以DNA定量监测等，丙肝诊断成立。对该等病例当然无须进行医疗损害鉴定，事实非常清楚，依据常识可推断为医疗机构院内感染，推定医疗机构存在过错并承担完全的原因力。但这类案件，人民法院仍会要求鉴定。

2. 过度鉴定系由多种原因造成

（1）医疗损害责任纠纷案件涉及临床医学专业知识

医疗损害责任纠纷案系发生在诊疗活动中的侵权案件，该等案件主要还是确定诊疗行为是否存在过错并造成患者损害，该等问题涉及临床医学专业知识及其判断，临床医学属于自然科学且属于循证科学，既涉及科学也涉及经验总结，与其他自然科学学科相比有一定的特殊性，临床医学本科五年学制即为例证。当出现涉及医学专业知识及其判断时，基于弥补裁判官医学知识的不足，进行医疗损害鉴定确有必要性。

（2）医疗损害责任纠纷案件是涉及人的生命健康权的人身损害案件

医疗损害责任纠纷案件实质是人身损害案件，涉及人的生命健康权，该等案件非死即伤、人命关天，不仅涉及一个个体同时还涉及整个家庭。另外，患者对就诊的医疗机构提诉，一定是争议极大、不可调和。对该等涉及人的生命健康权且争议极大案件，必要的重视和审慎是应有之义，为保障裁判的科学性、客观性，借助专业鉴定机构进行鉴定符合法律规范要求。

（3）法官在过错及因果关系等问题上不愿意行使裁判权

正因为有前述（1）（2）缘由且司法解释明确规定医患双方都有鉴定权并一定程度可任意申请鉴定，法官委托鉴定就成为必然。

二、鉴定意见依法仅是证据

医疗损害鉴定意见在本质上属于民事诉讼证据范畴，对此应无任何争议，按照《民事诉讼法》及《民事诉讼证据规则（2019 修正）》之规定，证据需要经过举证质证程序，且作为原告一方更可能申请专家证人辅助，也会有重新鉴定。根据《民事诉讼法解释》第 104、105 条之规定，人民法院应当组织当事人围绕证据的真实性、合法性以及与待证事实的关联性进行质证，并针对证据有无证明力和证明力大小进行说明和辩论。能够反映案件真实情况、与待证事实相关联、来源和形式符合法律规定的证据，应当作为认定案件事实的根据。人民法院应当按照法定程序，全面、客观地审核证据，依照法律规定，运用逻辑推理和日常生活经验法则，对证据有无证明力和证明力大小进行判断，并公开判断的理由和结果。根据《民事诉讼证据规则（2019 修正）》第 85 条之规定，人民法院应当以证据能够证明的案件事实为根据依法作出裁判。审判人员应当依照法定程序，全面、客观地审核证据，依据法律的规定，遵循法官职业道德，运用逻辑推理和日常生活经验，对证据有无证明力和证明力大小独立进行判断，并公开判断的理由和结果。

笔者之所以重复罗列相关规定，是想表明民事诉讼证据是需要经过严格的举证质证法定程序并由人民法院依据认定规则进行认定的，民事诉讼证据存有被法庭认定、被否定，或部分内容被认定情形，这属于司法实践的常态。

三、医疗损害鉴定意见的司法适用

（一）医疗损害鉴定意见在医疗侵权案中居于主导地位

根据笔者的司法实践，一旦医疗损害鉴定意见作出，程序上会走举证质证环节，但实际情况是名存实亡，仅有程序而无实质，质证意见仅在提起重新鉴定时才存有意义。如果当事人不要求申请重新鉴定，该等鉴定意见就是裁判依据，质证意见基本会在所不论。法官基本上在这个环节上全面失守或退却，对该等证据的证明力几乎是全盘接受。针对医学会作出的医疗损害鉴定意见，一定程度上人民法院会接受当事人提起的重新鉴定请求，但如针对司法鉴定机构作出的鉴定意见，该等重新鉴定的请求被准允的可能性明显低于医学会作出的医疗损害鉴定。再次作出的鉴定意见亦然，也会经历举证质证环节，但同样是名存实亡。人民法院在医疗损害鉴定意见作出后的裁判功能更多集中在原因力具体比例确定（如果司法鉴定机构作出的鉴定意见明确了具体比例而非范围，人民法院裁判功能更缩窄），以及依据《人身损害赔偿司法解释》判定赔偿数额。

针对该等司法现状，有人曾戏称：医疗损害责任纠纷案件的判决就是在医疗损害鉴定意见上加盖人民法院的印章。话糙理不糙，这符合司法实际。医疗损害赔偿诉讼中，法官永远是一个艰难的角色，因为他们必须权衡对医疗专业人士的尊重和对患者的同情。虽然法定的注意义务始终应当是相同的，但近年来有了明显转变，法院越来越希望通过提高注意义务标准，倒逼医疗行业不断自我完善，不断改进工作。这也符合现代民法学从关注“个案正义”向关注“社会正义”的发展趋势。[①] 笔者认为，这或许仅是期望。

（二）对医疗损害鉴定意见的司法适用状况有其特定原因

1. 医疗损害鉴定涉及临床专业知识且该等专业知识非依多年临床实践经验而不能获得

临床医学专业技能需要经历至少本科 5 年制教育且在临床工作多年才可能成为一个合格、成熟的执业医师，以副主任医师论，其至少经历 5 年本科学历教育、5 年住院医、5 年主治医师的过程，最低年限为 15 年，至少 15 年才可能称为专家，

---

① 参见王岳：《英国侵权法视野下中国医疗过失的流变和展望》，载《医学与哲学》2016 年第 37 期。

才可以出专家门诊。另外，临床专业分科很多，每个专业的知识和技能各不相同，骨科的副主任医师基本不敢对心血管专业的病例发表意见，心血管专业的副主任医师也基本不敢对同属大内科的神经内科的病例发表意见。因此，这种专业性使法官望而生畏，故不敢深度介入并评价，这符合人类的基本认知。

2. 涉非死即伤生命健康权纠纷，医患矛盾不可调和

面对该等重大、复杂问题，法官保持应有的审慎和理性属应有之义。因此，当存有专业的鉴定机构出具鉴定意见时，不干涉、不干预也许就是最好的选择。

3. 司法鉴定的有效性和意见的准确性是一个全球性法律适用难题

在大部分司法鉴定专业中，鉴定人尚未确定其方法的有效性和意见的准确性，对此，法院在解决该问题方面完全没有对策。出于各种原因——包括司法鉴定证据的可采性原则、审判法院判决上诉案件的适用标准、对抗程序的局限性，法官和律师普遍缺乏专业知识但他们又必须理解和评价司法鉴定证据——法律系统没有能力纠正司法鉴定的问题（美国国际研究委员会，2009 年）。美国国家研究委员会的这句话仅在发达国家的司法鉴定学、法医学和法院领域得到回应。我们的学科需要注意——未来不会与过去相同，也不应相同。[①] 美国 Douglas H. Ubelaker 博士前文阐述的是司法鉴定法庭适用问题，与医疗损害鉴定并不完全一致，但性质类似。

此外，可能还存在其他体制机制因素。诸如当前民事案件众多，基层人民法院审判压力巨大等。

第三节
《民法典》中医疗损害鉴定概念的提出及医学会进行医疗损害鉴定的合法性尚待确认

一、概念的提出

迄今为止，我们尚未有生效法律、行政法规或司法解释对医疗损害鉴定作出

① 参见［美］Douglas H.Ubelaker：《全球司法鉴定实践》，何晓丹、李成涛主译，陈忆九、吴何坚主审，科学出版社 2019 年版，第 20 页。

定义。医疗损害鉴定一词最早出现在2010年6月30日发布的《适用〈侵权责任法〉通知》第3条规定中，即“人民法院适用侵权责任法审理民事纠纷案件，根据当事人的申请或者依职权决定进行医疗损害鉴定的……”但该条并未定义医疗损害鉴定。唯一出现医疗损害鉴定定义的是为配合《医疗纠纷预防和处理条例》诉前医疗损害鉴定而由国家卫生健康委、司法部联合发布的《医疗损害鉴定管理办法（征求意见稿）》，该征求意见稿第2条规定：“本办法所称医疗损害鉴定，是指医疗损害鉴定机构组织相应专家，对委托人提交的医患双方因诊疗活动引发的争议中是否存在医疗过错、患者的损害后果、医疗过错行为与医疗损害后果是否存在因果关系、医疗过错行为在医疗损害后果中的责任程度等专门性问题进行专业技术判断，并向委托人提供鉴定意见的活动。”当然，该等定义属于征求意见稿尚未正式生效，且规制的仅为诉前鉴定，与本书探讨的诉讼过程中医疗损害鉴定不同性。但毫无疑问，这一规定具有参考价值。《医疗事故处理条例》及《医疗事故技术鉴定暂行办法》均未对医疗事故鉴定作出定义。

鉴于当前医疗损害鉴定包括法医病理鉴定、法医临床鉴定，因此，该两类定义或许具有参考价值。2000年1月1日实施的《司法部关于下发〈司法鉴定执业分类规定（试行）〉的通知》第4条规定：“法医病理鉴定：运用法医病理学的理论和技术，通过尸体外表检查、尸体解剖检验、组织切片观察、毒物分析和书证审查等，对涉及与法律有关的医学问题进行鉴定或推断。其主要内容包括：死亡原因鉴定、死亡方式鉴定、死亡时间推断、致伤（死）物认定、生前伤与死后伤鉴别、死后个体识别等。”第5条规定：“法医临床鉴定：运用法医临床学的理论和技术，对涉及与法律有关的医学问题进行鉴定和评定。其主要内容包括：人身损伤程度鉴定、损伤与疾病关系评定、道路交通事故受伤人员伤残程度评定、职工工伤与职业病致残程度评定、劳动能力评定、活体年龄鉴定、性功能鉴定、医疗纠纷鉴定、诈病（伤）及造作病（伤）鉴定、致伤物和致伤方式推断等。”2020年5月14日实施的《司法部关于印发〈法医类司法鉴定执业分类规定〉的通知》第4条规定：“法医病理鉴定是指鉴定人运用法医病理学的科学技术或者专门知识，对与法律问题有关的人身伤、残、病、死及死后变化等专门性问题进行鉴别和判断并提供鉴定意见的活动。法医病理鉴定包括死亡原因鉴定，死亡方式判断，死亡时间推断，损伤时间推断，致伤物推断，成伤机制分析，医疗损害鉴定以及与死亡原因相关的其他法医病理鉴定等。”第5条第1款规定：“死亡原因鉴定。

依据法医病理学尸体检验等相关标准，基于具体案件鉴定中的检材情况、委托人的要求以及死者的民族习惯等，按照所采用的检查方法进行死亡原因鉴定或分析。……”第2款规定:“尸体解剖,死亡原因鉴定。通过进行系统尸体解剖检验(包括但不限于颅腔、胸腔、腹腔等)；提取病理检材，对各器官进行大体检验和显微组织病理学检验；提取尸体相关体液或组织进行毒、药物检验，或者其他实验室检验(必要时)。根据上述尸体解剖检验和必要的实验室检验结果，结合案情资料及其他书证材料，对死亡原因等进行鉴定。”第14条第1款规定：“法医临床鉴定是指鉴定人运用法医临床学的科学技术或者专门知识，对诉讼涉及的与法律有关的人体损伤、残疾、生理功能、病理生理状况及其他相关的医学问题进行鉴别和判断并提供鉴定意见的活动。”第21条规定：“医疗损害鉴定。应用法医临床学与临床医学相关学科的理论与技术,对医疗机构实施的诊疗行为有无过错、诊疗行为与患者损害后果之间是否存在因果关系及其原因力大小的鉴定，还包括对医疗机构是否尽到了说明义务、取得患者或者患者近亲属书面同意义务的鉴定(不涉及病理诊断或死亡原因鉴定)。”

刘鑫等学者将医疗损害鉴定定义为,人民法院在审理医疗侵权案件的过程中,为了解决争议医疗行为是否存在过错、过错医疗行为与损害后果之间是否具有因果关系、医疗过错对损害后果发生的参与程度以及后续治疗要求等的认定，由人民法院委托专门鉴定机构组织具有相关临床医学专业学科知识和经验的专家所做的有针对性的技术分析、解释和报告活动。[①]

结合《医疗损害责任司法解释》，笔者对医疗损害鉴定的定义为：医疗损害鉴定，是指适格鉴定机构及其鉴定专家受人民法院委托对医疗机构或者医务人员在诊疗活动中是否存在过错、诊疗行为与损害后果之间是否存在因果关系及原因力大小，以及患者损伤残疾程度，营养、护理、休息期限等作出鉴定的科学活动。

二、合法性尚待确定

医学会医疗损害鉴定早期是由部分省市高级人民法院明确的并在司法中适用，现行法律从未对其鉴定的合法性予以明确，最高人民法院的司法解释中也从未明确表明医学会医疗损害鉴定的合法性，但其在司法实践中大行其道。2010

① 参见刘鑫、梁俊超：《论我国医疗损害技术鉴定制度构建》，载《证据科学》2011年第3期。

年6月30日发布的《适用〈侵权责任法〉通知》第3条第一次使用了“医疗损害鉴定”概念，但其行文委托的对象主要还是司法鉴定机构法医学鉴定，其规定的“按照……国家有关部门的规定组织鉴定”的含义模糊。2010年6月28日《卫生部〈侵权责任法〉贯彻实施通知》中使用了“医疗损害责任技术鉴定”的概念，该等概念就是指医学会医疗损害责任技术鉴定。另外，有部分高级人民法院与省级卫健委联合发布过地方规范性文件。《医疗损害责任司法解释》2017年版并未规定医学会进行医疗损害鉴定，2020年修订版亦未规定。因此，我国当前在医疗损害责任纠纷领域出现一个奇怪的现象，即仅有卫生部规范性文件提及医疗损害鉴定，但法律及司法解释并未规定医学会进行医疗损害鉴定的合法性，但在司法实践中却成为鉴定主流，此有损法律权威，应尽快在法律层面进行确认。

第四节 医疗损害鉴定的特征

一、鉴定主要由人民法院委托

医疗损害鉴定是在民事诉讼过程中，为明确医疗损害责任，由人民法院委托相关鉴定机构及鉴定专家进行鉴定的司法辅助活动。医疗损害鉴定依附于民事诉讼，是人民法院委托进行的司法辅助活动。

也存有诉讼前即进行医疗损害鉴定但尚未出具鉴定意见或已有鉴定意见的情形，这种方式主要是一方当事人自行委托医疗损害鉴定或双方共同委托医疗损害鉴定后再进行诉讼，但绝大部分应为诉讼过程中由人民法院委托。

当事人申请医疗损害鉴定的，由双方当事人协商确定鉴定人。当事人就鉴定人无法达成一致意见，人民法院提出确定鉴定人的方法，当事人同意的，按照该方法确定；当事人不同意的，由人民法院指定。诉讼过程中的医疗损害鉴定，当事人共同选择鉴定机构及鉴定人优先，人民法院指定劣后，且在当事人不能共同协商确定的情形下适用。

二、医学会和司法鉴定机构进行医疗损害鉴定的人员要求

当前，我国医疗损害鉴定机构仅为医学会及司法鉴定机构，医学会组织的医疗损害鉴定中的专家应至少 3 人以上且受聘高级技术职务 3 年以上，司法鉴定机构进行鉴定的，应为两名以上法医临床专业的司法鉴定人。

《医疗损害责任司法解释》并未对医疗损害鉴定主体等作出明确规定，仅在第 9 条第 3 款规定，鉴定人应当从具备相应鉴定能力、符合鉴定要求的专家中确定。

医学会进行医疗损害鉴定脱胎于医疗事故鉴定，一定程度上可以说是医疗事故技术鉴定的延续。医学会具体负责医疗损害鉴定的机构仍为原医疗事故技术鉴定工作办公室，只是名称改为医疗损害技术鉴定工作办公室。医疗损害鉴定专家库仍为原医疗技术鉴定专家库并不时补充。根据《医疗事故技术鉴定暂行办法》第 6 条之规定，具备下列条件的医疗卫生专业技术人员可以成为专家库候选人：（1）有良好的业务素质和执业品德；（2）受聘于医疗卫生机构或者医学教学、科研机构并担任相应专业高级技术职务 3 年以上；（3）健康状况能够胜任医疗事故技术鉴定工作。符合前款第（1）（3）项规定条件并具备高级技术职务任职资格的法医可以受聘进入专家库。第 17 条规定：医学会应当根据医疗事故争议所涉及的学科专业，确定专家鉴定组的构成和人数。专家鉴定组组成人数应为 3 人以上单数。鉴定涉及多学科专业的，其中主要学科专业的专家不得少于专家鉴定组成员的 1/2。《医疗事故处理条例》第 25 条规定：涉及死因、伤残等级鉴定的，应当按照规定由双方当事人各自随机抽取一名法医参加鉴定组。

司法鉴定机构进行司法鉴定由司法鉴定机构统一接受委托，根据《司法部关于印发〈法医类司法鉴定执业分类规定〉的通知》，法医类司法鉴定是指在诉讼活动中法医学各专业鉴定人运用科学技术或者专门知识，对诉讼涉及的专门性问题进行鉴别和判断并提供鉴定意见的活动。法医类司法鉴定依据所解决的专门性问题分为法医病理鉴定、法医临床鉴定、法医精神病鉴定、法医物证鉴定、法医毒物鉴定等。医疗损害鉴定属于法医临床鉴定。根据《司法部关于下发〈司法鉴定执业分类规定（试行）〉的通知》第 3 条之规定，执业分类规定是确定面向社会服务的司法鉴定人职业（执业）资格和司法鉴定机构鉴定业务范围的依据。根据《司法鉴定程序通则》第 19 条的规定，司法鉴定机构对同一鉴定事项，应当指定或者选择两名司法鉴定人进行鉴定；对复杂、疑难或者特殊鉴定事项，可以

指定或者选择多名司法鉴定人进行鉴定。因此，司法鉴定机构进行医疗损害鉴定应至少由两名以上具有法医临床鉴定资质的司法鉴定人参加鉴定并署名。

三、医疗损害鉴定的内容

（一）司法解释确定的医疗损害鉴定内容

根据《医疗损害责任司法解释》第 11 条之规定，人民法院委托的医疗损害专门性问题鉴定包括但不限于以下内容：实施诊疗行为有无过错；诊疗行为与损害后果之间是否存在因果关系以及原因力大小；医疗机构是否尽到了说明义务、取得患者或者患者近亲属明确同意的义务；医疗产品是否有缺陷、该缺陷与损害后果之间是否存在因果关系以及原因力的大小；患者损伤残疾程度；患者的护理期、休息期、营养期；其他专门性问题。

医疗损害鉴定是否包括死亡原因鉴定，最高人民法院司法解释未予明确；另外，根据最高人民法院该等司法解释，医疗损害鉴定包括医疗产品缺陷鉴定，该等医疗产品缺陷鉴定到底是医疗损害鉴定还是产品质量或缺陷鉴定，存有争议。

（二）死亡原因争议之死因鉴定是否属于医疗损害鉴定

司法解释并未明确规定死亡原因鉴定是否属于医疗损害鉴定，司法实践中的确存有死亡原因争议，且很多案例并未进行尸检即火化，这既涉及死亡原因鉴定是否纳入医疗损害鉴定问题，也涉及未能尸检且在死亡原因有争议情况下能否鉴定问题，当然，后一个问题不属于死亡原因鉴定是否纳入医疗损害鉴定问题，其后论述。笔者认为，死因鉴定属于医学会进行医疗损害鉴定的内容，原因如下。

1. 医疗事故鉴定包括对死亡原因有争议的死因鉴定

《医疗事故处理条例》第 25 条规定，专家鉴定组进行医疗事故技术鉴定，实行合议制。专家鉴定组人数为单数，涉及的主要学科的专家一般不得少于鉴定组成员的 1/2；涉及死因、伤残等级鉴定的，并应当从专家库中随机抽取法医参加专家鉴定组。该条例第 18 条规定，患者死亡，医患双方当事人不能确定死因或者对死因有异议的，应当在患者死亡后 48 小时内进行尸检；具备尸体冻存条件的，可以延长至 7 日。尸检应当经死者近亲属同意并签字。尸检应当由按照国家有关规定取得相应资格的机构和病理解剖专业技术人员进行。承担尸检任务的机构和病理解剖专业技术人员有进行尸检的义务。医疗事故争议双方当事人可以请法医病理学人员参加尸检，也可以委派代表观察尸检过程。拒绝或者拖延尸检，超过规定时间，影响对死因判定的，由拒绝或者拖延的一方承担责任。

笔者认为，《医疗事故处理条例》该等规定科学、高效，并未将死因鉴定与医疗事故违法违规、过错及因果关系等鉴定相割裂，在没有进行尸检且有死亡原因争议时，参加鉴定的临床医学专家和法医会依据医学科学、临床学或法医临床学等对死因进行判断和推定，鉴定专家组判定或推定死因后，再进行违法违规、过错及因果关系等鉴定。此不仅科学而且高效，避免诉累，一个鉴定可以解决所有争议。

2. 死因鉴定不属于司法鉴定机构的医疗损害鉴定

死因鉴定属于司法鉴定机构的法医病理学鉴定，法医病理鉴定是指鉴定人运用法医病理学的科学技术或者专门知识，对与法律问题有关的人身伤、残、病、死及死后变化等专门性问题进行鉴别和判断并提供鉴定意见的活动。医疗损害鉴定属于法医临床鉴定，法医临床鉴定是指鉴定人运用法医临床学的科学技术或者专门知识，对诉讼涉及的与法律有关的人体损伤、残疾、生理功能、病理生理状况及其他相关的医学问题进行鉴别和判断并提供鉴定意见的活动。《司法部关于印发〈法医类司法鉴定执业分类规定〉的通知》第14条规定的医疗损害鉴定明确列明医疗损害鉴定“不涉及病理诊断或死亡原因鉴定”。因此，司法鉴定中的死因鉴定与医疗损失鉴定明显不同，属于法医类鉴定的不同亚学科。一般而言，司法鉴定机构受理的医疗损害鉴定，不涉及医患双方对死亡原因的争议，如涉及，司法鉴定机构可能会不受理。位于上海市的国家级司法鉴定机构司法鉴定科学研究院即如此，其可以接受医疗损害鉴定，但前提是不涉及死因争议或者涉及死因但其前已经过法医病理鉴定之死亡原因鉴定。鉴于医疗损害责任造成死亡很多见且常有争议，司法鉴定机构的该等医疗损害鉴定范围狭窄的弊端凸显。

3. 医学会进行的医疗损害鉴定包括对死亡原因有争议的死因鉴定

根据现行有效的《卫生部〈侵权责任法〉贯彻实施通知》的规定，对于司法机关或医患双方共同委托的医疗损害责任技术鉴定，医学会应当受理，并可参照《医疗事故技术鉴定暂行办法》等有关规定，依法组织鉴定。因此，脱胎于医疗事故鉴定的医学会医疗损害鉴定可包括死因鉴定，司法实践中亦为如此。

综上所述，笔者认为，《民法典》规定的医疗损害责任涉及的医疗损害鉴定，医学会进行的医疗损害鉴定包括死因鉴定，而司法鉴定机构从事的医疗损害鉴定不包括死因鉴定，因此医学会进行医疗损害鉴定的优势明显。

（三）医疗产品缺陷或质量鉴定是否属于医疗损害鉴定

最高人民法院将医疗产品缺陷列入医疗损害鉴定的内容，基于该等缺陷产品可能与医疗机构或者其医务人员使用不当有关，司法解释如此规定尚可。但如果从狭义的医疗损害鉴定而言，医疗产品缺陷的情况比较复杂，需要仔细释之。笔者认为，医疗产品缺陷鉴定不属于医疗损害鉴定，属于产品质量或缺陷鉴定，应将该等鉴定另行规定。

1. 单纯的医疗产品缺陷鉴定或质量鉴定，医学会进行的医疗损害鉴定不能胜任

医学会医疗损害鉴定专家主要为临床专家，辅以一部分涉及死亡、伤残等鉴定时的法医类临床鉴定司法鉴定人，这两部分专家仅为临床学及法医临床学专业。医疗机构内部可能还有一部分具有高级技术职称的技师，但其主要还是负责医疗设备的使用和维保。医疗机构也有不少药剂科的药学专家，他们更多地专注于药物的临床使用。另外，医学会进行医疗损害鉴定时更多是依赖专业知识的鉴定，并不具有理化科学鉴定所具有的设备或即便有也可能不擅长使用，因此，医疗机构及法医临床类鉴定专家不具有对单纯医疗器械、药品、消毒产品等医疗产品缺陷进行鉴定的专业知识及技术能力，这些专家明显不适格。

2. 单纯的医疗产品缺陷鉴定或质量鉴定，司法鉴定机构医疗损害鉴定不能胜任，司法鉴定执业分类的其他分类也可能不能胜任

司法鉴定机构进行的医疗损害鉴定除不包括死因鉴定外，其他与医学会进行的医疗损害鉴定在专业能力及技术能力方面趋同，同样不具有医疗产品缺陷鉴定或医疗产品质量鉴定的专业能力和技术能力。另外，根据《司法部关于下发〈司法鉴定执业分类规定（试行）〉的通知》，司法鉴定执业分类为：法医病理鉴定、法医临床鉴定、法医精神病鉴定、法医物证鉴定、法医毒物鉴定、司法会计鉴定、文书司法鉴定、痕迹司法鉴定、微量物证鉴定、计算机司法鉴定、建筑工程司法鉴定、声像资料司法鉴定、知识产权司法鉴定。但该规定第 17 条同时规定，本执业分类规定尚未确定具体类别称谓的司法鉴定由省级司法行政机关确定，报司法部备案。

笔者通过司法鉴定科学研究院网站查询,[①]司法鉴定科学研究院作为国家级司法鉴定机构，并不完全具备《司法部关于下发〈司法鉴定执业分类规定（试行）〉的通知》中列明的所有执业分类,而且仅有电子数据鉴定、道路交通事故技术鉴定、环境损害鉴定三个执业分类属于未规定的项目。国家级司法鉴定机构法大法庭科学技术鉴定研究所亦然,笔者通过中国政法大学司法鉴定网站查询,[②]该司法鉴定机构从事的鉴定业务也并不完全具备《司法部关于下发〈司法鉴定执业分类规定（试行）〉的通知》中列明的所有执业分类，而且仅有电子数据鉴定、道路交通事故/车辆痕迹鉴定、电子数据鉴定两个执业分类属于未规定的项目。国家级司法鉴定机构西南政法大学司法鉴定中心亦然，甚至鉴定执业分类更少。[③]2020年4月29日,司法部发布《物证类司法鉴定执业分类规定(征求意见稿)》,其第四章“微量物证鉴定”之第30条规定，微量物证鉴定简称微量鉴定，是指鉴定人运用理化检验的原理、方法或专门知识，使用专门的分析仪器，对物质的物理性质、化学性质和成分组成进行检验检测和分析判断并提供鉴定意见的活动。其中，物理性质包括物质的外观、重量、密度、力学性质、热学性质、光学性质和电磁学性质等；化学性质包括物质的可燃性、助燃性、稳定性、不稳定性、热稳定性、酸性、碱性、氧化性和还原性等；成分组成包括物质中所含有机物、无机物的种类和含量等。微量物证鉴定包括化工产品类鉴定、矿物和金属类鉴定、纺织品类鉴定、日用化学品类鉴定、文化用品类鉴定、食品类鉴定、建筑材料类鉴定、易燃物质类鉴定、爆炸物类鉴定、射击残留物类鉴定、交通事故微量物证鉴定和火灾微量物证鉴定。该征求意见稿征求意见截止日期为2020年5月13日，迄今尚未正式发布。根据该等规定，微量物证鉴定主要是对物质的物理性质、化学性质和成分组成进行检验检测和分析判断，微量物证鉴定与产品质量或缺陷鉴定有关但不能推断就是产品质量或缺陷鉴定。与医疗产品责任有关的应该是矿物和金属类鉴定，尤其是金属类鉴定与医疗产品相关，化工产品类鉴定应与药品质量缺陷无关。至于该条规定的其他类鉴定更与医疗产品责任无涉。

---

① 司法鉴定科学研究院鉴定项目栏，网址：http：//www.ssfjd.com/Jdxm/Jdxm.aspx?ID=205。

② 法大法庭科学技术鉴定研究所业务栏，网址：http：//fdfs.cupl.edu.cn/pages/fayilinchuang.html。

③ 西南政法大学司法鉴定中心服务项目栏，网址：https：//www.swupl.edu.cn/sfjdzx/fwxm/index.htm。

实际上，国家质量技术监督局行政规章《产品质量仲裁检验和产品质量鉴定管理办法》（国家质量技术监督局令第 4 号）于 2018 年 3 月 6 日废止后，我国产品质量鉴定处于无法可依的状态。2019 年 4 月 10 日，法制网以“全国首个产品质量鉴定团体标准在沪诞生”为标题的文章报告了上海市司法鉴定理论研究会于 2019 年 4 月 8 日发布，并于 10 日正式实施的《产品质量鉴定通用程序规范》（标准编号 T/SFJD 001—2019）。该报道指出，日前，全国首个产品质量鉴定团体标准《产品质量鉴定通用程序规范》在上海市顺利通过评审，填补了行业空白。该报道进一步指出，产品质量鉴定关系国计民生，是质量强国战略的重要组成部分，是促进产业升级、供给侧改革和提高产品标准水准的重要手段。在《产品质量仲裁检验和产品质量鉴定管理办法》废止、产品质量鉴定尚未纳入司法鉴定统一管理的背景下，产品质量纠纷导致诉讼的案件和非诉讼案件却日益增多。根据产品质量鉴定专业领域的特点和鉴定事项对其程序的特殊要求，尽快编制一部产品质量鉴定的程序标准，已是诉讼案件审理和纠纷解决的迫切需要。①

该规范起草单位为上海市司法鉴定理论研究会、上海华碧检测技术有限公司、苏州华碧微科检测技术有限公司、四川省特种设备检验研究院、山西省机电设计研究院、大连产品质量检验检测研究院有限公司。该规范的主要技术内容为规定了产品质量鉴定的范围、术语和定义、鉴定分类、鉴定依据、委托与受理、鉴定实施、鉴定报告的要求。标准文本为不公开。②

综上所述，迄今为止，司法鉴定执业分类中并无产品质量鉴定类别，甚至也尚不存在全国性的产品质量鉴定程序规范。司法鉴定机构对医疗产品缺陷的鉴定可能不胜任。

3. 因医疗产品不当使用造成的产品质量责任，或产品不当使用与产品质量缺陷混合过错导致的损害，医学会及司法鉴定机构也难以胜任

不符合药品说明书等的禁忌证使用、超剂量使用或配伍禁忌等造成医疗损害的，属于诊疗过错范畴，与药品缺陷无关；但使用失效药物、保管储存不当等变质药物造成的产品质量责任应与上市持有人等无涉，与医疗机构有关，但该等情势下，司法实践中仍可能依据排除法对药品产品质量或缺陷本身进行鉴定，此类

① 法制网，网址：http：//epaper.legaldaily.com.cn/fzrb/content/20190410/Articel03003GN.htm。

② 全国团体标准信息平台，网址：http：//www.ttbz.org.cn/StandardManage/Detail/27792/。

鉴定业务医学会及司法鉴定机构均难以胜任，但司法实践中可能会根据保质期限等直接推定过错。医疗器械、消毒产品、输血造成的损害等亦然。产品不当使用与产品质量缺陷混合过错导致的损害更需要对医疗产品质量本身进行鉴定，此类鉴定业务医学会及司法鉴定机构同样难以胜任。

4. 高级人民法院对涉医疗产品质量缺陷鉴定的相关规定

（1）上海市高级人民法院规定医疗产品缺陷鉴定需要另行委托其他鉴定

《上海市高级人民法院关于委托医疗损害鉴定若干问题的意见》第 29 条规定，对于医疗产品是否存在缺陷需要进行质量检测的，人民法院应当委托具有相应资质的机构进行医疗产品质量检测。因输入的血液是否合格引发的损害责任纠纷案件，就输入的血液是否合格具备检测条件的，人民法院应当委托具有相应资格的机构进行检测。

（2）北京市高级人民法院规定医疗产品缺陷鉴定需要另行委托其他鉴定

《北京市高级人民法院关于审理医疗损害赔偿纠纷案件若干问题的指导意见（试行）》（京高法发〔2010〕400 号）第 28 条规定，医疗产品损害赔偿纠纷案件，对医疗产品是否存在缺陷需要委托检测的，人民法院应委托具有相应资格的机构进行医疗产品质量检测。因输入的血液是否合格引发的损害赔偿纠纷案件，就输入的血液是否合格具备检测条件的，人民法院应委托具有相应资格的机构进行检测。

（四）医疗损害鉴定意见的举证和质证

医疗损害鉴定意见属于民事诉讼证据范畴，需经举证质证方可认定该证据的证明效力。但司法实践中，医疗损害鉴定有其不同于其他民事案件鉴定意见的特殊性。医疗损害鉴定意见属于《民事诉讼法》第 63 条规定的证据范畴，属于民事诉讼 8 种证据之一；另外根据《民事诉讼法》第 78 条的规定，当事人对鉴定意见有异议或者人民法院认为鉴定人有必要出庭的，鉴定人应当出庭作证。经人民法院通知，鉴定人拒不出庭作证的，鉴定意见不得作为认定事实的根据；支付鉴定费用的当事人可以要求返还鉴定费用，即医疗损害鉴定人负有出庭作证的义务。

根据《民事诉讼法解释》第 104、105 条的规定，人民法院应当组织当事人围绕证据的真实性、合法性以及与待证事实的关联性进行质证，并针对证据有无证明力和证明力大小进行说明和辩论。能够反映案件真实情况、与待证事实相关联、来源和形式符合法律规定的证据，应当作为认定案件事实的根据。人民法院应当按照法定程序，全面、客观地审核证据，依照法律规定，运用逻辑推理和日常生活经验法则，对证据有无证明力和证明力大小进行判断，并公开判断的理由和结果。

因此，医疗损害鉴定意见属于证据范畴且需经法庭正当程序方可认定其证明效力，且司法机关需要公开判断的理由和结果。但司法实践中，该等程序名存实亡。首次鉴定意见会经过举证质证程序，鉴定人（仅指法医，医学会鉴定的专家大概率不会出庭作证）经申请也会出庭就相关问题作证，但该等举证质证程序基本不会改变主审法官或合议庭对鉴定意见的全面接受和司法适用，但需要说明的是，举证质证程度在决定是否启动重新鉴定问题上具有重要作用。重新鉴定后作出的鉴定意见亦然，重新鉴定并作出意见后，还会有举证质证环节，鉴定人也还可能（仅指法医，医学会鉴定的专家大概率不会出庭作证）就相关问题出庭作证，但该等举证质证程序基本不会改变主审法官或合议庭对鉴定意见的全面接受和司法适用。概言之，一般而言，医疗损害首次鉴定意见的当事人双方举证质证，仅在是否委托重新鉴定问题上存有价值；如未能委托重新鉴定，当事人对首次鉴定意见的质证意见不会对医疗损害鉴定的司法适用产生任何影响，主审法官或合议庭基本上会全盘接受医疗损害鉴定意见。重新鉴定后作出的鉴定意见亦然，重新作出的鉴定意见具有否定或修正首次鉴定意见的价值，但对重新作出的鉴定意见自身，当事人的质证意见大概率不会被接受，主审法官或合议庭几乎会全盘接受重新鉴定意见或仅在首次鉴定意见及重新鉴定意见中综合取舍。

需要说明的是，如果是医学会作出的医疗损害重新鉴定，大概率会否定首次的鉴定意见，因为医疗损害鉴定具有层级，首次鉴定一般会在设区的市级医学会进行，重新鉴定会在省级进行，基于层级，上级否定下级。但法医临床鉴定具有其特殊性，一般而言，不存在级别管理，[①] 当司法实践中出现两个不具有级别差的

① 根据《最高人民法院、最高人民检察院、公安部、国家安全部、司法部关于国家级司法鉴定机构遴选结果的通知》（司发通〔2010〕79 号），经过各部门评审推荐、专家统一审核和遴选委员会研究确定并报中央政法委员会批准，确定 10 家机构为国家级司法鉴定机构，分别为：最高人民检察院司法鉴定中心、公安部物证鉴定中心、北京市公安司法鉴定中心、上海市公安司法鉴定中心、广东省公安司法鉴定中心、北京市国家安全局司法鉴定中心、司法鉴定科学技术研究所司法鉴定中心、法大法庭科学技术鉴定研究所、中山大学法医鉴定中心、西南政法大学司法鉴定中心。但该等国家级司法鉴定机构的鉴定意见是否一定能否定非国家级司法鉴定机构尚无定论。

鉴定机构作出的鉴定意见时，司法适用将会出现疑难或困惑，理论上存有主审法官或合议庭综合判断取舍的问题，但根据 2020 年 5 月 1 日生效的《民事诉讼证据规则（2019 修正）》第 40 条第 4 款的规定，重新鉴定的，原鉴定意见不得作为认定案件事实的根据。该等解释修正了其前规定的模糊之处，一定程度解决了存有两个司法鉴定意见时的适用困难，但该条新规定仍需要时间检验；另外，根据上海市的司法实践，如果选择法医临床鉴定的，原则为一次鉴定终结，法院不太会同意重新鉴定。

四、医疗损害鉴定二次鉴定比例高于其他民事案件鉴定

人民法院在审理民事案件过程中认为待证事实需要通过鉴定意见证明的，就专门性问题需要委托进行鉴定，可能会进行两次鉴定，但需要符合相关条件并经法庭正当程序，《民事诉讼证据规则（2019 修正）》第 40 条规定，当事人申请重新鉴定，存在下列情形之一的，人民法院应当准许：（1）鉴定人不具备相应资格的；（2）鉴定程序严重违法的；（3）鉴定意见明显依据不足的；（4）鉴定意见不能作为证据使用的其他情形。对鉴定意见的瑕疵，可以通过补正、补充鉴定或者补充质证、重新质证等方法解决的，人民法院不予准许重新鉴定的申请。重新鉴定的，原鉴定意见不得作为认定案件事实的根据。

（一）司法鉴定机构的鉴定原则为一次

如前所述，可能会进行两次司法鉴定，但需要符合法定条件。《民事诉讼证据规则（2019 修正）》第 40 条规定中的“鉴定意见明显依据不足的”是司法实践中最常为申请人提出的重新鉴定理由，鉴定人不具备相应资格的、鉴定程序严重违法的及鉴定意见不能作为证据使用的其他情形较少，主要还是源于依法鉴定在司法鉴定机构已经基本得到执行。因此，在司法鉴定机构出具医疗损害鉴定意见后，存有重新鉴定的可能，这种可能依赖于申请人及其代理人提出“鉴定意见明显依据不足”观点的科学性、客观性和易为主审法官及合议庭理解性等，通俗言之，需要有充足的理由说服主审法官和合议庭同意启动重新鉴定程序。

（二）医学会进行的医疗损害鉴定包括首次鉴定和重新鉴定

医学会进行医疗损害鉴定脱胎于医疗事故鉴定，而医疗事故鉴定本身法定为

两次，即对医学会首次鉴定不服的，可依法提出再次鉴定申请。《医疗事故处理条例》第21、22条规定，设区的市级地方医学会和省、自治区、直辖市直接管辖的县（市）地方医学会负责组织首次医疗事故技术鉴定工作。省、自治区、直辖市地方医学会负责组织再次鉴定工作。必要时，中华医学会可以组织疑难、复杂并在全国有重大影响的医疗事故争议的技术鉴定工作。当事人对首次医疗事故技术鉴定结论不服的，可以自收到首次鉴定结论之日起15日内向医疗机构所在地卫生行政部门提出再次鉴定的申请。《医疗事故技术鉴定暂行办法》第3条规定，医疗事故技术鉴定分为首次鉴定和再次鉴定。设区的市级和省、自治区、直辖市直接管辖的县（市）级地方医学会负责组织专家鉴定组进行首次医疗事故技术鉴定工作。省、自治区、直辖市地方医学会负责组织医疗事故争议的再次鉴定工作。该办法第42条第2款规定，当事人提出再次鉴定申请的，负责组织首次医疗事故技术鉴定的医学会应当及时将收到的鉴定材料移送负责组织再次医疗事故技术鉴定的医学会。

因此，作为脱胎于医疗事故鉴定的医学会进行医疗损害的二次鉴定为常态，这也是当前全国各地的司法实践现状。但司法实践中，也存有不被允许医学会重新鉴定的可能。[①] 综上所述，医疗损害鉴定具有一定的特殊性，二次鉴定比例明显高于司法鉴定机构进行的法医临床鉴定，也可能高于其他民事案件的鉴定。

第五节 医学会进行鉴定与司法鉴定机构进行鉴定的演进及优劣

一、医学会进行鉴定与司法鉴定机构进行鉴定互相交织

医疗事故鉴定源于1987年6月29日生效的《医疗事故处理办法》，但直至

① 《上海市高级人民法院关于委托医疗损害鉴定若干问题的意见》（2020年8月10日实施）第5条规定：当事人不认可首次鉴定意见申请重新鉴定的，应当在收到鉴定意见之日起15日内书面提出异议内容和理由。人民法院对当事人提出的异议进行审查后，认为符合重新鉴定条件的，可予准许；认为不符合重新鉴定条件的，对重新鉴定申请不予准许。

2002 年 9 月 1 日《医疗事故处理条例》生效前,医疗事故鉴定并不是医学会负责，根据《医疗事故处理办法》第 12 条的规定,省（自治区）分别成立省（自治区）、地区（自治州、市）、县（市、市辖区）三级医疗事故技术鉴定委员会。直辖市分别成立市、区(县)二级医疗事故技术鉴定委员会。医疗事故技术鉴定委员会(以下简称鉴定委员会）由有临床经验、有权威、作风正派的主治医师、主管护师以上医务人员和卫生行政管理干部若干人组成。省、自治区、直辖市级鉴定委员会可以吸收法医参加。鉴定委员会人选，由卫生行政部门提名，报请同级人民政府批准。由此可见，医疗事故鉴定是由医疗事故技术鉴定委员会承担，鉴定委员会的人选，由卫生行政部门提名，报请同级人民政府批准。此时，医疗事故鉴定行政色彩浓厚。2002 年 9 月 1 日《医疗事故处理条例》生效后，确定医学会负责医疗事故鉴定工作。2010 年 7 月 1 日原《侵权责任法》生效后，由医学会继续负责医疗损害鉴定并延续至今。

2000 年 1 月 1 日起施行的《司法部关于下发〈司法鉴定执业分类规定(试行)〉的通知》首次规定了法医临床鉴定包括“医疗纠纷”鉴定，由此，医疗纠纷法医临床鉴定合法化。《全国人民代表大会常务委员会关于司法鉴定管理问题的决定》于 2005 年 10 月 1 日实施并在司法部修订并制定配套法规后，司法鉴定进入发展快车道。

因此，1987 年 6 月 29 日至 2000 年 1 月 1 日前，我们仅存有根据《医疗事故处理办法》实施的医疗事故技术鉴定委员会负责的医疗事故鉴定；2000 年 1 月 1 日至 2002 年 9 月 1 日前，既有根据《医疗事故处理办法》实施的医疗事故技术鉴定委员会负责的医疗事故鉴定，也有依据《司法部关于下发〈司法鉴定执业分类规定（试行)〉的通知》确定的医疗纠纷鉴定，两者处于并存的状态；2002 年 9 月 1 日至 2010 年 7 月 1 日前，医学会进行医疗事故鉴定与司法鉴定机构进行医疗纠纷鉴定并存；2010 年 7 月 1 日后至今，医学会进行医疗损害鉴定与司法鉴定机构进行医疗损害鉴定并存。①

① 2020 年 5 月 14 日实施的《司法部关于印发〈法医类司法鉴定执业分类规定〉的通知》，将医疗纠纷鉴定更名为医疗损害鉴定。

二、司法鉴定机构鉴定与医学会鉴定的法律规制和评价

（一）与司法鉴定机构及司法鉴定人相关的法律法规规定

1. 管理类规范

根据笔者的初步统计，涉司法鉴定机构及司法鉴定人管理类的规范有：《全国人民代表大会常务委员会关于司法鉴定管理问题的决定（2015 修正）》、《全国人大法工委关于对法医类鉴定与医疗事故技术鉴定关系问题的意见》（法工委复字〔2005〕29 号）、《司法部关于学习贯彻〈全国人民代表大会常务委员会关于司法鉴定管理问题的决定〉的通知》（司发通〔2005〕30 号）、《司法鉴定机构登记管理办法》（司法部令第 95 号）、《司法鉴定人登记管理办法》（司法部令第 96 号）、《司法鉴定人和司法鉴定机构名册管理办法》（司发通〔2010〕84 号）、《司法鉴定程序通则（2016 修订）》（司法部令第 132 号）、《司法鉴定执业活动投诉处理办法（2019）》（司法部令第 144 号）、《司法部关于下发〈司法鉴定执业分类规定（试行）〉的通知》（司发通〔2000〕159 号）、《司法部关于印发〈法医类司法鉴定执业分类规定〉的通知》（司规〔2020〕3 号）。

2. 司法适用类规范

《民事诉讼法》、《民事诉讼法解释》、《民事诉讼证据规则（2019 修正）》、《适用〈侵权责任法〉通知》、《最高人民法院关于印发〈人民法院司法鉴定工作暂行规定〉的通知》（法发〔2001〕23 号）、《人民法院对外委托司法鉴定管理规定》（法释〔2002〕8 号）、《最高人民法院对外委托鉴定、评估、拍卖等工作管理规定》（法办发〔2007〕5 号）、《最高人民法院关于地方各级人民法院设立司法技术辅助工作机构的通知》（法发〔2006〕182 号）、《最高人民法院印发〈关于人民法院民事诉讼中委托鉴定审查工作若干问题的规定〉的通知》（法〔2020〕202 号）。

（二）司法鉴定机构及鉴定人出具的医疗损害鉴定意见评价

司法鉴定机构尽管受到多部法律法规规制，但并不一定表明医疗损害鉴定为优。影响司法鉴定质量的因素很多，有可控的，也有不可控的。其中，可控的、具有普遍共性的因素，大致可以分为制度性因素和技术人文因素。技术人文因素是影响司法鉴定质量的直接因素，主要通过鉴定行业、鉴定人和鉴定机构自身性

质、能力和水平等方面的因素，对司法鉴定质量产生影响。[①] 司法鉴定机构及鉴定人自从事医疗纠纷鉴定始，即遭到医疗机构及其医务人员质疑，甚至卫生行政部门的质疑，该等质疑主要集中在不专业、不公正两个方面。

1. 对不专业的质疑

医疗机构及其医务人员认为司法鉴定机构及其鉴定人不具备鉴定医疗损害的专业能力，司法鉴定人作为法医，不是临床专家，更不是临床某一专业领域的专家，其没有临床专业知识储备及实际临床经验能力，法医临床学与临床医学有关联但根本不能等同，由法医对医疗损害进行鉴定属于外行鉴定内行。医学界坚持医疗损害鉴定需要的是同行评议，这样才具有客观性、可信性。司法鉴定机构及其鉴定人针对不专业的质疑亦有回应，其认为面对不同专业的问题，司法鉴定程序中有咨询各专业临床专家的程序，该等程序将会弥补专业能力的不足。反对者又提出该等咨询临床专家程序不公开、不规范且临床专家并不在鉴定意见上署名，司法鉴定机构及其鉴定人是否真正咨询了临床专家、咨询什么等级的临床专家等存疑，因此，咨询专家程序不能保证鉴定意见的专业性、客观性、科学性。

2. 对不公正的质疑

医疗机构及其医务人员认为司法鉴定机构的医疗损害鉴定明显不公，对作为原告的患者方多有偏倚，该等不公正已经严重损害了医疗机构及其医务人员的利益。司法鉴定机构及鉴定人认为，其依法鉴定，没有明显不公。

（三）医学会进行的医疗损害鉴定的合法性

1. 与医学会进行医疗损害鉴定有关的规范

（1）管理类规范

2010 年 6 月 28 日实施的《卫生部〈侵权责任法〉贯彻实施通知》（卫医管发〔2010〕61 号）是笔者能够查找到的唯一一个授予医学会进行医疗损害鉴定的部门部委文件。该通知的效力级别较低，属部门规范性文件，其第 4 条第 2 款规定，对于司法机关或医患双方共同委托的医疗损害责任技术鉴定，医学会应当受理，并可参照《医疗事故技术鉴定暂行办法》等有关规定，依法组织鉴定。医疗损害责任技术鉴定分级参照《医疗事故分级标准（试行）》执行。

---

① 参见杜志淳主编：《司法鉴定概论》（第 2 版），法律出版社 2012 年版，第 127 ~ 129 页。

（2）司法适用类规范

2010 年 6 月 30 日发布的《适用〈侵权责任法〉通知》第 3 条规定："人民法院适用侵权责任法审理民事纠纷案件，根据当事人的申请或者依职权决定进行医疗损害鉴定的，按照《全国人民代表大会常务委员会关于司法鉴定管理问题的决定》《人民法院对外委托司法鉴定管理规定》及国家有关部门的规定组织鉴定。"这其中"按照……国家有关部门的规定组织鉴定"应该就是指 2010 年 6 月 28 日实施的前文卫生部通知。

其他司法适用类规范主要是各高级人民法院制定并发布的规范性文件，诸如《上海市高级人民法院关于委托医疗损害鉴定若干问题的意见》《北京市高级人民法院关于审理医疗损害赔偿纠纷案件若干问题的指导意见（试行）》（京高法发〔2010〕第 400 号）、《江苏省高级人民法院、江苏省卫生厅关于医疗损害鉴定工作的若干意见（试行）》（苏高法审委〔2010〕16 号）、《浙江省高级人民法院关于规范委托医疗损害鉴定的通知》（浙高法〔2010〕264 号）、《浙江省高级人民法院关于依法审理医疗纠纷案件促进和谐医患关系的意见》《安徽省高级人民法院关于审理医疗纠纷案件若干问题的指导意见》（2015 年 1 月 20 日实施）、《广东省高级人民法院关于人民法院委托医疗损害鉴定若干问题的意见（试行）》（粤高法发〔2011〕56 号，2021 年 1 月 1 日废止）等。

2. 医学会进行医疗损害出具的鉴定意见同样遭到质疑

医疗损害鉴定在公信力、中立性与权威性等方面的不足导致公众对其不信任，影响了医疗纠纷解决的效果。[①] 医学会进行的医疗损害鉴定同样受到质疑，尤其受到作为原告的患者方的质疑，该等质疑在医疗事故鉴定期限方面尤为突出，诸多法学家也多有质疑。但随着医学会将医疗事故鉴定改为医疗损害鉴定，该等质疑趋于下降趋势。

作为原告的患者方最主要的质疑即对同行袒护的不公正质疑，患方认为医学会与卫生行政部门具有隶属或管理关系，卫生行政部门与医疗机构及其医务人员实际上是一个整体，鉴定专家均来自各医疗机构，基于其同行情谊或行业的共同利益，其立场天然地偏向医方，该等鉴定意见因此不公正。患方不同意

① 参见陈邦达:《医疗损害鉴定不信任问题研究——以上海市"一元化"模式为例》，载《交大法学》2019 年第 2 期。

同行评议，认为应有司法鉴定机构进行鉴定，因为其地位超脱。患方也不认可医学会出具的医疗损害鉴定的合法性，认为司法鉴定机构才是法律意义上的合法鉴定机构，医学会出具的医疗损害鉴定意见中鉴定人并不署名而且也不出庭作证，[①] 明显违法。

三、医学会进行的医疗损害鉴定应优于司法鉴定机构进行的医疗损害鉴定

刘鑫教授对医学会鉴定模式与法医鉴定模式的优缺点进行了比较，但并未得出医学会鉴定模式与司法鉴定机构鉴定模式孰优孰劣的结论。根据其所列表格，医学会鉴定模式的优点为：（1）鉴定人是临床专家，部分案件有少数法医参加；（2）鉴定人经严格的法定程序产生；（3）鉴定程序在严格的程序控制下实施；（4）鉴定收费低。法医鉴定模式的优点仅有一项，即独立于医疗机构，容易获得患者信任。医学会鉴定模式的缺点为：（1）鉴定专家来源比较单一，法医相对较少；（2）鉴定专家的积极性不高；（3）鉴定专家匿名鉴定，鉴定文书不署名，鉴定人权责不清；（4）鉴定人不出庭作证。法医鉴定模式的缺点为：（1）法医的临床医学知识有限；（2）临床专家匿名产生，且没有法定程序保障；（3）鉴定过程比较随意，没有严格的鉴定程序；（4）临床专家的结论可能被法医更改；（5）法医署名，临床专家不署名，临床专家权责不清；法医出庭，临床专家不出庭；（6）鉴定收费高。[②] 关于临床专家不出庭问题，刘鑫教授的理解可能有些滞后，实际上司法解释已经一定程度授予其不出庭的权利，当事人申请鉴定人出庭作证。根据《医疗损害责任司法解释》第13条第2款的规定，当事人申请鉴定人出庭作证，经人民法院审查同意，或者人民法院认为鉴定人有必要出庭的，应当通知鉴定人出庭作证。双方当事人同意鉴定人通过书面说明、视听传输技术或者视听资料等方式作证的，可以准许。因此，医学会进行医疗损害鉴定的专家出庭问题已经合法化，至少在医学会进行医疗损害鉴定专家层面已经合法化。

笔者认为，医学会进行的医疗损害鉴定优于司法鉴定机构进行的医疗损害鉴定，具体理由如下。

---

① 根据《上海市高级人民法院关于医疗损害责任纠纷案件鉴定人出庭作证的若干意见（试行）》（沪高法〔2016〕88号）规定，符合该规范规定的条件下，医学会医疗损害鉴定之专家鉴定人应出庭作证。

② 参见刘鑫：《医事法学》（第2版），中国人民大学出版社2015年版，第190页。

（一）医疗损害案件诉讼代理人选择鉴定机构的角度

根据笔者的司法实践及咨询了解多位医疗律师，从医疗损害诉讼案件代理人角度，对医学会进行医疗损害鉴定及司法鉴定机构进行医疗损害鉴定之选择各有侧重。如果诉讼代理人代理的是被告医方且可任意选择鉴定机构，其自然地会选择医学会进行医疗损害鉴定；如果诉讼代理人代理的是作为原告的患方且可任意选择鉴定机构，其一般会选择司法鉴定机构进行法医临床鉴定。医方代理人选择医学会进行医疗损害鉴定，后者最终的鉴定意见可能是构成过错，但医方及其医务人员均可接受，这种可接受是对同行评议的“服气”；患方代理人选择了司法鉴定机构进行医疗损害鉴定，后者最终的鉴定意见可能是无过错，患方一般而言会接受，因为鉴定的机构并非医学临床专家同行。

民事诉讼案件代理人选择鉴定机构的角度可窥见一斑，这才是真正的司法实践。当然，这个角度并不能判定医学会进行的医疗损害鉴定与司法鉴定机构进行的医疗损害鉴定的优劣。

（二）作为司法鉴定人的法医不具有临床专业实践经验和技能

法医临床学与临床医学既有联系又有区别，医学院法医学专业当然需要学习临床医学的相关课程，但仅限于医学院的学习且仅是学习内容的一部分。

根据《教育部关于公布2019年度普通高等学校本科专业备案和审批结果的通知》（教高函〔2020〕2号）附件2《普通高等学校本科专业目录（2020年版）》，医学门类中包括临床医学类，临床医学类又包括临床医学（专业代码：100210K）、麻醉学（专业代码：100202TK）、医学影像学（专业代码：100203TK）、眼视光医学（专业代码：100204TK）、精神医学（专业代码：100205TK）、放射医学（专业代码：100206TK）、儿科学（专业代码：100207TK）专业，以上学制均为五年，本科毕业授予医学学士学位。医学门类下还包括基础医学类、口腔医学类、公共卫生与预防医学类、中医学类、中西医结合类、药学类、中药学类、医学技术类、护理学类等专业类，各专业类下又再细分专业。法医学类（专业代码：100901K）也属于医学门类，专业名称为法医学，学制五年，本科毕业授予医学学士学位。

法医学专业的本科生主要学习基础医学、临床医学、法学及法医学的基本理论知识，接受医学及法医学的基本技能训练，掌握法医学鉴定的基本技能。理论课程主要包括医学课程，法学基础、刑事侦查和司法鉴定课程，法医学专业课程等。医学课程通常包括人体解剖学、组织学与胚胎学、生物化学与分子生物学、生理学、病原生物学、医学遗传学、医学免疫学、药理学、病理学、病理生理学、诊断学、内科学、外科学、妇产科学、儿科学、神经病学、精神病学、眼科学、耳鼻咽喉科学、影像学等，还包括体现这些医学内容的整合课程等形式的课程。学校必须在课程计划中安排医学课程，并保证至少 1 个学期的医学实践学习，确保学生获得一般的医学知识与技能，为法医学专业学生学习法医学课程和技能奠定坚实的医学知识基础。法医学专业课程通常包括法医学概论、法医病理学、法医物证学、法医临床学、法医毒物分析学、法医毒理学、法医精神病学、法医人类学等。学校必须在课程计划中至少安排 500 学时的法医学专业课程，提倡在完成医学主体课程的基础上及早安排部分法医学专业课程，以利于法医学专业学生充分理解交叉学科的特征并掌握扎实的法医学基本理论和基本技能。①

因此，临床医学是以培养执业医师为目标的，其全部教育集中在医学教育，且需要见习且至少需要在医疗机构实习一年，其后需要在医疗机构工作一年以上经考核合格才能获得所属专业的执业医师资格。依据职称相关考核办法，医学生至少需要 5 年住院医师的工作经历后才能晋升主治医生，方能相对独立执业。副主任医师以上职称的专家，则至少需要在医疗机构执业 10 年以上且经评审合格方能相对独立执业。反观法医学，仅“保证至少 1 个学期的医学实践学习”。另外，临床医学发展日新月异，新的技术和方法不断在临床中使用，医学教科书的更新程度永远滞后于临床实践。即便是某一专业领域的临床专家，面对新技术新方法的使用，除非经深入研究、不断向其他先开展该新技术新方法的同行学习并自我不断积累经验，否则其自身也不专业。

根据以上阐述可知，作为司法鉴定人的法医是不具备临床专业实践经验和技能的。

（三）临床专家欠缺系统法学教育

作为医学与法学交叉学科的法医学，法医接受过法学教育且长期受司法机关

---

① 参见教育部高等学校教学指导委员会编：《普通高等学校本科专业类教学质量国家标准》（下），高等教育出版社 2018 年版，第 728 ~ 734 页。

委托从事司法鉴定工作，司法鉴定机构中鉴定人的法律思维、对司法程序的熟知程度高于医学会中的临床鉴定专家。具体到医疗损害鉴定，法医可能在原因力大小判断、参与度理论等方面优于医学会中的医疗损害鉴定专家。至于违法性、过错等，笔者认为，医学会中的鉴定专家可以胜任。刘鑫教授认为，当前医疗损害技术鉴定过程存在一个亟待解决的问题，就是鉴定办公室工作人员和鉴定专家组的专家不懂法律的问题。有时由于缺乏中立的法律专业人员的参与，鉴定过程中涉及法律问题时任由当事人的律师左右，造成鉴定过程的被动。① 刘鑫教授并进而建议鉴定过程中增设一名法律专业人士，解答鉴定过程中遇到的一些法律问题。对此，笔者认为并不必要，根据笔者上海市亲历的几十起医疗事故或医疗损害鉴定，鉴定会场的鉴定程序中探讨的几乎都是医学问题，几乎不涉及法律问题，另外，普通法律问题也不会妨碍作出科学的医疗损害鉴定意见。

《医疗损害责任司法解释》第 12 条规定，鉴定意见可以按照导致患者损害的全部原因、主要原因、同等原因、次要原因、轻微原因或者与患者损害无因果关系，表述诊疗行为或者医疗产品等造成患者损害的原因力大小。根据笔者的理解，原因力大小与《医疗事故技术鉴定暂行办法》第 36 条规定的医疗事故中医疗过失行为的责任程度对应，《医疗事故技术鉴定暂行办法》将责任程度分为完全责任、主要责任、次要责任、轻微责任 4 档（但医学会进行的医疗损害鉴定中存在同等责任），现司法解释将其定为 5 档。司法鉴定机构对医疗损害鉴定更多使用的是参与度的概念。

笔者认为，原因力大小或责任程度分为 5 档是科学的，也是符合实际情况的，医学会进行的医疗事故鉴定或医疗损害鉴定采取 5 档责任程度并不妨碍法官裁判适用具体的比例，比如鉴定意见确定为主要责任，司法实践中支持 70% 责任的为多数，但也存有不少判决支持 80% 责任的情形。因此，医疗事故鉴定或医学会进行医疗损害鉴定并不苛求鉴定专家必须精确到百分比。司法鉴定人习惯适用参与度的概念，但实际上尽管使用了参与度的概念并采用百分比的表达方式，但更多时候却存有一定的比例范围，从这个角度说，参与度也并非绝对精准化。

原因力，是指在侵权损害赔偿责任的共同原因中，违法行为和其他因素对于损害结果发生或扩大所发挥的作用。原因力的这种归责方式在法医学上被表述为

① 参见刘鑫：《医事法学》（第 2 版），中国人民大学出版社 2015 年版，第 195 页。

损害参与度，两者的基本原理是完全相同的。实际上，损害参与度就是原因力规则在医疗损害赔偿责任中的具体应用，是在侵权法理论和实践中借用了法医学的概念。[①] 在医疗损害赔偿责任的确定中进行原因力比较的方法是：首先，应确定哪些行为和事实是医疗损害后果发生的原因；其次，确定违反诊疗行为属于直接原因还是间接原因、主要原因还是次要原因、强势原因还是弱势原因；最后，对诸种原因力对于损害发生所起的作用力进行分析，确定违法诊疗行为的具体原因力。[②]

在多因现象下确定行为人的责任份额以及对共同侵权行为人内部责任进行划分时，应当以原因力大小为主，以过错程度为辅。[③]

“参与度”这一概念来自日本的渡边富雄，1980 年渡边富雄在日本文部省科学研究的资助下，对交通事故和死亡 / 伤害、后遗障碍之间采用定量比例制方法进行了比较深入的研究，提出了因果关系的判断标准，即渡边富雄标准，为法医学界和法学界采用医学的方法判定因果关系进行了有益的尝试。刘鑫教授认为，医疗过错行为参与度的概念是由法医学鉴定中的损伤参与度的概念引申出来的，对其定义可以参照损伤参与度的定义。所谓损伤参与度，是指在外伤与疾病共同存在的案例中，诸因素共同作用导致某种后果，即暂时性损害、永久性功能障碍和死亡，外伤在其中所起作用的定量分割（或因果关系比例）。医疗过错行为参与度的确定，是对过错医疗行为与损害结果之间的因果关系的定量划分，是因果关系的进一步具体化、直观化，便于司法人员理解和适用，从而判断医疗机构是否应当承担侵权责任以及承担多大的侵权责任。不过，在医疗侵权案件中，并非任何情况都要确定参与度，只有直接作用因果关系、间接作用因果关系、临界作用因果关系可以从参与度的角度判断定量因果关系，而机会散失（误诊、选择）不宜直接判断参与度，而是先阐释机会丧失的多少，再由审判人员依据法律原则确定赔偿比例。刘鑫教授进一步指出，医疗过错参与度是采用模糊数学的方法建立因果关系的模糊等级，而不是对因果关系的精确划分。需要特别注意的是，医疗过错行为参与度是一个事实因果关系的关联程度，与民事损害赔偿比例应该区别对待，二者既有联系又有区别。医疗过错行为参与度是一个纯粹技术方面的概

① 参见杨立新：《医疗损害责任法》，法律出版社 2012 年版，第 224 页。

② 同上书，第 232 页。

③ 参见张新宝、明俊：《侵权法上的原因力理论研究》，载《中国法学》2005 年第 2 期。

念，没有考虑案件的其他情况和责任划分，这一点必须向审判人员说明清楚。因此，在运用医疗过错参与度判案的时候，医疗过错参与度的理论系数值只代表特定过错医疗行为作为原因和患者损害结果之间的关联程度。[①]

根据前述刘鑫教授的观点，参与度本身具有模糊性，并非对因果关系的划分；另外，医疗过错行为参与度是一个纯粹技术方面的概念，没有考虑案件的其他情况和责任划分。

因此，笔者认为，参与度理论及实践在一定程度上属于探索性质，其本身也是模糊和不确定的。也许医学会的鉴定专家并不精通参与度理论及实践，但依据医学专业知识及经验、生活逻辑和常识，再辅以鉴定专家的多数决原则，是完全可以比较精准地判断 5 档原因力大小的，至于原因力大小确定后的具体的赔偿比例，交由审判法官根据具体案件进行裁量。就这个角度而言，医学会的鉴定专家对参与度理论及实践的欠缺也许是一件好事。

（四）医学会对医疗损害鉴定进行总体规范

笔者并没有对原《侵权责任法》、《民法典》实施以来，医疗损害鉴定中构成医疗损害案例的比率进行统计，所以无统计数据证明自己的观点。但根据笔者亲历的司法实践，直至 2020 年 8 月前在中国上海市仅允许医学会进行医疗事故或医疗损害鉴定，笔者曾代理了几十起医学会进行的医疗事故及医疗损害鉴定，记忆中仅有一例区级医学会鉴定案例，竟然出现鉴定专家公然为作为被告的医疗机构辩护的不公正情形，但这仅为一例或特例，其他案例，笔者作为代理人均认为医疗事故鉴定或医疗损害鉴定均比较公正。笔者也曾在杭州市和苏州市代理过少量医学会进行医疗事故或医疗损害鉴定的案件，总体感觉还是比较公正的。

当然，中国上海市并不能代表全中国，我国幅员辽阔、省份众多，各地发展不平衡确为事实。但根据笔者的认知，医学会进行的医疗损害鉴定总体上还是趋向公正、向好发展的。原因也很简单，随着国家经济、社会、人文等各方面的长足发展，公民法律意识、维权意识的增强，医疗机构及医务人员的法律意识、尊重司法规则意识、尊重生命健康权意识也在不断提高，再辅以医疗机构普遍投保医疗损害责任险进行风险分担等，医疗机构和医务人员逐步能平和地接受错误、

---

① 参见刘鑫：《医疗损害技术鉴定研究》，中国政法大学出版社 2014 年版，第 243 ~ 245 页。

接受医疗损害鉴定意见。从另一个角度说，让患者在公平公正的情况下获得鉴定公正、司法公正是促使患者方和平维权，减少伤医事件、群体事件的最佳方式。

综上，笔者认为，医学会进行的医疗损害鉴定在一定程度上优于司法鉴定机构进行的医疗损害鉴定。当然，医学会医疗损害鉴定也存在很大的缺陷，该等缺陷甚至导致2020年8月上海市将原有的仅允许医学会进行医疗损害鉴定模式改变为医学会鉴定与司法鉴定机构鉴定并存模式。其最主要的原因在于，医学会中的鉴定专家并非如司法鉴定机构中的司法鉴定人一样专职，其从事的医学会医疗损害鉴定仅为兼职，加之专家均有繁忙的日常工作，甚至很多医学院专家属于教学、科研、临床一肩挑情形，导致鉴定程序久拖不决，司法程序受阻。此外，医学会的鉴定专家在鉴定意见时不署名、不出庭接受质证等，也颇受诟病。

鉴定机构调整工作在医疗损害鉴定方面显得尤其重要。一方面医学会进行的鉴定无法消除公信力欠缺的质疑，另一方面司法鉴定中的法医学鉴定又没有能力判断医疗行为的是非。未来的解决之道是，重组现有的医疗鉴定资源，打造具有专业技术水准的中立化的司法鉴定机构。事实上，绝大多数从事医疗事故鉴定的医学专家拥有高级职称且经验丰富，完全符合司法部《司法鉴定人登记管理办法》中规定的鉴定人申请条件，他们可以方便地获得《司法鉴定人执业证》，成为执业的司法鉴定人。[①] 笔者认为，张新宝教授的初衷良好，但不具有现实可行性。

第六节
医疗损害鉴定标准之当时医疗水平说

一、概述及来源

《民法典》第1221条规定："医务人员在诊疗活动中未尽到与当时的医疗水平相应的诊疗义务，造成患者损害的，医疗机构应当承担赔偿责任。"这即为成文法对学理上的医疗损害认定标准当时水准说的确认，该条规定就是我国《民法

① 参见张新宝：《人身损害鉴定制度的重构》，载《中国法学》2011年第4期。

典》中医疗注意义务的违反，《民法典》中规定的医疗损害责任对注意义务违反给出了明确的认定标准，根据该条规定，如果未尽到与当时的医疗水准相应的诊疗义务且造成损害的，就是违反了注意义务，就存有过错，该等过错应主要是针对医疗技术损害责任而言的。发端于罗马法，经英国判例并最终延展至欧洲大陆的抽象的注意义务违反已被我国成文法所确立。

日本法中在医疗损害赔偿的过失判断标准上对医师的注意义务标准为“最善的注意义务”，同时为避免“最善的注意义务”的笼统性，日本法学界松仓丰治教授提出了最具代表性的“医疗水准说”，他认为医疗水准分为“学术上的水准”与“实践中的医疗水准”概念，前者为研究水准或学界水准，其核心由学术界的一致认定而形成；后者为经验水准或技术水准，它是医学界普遍实施的技术。医疗水准说在司法实践中的最终确立则源于最判昭和五七年三月三十日的判决，该判决确立的医师的注意义务标准为：“注意义务的基准为诊疗当时临床医学实践中的医疗水准。”[①] 违反该标准则须承担医疗过错的不利后果。

二、立法及司法说明

全国人大常委会法制工作委员会民法室对该条立法的理由解释为，“尽到与当时的医疗水平相应的诊疗义务”体现了侵权责任法上的重要概念，即注意义务。在现代侵权责任法上，无论是大陆法系还是英美法系，注意义务是侵权责任法的核心要素，是界定过失的基准。各国侵权责任法中注意义务的内涵大同小异。英美法对注意义务的一般解释是一种为了避免造成损害而合理注意的法定责任。在侵权法中，如果行为人造成损害的行为违反了应对受害人承担的注意义务，则应当承担侵权责任。如果一个人能够合理地预见其行为可能对其他人造成人身或财产损害，一般情况下他应对可能受影响的人负有注意义务。[②] 全国人大常委会法制工作委员会民法室对该条文的说明为，医务人员的注意义务就是应当尽到与当时的医疗水平相应的诊疗义务。尽到诊疗义务的一个重要方面，是诊疗行为符合法律、行政法规、规章以及诊疗规范的有关要求。然而，医务人员的注意义务并非与合法合规是完全等同的概念。一个医务人员应当具有的诊疗水平，并非完全

① 转引自龚赛红：《医疗损害赔偿立法研究》，法律出版社 2001 年版，第 181 ~ 183 页。

② 参见全国人大常委会法制工作委员会民法室编：《中华人民共和国侵权责任法条文说明、立法理由及相关规定》，北京大学出版社 2010 年版，第 233 页。

能够被法律、行政法规、规章以及诊疗规范的有关要求所涵盖。医务人员完全遵守了具体的操作规程，仍有可能作出事后证明是错误的判断，实施事后证明是错误的行为。然而，医疗行为具有未知性、特异性和专业性等特点，不能仅凭事后证明错误这一点来认定医务人员存在诊疗过错。因此，本条规定的诊疗义务可以理解为一般情况下医务人员可以尽到的、通过谨慎的作为或者不作为避免患者损害的义务。医疗纠纷解决的时间较长，判断是否尽到诊疗义务应当以诊疗行为发生时的诊疗水平为参照才是公平合理的。[①]

关于行为人注意义务的来源主要有以下三种学说：（1）违反义务说：这种学说认为，过失是对法律事先规定的某种注意义务的违反，并且造成了一定的损害。这种学说为普通法过失概念所采用，也为大陆法系国家立法和司法实践所采纳。如法国、德国均采此学说。（2）不符行为标准说。许多国家的立法中都对行为人的行为设置了具体的标准，违反标准即为过失。例如，美国《侵权行为法重述》规定“行为不符合法律为保护他人免受不合理危险而订立的标准”即为过失，这种观点也为许多国家所采纳。比较违法义务说和不符行为标准说可以看到，两种学说有一个共同点，就是均强调以违反法律法规义务的规定为前提。注意义务也好，行为标准也好，均为法律事先的规定，二者可统称为法定说。（3）权利侵犯说。这种学说认为，过失是对公民某种权利的侵犯。这种观点由于主观色彩较浓，且无明确的过失判断标准，不考虑当今社会执业活动的特点，极易引起过失责任的扩大化。这种学说目前并未对各国的司法实践产生较大的影响。[②] 医务人员违反注意义务的情形有三类：（1）是否违反医疗行为中不良后果的预见义务，为了避免医疗带来的不良损害，医务人员在诊疗前必须对一切可能发生的损害有所认识，并且采取措施防止损害的发生。如果已预见到此损害而未采取相应的回避措施或本应预见到此损害而未预见到的，就认定医务人员存有过失。这些情况往往发生在对一些损伤的并发症或后遗症的预见和预防中。（2）是否违反医疗行为中的不良结果的回避义务，医务人员可以通过舍弃危险行为或提高注意义务并采取安全措施以回避医疗行为中的不良后果。如果医务人员预见到其行为将会给患者

① 参见全国人大常委会法制工作委员会民法室编：《中华人民共和国侵权责任法条文说明、立法理由及相关规定》，北京大学出版社 2010 年版，第 232 页。

② 最高人民法院侵权责任法研究小组编著：《〈中华人民共和国侵权责任法〉条文理解与适用》，人民法院出版社 2010 年版，第 406 ~ 407 页。

带来危险的结果（危害），则应舍弃该行为，以回避损害结果的发生，如继续该行为给患者造成损害的，构成过失。这些多发生在外科手术治疗时，对于手术适应症的把握，手术方式的选择以及手术中可能的误操作等情形。（3）是否违反医疗活动中的转诊义务，医务人员在转医中的注意义务，包括转医说明义务和转医运送义务。①

三、注意义务违反是认定是否存在过错的一般性或抽象标准

如果将注意义务的违反理解为违法违规性，就会导致《民法典》第1221条与第1222条的重复规定。笔者认为，“未尽到与当时的医疗水平相应的诊疗义务”这一注意义务的违反并非针对违法违规性，其存在的价值有两点，一是确定过错认定的一般性标准或抽象标准，即医务人员诊疗活动中应实施与当时医疗水平相应的水准并努力避免损害后果的发生；二是解决不存在违法违规情况下产生的医疗损害责任。如前文所述，卫生管理法律法规更多关注宏观管理层面，鉴于我国当前有关诊疗规范的规定并不完备且疾病种类众多、临床医学不断适时发展等因素，彻底的完备在一定程度上成为不可能，如此情势下，需要一个认定过错的一般性标准或抽象标准，如此，《民法典》第1221条应运而生。该条规定使医疗损害责任形成了比较完备的法律体系。

笔者举例说明这一问题，比如一个胆囊炎胆石症患者行胆囊切除胆石取出术，基于多年的医学院教育及在医疗机构带教及工作实践，不能损坏胆总管肝总管是所有普通外科医生的共识，多年的医学教育及医疗实践已经告诉所有手术者损坏胆总管肝总管将会对人身造成极其重大的损害且难以救济。另外，胆囊炎胆石症并非重大疾病，除非并发梗阻等，不手术采保守治疗亦可。因此，绝大多数手术者均会小心翼翼并尽全力避免对胆总管肝总管的损伤，医疗实践中，只要是一个普通的合格的主刀医生并履行了注意义务，根据“当时的医疗水平”根本不会对胆总管肝总管造成损伤。如果造成损伤，毫无疑问，即属于“未尽到与当时的医疗水平相应的诊疗义务”，应认定为过错。该等案例与最高人民法院概括的医务人员违反注意义务的三类情形均不完全符合，手术者基于多年临床医学教育及训

① 最高人民法院侵权责任法研究小组编著：《〈中华人民共和国侵权责任法〉条文理解与适用》，人民法院出版社2010年版，第408页。

练，当然有不良后果的预见义务，也希望回避不良结果，但实际操作中却会因为手技的因素导致胆总管肝总管损伤。对该等过错的认定也很简单，即一个普通的合格外科医生都不会损伤胆总管肝总管但你却不小心损伤了，你的操作不符合当时医疗水平，因此存有过错。

因此，笔者赞同并支持全国人大常委会法制工作委员会民法室对该条文的说明。“未尽到与当时的医疗水平相应的诊疗义务”是医疗损害过错的认定标准，也是医疗损害鉴定中的判断过错的当然标准。

四、“当时的医疗水平”是全国通行标准

（一）学者的观点

王利明教授认为，我国立法对医务人员诊疗义务的判断采取的是客观判断标准，即应当以医疗行为进行之时一般医务人员应达到的医疗水平作为判断标准。因此，可以认为，《民法典》所规定的“当时的医疗水平”是指当时的全国范围内通行的医疗水平。我国《民法典》采纳了全国通行标准，既符合医疗损害责任的发展趋势，也有利于对患者的保护。[①]但同时，王利明教授又认为，在根据“与当时的医疗水平相应的诊疗义务”的标准来判断过错时，还要适当地考虑医疗机构和医务人员的资质因素。[②]这反映了矛盾心态，一方面赞同全国通行标准并直言如果不采取全国通行标准的危害，另一方面又希望兼顾医院等级差异和医务人员本身资质差异的实际情况。杨立新教授也持有相同看法，他认为，判断医疗机构及医务人员是否违反注意义务时，应当适当考虑地区、医疗机构资质、医务人员资质等因素，进行综合判断。[③]张新宝教授并未提及需要考虑差别因素并不同对待的问题，主张“当时的医疗水平”不承认地域差异和个体差异。法律用“当时”对医疗水平进行了界定，但是没有用“当地”对医疗水平进行界定。尽管原《侵权责任法》以及《民法典》侵权责任编的起草过程中，不少人提出需要考虑“当地因素”，甚至考虑医务人员在专业知识、技术和技能上的差异，但是这样的意见没有被采纳。《民法典》第1221条完全承继了原《侵权责任法》第57条的规定，

① 参见王利明：《侵权责任法》（第2版），中国人民大学出版社2021年版，第282页。

② 同上书，第283页。

③ 参见杨立新：《侵权责任法》，北京大学出版社2014年版，第313页。

主要考虑是：（1）医务人员（医师、护士等）的执业准入有国家的统一标准，并没有为不同的地域或者不同的人员设置不同的标准。一个持证上岗的专家，需要符合专家的一切执业标准和行为要求，不能因为年龄、经验不同而降低某些注意要求。（2）我国对医疗机构实行分级管理制度，不同类型和级别的医疗机构有权诊治的疾病是不一样的，比如只有较高级别的医疗机构（如三甲医院）才能实施某些高难度的复杂手术。[①] 程啸教授认为，在判断医务人员是否尽到“与当时的医疗水平相应的诊疗义务”时，考虑医疗机构的资质、医务人员的资质，确实不妥。如果医疗机构和医务人员认为自己的资质不足以进行诉争的诊疗活动，就不该从事该活动，而应建议患者转诊。明明资质不足仍从事该诊疗活动，本身就是有过错的。但是，在判断“当时的医疗水平”时，是否需要考虑地区的差别，却需要进一步研究。可是，如果在判断医疗过错时必须一般性地考虑地区医疗水平的差异而有不同的要求，就不妥了。过度强调地区医疗水平差异，会成为医疗水平落后者不思进取、故步自封的“保护伞”。如此一来，我国地区之间的医疗水平的差异就永远难以消除了。如果在判断医务人员的过错时，还考虑地区差异，只会导致更多的患者涌入大城市看病，甚至是小病也去三甲医院治疗。如此，医疗资源供需关系只会更加紧张，不利于我国未来医疗卫生体制改革的顺利进行。[②] 程啸教授的主要观点是不同意地区差异，但也存有一些犹豫。笔者同意其故步自封说，但是否一定会导致供需关系更加紧张，因果关系似乎过于遥远。

笔者完全赞同张新宝教授、程啸教授的主要观点，“当时的医疗水平”就是全国统一的当时的一般标准，不应承认地域差异及资质不同等因素。张新宝教授进而认为，确定“当时的医疗水平”应当坚持以法律法规为基础，尊重同行义务人员的“平均”的或者“一般”的医疗水平，参考社会的合理预期及期待。[③] 对此，笔者认为，当时的医疗水准说，主要还是指技术水准，与法律法规有关但也无关，更关注于技术水准，至于参考社会的合理预期及期待，则属主观因素，与医务人员当时的技术水准无关，不应作为标准。

---

① 参见张新宝：《侵权责任法》（第5版），中国人民大学出版社2020年版，第198 ~ 199页。

② 参见程啸：《侵权责任法》（第3版），法律出版社2021年版，第646页。

③ 参见张新宝：《侵权责任法》（第5版），中国人民大学出版社2020年版，第199页。

（二）最高人民法院司法解释的规定

《医疗损害责任司法解释》第16条规定:“对医疗机构或者其医务人员的过错，应当依据法律、行政法规、规章以及其他有关诊疗规范进行认定，可以综合考虑患者病情的紧急程度、患者个体差异、当地的医疗水平、医疗机构与医务人员资质等因素。”这其中的“当地的医疗水平”“医疗机构与医务人员资质等因素”属于与《民法典》第1221条明显相悖的规定，《民法典》中“当时的医疗水平”是不承认地域差异、资质不同等因素的。最高人民法院在其编著的相关书籍中认为，正确界定医务人员的医疗水准以及与其注意义务的对应关系，可以从以下几个方面把握：（1）医疗水准的时间性和地域性。医疗水准的地域特性在我国目前表现得很突出。众所周知，我国地域广阔，地区间经济发展不平衡，直接导致医疗技术水准产生差异。经济落后地区的医疗设备相对较差，诊断的辅助手段也受到这种因素的制约，而且在落后地区医疗技术的普及程度也较低，这对疑难杂症判断的准确性增加了难度。因此，我们在认定医务人员有无违反注意义务时，应该考虑医疗机构的客观条件及其医务人员的平均水平，根据其实施医疗行为时所处的特定地域的医疗水准来认定。（2）医疗水准与医务人员资质。医务人员就医师来说，可以分为全科医师与专科医师。在医疗卫生条件比较落后的地区，更多的是全科医师。那么，在认定医师的注意义务时，专科医师和全科医师一般应当以不同的医疗水准为基准。另外，医疗机构的资质也有很大差异，这在一定程度上影响对医务人员注意义务的医疗水准。[①]

笔者认为，最高人民法院在其著作中的观点及司法解释规定欠妥。理由主要有:其一，司法解释只是对审判工作中具体应用法律问题进行解释，不应背离《民法典》这一上位法律规定。其二，地域经济差异是确定存在的，但地域差异只是经济发达地区与发展一般地区之间的差异，不应是指某个地方特别落后。经济发展一般地区在整体上也随着中国改革开放40余年的高速发展取得了长足进步，现在中国的绝大多数县级医院应该都有CT等大型诊断设备，市级医院应该都有MRI，在硬件上已经不差。其三，医学教育都是统一的，自1977年恢复高考以来，高等教育已经经历40余年的发展，各省均有医学院校，很多省份甚至不止一所，

① 最高人民法院侵权责任法研究小组编著：《〈中华人民共和国侵权责任法〉条文理解与适用》，人民法院出版社2010年版，第409～410页。

现今获得执业医师资格的均是临床医学本科或至少专科毕业，均是经过系统、规范的医学教育。其四，全科医生是《国务院关于建立全科医生制度的指导意见》（国发〔2011〕23号）发布后重点发展的医学专业，根据该指导意见，全科医生是综合程度较高的医学人才，主要在基层承担预防保健、常见病多发病诊疗和转诊、病人康复和慢性病管理、健康管理等一体化服务，被称为居民健康的“守门人”。该指导意见同时对规范全科医生培养模式进行规定，将全科医生培养逐步规范为“5+3”模式，即先接受5年的临床医学（含中医学）本科教育，再接受3年的全科医生规范化培养。在过渡期内，3年的全科医生规范化培养可以实行“毕业后规范化培训”和“临床医学研究生教育”两种方式，具体方式由各省（区、市）确定。卫生部为贯彻实施该指导意见，专门制定了《全科医生规范化培养标准（试行）》（卫科教发〔2012〕48号），确定了为基层培养具有高尚职业道德和良好专业素质，掌握专业知识和技能，能独立开展工作，以人为中心、以维护和促进健康为目标，向个人、家庭与社区居民提供综合性、协调性、连续性的基本医疗卫生服务的合格全科医生的培养目标。因此，全科医生培养的目的主要是在基层承担预防保健、常见病多发病诊疗和转诊、病人康复和慢性病管理、健康管理等一体化服务，其实质是向个人、家庭与社区居民服务，并不承担大病、疑难杂症的诊治，其本身也是先接受5年的临床医学（含中医学）本科教育，再接受3年的全科医生规范化培养，学历教育及规范化培训均要求较高。最高人民法院的相关著作对全科医生与专科医生的定位认识模糊并进行了不当比较。其五，医疗机构的资质的确存有差异，但也存在诊疗范围差异，不同等级医院应从事不同的诊疗行为，原则上三级甲等及三级特等医院应从事疑难杂症的诊治，一级、二级医院应从事常见病、多发病的诊治，从这个角度而言，技术或设备不能胜任的一级、二级医院，负有向上级医院转诊的义务。因此，资质不同不应成为“当时医疗水平”适用的障碍。其六，不遵守“当时的医疗水平”也会导致司法适用过错中医疗损害鉴定的混乱。比如，医学会对医疗损害的重新鉴定由省医学会负责，其专家也主要来自省城专家，按照“当地的水平”是指省城的水平还是医疗损害发生地的县级水平抑或镇级水平？即便按照县级标准，省城的专家由于根本未在县级工作过，其也不可能知道县级水平。其实质也是按照自身的医学教育、专业水准等进行鉴定。此外，如果委托省外的司法鉴定机构鉴定同样无法适用“当地的医疗水平”，例如，位于上海市的司法鉴定科学研究院接受了湖南省某县法院的医疗损害鉴定，司法鉴定科学研究院的司法鉴定人如何知晓当地的医疗水平并进行鉴定呢？因此，“当地的医疗水平”根本不具有现实操作性，除非该案例在当地设区的市医学会进行医疗损害鉴定，如此方有“当地的医疗水平”可能，即便是由当地的司法鉴定机构进行鉴定，司法鉴定人也采取的是医学通识教育的鉴定标准，其不是临床医生，也不可能对“当地的医疗水平”熟知。其七，必须警惕例外规定带来的示范效应，允许降低标准对持续提高医务人员水准、医疗机构的整体医疗质量无益，其极可能导致该等“当地的医疗水平”成为一种损害患者生命健康权的新的借口。

第七节
《医疗纠纷预防和处理条例》规范的医疗损害鉴定

一、涉医疗损害鉴定的规范内容

行政法规《医疗纠纷预防和处理条例》于2018年10月1日起实施，该条例在现行的诉讼中除对医学会进行的医疗损害鉴定及司法鉴定机构进行的医疗损害鉴定作出规定之外，又规定了诉前医疗损害鉴定。该等诉前医疗损害鉴定主要服务于医疗纠纷人民调解委员会的人民调解工作及卫生行政部门的行政调解工作。根据该条例第35条之规定，医疗损害鉴定专家库由设区的市级以上人民政府卫生、司法行政部门共同设立。专家库应当包含医学、法学、法医学等领域的专家。聘请专家进入专家库，不受行政区域的限制。该条例第33条规定，医疗纠纷人民调解委员会调解医疗纠纷时，可以根据需要咨询专家，并可以从本条例第35条规定的专家库中选取专家。该条例第34条第1、2、3款规定，医疗纠纷人民调解委员会调解医疗纠纷，需要进行医疗损害鉴定以明确责任的，由医患双方共同委托医学会或者司法鉴定机构进行鉴定，也可以经医患双方同意，由医疗纠纷人民调解委员会委托鉴定。医学会或者司法鉴定机构接受委托从事医疗损害鉴定，应当由鉴定事项所涉专业的临床医学、法医学等专业人员进行鉴定；医学会或者司法鉴定机构没有相关专业人员的，应当从本条例第35条规定的专家库中抽取相关专业专家进行鉴定。医学会或者司法鉴定机构开展医疗损害鉴定，应当执行规定的标准和程序，尊重科学，恪守职业道德，对出具的医疗损害鉴定意见负责，不得出具虚假鉴定意见。医疗损害鉴定的具体管理办法由国务院卫生、司法行政部门共同制定。该条例第 41 条第 1 款规定，卫生主管部门调解医疗纠纷需要进行专家咨询的，可以从本条例第 35 条规定的专家库中抽取专家；医患双方认为需要进行医疗损害鉴定以明确责任的，参照本条例第 34 条的规定进行鉴定。

二、医疗损害鉴定特征

1. 该等医疗损害鉴定仅限于医疗纠纷诉前的医疗损害鉴定

根据该条例第 31 条第 4 款的规定，当事人已经向人民法院提起诉讼并且已被受理，或者已经申请卫生主管部门调解并且已被受理的，医疗纠纷人民调解委员会不予受理；已经受理的，终止调解。该条例第 40 条第 2 款规定，卫生主管部门应当自收到申请之日起 5 个工作日内作出是否受理的决定。当事人已经向人民法院提起诉讼并且已被受理，或者已经申请医疗纠纷人民调解委员会调解并且已被受理的，卫生主管部门不予受理；已经受理的，终止调解。因此，该等医疗损害鉴定仅是诉前鉴定，与诉讼中的鉴定不同。

2. 人民政府卫生、司法行政部门共同设立医疗损害鉴定专家库

该等专家库与诉讼过程中医学会进行医疗损害鉴定的专家库由医学会建立不同。[①] 诉前的医疗损害鉴定专家库由设区的市级以上人民政府卫生、司法行政部门共同设立，专家库应当包含医学、法学、法医学等领域的专家。聘请专家进入专家库，不受行政区域的限制。根据该等规定，医疗损害鉴定专家库不是由医学会设立，而是直接由卫生行政部门与司法行政部门共同设立。该等立法理由应为规避卫生行政部门单独设立可能导致的公信力问题，因此，司法行政部门参与其中。

3. 医疗损害鉴定专家库的职能主要是接受咨询或被抽调参加医疗损害鉴定

根据该条例第 33 条、第 41 条第 1 款之规定，医疗损害鉴定专家库具有接受医疗纠纷人民调解委员会、卫生行政部门咨询的义务。根据第 33、34 条之规定，

---

① 《医疗事故技术鉴定暂行办法》第 5 条第 1 款规定：医学会应当建立专家库。专家库应当依据学科专业组名录设置学科专业组。

委托医学会或者司法鉴定机构鉴定但没有相关专业人员的，医疗损害鉴定专家库内的专家有被抽调并参加鉴定的义务。

4. 诉前的该等医疗损害鉴定需要遵守特定的鉴定管理规范

根据该条例第 34 条第 3 款之规定，医学会或者司法鉴定机构开展医疗损害鉴定，应当执行规定的标准和程序，尊重科学，恪守职业道德，对出具的医疗损害鉴定意见负责，不得出具虚假鉴定意见。医疗损害鉴定的具体管理办法由国务院卫生、司法行政部门共同制定。但到目前为止，自 2018 年 10 月 11 日即征求意见的《医疗损害鉴定管理办法（征求意见稿）》并未正式生效。

三、条例规范的医疗损害鉴定不同于诉讼中医疗损害鉴定

根据《国家卫生健康委　司法部关于〈医疗损害鉴定管理办法（征求意见稿）〉公开征求意见的通知》附件 2《关于〈医疗损害鉴定管理办法（征求意见稿）〉的起草说明》第 1 条“起草背景”第 2 项“专门性鉴定”之规定，《医疗纠纷预防和处理条例》规定的医疗损害鉴定，作为诉讼前鉴定，不属于司法鉴定。医疗损害鉴定并不等同于法医类鉴定，也不属于《全国人民代表大会常务委员会关于司法鉴定管理问题的决定》中规定需由司法行政机关登记管理的鉴定事项。同时，医疗损害鉴定也不同于医疗事故技术鉴定，后者将作为卫生行政部门处理发生医疗事故的医疗机构和医务人员的依据。根据附件 1《医疗损害鉴定管理办法（征求意见稿）》第 4 条第 1 款之规定，国家卫生健康委、司法部是医疗损害鉴定的主管部门，负责制定医疗损害鉴定标准、规范性文件，组建国家医疗损害鉴定专家库，指导、监督全国医疗损害鉴定管理工作。根据第 7 条第 3 款之规定，符合条件的医学会和司法鉴定机构可以从事医疗损害鉴定业务，并于开展首例医疗损害鉴定之日起 5 个工作日内同时向所在地省级卫生、司法行政部门备案。

因此，笔者认为，该等医疗损害鉴定的实质是另起炉灶，另行管理，根本不同于诉讼过程中医学会进行的医疗损害鉴定，也不同于诉讼中委托的司法鉴定机构从事的医疗损害鉴定，依法登记的司法鉴定机构如想从事诉前医疗损害鉴定还必须具有规定的条件并经备案程序，其所属司法鉴定人参与诉前医疗损害鉴定也需要符合管理办法规定的条件。该等情形，属于诉讼中医疗损害鉴定二元化未能解决的情况下，又增添诉讼前新的鉴定模式，如此即是三元化，是否构成管理混乱及资源浪费有待探讨。当然，如果该等鉴定模式经诉前鉴定逐步试验、逐步完

善，继而将当前诉讼前及诉讼中、医学会及司法鉴定机构医疗损害鉴定的所有鉴定统一，将是一件好事。

四、条例规定的医疗损害鉴定的配套规范

根据笔者的检索，配套规范有：《国家卫生健康委关于加强医疗损害鉴定管理工作的通知》（国卫医函〔2021〕1号）、[①]《中华医学会关于印发〈医学会医疗损害鉴定规制（试行）〉的通知》（医会鉴定发〔2021〕33号）、《国家卫生健康委 司法部关于〈医疗损害鉴定管理办法（征求意见稿）〉公开征求意见的通知》。

根据笔者的理解，在《医疗损害鉴定管理办法（征求意见稿）》尚未生效落地的情况下，国家卫生健康委、中华医学会单独出台《国家卫生健康委关于加强医疗损害鉴定管理工作的通知》《中华医学会关于印发〈医学会医疗损害鉴定规制（试行）〉的通知》是否背离上位法的规定有待探讨，这是否可以理解为对该等医疗损害鉴定模式及管理，国家部委层面尚未达成一致。

第八节 上海市医疗损害鉴定实务

一、医学会进行医疗事故鉴定的一元化时期

《医疗事故处理条例》实施后的2004年9月17日直至2010年7月1日原《侵

① 主要内容为："一、省级、设区的市级和直辖市直接管辖的区（县）医学会应当按照《条例》要求，积极开展医疗损害鉴定工作。中华医学会负责医疗损害鉴定质量控制工作。二、医学会应当结合医疗损害鉴定工作需要建立专家库。专家库对应医疗损害鉴定学科专业组名录设置学科专业组。学科专业组名录由中华医学会制定、维护。聘请专家进入专家库，不受行政区域的限制。医疗机构应当向专家库推荐优质专家资源，对本单位进入专家库的专家依法参加鉴定活动应当提供必要的支持。……五、医学会开展医疗损害鉴定应当按照《条例》要求收取鉴定费。收费管理要求按照各省（区、市）规定执行，尚无规定的可以参照相关鉴定项目收费标准收取。六、医学会医疗损害鉴定规则由中华医学会制定，报我委同意后印发。"

权责任法》生效前，这一时期适用《医疗事故处理条例》处理医疗侵权。《参照〈医疗事故处理条例〉审理通知》第 2 条第 1 款规定的“因医疗事故以外的原因引起的其他医疗赔偿纠纷需要进行司法鉴定的，按照《人民法院对外委托司法鉴定管理规定》组织鉴定。”但在上海市该等通知没有适用余地，几乎不存在适用原《民法通则》处理医疗侵权的情况。

司法适用依据为《上海市高级人民法院民事审判第一庭关于人民法院委托医学会进行医疗纠纷司法鉴定若干问题的意见》（沪高法民一〔2004〕32 号，2004 年 9 月 17 日实施，现已失效）及《上海市高级人民法院民事审判第一庭关于人民法院委托医学会进行医疗纠纷司法鉴定若干问题的补充意见》（沪高法民一〔2004〕33 号，现已失效），沪高法民一〔2004〕32 号第 1 条规定：“……因医疗事故以外的原因引起的其他医疗赔偿纠纷需要进行司法鉴定的，应委托医学会参照《医疗事故处理条例》组织鉴定。医学会认为无法鉴定，人民法院根据案件实际情况，确有鉴定需要的，可依据《人民法院对外委托司法鉴定管理规定》另行组织鉴定。”此意见意味着，医疗事故以外的原因引起的其他医疗赔偿纠纷需要司法鉴定的，仍是委托医学会参照《医疗事故处理条例》组织鉴定。此与《参照〈医疗事故处理条例〉审理通知》第 2 条第 1 款规定的“因医疗事故以外的原因引起的其他医疗赔偿纠纷需要进行司法鉴定的，按照《人民法院对外委托司法鉴定管理规定》组织鉴定”相背离，另外，“医学会认为无法鉴定”的情况实际几乎不存在。沪高法民一〔2004〕33 号规定：“因此无论当事人申请医疗鉴定还是医疗差错等其他原因的鉴定，先委托医学会组织鉴定，根据鉴定结论及相关法律法规，认定医院的医疗行为是否构成医疗事故或其他行为。”

因此，上海市高级人民法院该等意见及补充意见的出台，导致上海市实质上只有医疗事故鉴定，而无其他。上海市在该期间真正实现了医疗事故鉴定一元化，根本不存在医疗纠纷鉴定二元化问题。在该期间，医疗机构及其医务人员不赔偿死亡赔偿金。

二、医学会进行医疗损害鉴定的一元化时期

原《侵权责任法》生效后的 2011 年 11 月 1 日至 2020 年 8 月 10 日《上海市高级人民法院关于委托医疗损害鉴定若干问题的意见》实施前近 9 年间，仅允许医学会进行医疗损害鉴定，人民法院不得向司法鉴定机构委托医疗损害鉴定，该

期间司法鉴定机构对上海市范围内发生的医疗损害纠纷案件的鉴定数为0，但外省市医疗纠纷案件委托上海市司法鉴定机构承担医疗损害鉴定的有几十起。上海市各级医学会自2011年1月1日起正式承担医疗损害鉴定工作，至2019年12月，全市各级医学会共受理医疗损害鉴定案例4456件，完成鉴定案例3739件。[①]

上述情况的根本原因在于上海市高级人民法院颁布的《上海法院关于委托医疗损害司法鉴定若干问题的暂行规定》（沪高法〔2010〕364号，现已失效），其第2条规定："法院审理医疗纠纷民事案件中，当事人申请医疗损害鉴定的，除双方当事人协商一致以外，应由法院依职权委托医学会组织专家进行鉴定。医学会认为无法鉴定，法院可依据《人民法院对外委托司法鉴定管理规定》另行委托具有资质的司法鉴定机构组织鉴定。"其中规定的"除双方当事人协商一致以外，应由法院依职权委托医学会组织专家进行鉴定"的"双方当事人协商一致"实际上不可能实现，因为医疗机构根本不同意，因此，这个例外规定根本不可能实现，例外规定只是摆设。该等暂行规定规定的"医学会认为无法鉴定，法院可依据《人民法院对外委托司法鉴定管理规定》另行委托具有资质的司法鉴定机构组织鉴定"之"医学会认为无法鉴定"实际上不存在，因此也是摆设。最终的结果也是这样，近9年间司法鉴定数量为0即为明证。

该期间因为适用原《侵权责任法》而非《医疗事故处理条例》，因此，因医疗损害造成患者死亡的，医疗机构及其医务人员赔偿死亡赔偿金。

三、医学会与司法鉴定机构进行医疗损害鉴定的二元化时期

2020年8月10日，《上海市高级人民法院关于委托医疗损害鉴定若干问题的意见》实施，该意见第3条规定："当事人申请医疗损害鉴定的，由双方当事人协商确定鉴定人。当事人就鉴定人不能达成一致意见的，由人民法院提出确定鉴定人的方法。当事人不同意的，由人民法院指定鉴定人。人民法院指定鉴定人的范围为上海市、区两级医学会及具有医疗损害鉴定资质的司法鉴定机构。"这

① 参见《对市政协十三届三次会议第0371号提案的答复》，载http：//wsjkw.sh.gov.cn/zxtadf/20200825/437282d306fb46cf91bcc5b285e82956.html。由于法院在受理医疗纠纷案件医疗损害鉴定时更加倾向于医学会鉴定的专业性，这使得通过司法鉴定机构鉴定的医疗损害案件较少（目前，本市医疗纠纷案件委托本市司法鉴定机构承担医疗损害鉴定的为0起，外省市医疗纠纷案件委托本市司法鉴定机构承担医疗损害鉴定的有几十起）。

是上海市自2002年《医疗事故处理条例》生效以来18年间第一次以高级人民法院准司法解释名义授予人民法院委托司法鉴定机构进行医疗损害鉴定。据笔者所知，这可能与医学会进行医疗损害鉴定一元化及医学会鉴定自身因素导致的鉴定迟滞、医疗损害责任纠纷案迟迟不能结案的窘境相关，从“关于破解医疗损害鉴定送鉴难的建议”政协提案可窥见端倪。①

根据笔者前段时间的一个司法实践，法官助理明确指出，二级及以下医院的医疗损害鉴定可以委托司法鉴定机构进行医疗损害鉴定，但三级以上医院仅能进行医学会的医疗损害鉴定，此应属“窗口指导意见”。

① 参见《对市政协十三届三次会议第0371号提案的答复》，载http：//wsjkw.sh.gov.cn/zxtadf/20200825/437282d306fb46cf91bcc5b285e82956.html。第0371号提案提出的“关于破解医疗损害鉴定送鉴难的建议”的办理意见如下：

“我委会同市高院、市司法局、市委编办等部门进行了认真研究和分析。你们的提案对如何进一步完善本市医疗损害鉴定工作提出了针对性高、操作性强的工作建议，我们非常赞同并深表感谢。”

第三章 医疗损害责任赔偿

第一节 我国的民事责任体系及侵权损害赔偿

一、《民法典》的民事责任体系及其特征

《民法典》第179条第1款规定了我国民事责任承担的主要方式，共有11种，分别为：（1）停止侵害；（2）排除妨碍；（3）消除危险；（4）返还财产；（5）恢复原状；（6）修理、重作、更换；（7）继续履行；（8）赔偿损失；（9）支付违约金；（10）消除影响、恢复名誉；（11）赔礼道歉。第179条第2款规定，法律规定惩罚性赔偿的，依照其规定。第179条第3款规定，本条规定的承担民事责任的方式，可以单独适用，也可以合并适用。

该等规定具有如下特征：（1）属于民事责任的概括，并未将违约与侵权进行区分，属于混合立法主义。既有专门适用于违约责任的方式，也有专门适用于侵权责任的方式，也存在两种责任兼而有之情形。继续履行及支付违约金应仅适用于违约责任；停止侵害、排除妨碍、消除危险、消除影响及恢复名誉、赔

礼道歉应仅适用于侵权责任；返还财产、恢复原状、赔偿损失既适用于违约责任也适用于侵权责任。（2）规定的仅为“主要方式”，存在随着发展增加的可能性。（3）既可以单独适用也可以合并适用。（4）惩罚性赔偿由法律另行规定，《民法典》第179条第1款规定的赔偿损失仅为基于损害填补原则的赔偿，不包括惩罚性赔偿。（5）所有的民事责任承担方式中赔偿损失应居于主导地位。

二、惩罚性赔偿

（一）惩罚性赔偿的来源

惩罚性赔偿来自英美普通法系国家，源自英国，发达于美国。英国法上的惩罚性赔偿系1763年Wilkes v.Wood案所创设。在本案中，Wilkes创办的杂志，撰文谴责英王处理英美战争无能，而被英王下令幽禁侦讯。Wilkes被释放后，主张执法人员未有法官签发的逮捕搜索令，系遭非法拘禁，请求1000英镑的巨额损害赔偿。法官肯定原告的请求，强调陪审团有权判决比实际赔偿额更高的赔偿金额。损害赔偿制度不仅在于满足被害人，而且须惩罚该罪行，吓阻未来发生类似行为，并彰显陪审团对该行为本身的厌恶。[①]美国继受英国普通法惩罚性赔偿作成的第一个判决是1784年的Genay v. Norris案。本案被告为一名医师，因开玩笑而在一杯酒中掺杂了斑蝥干燥剂，致原告饮用后生病。嗣后案例增多，其发展过程可以分为三个时期：第一时期系对欺侮及羞辱他人行为的处罚。20世纪初开始的第二时期系对滥用权利的惩罚，尤其是铁路及电车公司的案例，如不法驱逐乘客、羞辱乘客、拒载盲人、过站不停、未能照顾生病的乘客等。第三时期系第二次世界大战后扩张到产品责任及商业侵权，特别是在20世纪60年代受到消费者权益保护运动及法律经济分析的影响，适用巨额的惩罚性赔偿金，彰显其威慑性，使惩罚性赔偿金成为美国法上的争议课题，成为美国侵权法一个基本指标性的特色。[②]

---

① Eng.Rep.498-499(K.B.1763). 转引自王泽鉴:《损害赔偿》,北京大学出版社2017年版,第361页。

② 转引自王泽鉴：《损害赔偿》，北京大学出版社2017年版，第362～363页。

（二）《民法典》中对惩罚性赔偿的规定

我国《民法典》中规定的惩罚性赔偿基于法律的特别规定方为准用，主要规定在故意侵害他人知识产权、明知缺陷产品仍生产销售、违反法律规定故意污染环境等，[①] 其立法意旨为利用惩罚性赔偿震慑恶意、故意行为，实现对知识产权、人身权益、环境等重点领域的保护。

（三）医疗产品损害责任适用惩罚性赔偿

《医疗损害责任司法解释》第 23 条规定："医疗产品的生产者、销售者、药品上市许可持有人明知医疗产品存在缺陷仍然生产、销售，造成患者死亡或者健康严重损害，被侵权人请求生产者、销售者、药品上市许可持有人赔偿损失及二倍以下惩罚性赔偿的，人民法院应予支持。"该条规定的直接法律渊源是《民法典》第 1207 条规定，即明知产品存在缺陷仍然生产、销售，或者没有依据前条规定采取有效补救措施，造成他人死亡或者健康严重损害的，被侵权人有权请求相应的惩罚性赔偿。至于该司法解释设定"二倍以下惩罚性赔偿"的原因，《最高人民法院研究室负责人就〈最高人民法院关于审理医疗损害责任纠纷案件适用法律若干问题的解释〉答记者问》给出了具体解释："问：《解释》对医疗产品责任纠纷案件中适用惩罚性赔偿是如何规定的？答：侵权责任法在产品责任一章中确立了惩罚性赔偿制度，其目的在于通过制裁故意将缺陷产品投放市场并且已经造成了使用人严重人身损害的行为，督促生产者、经营者规范其行为，以充分保护产品使用人的合法权益。医疗产品事关广大人民群众生命健康，从某种意义上讲，缺陷医疗产品的危害较普通产品的危害更为严重。在医疗产品责任纠纷中适用惩罚性赔偿，对于规范医疗领域存在的医疗产品市场不规范、制售假冒伪劣医疗产品屡禁不止等问题具有重要意义。由于侵权责任法第四十七条并没有规定相应的惩罚性赔偿的标准，经过慎重考虑，《解释》参照《消费者权益保护法》第五十五条第二款的规定，明确规定了医疗产品的生产者明知医疗产品存在缺陷仍

---

① 《民法典》第 1185 条规定：故意侵害他人知识产权，情节严重的，被侵权人有权请求相应的惩罚性赔偿。第 1207 条规定：明知产品存在缺陷仍然生产、销售，或者没有依据前条规定采取有效补救措施，造成他人死亡或者健康严重损害的，被侵权人有权请求相应的惩罚性赔偿。第 1232 条规定：侵权人违反法律规定故意污染环境、破坏生态造成严重后果的，被侵权人有权请求相应的惩罚性赔偿。

然生产或者医疗产品的销售者明知医疗产品存在缺陷仍然销售的，造成患者死亡或者健康严重损害，患者请求生产者或者销售者赔偿损失及所受损失二倍以下的惩罚性赔偿的，人民法院应予支持。这对于威慑或者阻遏明知医疗产品存在缺陷仍然生产、销售的行为，维护广大人民群众的生命健康利益，具有重要而积极的作用。”①

三、《民法典》中规定的侵权责任承担方式

（一）侵权责任编规定的侵权责任承担方式

《民法典》侵权责任编除在第 1167 条规定“侵权行为危及他人人身、财产安全的，被侵权人有权请求侵权人承担停止侵害、排除妨碍、消除危险等侵权责任”外，并未再规定侵权责任承担方式。因此，《民法典》第 179 条第 1 款规定的民事责任承担方式中对侵权责任方式可以准用。我国规定的侵权责任承担的主要方式有：（1）停止侵害；（2）排除妨碍；（3）消除危险；（4）返还财产；（5）恢复原状；（6）赔偿损失；（7）赔礼道歉；（8）消除影响、恢复名誉。上述 8 种方式可以单独适用，也可以合并适用。

（二）赔偿损失为医疗损害责任的主要责任承担方式

赔偿损失为医疗损害责任的主要承担方式，但医疗损害责任还有因侵犯隐私权等产生的赔礼道歉、消除影响、恢复名誉等承担方式。

四、侵权损害赔偿 / 医疗损害赔偿责任

1. 定义

赔偿损失的侵权责任承担方式，是指侵权人通过支付一定数额的金钱的方式对被侵权人的损害予以救济的侵权责任。② 所谓侵权损害赔偿，是指因侵权人侵

① 《最高人民法院研究室负责人就〈最高人民法院关于审理医疗损害责任纠纷案件适用法律若干问题的解释〉答记者问》，载 https：//www.chinacourt.org/article/detail/2017/12/id/3107384.shtml，最后访问日期：2021 年 12 月 16 日。

② 参见张新宝：《侵权责任法》（第 5 版），中国人民大学出版社 2020 年版，第 81 页。

害他人民事权益造成他人财产损害和精神损害而应承担的损害赔偿责任。[①]笔者更倾向于第一种定义，损害赔偿就是基于对他人人身和财产权益的损害导致的金钱给付。在我国，侵权损害赔偿包括医疗侵权损害赔偿，其赔偿项目等具有一致性，基于此，本书仅表述为侵权损害赔偿。

2. 特征

（1）侵权责任承担的主要方式为损害赔偿，损害赔偿居主导地位

著名的侵权法专家 Winfield 教授认为："侵权责任（tortious liablity）系由违反法律所预设的义务而产生，该义务对人民具有普遍约束力，违反该义务，（权利人）可通过索赔诉讼得到补救。"[②]尽管有时原告寻求的救济是禁令，但侵权行为之诉的主要目的是寻求金钱方面的赔偿。[③]日本民法是以金钱赔偿为原则的（根据《民法》第 722 条第 1 款，准用第 417 条）。关于这一点，立法者认为在商业社会中，用金钱计算损害是最便利的方式，而恢复原状是不方便的。但是，如果存在法律的明文规定或者当事人之间存有特别的约定（通常是指侵权行为后的特别约定）的话，也承认狭义的恢复原状。[④]

王利明教授认为，我国《民法典》侵权责任编虽然规定了多种责任形式，但是，其仍然是以损害赔偿作为主要的责任承担方式。理由主要为：侵权责任法是救济法，主要功能在于损害填补，损害赔偿是最直接、最有效、最便利的方法；市场经济社会，可以通过市场价格确定合理的赔偿数额，实现完全赔偿；侵权责任编的归责原则主要适用于损害赔偿；绝对权侵权已经在物权编、人格权编作出了规定，可实现配合和协调，实现对受害人的救济。[⑤]

从境外的立法看，英美法系的侵权责任方式主要是损害赔偿，受害人无论受到何种类型的损害，都可以采用损害赔偿的方式予以救济。大陆法系的侵权责任

---

① 参见王利明：《侵权责任法》（第 2 版），中国人民大学出版社 2021 年版，第 118 页。

② See W.V.H.Rogers，*Winfield & Jolowicz on Tort*，Sweet & Maxwell Ltd.，1998，p.3. 转引自胡雪梅：《英国侵权行为法》，中国政法大学出版社 2008 年版，第 1 页。

③ 参见［美］文森特・R. 约翰逊：《美国侵权法》（第 5 版），赵秀文等译，中国人民大学出版社 2017 年版，第 46 页。

④ 参见［日］吉村良一：《日本侵权行为法》（第 4 版），张挺译，中国人民大学出版社 2013 年版，第 82 页。

⑤ 参见王利明：《侵权责任法》（第 2 版），中国人民大学出版社 2021 年版，第 118 ~ 119 页。

承担方式主要是恢复原状和损害赔偿。这两大法系都强调了损害赔偿这种责任方式的主导地位，一些国家的侵权责任法甚至被称为侵权损害赔偿法。但是，随着社会的发展，人们的需求越来越多元化，这就需要侵权责任方式适用多元化的要求。这既适应了侵权责任法保护范围扩大的需要，也为受害人提供了全方位的救济。①

综上，基于社会发展多元化、对受害人全方位救济的需要，我国建立了多元的侵权责任承担方式。笔者认为，从理论上探讨优劣确有必要，司法实践中多个选择绝非坏事。但尽管如此，金钱给付之损害赔偿，确有最直接、最有效、最便利的优势，居于主导地位应无异议。

（2）损害赔偿为全部赔偿原则

王利明教授认为，侵权损害赔偿以赔偿当事人实际遭受的全部损害为原则。所谓完全赔偿，是指对于受害人所遭受的全部财产损害都应该赔偿，而不考虑行为人的主观过错程度。损害发生后必须完全赔偿，无损害则无赔偿，大陆法系国家普遍采纳了这一原则，我国《民法典》也采纳了这一原则。② 笔者不是很理解这种提法,不知该等完全赔偿是否等同于大陆法系的全面损害赔偿原则。根据《德国民法典》第 249 条，损害赔偿应当回复到假设引起损害赔偿义务的情况未发生时的状况。也就是对侵害发生前和发生后的权益状况进行对比。如果通过对比得出了负面的差额，那么该差额应当作为损害得到赔偿。③ 在法国，任何形式的损害，只要是致害行为导致的，原则上都应予赔偿。但是，此种一般性的原则应当加以限制，这就是，虽然所有的损害都应当予以赔偿，但责任承担人也仅仅是对所导致的损害承担责任，责任承担人不承担超过损害以外的责任，这就是法国法上的仅仅损害赔偿的原则（le principe indemnitare）。"此种仅仅赔偿损害的原则是对赔偿全部损害的原则的一种限制：责任人虽然要赔偿全部损害，但他也仅仅是赔偿全部的损害（tout le préjudice，mais rien que le préjudice）。" ④ 日本法上，《日本民法典》并未规定侵权行为损害赔偿的范围，但赔偿义务人应该赔偿与加害行

① 参见王胜明主编：《中华人民共和国侵权责任法解读》，中国法制出版社 2010 年版，第 65 页。

② 参见王利明：《侵权责任法》（第 2 版），中国人民大学出版社 2021 年版，第 119 页。

③ 参见［德］埃尔温·多伊奇、汉斯 – 于尔根·阿伦斯：《德国侵权法——侵权行为、损害赔偿及痛苦抚慰金》（第 5 版），叶名怡、温大军译，刘志阳校，中国人民大学出版社 2016 年版，第 129 页。

④ 张民安：《现代法国侵权责任制度研究》（第 2 版），法律出版社 2007 年版，第 157 页。

为之间存在因果关系的损害。对于与加害行为存在因果关系的损害，并不限制赔偿范围，而是采取全面赔偿的立场，日本民法典起草委员会认为，“将判断是否存在原因与结果的关系委诸法官更为稳妥”。[①] 我国台湾地区亦然，台湾地区“民法”第 213 条规定负损害赔偿责任者，除法律另有规定或契约另有订立外，应恢复损害发生前的原状，乃在宣示填补损害的一项重要原则，即责任要件一旦具备，加害人就其加害行为所致全部损害，包括所受损害及所失利益，应负赔偿责任，学说中称为“全部赔偿原则”（total reparation）。反面言之，责任成立要件不具备，被害人就其所受损害概不得请求赔偿（全有全无原则，alles oder nichts prinzip）。此乃在贯彻填补损害的理念，保护被害人。[②] 台湾地区全部赔偿原则受到相当因果关系说、被害人有过失、损害赔偿之酌减限制。[③]

综上，笔者认为，全部赔偿原则是指加害人应对造成被告人的全部损害承担赔偿责任，实质为损害填补，理论上等同于恢复到侵权行为未发生前的状态。该等全部损害赔偿可从两个角度理解，其一，包括直接损失和间接损失的所有赔偿，其二，包括各种具体赔偿项目的所有赔偿。全部赔偿原则仅仅是指侵权行为导致的各种损害需要全面赔偿，并非指不分原因力大小、因果关系而承担全部赔偿责任。医疗损害责任赔偿适用全部赔偿原则。

（3）损益相抵原则

损益相抵实质是侵权损害填补原则、禁止获利原则在赔偿领域的又一体现，即基于同一侵权损害事实，原告亦获得其他赔偿或补偿，该等赔偿或补偿应相应抵扣以减少加害人赔偿的制度原则。但该问题并无统一答案，各国司法实践中的表现各异。损益相抵（Vorteilsausgleichung，Vorteilsanrechnund，compensation lucricun damno），是一个古老的制度，罗马法早已有之。19 世纪德国普通法学者曾做了深入研究。经过长期发展，逐步形成了两点基本共识：（1）损益相抵系法律评价问题；（2）应作类型研究。[④]《德国民法典》（1900 年）未设明文，但我国台湾地区“民法”第 216 条之 1 却有明确规定：“基于同一原因事实受有损害并受有利益者，其请求之赔偿金额，应扣除所受之利益。”并自该条款生效后案例

---

① ［日］吉村良一：《日本侵权行为法》（第 4 版），张挺译，中国人民大学出版社 2013 年版，第 103 页。

② 转引自王泽鉴：《损害赔偿》，北京大学出版社 2017 年版，第 29 页。

③ 参见王泽鉴：《损害赔偿》，北京大学出版社 2017 年版，第 29 ~ 31 页。

④ 转引自王泽鉴：《损害赔偿》，北京大学出版社 2017 年版，第 284 页。

增多。[①] 但当今的司法实践，德国法并不主张机械适用损益相抵原则，认为并不是任何一个由侵害而获得的利益都需要抵销。比如被汽车撞到的行人如果购买了意外保险，那么并不能因他获得了保险赔偿而相应地减少加害人的赔偿费用。根据司法实践，进行损益相抵的必要前提是：抵销是合理的；符合损害赔偿请求权的目的以及不能不公正地减轻加害人的责任（参见 BGHZ 30，29）。[②] 美国法上的损益相抵还受到平行来源规则的制约（the collateral-source rule）。平行来源规则，是指即使原告从被告以为的其他人或从替代被告赔偿的第三人（如共同侵权人或自认为是共同侵权人的人）那里得到某些赔偿，原告仍有权从被告处获得赔偿。例如，原告已经从他个人的医疗保险中获得赔偿，在退伍军人医院获得免费治疗或者得到配偶或邻居的无偿照料等事实均不应当在确定被告的赔偿责任时予以考虑。因为，这些待遇都是原告自己努力工作或者事先预料的结果，或者至少可以被看作是送给原告而不是被告的礼物。[③] 英国法亦然，英国人身损害赔偿并不扣减保险费用。受害人自己事先投保相关险种后获得的保险赔偿一般不予扣减，理由是：如果该利益予以扣减实际上是受害人在用自己的金钱为侵权人埋单。[④]

我国司法适用过程中也涉及损益相抵问题，例如，受害人因加害人的侵权导致人身损害，但受害人同时又属于工作期间被认定为工伤，此时受害人出现一般侵权与工伤事故的竞合。根据《工伤保险行政案件规定》的相关规定，[⑤] 除第三人已经支付的医疗费用外，是允许当事人双重获利的。又如，医疗损害责任赔偿案

---

① 参见王泽鉴：《损害赔偿》，北京大学出版社 2017 年版，第 284 ~ 285 页。

② 参见［德］埃尔温·多伊奇、汉斯－于尔根·阿伦斯：《德国侵权法——侵权行为、损害赔偿及痛苦抚慰金》（第 5 版），叶名怡、温大军译，刘志阳校，中国人民大学出版社 2016 年版，第 213 页。

③ 参见［美］文森特·R. 约翰逊：《美国侵权法》（第 5 版），赵秀文等译，中国人民大学出版社 2017 年版，第 49 页。

④ 胡雪梅：《英国侵权行为法》，中国政法大学出版社 2008 年版，第 350 页。

⑤ 《工伤保险行政案件规定》第 8 条规定：职工因第三人的原因受到伤害，社会保险行政部门以职工或者其近亲属已经对第三人提起民事诉讼或者获得民事赔偿为由，作出不予受理工伤认定申请或者不予认定工伤决定的，人民法院不予支持。职工因第三人的原因受到伤害，社会保险行政部门已经作出工伤认定，职工或者其近亲属未对第三人提起民事诉讼或者尚未获得民事赔偿，起诉要求社会保险经办机构支付工伤保险待遇的，人民法院应予支持。职工因第三人的原因导致工伤，社会保险经办机构以职工或者其近亲属已经对第三人提起民事诉讼为由，拒绝支付工伤保险待遇的，人民法院不予支持，但第三人已经支付的医疗费用除外。

中，被告医疗机构是公立医院时，涉及医保国家支付的部分一般均相应扣减，但要求对医保个人支付部分进行赔偿仍可能得到支持。医疗损害责任赔偿适用损益相抵原则。

（4）过失相抵

过失相抵规定在《民法典》第 1173 条及第 1174 条。第 1173 条规定，被侵权人对同一损害的发生或者扩大有过错的，可以减轻侵权人的责任。第 1174 条规定，损害是因受害人故意造成的，行为人不承担责任。第 1174 条实质上可能涉及行为人无过错问题，如果无过错，系受害人故意造成的，即侵权行为不能成立，此等情形下也就不存在承担侵权损害赔偿责任问题。第 1173 条才是真正的过失相抵原则，其实质还是责任程度、原因力大小问题，侵权行为人按照其责任程度、原因力大小承担损害赔偿责任，被侵权人的责任部分由其自负。另外，基于被侵权人自身有防止损害扩大义务，如其未能履行自身义务并导致扩大损失，可减轻侵权人的责任。医疗损害责任赔偿适用过失相抵原则。

（5）公平责任原则

公平责任原则规定在《民法典》第 1186 条，即受害人和行为人对损害的发生都没有过错的，依照法律的规定由双方分担损失。《民法典》对原《侵权责任法》第 24 条规定的“受害人和行为人对损害的发生都没有过错的，可以根据实际情况，由双方分担损失”的公平原则进行了严格限定，即仅允许在法律有明确规定的情况下才适用公平原则。这是对原有规定受到不严格依法的“和稀泥”、扩大法官自由裁量权的回应，依据法律规定，现阶段仅在以下几种情形下方能适用公平责任：第 182 条第 2 款紧急避险条款，即“危险由自然原因引起的，紧急避险人不承担民事责任，可以给予适当补偿”；第 183 条见义勇为人受损条款，即“因保护他人民事权益使自己受到损害的，由侵权人承担民事责任，受益人可以给予适当补偿。没有侵权人、侵权人逃逸或者无力承担民事责任，受害人请求补偿的，受益人应当给予适当补偿”；第 1190 条第 1 款暂时无意识或失去控制伤害条款，即“完全民事行为能力人对自己的行为暂时没有意识或者失去控制造成他人损害有过错的，应当承担侵权责任；没有过错的，根据行为人的经济状况对受害人适当补偿”；第 1254 条第 1 款高空坠物可能加害方补偿条款，即“禁止从建筑物中抛掷物品。从建筑物中抛掷物品或者从建筑物上坠落的物品造成他人损害的，由侵权人依法承担侵权责任；经调查难以确定具体侵权人的，除能够证明自己不是侵权人的外，由可能加害的建筑物使用人给予补偿。可能加害的建筑物使用人补偿后，有权向侵权人追偿”。医疗损害责任赔偿不适用公平责任原则。

（6）损害填补原则

人身损害赔偿采用损害填补原则。《民法典》第1182条规定，侵害他人人身权益造成财产损失的，按照被侵权人因此受到的损失或者侵权人因此获得的利益赔偿；被侵权人因此受到的损失以及侵权人因此获得的利益难以确定，被侵权人和侵权人就赔偿数额协商不一致，向人民法院提起诉讼的，由人民法院根据实际情况确定赔偿数额。因此，侵害他人人身权益造成财产损失的采用损害填补原则。医疗损害责任赔偿亦适用之。

第二节 人身损害赔偿

一、法律及司法解释的规定

《民法典》第1179条规定，侵害他人造成人身损害的，应当赔偿医疗费、护理费、交通费、营养费、住院伙食补助费等为治疗和康复支出的合理费用，以及因误工减少的收入。造成残疾的，还应当赔偿辅助器具费和残疾赔偿金；造成死亡的，还应当赔偿丧葬费和死亡赔偿金。第1181条规定，被侵权人死亡的，其近亲属有权请求侵权人承担侵权责任。被侵权人为组织，该组织分立、合并的，承继权利的组织有权请求侵权人承担侵权责任。被侵权人死亡的，支付被侵权人医疗费、丧葬费等合理费用的人有权请求侵权人赔偿费用，但是侵权人已经支付该费用的除外。第1183条规定，侵害自然人人身权益造成严重精神损害的，被侵权人有权请求精神损害赔偿。第1207条规定，明知产品存在缺陷仍然生产、销售，或者没有依据前条规定采取有效补救措施，造成他人死亡或者健康严重损害的，被侵权人有权请求相应的惩罚性赔偿。

《适用〈侵权责任法〉通知》第4条规定：“人民法院适用侵权责任法审理民事纠纷案件，如受害人有被抚养人的，应当依据《最高人民法院关于审理人身损害赔偿案件适用法律若干问题的解释》第二十八条的规定，将被抚养人生活费计入残疾赔偿金或死亡赔偿金。”

《医疗损害责任司法解释》第23条规定，医疗产品的生产者、销售者、药品上市许可持有人明知医疗产品存在缺陷仍然生产、销售，造成患者死亡或者健康严重损害，被侵权人请求生产者、销售者、药品上市许可持有人赔偿损失及二倍以下惩罚性赔偿的，人民法院应予支持。第24条规定，被侵权人同时起诉两个以上医疗机构承担赔偿责任，人民法院经审理，受诉法院所在地的医疗机构依法不承担赔偿责任，其他医疗机构承担赔偿责任的，残疾赔偿金、死亡赔偿金的计算，按下列情形分别处理：（1）一个医疗机构承担责任的，按照该医疗机构所在地的赔偿标准执行；（2）两个以上医疗机构均承担责任的，可以按照其中赔偿标准较高的医疗机构所在地标准执行。第25条规定，患者死亡后，其近亲属请求医疗损害赔偿的，适用本解释；支付患者医疗费、丧葬费等合理费用的人请求赔偿该费用的，适用本解释。本解释所称的“医疗产品”包括药品、消毒产品、医疗器械等。

《人身损害赔偿司法解释》第6～23条规定是计算赔付的主要依据。

二、具体赔偿项目及计算

（一）医疗费

《人身损害赔偿司法解释》第6条规定，医疗费根据医疗机构出具的医药费、住院费等收款凭证，结合病历和诊断证明等相关证据确定。赔偿义务人对治疗的必要性和合理性有异议的，应当承担相应的举证责任。医疗费的赔偿数额，按照一审法庭辩论终结前实际发生的数额确定。器官功能恢复训练所必要的康复费、适当的整容费以及其他后续治疗费，赔偿权利人可以待实际发生后另行起诉。但根据医疗证明或者鉴定结论确定必然发生的费用，可以与已经发生的医疗费一并予以赔偿。

司法实践中对医疗费的必要性与合理性存在异议的不多见，因医药费、住院费等都是基于诊疗支出，患者本身也并未获益，因此，即便被告提出异议，法庭一般也不会支持。至于后续必然发生的费用，诉讼中原告也多有提出并一并主张，但大概率不会被法庭支持，一般均需要等实际发生后另行起诉主张。

诉请医疗费时，如果被告是公立医院，医保国家支付部分应相应扣减，原告一般仅能诉请自费部分，该等自费部分也可以包括医保个人支付部分。最终，原告医疗费可被法庭支持部分应为鉴定意见中原因力大小与医疗费诉请总额之乘积。

（二）误工费

《人身损害赔偿司法解释》第7条规定，误工费根据受害人的误工时间和收入状况确定。误工时间根据受害人接受治疗的医疗机构出具的证明确定。受害人因伤致残持续误工的，误工时间可以计算至定残日前一天。受害人有固定收入的，误工费按照实际减少的收入计算。受害人无固定收入的，按照其最近3年的平均收入计算；受害人不能举证证明其最近3年的平均收入状况的，可以参照受诉法院所在地相同或者相近行业上一年度职工的平均工资计算。

误工费仅涉及侵权导致伤残或无伤残等级情形，造成被侵权人死亡的不涉及误工费。误工时间一般根据三期鉴定（护理期、休息期、营养期）[①]中的休息期确定，[②]当不存在"受害人因伤致残持续误工"或没有医疗机构出具的病假条或出具病假条但明显不合常理情形时，该等鉴定有正当性和必要性。但在存有"受害人因伤致残持续误工"情形时，这种方式看似有专业鉴定意见但实质与司法解释相悖，司法解释规定的"误工时间可以计算至定残日前一天"与伤残等级鉴定确定日或定残日完美对接，定残日后依法赔偿伤残赔偿金，定残前赔偿误工费。此时，就无须进行三期鉴定中的休息期鉴定。当然，从诸多案件审理的便利性、效率性出发，直接进行三期鉴定也未尝不可。另外，在误工费问题上还存有尽管误工但所在单位并未扣减其薪资问题，如未产生实际损失，该等误工费大概率不会得到法庭支持。这也涉及前文提及的损益相抵问题，这种情况下，单位给付薪资是基于原告过去在单位努力工作、同事情感等，是单位给予原告而并非被告的礼物。此有赖司法解释的进一步规定。

---

① 司法鉴定三期评定，是指在人身损害赔偿案件中，鉴定人根据委托机关或者委托人的委托，对损伤后的休息（误工时限）、护理时限、营业时限进行的评定。参见杜志淳主编:《司法鉴定概论》（第2版），法律出版社2012年版，第236页。

② 至少上海市是如此。——笔者注

（三）护理费

《人身损害赔偿司法解释》第8条规定，护理费根据护理人员的收入状况和护理人数、护理期限确定。护理人员有收入的，参照误工费的规定计算；护理人员没有收入或者雇佣护工的，参照当地护工从事同等级别护理的劳务报酬标准计算。护理人员原则上为一人，但医疗机构或者鉴定机构有明确意见的，可以参照确定护理人员人数。护理期限应计算至受害人恢复生活自理能力时止。受害人因残疾不能恢复生活自理能力的，可以根据其年龄、健康状况等因素确定合理的护理期限，但最长不超过20年。受害人定残后的护理，应当根据其护理依赖程度并结合配置残疾辅助器具的情况确定护理级别。

上海市受害人护理费根据三期鉴定中的护理期确定，所需护理人员也由该等鉴定确定，劳务报酬标准按照其雇佣护工的支出计算。

（四）交通费

《人身损害赔偿司法解释》第9条规定，交通费根据受害人及其必要的陪护人员因就医或者转院治疗实际发生的费用计算。交通费应当以正式票据为凭证；有关凭据应当与就医地点、时间、人数、次数相符合。

（五）住院伙食补助费

《人身损害赔偿司法解释》第10条规定，住院伙食补助费可以参照当地国家机关一般工作人员的出差伙食补助标准予以确定。受害人确有必要到外地治疗，因客观原因不能住院，受害人本人及其陪护人员实际发生的住宿费和伙食费，其合理部分应予赔偿。

根据《上海市财政局关于印发〈上海市市级机关差旅费管理办法〉的通知》（沪财行〔2014〕9号）之规定，上海市国家机关一般工作的出差伙食补助除西藏、新疆、宁夏等地为120元/天外，其余省市均为100元/天。全国其他各省市均有自己的标准，在确定人身损害赔偿的数额时按照实际住院天数与该等标准乘积计算即可。外地治疗且由于客观原因不能住院的，受害人本人及其陪护人员实际发生的住宿费和伙食费，其合理部分应予赔偿，陪护人员原则为1人，特殊情形除外。

（六）营养费

《人身损害赔偿司法解释》第 11 条规定，营养费根据受害人伤残情况参照医疗机构的意见确定。

上海市一般均根据三期鉴定中的营养期确定。司法实践中营养费标准全国各地不一，长三角江浙沪皖等地一般为 30 ～ 50 元 / 天。从司法实践看，判决给付营养费的弹性很大，与其他赔偿项目相比而言，不是显得那么急迫，应当与当地的经济社会发展相适应。①

（七）残疾赔偿金

1. 司法解释的规定

《人身损害赔偿司法解释》第 12 条规定："残疾赔偿金根据受害人丧失劳动能力程度或者伤残等级，按照受诉法院所在地上一年度城镇居民人均可支配收入或者农村居民人均纯收入标准，自定残之日起按二十年计算。但六十周岁以上的，年龄每增加一岁减少一年；七十五周岁以上的，按五年计算。受害人因伤致残但实际收入没有减少，或者伤残等级较轻但造成职业妨害严重影响其劳动就业的，可以对残疾赔偿金作相应调整。"

由此可见，残疾赔偿金是以 80 岁为基准计算，60 周岁以上的，年龄每增加一岁减少一年。但 75 周岁以上的，按 5 年计算，这是一个确定的 5 年，76 周岁的赔偿 5 年，80 周岁的也赔偿 5 年，93 周岁的也是赔偿 5 年。"受害人因伤致残但实际收入没有减少，或者伤残等级较轻但造成职业妨害严重影响其劳动就业的，可以对残疾赔偿金作相应调整。"这一规定更多是一个宣示条款，司法实践中进行调整很难。

2. 统一城乡居民赔偿标准的实施

2021 年 9 月 8 日，浙江省高级人民法院根据《最高人民法院关于进一步推进人身损害赔偿标准城乡统一试点工作的通知》（法明传〔2021〕61 号）要求，发布《浙江省高级人民法院关于人身损害赔偿纠纷案件统一城乡居民赔偿标准的通知》，就全省人身损害赔偿纠纷案件统一城乡居民赔偿标准试点工作通知如下：

① 最高人民法院侵权责任法研究小组编著：《〈中华人民共和国侵权责任法〉条文理解与适用》，人民法院出版社 2010 年版，第 129 页。

全省法院受理的各类人身损害赔偿纠纷案件，死亡赔偿金、残疾赔偿金按照省、计划单列市上一年度城镇居民人均可支配收入标准计算。被扶养人生活费按照省、计划单列市上一年度城镇居民人均消费性支出标准计算。本通知发布后（含当日）发生的侵权行为引发的人身损害赔偿纠纷案件，适用本通知。①

2019年4月15日，《中共中央、国务院关于建立健全城乡融合发展体制机制和政策体系的意见》明确提出“统筹城乡社会救助体系”“改革人身损害制度，统一城乡居民标准”的要求。2019年9月2日，为贯彻落实中央精神，最高人民法院明传发布《关于授权开展人身损害赔偿标准程序统一试点的通知》（法明传〔2019〕513号），就全国法院人身损害赔偿纠纷案件统一城乡居民赔偿标准问题，授权各省、自治区、直辖市高级人民法院及新疆维吾尔自治区生产建设兵团分院根据各省具体情况在辖区内开展人身损害赔偿纠纷案件统一城乡居民赔偿标准试点工作。其后，全国范围内陆续展开试点工作。根据笔者的检索，全国绝大多数省、自治区、直辖市及新疆维吾尔自治区生产建设兵团分院试点过程中均直接将农村居民标准对接为城镇居民标准，将农村居民标准废止，但江苏省例外，体现为一种较为复杂的计算方式。②笔者理解江苏省高级人民法院是想取农村居民与城镇居民标准的平均值，但目前尚未见其政策考量依据，仅为猜测。

笔者认为，2021年9月8日《浙江省高级人民法院关于人身损害赔偿纠纷案件统一城乡居民赔偿标准的通知》属应有之义，人生而平等，此不因我们的户籍性质而改变。其后，国内应该均统一适用城镇居民标准，“就高不就低”是中国特色的公平原则之一。

3. 残疾赔偿金的学理探讨

（1）大陆法系及普通法系因伤致残

《德国民法典》第842条规定，因对人实施侵权行为所产生的损害赔偿义务，扩及于该行为对受害人的生计或者发展前途所产生的不利益。第843条第1款规定，因侵害他人身体或者健康致受害人丧失或者减少劳动能力，或者增加生活上的需要的，应以支付金钱定期金的方式对受害人进行损害赔偿。根据《德国民法

① 浙江省宁波市为计划单列市，浙江省还存在宁波市单独标准，除宁波市外，浙江省其他市标准统一。

② 2020年3月20日《江苏省高级人民法院关于开展人身损害赔偿标准城乡统一试点工作的实施方案》。

典》第 843 条的规定，对于谋生损害应以支付定期金的形式进行补偿。对于雇员来说，谋生损害就是工资收入的损失，以及奖金和困难补助的损失；劳动力丧失并非赔偿义务上的损失。[①]

日本在受害人受伤的场合，根据个别计算的方式，计算赔偿所失利益的损失。该等所失利益包括症状固定后存在后遗症的场合下的所失利益。后遗症的所失利益，原则上也是与没有后遗症的场合进行比较，从而计算收入在何种程度上减少了。没有收入的人和幼儿应该采取抽象的计算方法，根据劳动能力的丧失程度计算赔偿额。[②]

英国并无残疾赔偿金项目，但支持对未来收入的损失赔偿。英国侵权法对未来收入损失的认定采取的是"被乘数 × 乘数"的公式。被乘数系指用于确定受害人未来收入的年度净收入值（税后收入值），这个被乘数还需要根据损失的劳动能力进行调整，如果只丧失 50% 劳动能力则减半。此外，如受害人在未来可能获得升迁的概率非常大，法院也可能相应地提高该基数。乘数系指受害人因侵权行为影响而提前终止（或部分终止）工作的年限。另外，英国也考虑到一些特殊情况的适用，比如未成年人、家庭主妇、生存年限损失问题。未成年人未参加工作，对其未来的收入损失认定显得特别困难，被乘数缺乏应有的对照参数。司法实践中，越小的儿童其被乘数和乘数的数值被定得越低，但年龄较大且证据显示受到良好的专门训练和教育、有较好职业前景的未成年人则可能获得较高的未来收入损失赔偿。家庭主妇参照其为家庭提供服务的劳动价值和可能持续该服务的年限加以合理认定，该费用的认定基于情感价值往往会高于一般的雇请护工的费用。生存年限损失自 1980 年 Pickett v.British Rial Engineering Ltd. 案始，但计取时需要扣除该等年限内的生活费用。[③]

美国侵权法上对受害人伤残的赔偿为丧失工作能力的赔偿（loss of earning capacity）。原告在受到伤害时有固定工资收入的，通常可以请求赔偿其固定工资

---

① BGH VersR 2013，1050 Rn.12f. 转引自［德］埃尔温·多伊奇、汉斯－于尔根·阿伦斯：《德国侵权法——侵权行为、损害赔偿及痛苦抚慰金》（第 5 版），叶名怡、温大军译，刘志阳校，中国人民大学出版社 2016 年版，第 215 ~ 216 页。

② 参见［日］吉村良一：《日本侵权行为法》（第 4 版），张挺译，中国人民大学出版社 2013 年版，第 116 ~ 117 页。

③ 参见胡雪梅：《英国侵权行为法》，中国政法大学出版社 2008 年版，第 345 ~ 347 页。

收入损失。但是，如果原告的工资收入不是固定的，或者原告为失业人员，或者可以合理预期原告的报酬本来会在伤残期间得以提高，则也应当对其丧失的工作能力予以赔偿。[①]

根据前述，大陆法系与普通法系针对因伤致残的损害赔偿，采收入减少说，但尽管如此，也多有阐述劳动能力丧失，只是劳动能力丧失或部分丧失是过程，收入减少为论道的结果或者最终法律评价的依据。对于主妇及幼儿也采取收入减少说且在英国法上主妇收入减少说是基于对家庭服务价值减少本身，至于幼儿并没有阐明有说服力的理论依据或说辞，另外，英国法上“越小的儿童其被乘数和乘数的数值被定得越低”符合英国认知但完全不符合中国人的认知，一定不能照搬适用。

（2）我国对残疾赔偿金的学界、立法及司法观点

王利明教授认为，关于残疾赔偿金的性质，有收入丧失说和劳动能力丧失说两种观点。其认为，以“劳动能力丧失说”来界定残疾赔偿金是合理的，因为收入丧失说会导致实质上的不平等，各个受害人的收入水平是不同的，而且，它还要求受害人必须有实际的收入损失，未成年人、待业人员等可能都不存在收入损失，因此不能获得赔偿，这显然不合理。[②]张新宝教授认为，关于残疾赔偿金的性质，学说上有三种不同观点，即“所得丧失说”“劳动能力丧失说”“生活来源丧失说”。《人身损害赔偿司法解释》对残疾赔偿金主要采取“劳动能力丧失说”。“劳动能力丧失说”是根据伤残等级抽象评定劳动力丧失的程度，并以此评价被侵权人的利益损失的学说。“劳动能力丧失说”是与“收入丧失说”相对立的学说。依据“收入丧失说”，只有实际取得收入的被侵权人才会有收入损失，也只有实际减少收入的人才存在收入损失。未成年人、待业人员都不存在收入损失，因此不能获得赔偿。被侵权人虽然因伤致残，但实际收入没有减少的，也不应获得赔偿。这显然不合理。因此，立法例上通常都是以“收入丧失说”结合“劳动能力丧失说”作为评价残疾赔偿金的理论依据。相关司法解释以“劳动能力丧失说”为原则，同时综合考虑收入丧失与否的实际情况，以平衡当事人双方利益。[③]立

① 参见［美］文森特·R. 约翰逊：《美国侵权法》（第5版），赵秀文等译，中国人民大学出版社2017年版，第51页。

② 参见王利明：《侵权责任法》（第2版），中国人民大学出版社2021年版，第140页。

③ 参见张新宝：《侵权责任法》（第5版），中国人民大学出版社2020年版，第96页。

法部门的观点为，我国现在的司法实践主要采取的是“劳动能力丧失说”。以上三种做法各有利弊，“收入丧失说”可操作性较强，但在实践中若完全依据该做法，一些无收入的受害者，如家庭主妇、儿童、失业者等，由于在残疾前并无收入，就有可能得不到赔偿，对那些受害人是相当不公平的；根据“生活来源丧失说”，残疾赔偿金赔偿的是受害人残疾前后的生活费的差额。根据这种做法确定的残疾赔偿金比较低，不利于保护受害人的利益。“劳动能力丧失说”比较符合损害发生时的实际情况，但没有考虑到受害人未来劳动能力的提高和精神生活受到损害的情况，且完全忽视了受害人的具体情况，如受教育程度、年龄、受害人的实际收入等因素。[①] 司法机关认为，有关残疾赔偿金的性质，是财产性质的损害赔偿还是精神损害赔偿，在理论界和实务界存在争议。[②]

（3）笔者的观点

笔者认为，残疾赔偿金概念本身属我国独创，并不能从大陆法系或普通法系中找出对应渊源。《人身损害赔偿司法解释》第12条规定的残疾赔偿金，既包括了“劳动能力丧失说”，也包含了“收入丧失说”，其第1款即为“劳动能力丧失说”，第2款即为“收入丧失说”，该司法解释第12条的实质应为混合说。另外，“劳动能力丧失说”与“收入丧失说”并不矛盾，这只是过程与结果的关系而非对立关系，一般而言，劳动能力丧失或部分丧失当然会导致收入减少或丧失，损害赔偿最终的落脚点还是金钱给付的损害赔偿，劳动能力本身不好计算为金钱给付，生命无价，但收入丧失或减少却可以度量，因此，大陆法系与普通法系之所以从劳动能力丧失转为收入丧失，有基于经济计算的考虑，或许也有生命无价不宜度量的考虑。可类比的是，在我国即便对家庭主妇、儿童或失业者的残疾赔偿金也还是以受诉法院所在地上一年度城镇居民人均可支配收入作为计算标准赔偿，其最后的落脚点还是以“可支配收入”之经济标准赔偿计取。此外，大陆法系与英美法系尽管采取收入丧失说，但并未否定对家庭主妇、儿童或失业者的赔偿，其只是采取了不同的理解方式，其实质仍为赔偿，并不会发生我国学界、立法及司法过程中所担忧的不赔情况。因此，笔者的观点为我国规定的残疾赔偿金是混合说。至于将被扶养人生活费计入残疾赔偿金的问题，笔者将在死亡赔偿金一章中

① 参见王胜明主编：《中华人民共和国侵权责任法解读》，中国法制出版社2010年版，第75页。

② 最高人民法院侵权责任法研究小组编著：《〈中华人民共和国侵权责任法〉条文理解与适用》，人民法院出版社2010年版，第132~133页。

进行论述。

（八）残疾辅助器具费

《人身损害赔偿司法解释》第 13 条规定："残疾辅助器具费按照普通适用器具的合理费用标准计算。伤情有特殊需要的，可以参照辅助器具配制机构的意见确定相应的合理费用标准。辅助器具的更换周期和赔偿期限参照配制机构的意见确定。"残疾辅助器具费主要是指义肢、轮椅、特殊支护用具等。需要提请注意的是，残疾辅助器具费可能仅指残疾辅助器具而不包括康复治疗器具的费用，该等费用应归入医疗费。

（九）丧葬费

《人身损害赔偿司法解释》第 14 条规定："丧葬费按照受诉法院所在地上一年度职工月平均工资标准，以六个月总额计算。"我国丧葬费实行定额赔偿，按照受诉法院所在地上一年度职工月平均工资标准的 6 个月总额计算，赔偿因被害人死亡丧葬事务发生的所有费用。

（十）死亡赔偿金及被扶养人生活费

《人身损害赔偿司法解释》第 15 条规定："死亡赔偿金按照受诉法院所在地上一年度城镇居民人均可支配收入或者农村居民人均纯收入标准，按二十年计算。但六十周岁以上的，年龄每增加一岁减少一年；七十五周岁以上的，按五年计算。"《人身损害赔偿司法解释》第 16 条规定，被扶养人生活费计入残疾赔偿金或者死亡赔偿金。

1. 死亡赔偿金的学理探讨

张新宝教授认为，死亡赔偿金是指被侵权人因侵权人的侵权行为而死亡，侵权人应当支付给被侵权人近亲属的金钱赔偿。死亡赔偿金的意义在于使其近亲属维持与被侵权人死亡前的大致相当的物质生活水平。死亡赔偿，是财产性质的损害赔偿而非精神损害赔偿；是对近亲属自身利益受害进行的救济，而不是对生命本身的赔偿，所以不存在"同命同价"或者"同门不同价"的问题；是近亲属自身依法享有的损害赔偿请求权，而不是从死者处继承来的损害赔偿请求权（《民法典》第1181条第1款)。[①]

在立法中，对如何规定死亡赔偿制度存在较大争论。理论界和实务界对此主要有两种观点。一是以被扶养人丧失生活来源为依据的“扶养丧失说”；二是以受害人死亡导致的预期收入减少为依据的“继承丧失说”。从境外的赔偿情况和司法实践看，德国主要采用“扶养丧失说”，日本主要采取“继承丧失说”。这两种模式各有利弊，但共同的缺憾之一是都以财产损失为基础，而没有考虑精神生活的损失。[②]

司法机关认为，对死亡赔偿金性质的争议已久。就《民法典》而言，死亡赔偿金的性质应定位在财产损害上，属于对受害人因侵权行为造成的收入减少的损失赔偿。死亡赔偿金的性质为财产损害赔偿，而不是精神损害赔偿，死亡赔偿金是对受害人死亡后实际收入减少做出的补偿，与精神损害抚慰金可为并存关系而非择一关系。受害人死亡的，确实使家庭的收入减少，规定死亡赔偿金这个赔偿项目，以弥补受害人因死亡而减少的实际收入及家庭收入等实际损失合情合理。财产损害赔偿是以补偿受害人的实际损失为原则的，而精神损害赔偿是对受害人所遭受的实际损失之外承担的赔偿。因此，死亡赔偿金不是遗产，是对受害人家属遭受的间接损害而赔偿的费用。死亡赔偿金是以被侵权人死亡为给付条件的，是给被侵权人家属的财产补偿费用。[③]

笔者同意张新宝教授的主要观点，但对“物资生活水平”及“不存在‘同命同价’或者‘同门不同价’的问题”持有不同意见，张教授的逻辑起点在于死亡赔偿金的意义在于使其近亲属维持与被侵权人死亡前的大致相当的物质生活水平，因此，城镇居民需要维持较高的生活水平，所以赔偿相对高；反之，农村居民需要维持较低的生活水平，所以赔偿相对要低，故“不存在‘同命同价’或者‘同门不同价’的问题”。这个逻辑起点值得商榷，其一，“物质生活水平”并不等同于司法机关认为的“家庭实际收入减少”概念，“家庭实际收入减少”是最接近死亡赔偿金的相对科学的概念；其二，即便同为城镇居民，不同的家庭其“物质生活水平”也不同，也许还存在巨大差异，因此，按照张教授的观点，城镇居民之间“物

① 参见张新宝：《侵权责任法》(第5版)，中国人民大学出版社2020年版，第94页。

② 参见王胜明主编:《中华人民共和国侵权责任法解读》,中国法制出版社2010年版,第76～77页。

③ 参见最高人民法院侵权责任法研究小组编著：《〈中华人民共和国侵权责任法〉条文理解与适用》，人民法院出版社2010年版，第137～138页。

质生活水平”的差异也需要法律予以体现，但实质不是，该观点仅适用于城镇与农村居民之间有失公允；其三，“物质生活水平”是动态的、差异化的，改革开放至今，有大量城镇居民的“物资生活水平”并不一定比农村居民高的情形，既然国家在城镇居民之间、农村居民之间并未进行严格区分，那么在城镇居民与农村居民之间进行区分就不存在其正当性、合理性；其四，人生而平等，传统计划经济模式下的城乡二元化应逐步退场已成为共识。

2. 被扶养人生活费计入残疾赔偿金或者死亡赔偿金问题

（1）被扶养人生活费计入残疾赔偿金或者死亡赔偿金的理由

最高人民法院 2010 年 6 月 30 日发布的《适用〈侵权责任法〉通知》（法发〔2010〕23 号）第 4 条规定，自 2010 年 7 月 1 日原《侵权责任法》生效之日起，如受害人有被抚养人的，将被抚养人生活费计入残疾赔偿金或死亡赔偿金。2010 年 7 月 1 日前，并未将被抚养人生活费归入残疾赔偿金及死亡赔偿金，认为其属于不同类别、不同性质的赔偿。

最高人民法院 2010 年 6 月 30 日司法解释之所以将被扶养人生活费计入残疾赔偿金或死亡赔偿金，或许是基于法理的考虑。最高人民法院认为残疾赔偿金和死亡赔偿金均归属于“收入减少说”，被扶养人生活费被包含在被侵害人收入减少的范围内，因此，性质相同，所以归入同类；至于“计入”却并不将“被扶养人生活费”概念及赔付去除，是因为有存在的必要。即使原《侵权责任法》已经用残疾赔偿金和死亡赔偿金吸收了被扶养人生活项目，但并不意味着被扶养人生活项目已经失去存在的必要。① 司法实践中，如果侵权人已经赔偿了残疾赔偿金或死亡赔偿金，被扶养人只能要求就该残疾赔偿金或死亡赔偿金进行分析，无权向侵权人主张。如果直接受害人或其他被侵权人怠于行使该赔偿请求权，被扶养人则有权诉请侵权人支付该被扶养人生活费。②

笔者认为，被扶养人生活费存在的必要也是分类计算的必要，因为残疾赔偿

① 参见最高人民法院侵权责任法研究小组编著：《〈中华人民共和国侵权责任法〉条文理解与适用》，人民法院出版社 2010 年版，第 140 页及脚注①。该脚注①主要说明第一顺位继承人怠于行使死亡赔偿金请求权，如存在被扶养人生活费项目，则第二顺位可在第一顺位怠于行使死亡赔偿金权利时自己提诉被扶养人生活费，这就是被扶养人生活存在的必要，而非其他。

② 参见最高人民法院侵权责任法研究小组编著：《〈中华人民共和国侵权责任法〉条文理解与适用》，人民法院出版社 2010 年版，第 141 页。

金和死亡赔偿金都是统一标准并依法计算赔偿数额，此不会有改变。如果将被扶养人生活费计入，就必须另行计算，这个另行计算很显然是基于被扶养费项目而不会再规定名称为残疾赔偿金 2 或死亡赔偿金 2。

（2）将被扶养人生活费计入残疾赔偿金或者死亡赔偿金仅仅是计入，而不是不单独赔偿。为免“计入”歧义，笔者认为可使用“归入”一词。

司法实践中，被扶养人生活费将会被单独计算，但在赔偿时会归入残疾赔偿金或死亡赔偿金，即在有被扶养人生活费的情形下，造成残疾的，残疾赔偿金为受害人本人残疾赔偿金与被扶养人生活费之和；造成死亡的，死亡赔偿金为依据死亡者本人计算的死亡赔偿金与被扶养人生活费之和。笔者认为，如此归类仅为学理上的归类但实质上造成了理解歧义或不便，是否有必要有待商榷。

（十一）被扶养人生活费

《人身损害赔偿司法解释》第 17 条规定：“被扶养人生活费根据扶养人丧失劳动能力程度，按照受诉法院所在地上一年度城镇居民人均消费性支出和农村居民人均年生活消费支出标准计算。被扶养人为未成年人的，计算至十八周岁；被扶养人无劳动能力又无其他生活来源的，计算二十年。但六十周岁以上的，年龄每增加一岁减少一年；七十五周岁以上的，按五年计算。被扶养人是指受害人依法应当承担扶养义务的未成年人或者丧失劳动能力又无其他生活来源的成年近亲属。被扶养人还有其他扶养人的，赔偿义务人只赔偿受害人依法应当负担的部分。被扶养人有数人的，年赔偿总额累计不超过上一年度城镇居民人均消费性支出额或者农村居民人均年生活消费支出额。”

根据笔者前文的阐述，被扶养人生活费城乡二元化赔付模式将逐步取消，最终的标准应统一为侵权行为地上一年度城镇居民人均消费性支出标准。丧失劳动能力又无其他生活来源的成年近亲属需要原告举证，司法实践中较多体现为基层组织证明。被扶养人有数人的，进行赔偿限制，年赔偿总额累计不超过上一年度城镇居民人均消费性支出额。

（十二）精神损害抚慰金

《人身损害赔偿司法解释》第 23 条规定，精神损害抚慰金适用《精神损害赔偿司法解释》予以确定。《民法典》第 1183 条第 1 款规定，侵害自然人人身权益造成严重精神损害的，被侵权人有权请求精神损害赔偿。《民法典》第1181条第1款规定，被侵权人死亡的，其近亲属有权请求侵权人承担侵权责任。被侵权人为组织，该组织分立、合并的，承继权利的组织有权请求侵权人承担侵权责任。《精神损害赔偿司法解释》第1条规定，因人身权益或者具有人身意义的特定物受到侵害，自然人或者其近亲属向人民法院提起诉讼请求精神损害赔偿的，人民法院应当依法予以受理。第5条规定，精神损害的赔偿数额根据以下因素确定：（1）侵权人的过错程度，但是法律另有规定的除外；（2）侵权行为的目的、方式、场合等具体情节；（3）侵权行为所造成的后果；（4）侵权人的获利情况；（5）侵权人承担责任的经济能力；（6）受理诉讼法院所在地的平均生活水平。

1. 德日英美精神损失抚慰金

根据《德国民法典》第253条第2款，仅在侵害身体、健康、性的自我决定以及剥夺自由的情况下，才给予痛苦抚慰金。此处有意未将生命列举处理：致人死亡本身并不引起痛苦抚慰金请求权，然而，越来越多的欧洲国家承认，当亲属被直接杀害时，其最近的亲属得请求对这一损失给付痛苦抚慰金。根据联邦最高法院民事大审判庭的判决（BGHZ 18，149），痛苦抚慰金有两项功能：补偿功能（Ausgleichsfunktion）和安抚功能（Genugtuungsfunktion）。安抚意味着，受害人因为受到伤害而获得一笔金钱，但金钱并未达到补偿损害而应当给予的数额，这使安抚远损害而近惩罚。立法者取消了对痛苦抚慰金请求权中高度人身性的限制性条件，痛苦抚慰金请求权自动获得可转让性和可继承性。

针对医疗失误中的痛苦抚慰金，千禧年以来，会带来终身后果的严重损害所获得的痛苦抚慰金得到了极大的提升。提升到50万德国马克（当时欧元汇率1.95583）之后，时有100万德国马克的痛苦抚慰金出现（LG Munchen VersR 2001，1124），后来获得该数额的案例也并非少数。医生公开藐视患者权益、不具有适应症的错误干预、违反告知义务等都会产生痛苦抚慰金。[①]

日本法认为，首先，精神损失赔偿金的主要功能是填补精神损害，但是同时，为了灵活的计算，精神损失赔偿还有调整或者补充容易死板化的财产性损害额的计算的功能。还有观点认为，应重视精神损害抚慰的制裁功能。对于死亡精神损

---

① 参见［德］埃尔温·多伊奇、汉斯－于尔根·阿伦斯：《德国侵权法——侵权行为、损害赔偿及痛苦抚慰金》（第5版），叶名怡、温大军译，刘志阳校，中国人民大学出版社2016年版，第231～241页。

害赔偿金，可以分为受害人是一个家庭支柱的场合与除此之外的场合，各自规定一定的标准额度。对于因伤害引起的精神损害赔偿金，则是根据伤害的程度、住院日数、后遗症的程度等制定计算基准。①

英国法上的精神损失抚慰类似于非金钱损害赔偿中的“疼痛与痛苦”（pain and suffering）、“丧失快乐与舒适”（loss of amenity）。该部分损害包括受害当时及其后续治疗中造成的疼痛与痛苦，伤残所造成的受害人不能享受正常的生活或舒适快乐的损失。难点在于数额的确定，法院内部实际遵守一套格式化的标准确定该等损失，比如失去一腿、失去一眼、全身瘫痪等。长期以来，法律界认为赔偿标准过低，但 2000 年一案提高了该等标准，对严重的人身伤害案件的非金钱赔偿数额可在 15 万至 20 万英镑选择。②

美国法上的精神损失抚慰为对肉体疼痛和精神折磨的赔偿（pain and suffering），此同英国如出一辙，但美国法上的赔偿较高，在计算对原告遭受的肉体和精神折磨的赔偿金额时，多数法院均允许律师就此问题进行以时间为基础的辩论（per diem arguments），这种计算方式将可能产生巨额的赔偿金，因此，有相当一部分法院不接受该等方式。为避免过高的肉体疼痛和精神折磨的赔偿，一些州制定了限额，加利福尼亚州制定的非财产损害赔偿限额为 25 万美元，但该类“侵权法改革”经常要面对合宪审查。相比之下，仅适用于非财产损害赔偿的损害赔偿金额限制一般都能通过合宪审查，许多有关赔偿金限额制定的法律仅在有限的场合适用——如对医疗事故的诉讼。③

2. 我国现行法律中的精神损害赔偿

我国立法机关认为，在理论上，对规定精神损害赔偿没有多大争议，司法实践中也普遍认可，大多数国家对此作了规定。在制定侵权责任法的过程中，对于是否扩大精神损害赔偿的适用范围，若扩大，扩大到什么范围，是否规定精神损害赔偿额，若规定，如何规定等问题存在不同意见。有的人指出，为防止法官滥用自由裁量权，应规定具体的精神损害赔偿限额。有的人认为，精神损害赔偿制

---

① 参见［日］吉村良一：《日本侵权行为法》（第 4 版），张挺译，中国人民大学出版社 2013 年版，第 115 ~ 116 页。

② 参见胡雪梅：《英国侵权行为法》，中国政法大学出版社 2008 年版，第 348 页。

③ 参见［美］文森特·R. 约翰逊：《美国侵权法》（第 5 版），赵秀文等译，中国人民大学出版社 2017 年版，第 47 ~ 48 页。

度在我国还处于起步和摸索阶段，规定具体的精神损害赔偿限额既不切合实际，也不科学。现阶段宜规定精神损害赔偿的基本原则，由法院依据该原则根据具体案情确定赔偿数额。① 精神损害赔偿请求权属于人格权益或身份关系或有人格象征意义的物品受到侵害的被侵权人，通常只有被侵权人能够依据相关法律和司法解释的规定向侵权人提出赔偿请求。赔偿法理论确认，精神损失赔偿（抚慰金）的请求权不能继承与转让。②

侵害自然人人身权益造成严重精神损害的，被侵权人也就是受害人本人当然有权请求精神损害赔偿。被侵权人死亡的，根据《民法典》第 1181 条第 1 款的规定，其近亲属有权请求侵权人承担侵权责任。侵权责任当然包括精神损害赔偿，因此，我国近亲属有权请求精神损害赔偿，但对其性质未有言明。死亡赔偿金及残疾赔偿金的性质在学界、立法及司法均在一定程度上达成共识，为“收入减少”说，司法机关主张死亡赔偿金不是遗产，类推适用，精神损害赔偿也不应是遗产。另外，通说认为，即时死亡对死亡人不构成精神损害，但非即时死亡的死亡前的一段时间却可能存有受支持的精神损害，因此，死亡对死亡者本身不构成精神损害也为共识，所以，也不存在属于遗产问题。总而言之，笔者认为，我国因死而赔偿的精神损害抚慰金系死亡事件对近亲属造成精神损害的赔偿。

我国当前精神损害赔偿金数额普遍很低，唯有北京市规定相对较高（仅仅是规定）。2000 年 7 月 11 日实施的《北京市高级人民法院关于印发〈关于审理人身伤害赔偿案件若干问题的处理意见〉的通知》第 25 条规定，因侵害行为致受害人残疾的，赔偿数额一般不超过北京市城镇职工上一年平均工资收入的 5 倍。第 26 条规定，死者的近亲属以受害人死亡给自己造成精神痛苦为由请求死亡赔偿金的，应予支持。赔偿金数额可以根据致害行为的性质、致害人的过错程度、请求权人所受痛苦之程度以及其与死者的关系等酌定，但一般不得超过北京市城镇职工上年平均工资的 10 倍。死者的近亲属限于死者的配偶、父母、子女。死者的配偶、父母、子女缺位的，形成赡养、抚养、扶养关系的其他近亲属有权请求死亡赔偿金。按此标准，在 2000 年时，残疾最高可赔偿 68,890 元

---

① 参见王胜明主编：《中华人民共和国侵权责任法解读》，中国法制出版社 2010 年版，第 99 页。

② 参见张新宝：《侵权责任法》（第 5 版），中国人民大学出版社 2020 年版，第 104 页。

（5×13,778=68,890），死亡最高可赔偿 137,780 元（10×13,778=137,780）；2020 年，残疾最高可赔偿 530,840 元（5×106,168=530,840），死亡最高可赔偿 1,061,680 元（10×106,168=1061,680）。这个数额的精神损害赔偿在当今国内其他省市罕见，但生命无价，100 万元的精神损害赔偿相较于北上广深动辄千万级的房产并不算高。当然，北京市的司法实践究竟如何，笔者尚未掌握具体信息，但有 30 万元精神损害赔偿案例。[①]

上海市也有自己的规定，据笔者所知，上海市精神损害赔偿最高不超过 5 万元，即便造成死亡、即便侵权人应承担完全责任，也不能超过 5 万元。其他省市基本为 5 万至 10 万元，比如，浙江省以 5 万元为限，最高不超过 10 万元；江苏省一般为 5 万元；安徽省造成死亡的，不低于 5 万元，但最高不超过 8 万元；福建省造成死亡的，在 5 万至 8 万元酌定。

笔者认为，如此之低的精神损害赔偿根本不能体现对受害人及其近亲属的抚慰，也根本不能体现精神损害抚慰金的惩罚功能，应予及时调整。

我国台湾地区对非财产的损害请求抚慰金在造成死亡或其他人格权侵害时适用，（1）不法侵害他人致死者，被害人之父母、子女、配偶，虽非财产上之损害，亦得请求赔偿金额（台湾地区“民法”第 194 条）；（2）不法侵害他人之身体、健康、名誉、信用、隐私、贞操或不法侵害其他人格权益而情节重大者（台湾地区“民法”第 195 条第 1 项）。[②]

（十三）赔偿标准例外调整

《人身损害赔偿司法解释》第 18 条规定，赔偿权利人举证证明其住所地或者经常居住地城镇居民人均可支配收入或者农村居民人均纯收入高于受诉法院所在地标准的，残疾赔偿金或者死亡赔偿金可以按照其住所地或者经常居住地的相关标准计算。被扶养人生活费的相关计算标准，依照前款原则确定。

该条主要针对赔偿权利人住所地或经常居住地高于受诉法院所在地标准的情形，即经济发达地区居民在欠发达地区遭遇人身损害情形，在计算赔偿金时就高不就低，具有合理性。

---

① 参见王胜明主编：《中华人民共和国侵权责任法解读》，中国法制出版社 2010 年版，第 100 页。

② 参见王泽鉴：《损害赔偿》，北京大学出版社 2017 年版，第 127 页。

（十四）护理期限、辅助器具费给付年限或者残疾赔偿金给付年限调整

《人身损害赔偿司法解释》第 19 条规定，超过确定的护理期限、辅助器具费给付年限或者残疾赔偿金给付年限，赔偿权利人向人民法院起诉请求继续给付护理费、辅助器具费或者残疾赔偿金的，人民法院应予受理。赔偿权利人确需继续护理、配制辅助器具，或者没有劳动能力和生活来源的，人民法院应当判令赔偿义务人继续给付相关费用 5~10 年。

该条体现法律对例外情形的衡平原则，即在按照现行固定赔偿年限不符合实际需求、确有不公时进行调整。

（十五）定期金给付及调整

《人身损害赔偿司法解释》第 20 条规定，赔偿义务人请求以定期金方式给付残疾赔偿金、辅助器具费的，应当提供相应的担保。人民法院可以根据赔偿义务人的给付能力和提供担保的情况，确定以定期金方式给付相关费用。但是，一审法庭辩论终结前已经发生的费用、死亡赔偿金以及精神损害抚慰金，应当一次性给付。第 21 条规定，人民法院应当在法律文书中明确定期金的给付时间、方式以及每期给付标准。执行期间有关统计数据发生变化的，给付金额应当适时进行相应调整。定期金按照赔偿权利人的实际生存年限给付，不受本解释有关赔偿期限的限制。

定期金给付系司法解释规定，仅适用于残疾赔偿金和辅助器具费。但《民法典》并未规定定期金给付，仅为分期付款。《民法典》第 1187 条规定，损害发生后，当事人可以协商赔偿费用的支付方式。协商不一致的，赔偿费用应当一次性支付；一次性支付确有困难的，可以分期支付，但是被侵权人有权请求提供相应的担保。根据《民法典》该等规定，似乎分期给付仅适用于当事人双方协商情形，如果扩大解释，则可能理解为不支持司法解释规定的定期金给付及调整。司法解释规定的定期金制度在德国民法中亦有明确规定，此一方面可以缓解加害人的赔付压力，另一方面也可以避免一次性赔付但受害人并未存有与赔付年限相对应生存期间而带来的获利。基于我国当前个人诚信及执行难等问题，笔者不支持定期金给付。

（十六）相关标准及“上一年度”定义

《人身损害赔偿司法解释》第 22 条规定，本解释所称“城镇居民人均可支配

收入”“农村居民人均纯收入”“城镇居民人均消费性支出”“农村居民人均年生活消费支出”“职工平均工资”，按照政府统计部门公布的各省、自治区、直辖市以及经济特区和计划单列市上一年度相关统计数据确定。“上一年度”，是指一审法庭辩论终结时的上一统计年度。

第三节
医疗损害责任的其他责任承担方式

一、侵害隐私权等可适用的承担民事责任方式

《民法典》第1226条规定，医疗机构及其医务人员应当对患者的隐私和个人信息保密。泄露患者的隐私和个人信息，或者未经患者同意公开其病历资料的，应当承担侵权责任。此即为泄露患者的隐私和个人信息、或者未经患者同意公开其病历资料导致的医疗损害责任。

《民法典》第1226条只是对隐私权和个人信息保护的重述。《民法典》总则编第五章“民事权利”中规定了隐私权和个人信息，人格权编第六章详细规定了隐私权和个人信息保护的内容。基于医患关系的特殊性以及医患纠纷中的现实矛盾，本条对医疗领域的隐私和个人信息保护作了专门规定。[①]患者隐私权和个人信息的客体包括如下几项内容：第一，患者的病历资料；第二，患者的生理信息；第三，患者的身体隐私；第四，患者及其家属的病历史。[②]值得注意的是，《民法典》删除了原《侵权责任法》第62条规定的“医疗机构及其医务人员应当对患者的隐私保密。泄露患者隐私或者未经患者同意公开其病历资料，造成患者损害的，应当承担侵权责任”中的“造成患者损害的”，其原因是，在民法典侵权责任编编纂过程中，有的意见提出，医疗机构及其医务人员泄露患者的隐私和个人信息，或者未经患者同意公开其病历资料是一种较为严重的侵权行为，有可能对

① 参见黄薇主编：《中华人民共和国民法典侵权责任编释义》，法律出版社2020年版，第168页。

② 参见王利明：《侵权责任法》（第2版），中国人民大学出版社2021年版，第299页。

患者的生活、工作和学习造成重大影响。为遏制这种行为，加强对诊疗活动中自然人隐私和个人信息的保护，法律应该明确规定，无论该行为对患者是否造成损害，医疗机构及其医务人员都应当承担侵权责任。经研究，立法采纳了该意见，删除了原《侵权责任法》第62条的“造成患者损害”才承担责任的规定。[①]

泄露患者的隐私和个人信息，或者未经患者同意公开其病历资料的，其侵权责任承担方式可为：停止侵害、消除影响、恢复名誉、赔礼道歉等，当然也可以是损害赔偿。

二、过度检查可适用返还财产侵权责任承担方式

《民法典》第1227条规定，医疗机构及其医务人员不得违反诊疗规范实施不必要的检查。此为过度医疗之过度检查条款，过度检查首先是造成患者财产损害，也不排除存有人身损害，对此的侵权责任承担方式应适用返还财产，当然也可以适用损害赔偿。《北京市高级人民法院关于审理医疗损害赔偿纠纷案件若干问题的指导意见（试行）》（京高法发〔2010〕第400号）第2条第6款规定：“医疗机构及其医务人员违反诊疗规范对患者实施不必要的检查，导致患者支出不必要的检查费用，患者一方有权要求医疗机构退还。造成其他损害后果的，患者一方有权要求医疗机构承担相应的侵权责任。”

① 参见黄薇主编：《中华人民共和国民法典侵权责任编释义》，法律出版社2020年版，第170页。

第四章 医疗损害责任的比较研究

第一节 我国台湾地区及澳门地区的医疗损害责任

一、我国台湾地区的医疗损害责任

（一）概述

医疗损害责任在我国台湾地区同样为侵权法中的疑难问题，丘聪智先生指出，医疗过失，由于医疗行为本身的特殊性，表现出与一般侵权行为迥异之色彩，而事实上，论及医疗过失，就医疗关系之内容，医生患者立场之殊异，以及国家社会情势之不同，均非一一许为观察，非为综合判断不可，因此，它有赖于医学、社会学及法学等，尤其是医学与法学之科技整合工作，自不待言。[①]

我国台湾地区的医疗纠纷或医疗损害责任纠纷表现为一般侵权行为，归责原

① 参见丘聪智：《民法研究（一）》（增订版），中国人民大学出版社 2002 年版，第 315 页。

则为过失原则。我国台湾地区有关侵权行为的规定系外国法的继受，基本上采德国立法例，其理论构成还受日本法影响，而德国民法及日本民法均以法国民法为其立法背景。[①]我国台湾地区采过失责任原则，无过失责任（危险责任）系为特别规定，主要为“民用航空法”、“核子损害赔偿法”及“消费者保护法”。在我国台湾地区侵权行为的规定中除过失和无过失责任外，尚有所谓的衡平责任，一为无行为能力人或限制行为能力人的衡平责任，一为雇佣人的衡平责任。在实务中雇佣人得举证免责的案例，甚为罕见，此项衡平责任，名存实亡，不具规范意义。我国台湾地区侵权行为的规定中的过失责任包括过失责任原则和推定过失原则，推定过失包括“民法”债编 184 Ⅱ、188 Ⅰ、191（新修正[②]）、191 之一、之二、之三（新修正）及特别规定（“铁路法”、“公路法”、“消保法”相关内容）。[③]我国台湾地区的医疗机构及医务人员诊疗行为受到“民法”债编规制外，还受到“医疗法”、“医师法”及“刑法”规制。[④]

（二）医疗纠纷处理有和解、调解、申请调处、提起诉讼四种路径

1. 和解

和解可以私下和解，亦可在诉讼中和解。在法庭和解方面，根据台湾地区“民事诉讼法”第 377 条的规定，法院不问诉讼程度如何，可以随时进行和解。受命法官或受托法官都有权进行该等和解。第三人经法院许可可以参加调解。法院认为必要时，可通知第三人参加。第 377 条之一规定，当事人各方和解方案已非常接近时，原被告可以要求法院、受命法官或受托法官在当事人表明的范围内定和解方案。前项当事人要求，应该以书面形式确定和解方案的范围以及当事人自愿接受所定和解方案约束的意思表示。法院、受命法官或受托法官依第 1 项定和解方案时，应依据衡平法理并考量一切因素而为之；并将所定的和解方案于期日告知当事人并记录笔录，或将和解方案向当事人送达。当事人一旦接受了前项告知或被送达，不得撤回第 1 项和解申请。当事人接受了告知或被送达时和解成立。依法参加和解的第三人，上述规则准用。根据台湾地区“民事诉讼法”第 380 条

---

① 参见王泽鉴：《侵权行为法》（第 1 册），中国政法大学出版社 2001 年版，第 37 页。

② 新修正是指我国台湾地区“民法”债编 1999 年 4 月 2 日修正，2000 年 5 月 5 日施行。

③ 参见王泽鉴：《侵权行为法》（第 1 册），中国政法大学出版社 2001 年版，第 19、21 页。

④ 参见黄丁全：《医事法》，中国政法大学出版社 2003 年版，第 19 ~ 46、588 ~ 591 页。

的规定，和解成立时，与民事判决具有同等法律效力。[①]

我国台湾地区该等和解制度，与大陆的规定并无明显区别，就是当事人双方和解及人民法院组织下的司法调解。

2. 调解

调解可分为“一般调解”、“乡镇市公所调解”与“司法调解”。一般调解是指当事人双方直接向医师公会或相关之消费者权益团体提出申请后进行的调解。向“乡镇市公所调解委员会”申请并进行的调解称为“乡镇市公所调解”。该等调解适用于医疗争议中医疗损害事件以及刑事业务过失致伤害或致重伤案件。如果调解成立，所制作的调解书经法院确认后，与民事判决具有同等法律效力。司法调解是诉前调解，依据台湾地区“民事诉讼法”第403条第1款第7项的规定，医疗争议在提起民事诉讼前，应当先经法院诉前调解，该等调解由法官与调解委员在法院内进行，但已经在其他法定调解机关调解且调解不成的为例外。

调解协议经地方法院确认后，案结事了。经法院确认的调解协议与民事判决具有同等法律效力。[②]

我国台湾地区该等调解制度与大陆的规定也并无实质区别。“司法调解”对应的是大陆的诉前调解，就是先走预立案程序但不正式立案，然后由司法工作人员进行诉前调解。至于“一般调解”和“乡镇市公所调解”，在大陆现均归置于医疗纠纷人民调解，消费者权益团体现不再进行医疗纠纷调解。

3. 申请调处

医疗争议申请调处，应当以书面形式进行，应向医疗争议发生地卫生主管机关申请。卫生主管机关收到案件申请后提交医事审议委员会，调处日期及调处地点由医事审议委员会确定。除经调处委员会及双方当事人同意外，调处以不公开为原则。调处达成合意则制作调处书，并在调处成立之日起10日内送达双方当事人。调处未达成合意的，应当事人要求出具调处未达成的证明文件，该证明文件不附具任何调处意见。该调处决议不具约束力，仅供法院参考而已。[③]

我国台湾地区该等申请调处，类似于大陆的卫生行政部门的行政调解，《医疗纠纷预防和处理条例》第41条第2款规定，医患双方经卫生主管部门调解达

① 参见黄丁全：《医事法新论》，法律出版社2013年版，第477～478页。

② 同上书，第488页。

③ 同上书，第488～489页。

成一致的，应当签署调解协议书。但该条例对行政调解协议的规定与人民调解协议书并不一致，根据该条例第 39 条的规定，医患双方经人民调解达成一致的，医疗纠纷人民调解委员会应当制作调解协议书。调解协议书经医患双方签字或者盖章，人民调解员签字并加盖医疗纠纷人民调解委员会印章后生效。达成调解协议的，医疗纠纷人民调解委员会应当告知医患双方可以依法向人民法院申请司法确认。即行政调解协议并未强行要求卫生行政部门经办人签字、卫生行政部门盖章，也未提及调解协议的司法确认。

笔者认为，人民调解和行政调解达成的调解协议，其实质就是当事人双方达成的民事合同，只不过是在第三方的斡旋下达成而已，除非具有法律规定的例外情况，否则，应具有法律效力，而不论其是否经过司法确认程序。《最高人民法院关于审理涉及人民调解协议的民事案件的若干规定》（法释〔2002〕29 号，已失效）将人民调解协议的性质确定为具有民事合同性质。[①] 笔者认为，行政调解达成后当事人双方签订的调解协议书同样为民事合同性质，卫生行政管理部门在该等协议中仅是地位平等的调停人、斡旋人角色，当事人双方签订的调解协议书不因行政机关的调解介入而发生性质改变。当然，基于人民调解、行政调解达成的协议，如因胁迫、重大误解、显失公平、违法违规、侵害第三人合法权益等均可能无效或可变更、可撤销，但在这之前，推定其是有效的。这一点，与我国台湾地区的申请调处明显不同，当然，黄丁全先生在其著作《医事法新论》申请调处章节并未能完整说明“但调处决议不具约束力，仅供法院参考而已”意旨所在。

4. 提起诉讼

统计数据显示，我国台湾地区 1992 年有 44% 的医师在执业过程中遭遇医疗纠纷。而在最近 5 年内，则有 26% 的医师遭遇到医疗纠纷。另外，有 11% 的医师在 1991 年遭遇过医疗纠纷。以此推估我国台湾地区在过去一年里共有 2151 位医师遭遇过医疗纠纷。[②]

医疗诉讼，指医务人员在执业过程中因疑似故意或过失致病患权益受损，而

---

① 《最高人民法院关于审理涉及人民调解协议的民事案件的若干规定》（法释〔2002〕29 号，已失效），被《最高人民法院关于人民调解协议司法确认程序的若干规定》（法释〔2011〕5 号）所代替。其第 1 条规定：经人民调解委员会调解达成的、有民事权利义务内容，并由双方当事人签字或者盖章的调解协议，具有民事合同性质。当事人应当按照约定履行自己的义务，不得擅自变更或者解除调解协议。

② 转引自黄丁全：《医事法新论》，法律出版社 2013 年版，第 470 页。

依台湾地区“民法”规定应负损害赔偿责任；或依台湾地区“刑法”规定应负刑事责任者，按照民事诉讼程序或刑事诉讼程序，确定民事应负责任的范围；或确定刑罚权的有无及其范围的行为。前者称为医疗民事诉讼，后者称为医疗刑事诉讼。[①]

（三）我国台湾地区医疗过失的刑事附带民事特征

在诉讼中，“民事不法”重在“结果不法”，注重损害填补与回复个人最大利益状态;“刑事不法”重在“行为不法”,强调行为人之“法的敌对状态”,应否以“刑罚权”维护法律秩序之完整性呢？以英美两国而言，英美两国之医疗纠纷，优先适用民事诉讼（civil action）而非刑事诉讼（criminal prosecution），一般而言，只有在医师有“故意”（intent）或“重大过失”（gross negligence）的情况下，方追究其刑事责任。然而在我国台湾地区，根据统计，医疗过失追究刑事责任的，每年就有 300 余件。平均每 3 个月，就有一个医师被判有罪。其中被判有罪的医师以外科最多，占 2/3，内科占 1/5，其次为妇产科、小儿科、麻醉科与急诊科。一个奇特的现象是年轻医师都不愿意选择这些科别，因此有些医院已经出现菲律宾籍的妇产科医师，有人因而担心二三十年后，这些科别有可能找不到合格的台湾本地医师为患者治病了。司法实践中，刑事诉讼与民事诉讼在目的和原则上均不相同，但一般病患或家属一遇医疗纷争常刑民互用，民刑不分，都采刑事诉讼附带民事诉讼的方式，这样一来不必缴交裁判费，二来也可回避高专业性的举证困难责任。[②]

我国台湾地区在医疗纠纷领域对患者人身权的保护实属罕见，这不仅在英美法系罕见，大陆法系也属罕见。大陆有医疗事故罪，但该罪极少在司法中适用。根据笔者的认知，即便是医疗事故鉴定时期的经鉴定构成一级甲等（死亡或植物人或类植物人状态）且承担主要责任的医疗事故，也鲜有追究医疗事故罪的。鉴于当前已经取消医疗事故鉴定，医疗事故鉴定仅在行政程序上适用且需要患者方主动提起，否则仅为医疗损害鉴定。即便医疗损害鉴定构成一级甲等且医方为主要原因力的，如果患方不同时要求行政认定医疗事故，更没有追究医疗事故罪的

① 参见黄丁全：《医事法新论》，法律出版社 2013 年版，第 479 页。

② 同上书，第 479 ~ 480 页。

可能。因此，笔者认为，即我国台湾地区追究医疗过失刑责为常态，大陆不追究刑事责任为常态，两者需要融合。在医方存有极其重大过失且造成极其严重损害后果的情况下，保留刑事威慑力实属有必要，此对履行高度注意义务、关注生命健康权、持续提高医疗质量会有帮助。而刑责常态化、刑民不分，也具有极大的负面效应，导致极其谨小慎微的保护性医疗、效率低下，妨碍医学科学进步，间接也会损害患方利益。

我国台湾地区与诊疗行为相关的犯罪有：业务过失致死、业务过失致伤害、揭露病情与泄露、文书登载不实、乘机猥亵、加工自杀、加工堕胎、保护责任者遗弃、堙灭证据等犯罪。①

（四）我国台湾地区的医疗过失鉴定

我国台湾地区医疗过失鉴定机构成立于 1987 年，1987 年以前存有“台湾省医师公会”在 1962 年 9 月 9 日成立的“台湾省医疗纠纷鉴定委托会”开展鉴定工作，其性质为民间组织。1979 年 9 月，“台湾省医疗纠纷鉴定委托会”更名为“医疗纠纷鉴定委员会”，其鉴定委员没有医学界以外人士。1987 年台湾地区“卫生署”有鉴于医事鉴定工作的重要性，也鉴于一般民众对由医师组成的鉴定委员会所作出的鉴定结果不满，为提高医事鉴定的公信力，遂在台湾地区“医疗法”中规定，由台湾地区“卫生署”组织医事审议委员会，在委员会下设鉴定小组，从 1987 年 4 月起接办医疗纠纷鉴定工作。依据台湾地区“卫生署”医事审议委员会的组织章程，该委员会由委员 15 ~ 25 人组成，其中一人为主任委员。委员均由台湾地区“卫生署长”从有关机关代表、专家、学者及社会人士中聘请，聘期一年，委员中至少应有 1/3 以上为法律专家及社会人士。②

2005 年，我国台湾地区“医疗法”修正，台湾地区“卫生署”依据其第 98 条第 2 款制定“医事审议委员会(医审会)设置要点”,该等要点对于医审会之组织、会议等有详细规定。另外，我国台湾地区“卫生署”早在 1997 年就依职权发布“医疗纠纷作业要点”，作为医审会办理鉴定工作的具体依据。依据医审会设置要点第 4 点规定，医审会中设有医疗技术小组、医事鉴定小组及医疗资源及专科医

① 参见黄丁全：《医事法》，中国政法大学出版社 2003 年版，第 588 ~ 591 页。

② 同上书，第 516 ~ 517 页。

师小组。负责医疗纠纷鉴定之医师鉴定小组设置委员 21 ~ 27 人，以其中一人为召集人，委员除由台湾地区“卫生署署长”从医事审议委员会委员中指定聘任外，从其他非民意代表、医疗法人代表身份之医师、法学专家、学者及社会人士遴选聘任，其中法学专家以及社会人士之比例不得少于 1/3，聘期均为 2 年。按台湾地区“医疗法”第 100 条的规定，医事审议委员会委员中法学专家及社会人士之比例不得少于 1/3。依据规定，委员均为免费服务，无俸禄。①

鉴定采取秘密评议原则，诉讼当事人任何一方对鉴定案件如另有意见或新证据或文献资料，应通过鉴定机关提供给审议小组参考。审议时不接受当事人任何一方到场陈述意见，否定当事人、诉讼代理人、辩护人的在场权。鉴定意见采多数决定，依据设置要点第 6 条第 4 项，审议小组做成决议事项，需要小组委员过半数出席，出席委员过半数同意。但其第 15 条却规定以委员达成一致意见为鉴定意见。同一事实经送鉴定机关完成鉴定后，如鉴定结果并非详实完备，依据台湾地区“刑事诉讼法”的规定可采取增加鉴定人数，或命令他人继续鉴定，或另行鉴定，或要求鉴定人补充说明，以便彻底了解真相。②

我国台湾地区该等医疗过失鉴定“审议时不接受当事人任何一方到场陈述意见，否定当事人、诉讼代理人、辩护人的在场权”，与大陆明显不同，属于彻底的书面审，此不允许医患双方现场陈述和抗辩的鉴定会难以保证鉴定质量，存有极大的弊端。

（五）我国台湾地区医疗过失的赔偿

损害赔偿，除另有规定（如人格权受侵害之状况）或契约另有约定（如惩罚性违约金）外，应以填补被害人所受损害及所失利益为限。医疗事故损害赔偿可请求范围分为被害人死亡时与被害人受伤时。

被害人死亡时，赔偿请求权人有：支出殡葬费的人（台湾地区“民法”第 192 条第 1 款）；在被害人生前为其支出医疗及增加生活上需要之费用的人（台湾地区“民法”第 192 条第 1 款）；被害人对其负有法定扶养义务之人（台湾地区“民法”第 192 条第 2 款）；被害人之父、母、子、女及配偶（台湾地区“民法”

---

① 参见黄丁全：《医事法新论》，法律出版社 2013 年版，第 521 页。

② 同上书，第 522 ~ 523 页。

第 194 条第 1 款)。在患者因医疗过失造成人身伤害时,通常会有两种类型的损害,即财产上的损失与非财产上的损失。前者如医疗费用、误工费、交通费用、特殊设备之花费等。后者如伤害造成之痛苦等。而受到的损害也可分成积极损害和消极损害。在积极损害方面，包括 :(1)医疗费 ;(2)增加生活上需要的费用，如看护费，交通费，近亲探视费用，营养费(如钙片、中药等)，维持身体机能的费用(包含复建费用，其他常见如轮椅、拐杖、义肢等，以及配合轮椅或其他特殊器具进出之住宅改造费用等);(3)扶养费。在非财产损害方面，适用台湾地区“民法”第 195 条第 1 款的规定，不法侵害他人之身体、健康、名誉、自有、信用、隐私、贞操，或不法侵害其他人格法益而情节重大者，被害人肉体及精神上的痛苦虽属非财产上的损害，亦有权请求相应赔偿。[①] 至于损害赔偿，我国台湾地区并未规定，也无具体计算公式，应赔偿的数额由法院斟酌双方身份、资力与加害程度及其他法律进行确定。[②]

根据前述，我国台湾地区医疗过失之损害赔偿，主要方面与大陆当前人身损害赔偿司法解释基本一致，但应注意到，我国台湾地区在被害人死亡时并未有死亡赔偿金项，此应为最主要的区别。

二、我国澳门地区的医疗损害责任

自澳门回归以来，医疗事故纠纷个案逐年递增。在《医疗事故法律制度》颁布实施前，因医疗事故引起的损害赔偿责任，除适用 1999 年《澳门民法典》关于民事责任的一般规定外，尚无专门性的法律规范对此加以调整。[③] 澳门医疗事故鉴定委员会柯庆华主席在 2019 年 10 月 19 日粤港澳大湾区医疗纠纷处理论坛上的致辞中表示，澳门《医疗事故法律制度》生效两年多来，对于澳门的医事法学、医疗管理、医患关系，甚至医疗诉讼的影响还需要更长时间的关注和更多的案例研究。医疗事故鉴定委员会对受理的申诉个案独立进行调查和技术鉴定，无须听从任何命令或指示，亦不受任何干预，委员会目前已经完成的 20 多份医疗事故鉴定，将经历时间检验、面对医患双方的医学和法律专业评析，在倘有的医疗诉讼时还必须接受司法检验。

① 参见黄丁全 :《医事法新论》，法律出版社 2013 年版，第 427 ~ 428 页。

② 转引自黄丁全 :《医事法新论》，法律出版社 2013 年版，第 428 页。

③ 参见林位强 :《澳门医疗事故法研究——兼论非财产损害赔偿》，法律出版社 2017 年版，第 14 页。

（一）《医疗事故法律制度》及其配套法律适用体系

澳门于 2017 年 2 月 26 日生效并实施的《医疗事故法律制度》及其配套行政法规及批示等构成了澳门医疗损害责任完备的法律适用体系。该等法律适用体系包括:（1）第 5/2016 号法律《医疗事故法律制度》;（2）第 3/2017 号行政法规《医疗事故鉴定委员会》;（3）第 28/2017 号行政长官批示《订定申请鉴定的费用》;（4）第 29/2021 号行政长官批示——续任医疗事故鉴定委员会主席、正选成员及候补成员，以及委任三名正选成员；（5）第 52/2017 号行政长官批示《核准医疗事故鉴定委员会成员工作证式样》;（6）医疗事故鉴定委员会通告（全体会议第 1/2017 号决议）《医疗事故鉴定委员会规章》。其中,《医疗事故法律制度》居于核心地位，其他均为实施该法律的配套行政法规。除该法除规定的医疗事故调解外，对生效前的医疗行为没有溯及力。

笔者认为,澳门《医疗事故法律制度》应受到了内地《医疗事故处理条例》《医疗事故技术鉴定暂行办法》的深刻影响，但又进行了一定程度的改良，体系合理、权利平衡，用词概括、精准、平实，具有较高的立法水准。

（二）医疗行为、医疗事故定义及评析

《医疗事故法律制度》第 2 条规定，为适用本法律的规定，医疗行为是指公共或私人领域具有法定资格执业的医疗服务提供商，为着个人或群体的预防、诊断、治疗或康复的目的而作出的事实。第 4 条规定，为适用本法律的规定，医疗事故是指因过错违反医疗卫生方面的法规、指引、职业道德原则、专业技术知识或常规作出的医疗行为而损害就诊者的身体或精神的健康的事实，不论该行为属作为或不作为。

1. 此澳门法上的医疗事故与内地《医疗事故处理条例》中的医疗事故

澳门法上的医疗事故应不同于内地《医疗事故处理条例》中的医疗事故，尽管措辞一致但内涵应不同，笔者理解，澳门法上的医疗事故只是一种称谓，可以理解为内地《民法典》中的医疗损害责任，或惯用的医疗侵权、医疗过错、过错责任等，并不属于内地《医疗事故处理条例》所定位的“造成患者明显人身损害的其他后果的”情形。

2. 有关医疗行为中的公共或私人领域具有法定资格执业的医疗服务提供商的责任及司法管辖

澳门法律体系中原来并没有医疗行为的法律概念,《医疗事故法律制度》引入“医疗行为”的概念,指出医疗行为是指公共或私人领域具有法定资格执业的医疗服务提供者,为着个人或群体的预防、诊断、治疗或康复的目的而作出的事实。[①] 澳门以前将公立医疗机构看成是公共行政实体,是公共福利机构。在管辖权方面,凡在公立医疗机构中发生的医疗事故归行政法院管辖,而在私立医疗机构中发生的医疗事故则归普通法院(初级法院)管辖。在适用法律上,前者是根据 1991 年 4 月 22 日第 28/91/M 号法令承担非合同民事责任。在法律处理上准用澳门民法中的民事责任的规定,而发生在私立医疗机构内的医疗事故,均以民法解决,受现行澳门“民法”第 477 条之民事责任规范。此为其一。其二,对医疗行为性质的认定也不同。在内地,医疗行为是作为一种职业行为,无论是公立医院抑或私立医院,均一样,不作区分。但澳门不是,澳门法律对医疗行为的定性作了严格区分,把公共医疗机构中卫生技术人员的医疗行为看成是公共管理行为。换言之,医生为患者服务是在行使公权力,是管理者与被管理者之间的关系,是一种行政法律关系。[②] 随着澳门《医疗事故法律制度》的实施,医疗事故处理行政法院与初级法院二元化已终结,根据该法第 27 条司法诉讼之规定,初级法院具有管辖权审判因医疗事故所生的民事责任的诉讼。另外,赔偿责任也已统一,根据该法第 20 条医疗服务提供商的责任之规定,对医疗服务提供商因医疗事故所生的民事责任,适用澳门民法中有关因不法事实所生的责任的规定。

3. 有关过错

根据该法规定,医疗事故责任应为过错责任且为单一责任,并无推定过错或无过错责任。“违反医疗卫生方面的法规、指引、职业道德原则、专业技术知识或常规作出的医疗行为而损害就诊者的身体或精神的健康的事实”均为过错。

4. 有关违反职业道德原则

医疗事故定义将违反职业道德原则也纳入其中,体现了对医师伦理、职业道德的高度重视。实际上,医师伦理、职业道德与医疗卫生管理法律法规并不矛盾,

---

① 参见林位强:《澳门医疗事故法研究——兼论非财产损害赔偿》,法律出版社 2017 年版,第 116 页。

② 同上书,第 123 页。

要求将悬壶救世、救死扶伤作为天职的白衣天使，遵从希波克拉底誓言及其他医学伦理、道德规范，本就是其内在要求，也正如医学泰斗裘法祖名言，德不近佛者不可以为医，才不近仙者不可以为医。内地相关规范也多次将医学伦理、道德规范纳入法律之中，比如《基本医疗卫生与健康促进法》第 54 条规定的“医疗卫生人员应当遵循医学科学规律，遵守有关临床诊疗技术规范和各项操作规范以及医学伦理规范，使用适宜技术和药物，合理诊疗，因病施治，不得对患者实施过度医疗。医疗卫生人员不得利用职务之便索要、非法收受财物或者牟取其他不正当利益”;《关于建立医务人员医德考评制度的指导意见（试行）》第 3 条“考评的主要内容”中第（一）~（七）款,《医疗机构从业人员行为规范》第 4 ~ 11 条规定的从业规范等。

但笔者需提及的是，作为救死扶伤的医疗人员，遵守职业道德规范系其内在要求，本无歧义。但在医疗损害责任或医疗事故责任中，医疗损害或医疗事故是基于过错、违法违规或违反注意义务导致患者人身损害的行为，至于职业道德，除非其也纳入医师管理法律法规且构成不可分割的一部分，或违反职业道德的行为也属于违反注意义务的行为且与患者的损害具有因果关系；否则，违反职业道德可能不构成医疗损害或医疗事故。比如过度医疗，除非该等过度医疗属于选择错误且造成了患者的人身损害。至于违反职业道德的收受红包等，与医疗损害或医疗事故应无涉。因此，笔者对澳门《医疗事故法律制度》将职业道德纳入其中存有不解。

5. 有关违反专业技术知识或常规

根据笔者的理解，医疗事故定义中列明的“违反专业技术知识或常规”应进行拆分，“违反常规”，类似于内地的诊疗护理常规、规范或者就是澳门地区一般医生针对某类疾病的常规处理,后者含义上又与“违反专业技术知识”部分相重合，常规就是专业技术知识的总结和提炼。对于“专业技术知识”应该理解为澳门地区一般专家所接受的医疗教育及其在医学实践过程中形成的有利于诊治患者且保护患者生命健康权的一般的专业技术知识，不要求最高，也不能最低，合理解释为平均水准。因此，从这个意义上理解，如果澳门法律没有制定法意义上的常规，“专业技术知识或常规”应对应内地的“当时的医疗水准”的注意义务，但民法将违反注意义务单列一条，而澳门《医疗事故法律制度》却将其纳入医疗事故概念中。

6. 有关精神损害

澳门医疗事故定义中列明造成的损害为“身体或精神”，此与内地不同，内地法律规定侵害民事权益会导致精神损害赔偿，但并未规定仅造成精神损害可构成医疗损害责任。《法案文本三》第 2 条对医疗事故的规定是：“为适用本法律的规定，医疗事故是指医疗服务提供者在公共或私人医疗领域，为着预防、诊断、治疗及康复的目的，因过错违反医疗卫生方面的法规、指引、职业道德原则、专业技术知识及常规作出的行为而对就诊者的健康造成损害的事实。”法案最终文本《医疗事故法律制度》第 3 条规定：“为适用本法律的规定，医疗事故是指因过错违反医疗卫生方面的法规、指引、职业道德原则、专业技术知识或常规作出的医疗行为而损害就诊者的身体或精神的健康的事实，不论该行为属作为或不作为。”对比上述文本可见，《法案文本二》受内地《医疗事故处理条例》的影响，强调过失归责；《法案文本三》强调过错归责，最终文本加入“身体或精神”健康的表述，并在条文最后部分加入“不论该行为属作为或不作为”这两项，为医疗事故概念划定了更广泛的范围，意味着医疗事故不一定是作为，亦可以是不作为，同时还涉及身体及精神上的损害，从而彰显了澳门医疗事故法的立法特色。[①]另外，鉴于该法规定的是“或精神”，是否可以理解为单纯的精神损害也构成医疗事故，即在没有生命权、身体权、健康权损害的情况下。如果可以如此理解，将会导致医疗事故概念泛化。

（三）知情同意条款

澳门地区将知情同意条款称为信息权，根据《医疗事故法律制度》第 7 条的规定，医疗服务提供商有义务将就诊者的病情、医疗措施、医疗风险等信息告知就诊者，但就诊者知悉该等情况后会危害其生命，或可能对其身体或精神的健康造成严重伤害者除外。上款所指的信息的提供须以清晰、简单、具体的方式及以就诊者所明了的语言为之，以便其在得到适当信息下作出决定。如果就诊者明确及以书面方式表明无意知悉诊断或预后的信息，则医疗服务提供商应尊重其权利，但会影响公共卫生的情况除外。就诊者有权查阅其病历和要求医疗服务提供商提供其病历副本。

---

① 参见林位强:《澳门医疗事故法研究——兼论非财产损害赔偿》，法律出版社 2017 年版，第 90 页。

澳门地区知情同意条款无他，唯有“如果就诊者明确及以书面方式表明无意知悉诊断或预后的信息，则医疗服务提供商应尊重其权利”除外，该条款设定了知情同意例外情况。关于放弃知悉权的规定至今为止仅见于《荷兰民法典》第7：449条：“倘若病人明示不愿接受信息，则就不应当提供信息，除非不提供信息对病人或其他人的不良后果超过了病人放弃信息的利益。”[①] 但在内地这是医疗机构及其医务人员的法定义务，不能违反，如果不履行且造成损害应承担赔偿责任。内地该等规定有其合理性，泛化可能带来示范效应并导致以此为理由不履行知情同意义务。

（四）病历

《医疗事故法律制度》第8条主要规定了病历及其管理，包括：病历定义；根据各项的规定记录、管理、保存及销毁病历；医疗服务提供商按就诊者的要求向其提供病历副本及时限；卫生局须就记录、管理、保存及销毁病历和提供病历副本的具体方法订定指引等。

澳门地区为保障病历客观真实性及完整性等，在《医疗事故法律制度》第34条规定了伪造、损坏或窃取病历罪。此举值得借鉴，病历是患者就医及诊疗过错的唯一证据，病历自身的客观真实性、完整性等对还原案件事实、维护医患双方的合法权益均具有极为重要的意义。

（五）医疗事故鉴定

《医疗事故法律制度》第三章“鉴定医疗事故”之第11～19条规定了医疗事故鉴定制度。第11条规定，设立医疗事故鉴定委员会，负责对是否存在医疗事故进行调查和技术鉴定。委员会独立进行调查和技术鉴定，无需听从任何命令或指示，亦不受任何干预。但委员会的调查和技术鉴定结论不影响医疗服务提供商、就诊者、司法机关及其他公共或私人实体以其他途径对有关事实进行调查和技术鉴定。第12条规定，委员会由7名专业人员组成，其中5名为医学专业人员，两名为法律专业人员；成员须由公共或私人领域担任专业技术职务至少10

---

① ［德］克里斯蒂安·冯·巴尔：《欧洲比较侵权行为法》（第2版）（下卷），焦美华译，法律出版社2004年版，第369页之脚注［834］。

年且具备适当专业操守的人士担任。上款所指的医学专业人员可从澳门特别行政区或外地的专业人员中选任。以上两款所指的专业人员由公布于《公报》的行政长官批示委任；在委任批示中须同时委任 3 名符合以上两款所指条件的人士担任候补成员，其中两名为医学专业人员，一名为法律专业人员。委员会成员履行职务时应遵循公正、平等、无私的原则和遵守热心、保密的义务。委员会可邀请或委托本地或外地的专家、学者、机构或其他人就鉴定工作给予意见和提供协助。第 13 条规定了申请鉴定的申请主体、申请时效、鉴定费用缴纳、资料提交。第 14 条规定了医疗事故鉴定委员会的调查权。第 15 条陈述及同意规定了申述权、辩护权及身体检查同意。第 16 条就免除保密义务进行规定。第 17 条鉴定报告规定了作出时限、载明内容、鉴定报告送达医疗服务提供商、就诊者及卫生局。第 18 条规定了对鉴定报告的声明异议。第 19 条规定了根据法院命令进行的鉴定，如法院命令，委员会须根据诉讼法的规定进行技术鉴定。

澳门地区医疗事故鉴定既继承了内地医疗事故鉴定又有所发展，主要体现为两点，其一，医疗事故鉴定委员会组成人员中有两名法律专业人员，该立法意旨应为弥补医学专业人员法律思维的欠缺问题，尤其是涉及因果关系或原因力大小问题。笔者认为，如笔者前述，医疗事故鉴定和医疗损害鉴定是否需要法律专业人员是个值得商榷的问题，有法律专业人员可以，但无也不妨碍。其二，应为医疗事故鉴定委员会的调查权，根据《医疗事故法律制度》第 14 条的规定，委员会为履行职务，有权调查取证；为此，可采取或命令采取下列措施：（1）进入提供医疗服务的地点及场所，并在其内逗留直至完成调查；（2）要求医疗服务提供商、就诊者及其他有助于鉴定医疗事故的个人或实体进行陈述和声明；（3）要求医疗服务提供商、就诊者及其他有助于鉴定医疗事故的个人或实体提供鉴定医疗事故所需的文件、信息及数据。该等调查权与内地医疗事故鉴定委员会的主要区别在于现场调查取证权，内地《医疗事故处理条例》《医疗事故技术鉴定暂行办法》均未规定医学会或鉴定专家组有现场调查取证权，司法实践中，专家也不会进行现场调查取证，除非造成残疾的患者在医疗事故鉴定现场进行身体检查。内地进行的鉴定为文书鉴定，根据双方当事人提交文书、资料等的书面鉴定。此与澳门地区规定的鉴定委员会现场调查取证权不同。但笔者认为，进行规定无妨，但对一般鉴定而言，内地进行的医疗事故或医疗损害鉴定尽管并未有现场调查取证程序，但实质并不影响鉴定的客观性和科学性。

需要重点提及的是，为保障医疗事故鉴定委员会的调查取证权，《医疗事故法律制度》第35条规定了违令罪，即不遵守委员会根据第14条的规定而命令采取措施者，构成违令罪。此应为澳门全面调查的基础上追求鉴定客观科学、维护医疗事故鉴定委员会权威的有效举措，值得称赞。

（六）澳门卫生局对医疗事故有知情权、处置权

一如内地《医疗事故处理条例》的规定，澳门卫生局具有医疗事故知情权及监督权。根据《医疗事故法律制度》第9条第1、2、3款的规定，如医疗服务提供商知悉发生或怀疑发生医疗事故，须在24小时内向卫生局通报。卫生局在接获上款所指的通报或知悉发生或怀疑发生医疗事故时，可要求医疗服务提供商在指定期间提交详细报告。卫生局在接获通报或报告后，如认为有强烈迹象显示发生医疗事故，须将有关情况告知就诊者，并向其提供有助于维护其受法律保护的权益的信息。《医疗事故法律制度》第10条第3、4、5款规定，如有强烈迹象显示发生医疗事故，卫生局可命令作出对调查医疗事故属必要的措施，尤其封存病历、血液、药物、医疗工具及其他数据。如有强烈迹象显示医疗事故可能对公共卫生造成重大影响或风险，卫生局须采取必要的预防和跟进措施，并对外公布有关情况。卫生局在采取本条所定各项措施时，须遵循必要、适度及与既定目标相符的原则。

澳门卫生局行政介入权力与内地不同在于：卫生部门对患者的可能存在医疗事故的告知义务及提供有助于维护其受法律保护的权益的信息之义务，彰显了人文关怀的属性。

（七）医疗争议调解

《医疗事故法律制度》中规定的澳门地区医疗争议调解与内地医疗纠纷人民调解的性质类似，遵从双方自愿原则，但例外情况不得受理，该例外情况有：（1）已因本案裁判转为确定而获解决的争议，但涉及解决在该裁判内未载明的关于其日后执行的问题者除外；（2）引致检察院参与诉讼的争议，在该诉讼内当事人因无诉讼必要的能力，在法庭不能依靠自身作出行为，而须检察院代理者；（3）追究附带于刑事责任中的民事责任的争议。

（八）强制保险制度

《医疗事故法律制度》将强制保险制度称为职业民事责任强制保险，根据该法第 36 条的规定，医疗服务提供商必须按照由补充性行政法规订定的条款、条件、限制及金额订立职业民事责任强制保险合同。保险单须以行政命令所订定的一般及特别条件为基础。职业民事责任强制保险的保险费率表及条件亦须由行政命令订定。

（九）其他

《医疗事故法律制度》还规定了行政处罚、法人责任、检察院代理、连带责任及求偿权、委托人的责任等。其中检察院代理、委托人的责任等规定具有澳门地方特色。

第二节 英国、美国的医疗损害责任

一、英国的医疗损害责任

（一）损害赔偿有提高趋势

如今在英国，产科医疗事故所致的脑瘫儿可以获得大约 1000 万英镑的补偿金，包括一辈子的误工费以及一生的照护、治疗、维生设备等费用。[①] 裁判指引和得到报告的案例均提到对“疼痛、遭受痛苦或是便利损害”的估价。例如，在英格兰，2013 年四肢瘫痪的赔偿金通常为 255,000 ~ 317,500 英镑，而单腿膝关节以下截肢的赔偿金通常为 104,500 ~ 177,000 英镑。[②] 较长时期以来，法律界人士大多认为英国法院在该部分损害（指疼痛和痛苦、丧失快乐或舒适）的损害赔

---

① 参见［英］查尔斯・福斯特 :《医师法》，刘文戈译，译林出版社 2020 年版，第 62 页。

② 同上书，第 79 页。

偿上判决数额偏低，尤其对严重的人身损害案件更是如此。故此，法院在 2000 年的一起案件中实际采纳了该意见，指出：对严重的人身损害案件的非金钱赔偿数额可在 15 万至 20 万英镑选择。这比以前的赔偿幅度有了较大的提高。[①]

（二）英国因循里程碑判例确立侵权司法适用准则

现代过失侵权行为发端于 19 世纪早期，发生于被告违反对原告所负有的关注责任。[②] 在 1856 年的 Blyth v.Birmingham Waterworks Co. 一案中，法官 ANDERSON，b. 对过失侵权的定义被认为是经典："过失是一个理智的人没有去做他应该做的某事，或者一个文雅和理智的人做了他不应该做的某事。"[③] 按照普通法学者的一般看法，英美国家侵权法早期广泛适用严格责任，之后出现过错责任。在 1932 年的多诺霍诉史蒂文森（Donoghue v.Stevenson）一案后，普通法的过失不仅成了一种特殊的侵权行为，而且正式形成了过失的概念。现在普通法严格责任有逐渐扩大的趋势。[④] 但大多数国家会采取类似英国的方案，即审查原被告之间的关系是否足够密切，审查原告遭受的损害是不是被告过失的可以预见的结果［经典判例"多诺霍诉史蒂文森案"（1932）确立的裁判标准，该案涉及姜汁啤酒瓶中的蜗牛。与其说这是关于责任的标准，毋宁说其是关于因果关系的标准］，或者审查课以被告相关义务是或否公平合理［参见"卡帕罗工业公开股份有限公司诉迪克曼案"（1990）］。案件审理过程中，政策考量扮演了重要角色，特别是涉及前述第三个要件时。[⑤] 在 1951 年的 Candler v.Carane，Christmas & Co. 一案中，法官认为，从那时起，过失侵权行为遂以所谓"不相连的厚板"的形式不断发展。[⑥] 在英美国家如主张被告构成过失侵权则原告必须证明以下事实：（1）被告对原告负有一种"关注的法律责任"（legal duty of care）；（2）被告"违反"了他关注的法律责任；（3）原告因"违反的结果"遭受损失，而且该损失必定不

① 参见胡雪梅：《英国侵权法》，中国政法大学出版社 2008 年版，348 ~ 349 页。

② 参见徐爱国编：《英美侵权行为法》，法律出版社 1999 年版，第 73 页。

③ 同上书，第 74 页。

④ 参见王利明：《侵权行为法研究》（上卷），中国人民大学出版社 2004 年版，第 126 页。

⑤ 参见［英］查尔斯·福斯特：《医师法》，刘文戈译，译林出版社 2020 年版，第 65 页。

⑥ 参见徐爱国编：《英美侵权行为法》，法律出版社 1999 年版，第 73 页。

是“太遥远”（remote）。[①]

因此，1932年“多诺霍诉史蒂文森案”之里程碑判例确立了注意义务违反导致的过失责任及产品责任，其后一系列判例等构成了英国侵权法体系，遵循先例为英国法典型特征，侵权法也不例外。

（三）英国法上医疗损害责任注意义务及其里程碑判例

与侵权法上任何过失索赔一样，按照侵权法成功地寻求医疗过失索赔需要证明以下事项：被告对原告负有注意义务；注意义务被违反；违反注意义务导致损害；损害属于侵权法认可的类型。[②]在英格兰和其他司法管辖区，判断违反义务的标准是“博勒姆标准”［参见“博勒姆诉弗莱恩医院管理委员会案”（1957）］。按照这个标准，在与相关专业领域令人信赖的意见向左时，专业人士的行为构成违反义务。“博勒姆标准”同步涉及实体法律问题和证据法则，已对专业过失法律领域全覆盖，决定着从心脏外科医生到水管工（说实话，他们之间确实有很多共同点）的所有专业人士的法律责任问题。[③]

博勒姆（Bolam）一案是在1957年由麦克奈尔法官（McNair J.）裁决的。乍一看它似乎并没有资格成为医事法的标准案例，但是，在20世纪80年代和90年代早期，它确实被当成了标准判例。对其判决的解读使原告以医师“失职”为由的胜诉概率几乎为零，并且法院否定了对医疗行为的监督权。同时，这一判决扩展到整个医事法领域，很多伦理问题也依据这一判决得到了定性。“博勒姆案”的影响远远超过麦克奈尔法官的预期。因此，从20世纪90年代开始出现了一些尝试，意欲缩小它的影响（尤其上述提到的伦理领域），让它只限于失职的判例，同时重新解读这一判例的判决，让法院不只是一个“橡皮图章”。事实上，值得注意的是，“博勒姆案”引发的问题并不是判决本身，而在于之后法院对它的解读。这些后续的解读扩大了“博勒姆案”的适用范围，所以后续法院对改正这一错误至少负有部分责任，在笔者看来，今天对“博勒姆案”的解读方式与麦克奈尔法官的意图最为接近（虽然还不是完全一致），但在将近40年来，“博勒姆案”

---

① 参见徐爱国编：《英美侵权行为法》，法律出版社1999年版，第74页。

② ［英］查尔斯·福斯特：《医师法》，刘文戈译，译林出版社2020年版，第63页。

③ 同上书，第67页。

一直处于“失控”状态，并且统治着医事法。①

这个案子的事实相对比较简单，约翰·博勒姆（John Bolam）是一家精神病医院的志愿患者，自愿接受抑郁症治疗。医院向他提出实施电休克疗法（Electro Convulsive Therapy，ECT），他同意了。不幸的是，在电休克疗法实施过程中博勒姆出现了严重的骨折。他以三个理由提起诉讼：（1）医院应该在治疗前告知他有发生骨折的风险，这样他才能自己决定是否同意治疗；（2）医院应该给予肌肉松弛药，但事实上并没有给；（3）医院本应该有更多有效的约束性操作以避免骨折。

麦克奈尔法官主张这三点的判定都应该依据合理的医疗实践而定，然而做电休克疗法的医师仅仅遵循他的医疗知识进行操作，按照这家医院当时的电休克疗法规程实施。关键的问题是他的做法是否是一个理性医师会采取的做法，以及如何决定的。法官首先通过对“失职”的定义来裁定这一问题：在一个不涉及任何特殊技能的普通案件中,法律上的“过失”意味着没有做一个理性的（reasonable）人在相同情况下会做的某个行为，或者做了一个理性的人在相同情形下不会做的行为。但是如果在某个情形下涉及特殊的技能或能力，那么对于是否存在过失的判断，标准是无须掌握最高技能。他只要做到拥有常规的（ordinary）这种技能的人常规该做的就可以了。②

虽然作为“博勒姆案”的初步解读不受欢迎，但麦克奈尔在一篇文章中澄清说，为了证明被告的医师是失职的，仅仅证明其他人在相同的情况下会做出不同的举动是不够的：一个医师如果按照特定“可靠的”（responsible）医学群体认为适当的实践来行动，那他就是没有失职的。也就是说，如果某个医师的行为符合公认的实践方法，那就是没有失职，即使他采取的团队意见和自己的意见相左。③

很显然的是，麦克奈尔法官的本意是让陪审团采用规范性的手段。因为他让陪审团来判断医师的责任，这足以说明他们有权对证据进行评估，而不仅是核实证据的存在性。从下面的这段他对陪审团的指示中可以很明显地看到这一意图：你们不一定要判断哪种做法更好，只要你认为医师的做法符合可靠的行为人的普遍接受的做法即可。但是如果证据显示某一种做法比另一种更好，那么这就是更

---

① 参见［英］乔纳森·赫林、杰西·沃尔：《医事法里程碑判例》，王岳主译，北京大学医学出版社 2020 年版，第 26 ~ 27 页。

② 同上书，第 28 页。

③ 同上书，第 28 页。

强的理由。从以上的叙述中，我们可以具体地看到麦克奈尔法官给了陪审团选择采纳被告或原告证据的自由。这一点我们之后还会谈到。但是，法院一开始选择了对这一判决进行描述性的解读。[①]

根据以上阐述，可以确定两点事实，其一，“博勒姆案”作为里程碑案件明确了医疗损害责任中注意义务及其内涵，该等注意义务概念涵盖“已对专业过失法律领域全覆盖，决定着从心脏外科医生到水管工（说实话，他们之间确实有很多共同点）的所有专业人士的法律责任问题”。且处于绝对的支配地位，即“但在将近40年来，‘博勒姆案’一直处于‘失控’状态，并且统治着医事法”。其二，“博勒姆案”确定的司法原则受到批评，《医事法里程碑判例》的笔者乔纳森·赫林和杰西·沃尔即是批评者。

笔者认为，麦克奈尔在“博勒姆案”中确定的普通案件理性的人标准、特殊技能案件常规的技能的人、符合“可靠的”医学群体的实践方法标准等，无疑是正确的，这已经类似于我国《民法典》确立的“当时的医疗水平”标准。抽象概念本身是希望涵盖复杂社会生活或对不同医疗行为的包罗万象，麦克奈尔注意义务标准或概念既科学也概括。迄今为止，注意义务尚未有超越其概念的新的定义即为例证。当然，抽象及高度概括也有弊端，该等弊端来自于抽象本身，即何为理性人标准，何为常规技能的人，“可靠的”医学群体的实践方法标准到底是什么等。但这是具体适用问题，不能用具体适用问题来批判抽象概念本身，即概念本身没有错，是概念如何具体司法适用问题，笔者认为批判者是搞错了批判对象。至于“博勒姆案”其后对知情同意权的修正、对其他伦理领域的修正，是时代发展、观念更新的产物，瑕不掩瑜。

“博勒姆案”确立的知情同意权的边界问题其后进行了修正。但是，最开始的变化源于澳大利亚。在“罗杰斯诉惠特克案”（Rogers v.Whitaker）这一标志性判例中，澳大利亚的最高法院完全否决了“博勒姆案”关于知情同意权和实质性风险的判定，因为法律的目的是保护患者的自主权。因此，因为医疗的选择需要患者决定，而患者的决定是在医务人员所知晓的，患者不知晓的信息基础上做出的，所以单独让医务人员来决定提供给患者信息的数量，这一点是不合逻辑的。

---

① 参见［英］乔纳森·赫林、杰西·沃尔：《医事法里程碑判例》，王岳主译，北京大学医学出版社2020年版，第29页。

在某些情况下，一个理性的人站在患者的立场，若被告知了某种风险，他可能对这一风险加以重视。或者如果医务人员认识到患者被告知了某种风险，就会重视这种风险，那么这个风险就是实质性的。英国的法院采用了这一判决，几乎立即趋避了迪普洛克大法官在“赛德威案”中作出的博勒姆化的判决。①

“博莱索案”（Bolitho）的去博勒姆化或是对“博勒姆案”的修正。“博莱索案”的事实比法律问题简单的多。帕特里克·博莱索（Patrick Bolitho）由于呼吸困难被送到医院。在医院里，他有过三次呼吸受阻发作。他每一次都呼叫了医师，但是医师都没有来。其中有两次他的呼吸变得正常了。但是第三次由于缺氧造成了脑损伤。医学证据表明避免这一结果的唯一方法就是插管。法院面临的法律问题实际上是关于造成这一结果的原因以及如何解读“博莱姆案”。关于对“博莱姆案”的解读，布朗·威尔金森大法官（Lord Browne-Wilkinson）认为法院有权审查，并在“适当情况”下否定医学证据。法院不一定非得接受存在的证据，在定义拒绝证据的“适当情况”时，布朗·威尔金森大法官设定了很高的标准：法院必须认为意见主体可以说明他所提供的意见有逻辑基础；如果（在少数判例中）结果表明专业意见经不起逻辑分析，那么法官有权认为意见主体是不合理的或不可靠的。②

“博莱索案”表明法院不会再盲目地遵循医学实践——这是伍尔夫大法官（Lord Woolf）支持的观点（伍尔夫在2001年写了一篇文章，承认法官过去太过顺从医学专家，但未来不会这样了，并说明了理由）。还要注意的是，正如下面要提到的，“博莱索案”并不是突然的、没有预示的司法转变。相反，它是“去博莱姆化”的一部分，在医事法的其他领域已经开始“去博莱姆化”了。在“博莱姆化”扩张之后，萎缩开始了。③

从前述英国及同属英联邦体系的澳大利亚相关里程碑案例裁判中，或许可以梳理出如下脉络：1957年“博勒姆诉弗莱恩医院管理委员会案”确立了过失或注意义务违反标准，该等标准即为理性的人标准。基于批评，麦克奈尔再次修正自己的观点为“一个医师如果按照特定‘可靠的’医学群体认为适当的实践来行动，

① 参见［英］乔纳森·赫林、杰西·沃尔：《医事法里程碑判例》，王岳主译，北京大学医学出版社2020年版，第37页。

② 同上书，第35页。

③ 同上书，第36页。

那他就是没有失职的”。“博勒姆案”解决的只是过失或注意义务标准问题，对知情同意权并未涉及。澳大利亚的“罗杰斯诉惠特克案”（Rogers v.Whitaker）修正了“博勒姆案”未解决的知情同意权问题并被英国法院作为判例而采纳。“博莱索案”则表明法院对医疗行为的介入并实体审查的开始，表明法院不再轻信由医方提供的证据或说辞，在法院认为医方提供的证据或说辞经不起逻辑分析时，则有权予以否定。

二、美国的医疗损害责任

（一）从巨额赔偿到限额赔偿

随着美国医疗损害赔偿案件数量的激增、标的额的猛涨，医疗责任保险费随之飙升，以致医生无力负担而选择歇业，或者将其转嫁给患者，造成美国式的“看病难”和“看病贵”问题，严重影响了医疗服务的可及性，形成所谓的医疗损害赔偿危机（medical malpractice crisis）。美国医疗损害赔偿危机分别发生在20世纪七八十年代中期，最近的一次始于2002年前后。[①] 从美国最初的医疗损害赔偿制度来看，并没有将医疗损害赔偿与一般的民事损害赔偿区别对待，最基本的表现是采取了民事责任的完全补偿制度（包括经济损失与非经济损失）以及惩罚性赔偿制度。这样一种赔偿制度，结合美国医生的执业制度、责任保险制度，使美国的医疗成本大大增加，并呈现难以遏制的势头。针对这种情况，美国政府对医疗损害赔偿实行限额赔偿。大约一半的州制定了损害赔偿金封顶的法律规定，大多数只限制非货币损害赔偿金，但有少部分限制总的损害赔偿金。[②]

（二）美国过失侵权及其注意义务

美国侵权法源自英国自不待言。美国与英国一样，医疗过失统一适用侵权法。一般而言，美国侵权法调整的是造成他人人身损害和财产损害而应当承担的责任。由于人们所进行的每一项活动都可能成为他人请求人身损害赔偿或财产损害赔偿的依据，因此侵权行为囊括了人类的全部活动。没有一项规则或一组规则能够调

---

① 转引自胡伟为、胡恺为：《美国医疗损害赔偿研究述评》，载《医学与社会》2012年第10期。

② 转引自肖柳诊：《中美医疗损害责任制度改革之比较研究》，载《医学与哲学》2014年第11A期。

整如此广泛的领域。因而，毫不奇怪，侵权法是由大量的规则和不同的法律责任理论构成的。[①] 任何侵权行为均可纳入以下三种侵权行为之一，故意侵权行为（intentionally inflicted injury）、未尽合理注意义务的侵权行为（failure to exercise reasonable care）、适用严格责任的侵权行为（conduct giving rise to strict liability）。这三种侵权责任存在于今日美国的所有法域。在20世纪中后期，侵权法律原则也发生了“革命”。过失责任的相关规则变得越来越易于为原告所接受，而且在产品责任领域，过错原则被广泛采纳的严格责任原则所取代。在过去二三十年间，钟摆摆向了另一个方向。持续不断的“改革”侵权法的立法努力使原告起诉与获得赔偿更加困难。此类改革通常由保险业和医疗界引领，如今已取得相当大的成功。[②]2006年，Avraham指出，以往的研究没有注意相关改革措施的生效时间，而且样本（裁决或判决）具有高度选择性因而造成偏倚。他根据国家医师数据库中的100,000个样本，研究了6种不同的侵权法改革措施对医疗损害赔偿纠纷频率、数量、规模的影响。具体而言，肉体痛苦和精神折磨的赔偿限额和对连带责任的限制这两项措施减少了每年的案件数量，肉体痛苦和精神折磨的赔偿限额和定期金赔偿改革这两项措施减少了平均判决赔偿额，非经济损失限额对年赔偿额有影响，但显著性较弱，6种措施的总影响是，显著（统计学意义上）减少了案件数量，而没有减少裁决额和赔偿额。[③]

在侵权系统下，医疗事故的赔偿适用过错原则，与侵害行为相伴随的人身损害是必须的，但原告必须证明被告的过失行为或不作为实际上导致了损害结果的发生。侵权责任的承担依赖以下三个方面：（1）侵害导致人身损害；（2）过失；（3）因果关系。[④] 美国过失侵权违反注意义务采取通情达理人标准（the reasonable-person standard），但对律师、医师等采取比专业人员要求更高的注意标准。某些领域业已形成一整套的专业知识和卓越行为的公认标准，因此对这些

① ［美］文森特·R. 约翰逊：《美国侵权法》（第5版），赵秀文等译，中国人民大学出版社2017年版，第1页。

② 同上书，第3～4页。

③ 参见胡伟为、胡恺为：《美国医疗损害赔偿研究述评》，载《医学与社会》2012年第10期。

④ Frank A.Sloan et al., *Suing for medical malpractice*, the University of chicago press, 1993, p.92. 参见 Eleanor DeArman Kinney et al., *Protect american health care consumers*, Duke University Press, 2002, p.61。

领域应当建立和适用一种不同于一般的，而是要求更高的注意标准。因此，如果行为人属于某一执业的专业人员，如律师、医生、领航员、建筑师、会计师、牙医、工程师、护士或验光师等，对该行为人的注意标准的界定就会与其所属专业团体相关，如果行为人的行为不符合其所属职业中专业人员通常所具有或者展现出来的知识、技能和平均水平，该行为人就会被认定有过失。因此，行业惯例（customary practices in the profession）通常设立了注意标准。[①] 专业人员的注意标准是以特定职业的“普通的”（ordinary）职业人员的行为来确定的，而不是以该职业中的“平均”（average）注意标准来界定的。这是因为，有太多的专业人士的行为会达不到“平均水平”，并且实际上“平均水平”本身是极难定义的一个概念。[②]

法院也会创造注意标准，医疗损害责任也不例外。Helling v.Carey [519P.2d 981（Wash.1974）（SATL 5th de.，p.297）] 是另外一个对合理行为进行司法解释的著名案例。该案中的被告——一位眼科医生——在对原告进行治疗时，按照不给 40 岁以下的人作青光眼检查的眼科惯例做法，没有给原告实施青光眼检查。实际上，青光眼检查只要实施得当，一般是比较简单、便宜和可靠的。但是如果不通过检查，就基本上不可能发现青光眼这一眼疾。考虑到因不实施青光眼检查的行为可能造成的损害的性质是“严重的和具有破坏性的”以及进行检查只会稍微增加治疗负担，因此法院认定不实施青光眼检查的行为在法律上构成过失行为。法院的这一裁决不仅为该案而且给其后的案件提供了注意标准。法院决定该注意标准不仅适用于未来的案件，而且适用于 Helling 一案的被告（显然，其事先并不知道此项新的规则）。其中原因，可能是因为法院在很大程度上受到了这一事实的影响，即原告并非第一次接受被告的治疗，此前原告已经连续几年接受被告的医疗服务，在这几年的医疗服务当中，被告应该有很多机会给原告实施青光眼检查。[③]

综上所述，美国过失侵权违反注意义务采取通情达理人标准，但对律师、医师等采取比专业人员要求更高的注意标准，实际上即为专家责任，如果医务人员的行为不符合其所属医疗行业中专业人员通常所具有或者展现出来的知识、技能

① 参见［美］文森特·R. 约翰逊：《美国侵权法》（第 5 版），赵秀文等译，中国人民大学出版社 2017 年版，第 64 页。

② 同上书，第 65 页。

③ 同上书，第 71 页。

和平均水平，就会被认定有过失。另外，法院也会基于个案创造注意标准。

（三）医疗过失

1. 医疗过失专家证人的依赖

因为各种专业实践的错综复杂性超出了陪审员的知识范围，在判断某一个具体行为是否构成过失时，专家证言通常是必不可少的。在没有专家证言的情况下，执业过失之诉通常会败诉。更确切地说，专家不但要证明自己在同等情况下会采取不同于被告的行为方式，而且还必须证明被告的行为方式是有过失的。例如，在 Boyce v.Brown［77P.2d 455（Ariz.1938）（SATL 5th ed.，p.282）］一案中，原告诉称，本案被告医生在对其足踝疾患进行治疗时，没有使用 X 光片探测先前已嵌入其足踝中的螺丝钉，因此该医生的治疗行为是有过失的。原告一方的专家证人证明，在同等情况下，他会给原告拍 X 光片，当时该专家证人并没有证明被告没有拍 X 光片的行为是有过失的行为。因此，法院作出了对被告有利的判决。Boyce 一案中的法院注意到，如果被告的行为存在非常明显的过失，即便是一个外行人也可以毫不费力地就认识到这是一种专业过失，原告就无需提供专家证言。比如外科医生把不该截去的肢体截去了，此时就无需专家出庭作证了。在 Boyce 一案中，法院认为没有拍 X 光片是否存有过失的行为仍然需要专家证言来证明。

Boyce 一案的判决展示了适用于执业过失之诉的注意标准如何保护专业判断的行为。只要一名医生从事了通常谨慎的医生在当时情形下都不会从事的行为或者没有从事每个通常谨慎的医生必须从事的行为，该医生就是有过失的。在此宽广的两极之间，存在自由裁量的广阔空间。在这些案件中，一些专业人士会以某种方式合理地行为，而其他专业人士则会以另外一种方式合理地行为。仅仅是专业人士就采取何种方式存在分歧这样的事实并不意味着这些专业人士是有过失的。不过，需要注意，专业判断有时免于承担责任这样的事实并不意味着情况总是如此。有害的作为或者不作为涉及专业判断并非执业过失之诉的抗辩事由。只有在专业人员合理地行为时，专业判断才能免于被陪审团作事后批评。[①]

---

① 参见［美］文森特·R. 约翰逊：《美国侵权法》（第 5 版），赵秀文等译，中国人民大学出版社 2017 年版，第 66 ~ 67 页。

2. 当地的医疗水准说修正

由于早期的医学教育并没有规范化，而且医学知识在美国各地也存在较大的差异，所以医学界的注意标准最初就是参照相同或近似地区的惯常注意标准来确定的。随着教育、交通和技术的进步，最初定义医学界注意标准的原因也在很大程度上逐渐地消弭了，于是很多州的法院也逐步放弃了医学界注意标准的地区要求，特别是在涉及医学专家的案件中完全放弃了该限制，各州法院的这一实践恰好体现了“法律理由消失后，法律本身随之消失”（cessante ratione legis，cesst et ipsa lex）这一古老的法律格言。随着法律朝着这一方向的进一步发展，在当地的医疗职业人员之间存在彼此不作证反对其同行的默契时，法院可以确保来自其他地区的专家出庭作证。①

3. 知情同意

因为所有的过失侵权诉讼都要求有证明表明损害是违反义务所造成的后果，因而在有关“知情同意”的诉讼中，患者不但要证明医生没有履行告知义务，还要证明未履行告知义务的事实与某些损害之间存在因果关系。也就是说，如果陪审团或法院相信，即使患者在完全知情的条件下，还是会同意接受同一治疗方案，该患者就没有相应的诉由。当然，陪审团或法院很难确定当初患者如果对治疗方案完全知情，是否仍会决定同意同一治疗方案，因此美国各法院在适用何种标准来探测患者的意愿问题上存在较大分歧。在 Scott v.Bradford［606P.2d 554（Okla.1979）（SATL 5th de.，p.288）］一案中，患者在接受子宫切除手术后经历了许多术后综合征。在进行手术之前，患者的外科医生由于疏忽而没有告知义务的行为导致了原告同意接受手术，并且因为手术而使患者遭受了各种并发症的痛苦时，适用的是一个主观的标准，即是否有可信的证据表明该特定的患者（this particular patient）在完全知情的条件下不会同意接受手术。根据这一标准，原告只需提供有利于自己的证言即可满足其举证责任的要求，因此这一主观标准的运用会鼓励原告作伪证，或者因为原告的证言受其自身利益的影响而令人质疑该标准的可靠性。

美国大多数法院已经摒弃了这一主观标准，而采纳了一种客观的判断标准。

① 参见［美］文森特·R. 约翰逊：《美国侵权法》（第 5 版），赵秀文等译，中国人民大学出版社 2017 年版，第 67 页。

根据该客观标准，法院应当确定一个理性人在知晓风险和其他替代治疗方案的情况下，是否会同意接受治疗。这一判断标准的理论依据是，如果一个理性人会拒绝接受某一治疗方案，那么特定案件中的原告同样也会拒绝接受相同的治疗方案。由于这一客观标准的判断依据是一个假设的理性人在完全知情的条件下会采取何种行为，而不是原告在知情的条件下会采取何种行为，因而该标准在一定程度上就牺牲了特定患者作出自我决定的权利。在许多情况下，人们应当有权对其个人事务采取不合理的行为。法院在决定是适用主观标准还是适用客观标准时，主要应考虑哪一种判断标准的适用才能最准确地查明，如果医生履行了适当的告知义务，真实情况又会如何。

正如上述 Scott 一案所表明的，在基于“知情同意”理论而被提起的诉讼中，医生可以主张某些特定的抗辩理由。具体而言，在下列情况下医生无需履行告知义务：（1）治疗的风险是人尽皆知的，或者患者实际上已经获悉治疗的风险（例如患者本人也是在相同医疗领域执业的医生）；（2）在紧急情况下，患者自身根本无法决定是否接受治疗（例如救助车祸中严重受伤的受害人的情形）；（3）有特定而且明确的事实表明，如果将相关事实完全告知患者会不利于患者的治疗和最佳利益（例如告知患者有关情况会使患者本已岌岌可危的心脏病进一步恶化）。最后一种例外不能被过分扩大解释以至于削弱了知情同意原则。在特定的案件中，患者的年龄、智力和精神状况、患者作出决定的复杂程度和重要性以及患者过去对危险的反应都可能是相关因素。如果医生获得了患者的同意，但并没有履行其对患者的告知义务，患者就可以对医生提起过失侵权之诉，因为医生的行为背离了要求其履行告知义务的职业标准。如果医生的治疗完全是未经患者同意而擅自所为，患者就可以对医生提起故意伤害（battery）之诉。对侵权之诉进行分类意义十分重大，仅举一例为证，故意侵害之诉可以获得惩罚性赔偿，而过失侵权之诉则不适用惩罚性赔偿。在一些州，普通法上的知情同意原则在医疗领域被制定法发展扩充或者取代了。[①]

《美国统一医疗信息法》《病人权利典章》等法律确定了患者的如下权利：有权了解对其病情的医疗决定及所有治疗建议的措施；有权了解医疗和护理上适宜

① 参见［美］文森特·R. 约翰逊：《美国侵权法》（第 5 版），赵秀文等译，中国人民大学出版社 2017 年版，第 69 ~ 70 页。

的替代方法；有权了解实质性的风险；有权了解为其服务的医务人员的身份和职业状态；有权了解结算的总账单的分项和详细解释；有权了解病历、化验等各种与其病情有关的资料。①

（四）医疗产品损害责任

在过去的一百年里，产品责任法是侵权法的诸多领域中变化最大的一个。这其中，产品责任法经历了无责任原则、过失责任原则和严格责任原则这几个阶段，随后，在一些州，产品责任法的发展方向发生了逆转，如今在许多（但并非全部）案件中，事实上采取了过失责任标准。②

1. 在美国产品责任为严格责任

现在，在缺陷产品引起的侵权案件的审理中，美国所有的法院都采用了某种形式的严格责任原则。一般认为，关于严格责任的研究，应以《侵权法（第二次）重述》第 402 条 A（§402A of the Restatement，second，of Torts）为起点。本条款的规定曾经是几乎所有美国各州的法律，即使在《侵权法（第三次）重述》开辟了略有不同的路径并且在许多方面获得支持之后，许可法域的产品责任法仍然是受《侵权法（第二次）重述》第 402 条 A 的影响。③

《侵权法（第二次）重述》之下，针对有关处方药的涉及缺陷的分析集中在第 402 条 A 的评论 K 部分。评论 K 的主题是"不可避免的不安全产品"(unavoidably unsafe products)。评论 K 采取如下立场：根据人们现有的认识水平，有些产品很难被制造得足够安全以满足预期的日常使用。这在药品领域尤为常见，此类产品，如果准备得当，再辅以适当的使用说明与警告，并不存在缺陷，因此也就不存在不合理的危险。许多法院认为，评论 K 在有关处方药设计缺陷的诉讼中排除了严格责任的适用。还有一些法院则认为，评论 K 只是为那些经过个案判断被认定为"不可避免的危险的"处方药设置了例外规则。至少一个法院拒绝采纳评论 K，

---

① 参见黄薇主编：《中华人民共和国民法典侵权责任编释义》，法律出版社 2020 年版，第 150 ~ 151 页。

② ［美］文森特·R. 约翰逊：《美国侵权法》（第 5 版），赵秀文等译，中国人民大学出版社 2017 年版，第 161 页。

③ 同上书，第 161 ~ 162 页。

认为处方药并不能免于设计缺陷诉讼。①

2.《侵权法（第三次）重述：产品责任》和“缺陷”的定义

如今，有关产品缺陷的三种类型划分清晰地体现在《侵权法（第三次）重述：产品责任》中。第1条：商业性销售者或分销商对缺陷产品造成的损害承担的责任。从事销售或分销产品的出售者，对于所销售或分销的缺陷产品导致的人身或财产损害承担责任。第2条：产品缺陷的分类。产品存在缺陷，如果它在售出或转销时存在制造缺陷、存在设计缺陷或者因为缺少充分的说明或警告而存在缺陷。一种产品：（a）存在制造缺陷——如果产品不符合预定的设计，即使被告在准备和销售产品时尽了所有可能的注意义务；（b）存在设计缺陷——如果产品引起的可预见的危险性可以由出售者或其他分销商通过采用另外一种合理的替代设计来减少或避免，或者由于商业流转过程中前一出卖者的行为以及没有采取替代方案而导致产品存在不合理的危险；（c）因为缺少充分的说明或警告而存在缺陷，如果产品引起损害的可预见的危险本可以通过出卖者或其他分销商的合理说明或警告而减少或避免，或者由于商业流转过程中前一出卖者的行为以及没有进行说明或警告而导致产品存在不合理的危险。正如第2条（a）的语言所表明的，产品制造缺陷仍然明确适用严格责任规则。然而，第2条（b）和第2条（c）所使用的“可预见性的”（foreseeable）、“合理地”（reasonably）这些术语意味着，涉及缺陷和未能警告缺陷如今主要适用过失责任。不过，即使在这些案件中，就销售者需要对制造商的过失行为承担责任而言，责任仍然是严格的。②

3. 部分州将服务提供者排除在缺陷产品严格责任之外

一些通常意思上的“销售者”，由于它们是（至少部分是）“服务提供者”而不是“产品销售者”的缘故，而被免除了严格责任的适用。例如，药店不受严格责任的调整，因为药剂师提供专业技术人员的服务。有几个州通过法案［有时称为“血液保护法”（blood shied laws）］，规定血液销售是一种服务，以此免除血库和医院对于由输血导致的肝病、艾滋病和其他不良症状的严格责任。③

---

① ［美］文森特·R. 约翰逊：《美国侵权法》（第5版），赵秀文等译，中国人民大学出版社2017年版，第166页。

② 同上书，第167页。

③ 同上书，第163页。

第三节

法国、德国、日本的医疗损害责任

一、法国、德国的医疗损害责任

（一）《法国民法典》《德国民法典》侵权责任及医疗损害适用

大陆法系典型代表国家法国、德国没有医疗损害责任的专门法律，医疗损害责任适用民法典中的侵权责任。不同于英美判例法，大陆法系具有明确的侵权概念。作为自然法学的集大成者，《法国民法典》以高度抽象的方式对一般侵权责任原则作出了规定，这就是 1804 年《法国民法典》第 1382 条。在现代法国，侵权责任除了《法国民法典》第 1382 条和《法国民法典》第 1383 条所规定的过错责任外，还包括其他各种侵权责任。[①] 在法国，所谓责任（responsabilité ）就是对其行为（actes）负责（respondre）的债务（obligation）。[②]《法国民法典》第 1382 条规定 ：“任何行为使他人受损害时，因自己过失而致行为发生之人，对该他人负赔偿责任。”该条款广泛适用于各种侵权行为，对后世立法产生了巨大影响，堪称经典条款。但批评者认为，在所有的欧洲民法典中，《法国民法典》给法院的指示最少。其作者只是对表达“永恒的真理”感兴趣。他们只是对规定“对任何人的损害”一类的原则有兴趣，这样的原则很难作为可以适用的法律规则，它们也只能被归入有限的适用范围。对具体问题寻找解决方案不是立法者所关注的问题。《法国民法典》给予法院的指导原则没有超出第 1382 条和第 1383 条（《法国民法典》第 489-2 条为例外）所构成的三个构成要件。这三个构成要件是 ：过错，因果关系和损害。基本规则变成了一个一般条款，并从那时起，法国法院就

① 参见张民安 :《现代法国侵权责任制度研究》(第 2 版)，法律出版社 2007 年版，第 3 页。

② 同上书，第 17 页。

不得不从这一规定开始发展基于过错责任的民事责任法。①

当《德国民法典》带着抢法国之风头的明显目的于1900年1月1日登上欧洲舞台的时候，它能借鉴两个外国模式。《德国民法典》的起草者甚至认为《法国民法典》的起点都是不可接受的："将解决应当由立法解决的问题之职能交给法院，既不符合草案的本意，而且从德国人民对法官的职能之一般观点来看也是不能接受的。"《德国民法典》的起草者通过对侵权性的各种特征的区分向前迈进了一步："对权利的侵犯"（Rechtsverletzung,《德国民法典》第823条Ⅰ）、"违反保护性规定"（Schutzgesetzverlezung,《德国民法典》第823条Ⅱ）和"违反善良风俗"（Sittenverstoss,《德国民法典》第826条）。这样《德国民法典》就将"各种诉因类型化"，而欧洲其他国家都是跟着《法国民法典》的模式将其揉合在一条统一的一般条款中。但是,《德国民法典》没有给法院创制"独立的法官制定的侵权行为法"之权力留下任何余地：他们的权力尽可能地受到民法典的限制。但是，德国立法者为阻止侵权行为法这样的进一步发展所建立的藩篱很快就被打破了。《德国民法典》把门关得太紧,就如同《法国民法典》把门开得太大了一样。在欧洲法典化的侵权行为法中，只有《德国民法典》设立了一个包含对受到法律保护之利益完全列举的基本侵权行为法条文。②

1900年之《德国民法典》第823条第1款规定："因故意或过失不法侵害他人的生命、身体、健康、自由、所有权或其他权利者，负有赔偿他人因此所生损害的义务。"比较法、德两国的侵权概念可以得出，实际上两者的主要差距在于，《德国民法典》中侵权行为构成要件包含了"行为的不法性"之概念，其原因正如canris所指出那样："出于对法律政策的考虑，使得德国建立了一个基于一般条款的更具有可预测性的侵权行为法制度。"③

具体到医疗事故或医疗损害赔偿而言，法德两国均坚持过失侵权原则。尽管在医疗过失人身损害赔偿中，德国民法存在违约与侵权责任的竞合，但由于违约责任中不承认抚慰金请求权，因此以人身损害为中心的医师与有契约关系的患者

---

① 参见［德］克里斯蒂安·冯·巴尔：《欧洲比较侵权行为法》（第2版）（上卷），张新宝译，法律出版社2004年版，第18～19页。

② 同上书，第21～22页。

③ ［德］克里斯蒂安·冯·巴尔：《欧洲比较侵权行为法》（第2版）（上卷），张新宝译，法律出版社2004年版，第19页之脚注［23］。

之间的责任问题，大半根据侵权行为责任处理。[①] 法国法具体到医疗事故损害赔偿中有其特殊之处，因法国否认医疗损害侵权与违约责任竞合的原则，然而必须额外阐明的是，在法国医疗事故责任法的核心问题上，适用合同法抑或侵权行为法并无实质重要性，因为认定过错（faute）的标准都是一样的，《法国民法典》中并无治疗合同法条款。[②]

在法国，医疗机构有公立与私立之分。其中，私立医院具有私法人地位，受民事法律规范调整，相关争讼由普通法院（民事法官）受理。公立医疗机构属于公务法人，具有公法人地位，其医生及管理人员具有公务员身份。公立医疗机构的工作人员在履行职务过程中给患者造成损害的，将由其所在的医疗机构为其承担赔偿责任。最近十几年，在两个法院体系（普通法院体系和行政法院体系）的最高法院的共同努力下，公、私立医疗机构赔偿责任制度日渐趋同，并最终形成统一的立法。[③]20 世纪 90 年代前，在法国，因医疗公务造成损害的赔偿案件并不适用统一的归责原则，存在对医疗公务组织与运行活动适用一般过错归责原则、对医疗行为适用重过错原则的二元责任体制。[④] 法国议会在最高行政法院百十年来形成的系列判例规则的基础上，于 2002 年 3 月 4 日制定了一部统一适用于公、私立医疗机构的《患者权利及医疗质量保障法》。该法律对《大众健康法典》的相关条文作出修改，一方面在新的第 L.1142-1 条 §1 中重申医疗机构原则上只对过错行为承担赔偿责任的原则，另一方面为该原则设定两种例外情形。首先，对于患者在住院期间受到的感染，除非医疗机构能够证明系其他原因所致，否则医疗机构的过错将被推定成立。其次，在无法按照《大众健康法典》第 L.1142-1 条 §1 追究医疗机构责任时，如果可直接归因于诊疗行为的医疗事故、医源性感

① 参见［日］浦川道太郎：《德国的专家责任》，梁慧星译，载梁慧星主编：《民商法论丛》第 5 卷，法律出版社 1996 年版，第 537 页；［德］克里斯蒂安·冯·巴尔：《欧洲比较侵权行为法》（第 2 版）（下卷），焦美华译，法律出版社 2004 年版，第 358 页。

② 参见［德］克里斯蒂安·冯·巴尔：《欧洲比较侵权行为法》（第 2 版）（下卷），焦美华译，法律出版社 2004 年版，第 358 页。

③ 参见张莉：《医疗纠纷与赔偿责任体系建立——法国医疗赔偿制度最新发展及启示》，载《行政法学研究》2015 年第 5 期。

④ CE Sect.8 nov.1935，Dames Vion et Philiponneau，deux arr ê ts，Rec.1019 et 1020. 转引自张莉：《医疗纠纷与赔偿责任体系建立——法国医疗赔偿制度最新发展及启示》，载《行政法学研究》2015 年第 5 期。

染给患者造成了与其初始病情可预见发展毫无关联的严重损害，受害人可以基于全民互助原则向特定公立机构（赔偿基金）请求赔偿。[①]

（二）注意义务的违反及当时医疗水准说

在法国及德国，医师注意义务的违反将构成医疗侵权或医疗损害责任，法德等大陆法系国家判断专家责任的注意义务标准与英美法系没有明显区别。在过失责任的范围内，专家责任也获得了相当的独立性，但在所有权侵害和健康损害领域内，专业资格也成了延伸出大量注意义务的源泉，即“是否”存在以及“在何种程度上”存在应有的注意义务。在某些领域内——特别是医疗事故责任——的发展甚至超出了过失责任的范畴，一旦《欧共体服务业责任指令》生效，就会产生一个在实际效果上至少和产品责任法同样严格的责任制度，严格责任甚至超过后者。德国侵权法上注意义务来源的重要案例之一是德国帝国最高法院1921年9月29日的判决（载RGZ 102，第372页），它是德国司法在注意义务领域内的重要判决之一：一屠夫被要求将一患炭疽病的奶牛杀掉。他感染了病毒，因而起诉兽医没有警告他，尽管“没有作为保护他人免于损害的一般法律义务的规定”存在，德国帝国最高法院还是支持了屠夫的诉讼请求。在涉及兽医的案件中，情况被认为是不相同的；因为“从事此类专业或营业的人员的人负有一般的法律义务，质言之，即注意义务”。[②]注意义务在“何种程度上”存在，法国侵权法上的来源之一为法国最高法院民事审判庭1993年6月9日判决（载Sem.Jur.1994，Ⅱ，22202）：如果一个麦芽厂委托垃圾处理上不具有专业性（也无需有专业性）的拆建公司同时将碎屑处理掉，就必须告知拆建公司碎屑中的大麦渣可能污染地下水的危险。麦芽厂因其专业知识（en sa qualite de professionnal）必须考虑到和采取措施应付此类危险；以为碎屑无害而将其倒进由废矿产改造的人工湖的拆建公司则无过错（faute）。因为后者缺乏专业知识，这里甚至不能构成监管（garde）关

① 张莉：《医疗纠纷与赔偿责任体系建立——法国医疗赔偿制度最新发展及启示》，载《行政法学研究》2015年第5期。

② ［德］克里斯蒂安·冯·巴尔：《欧洲比较侵权行为法》（第2版）（下卷），焦美华译，法律出版社2004年版，第354页之脚注［730］；［德］克里斯蒂安·冯·巴尔：《欧洲比较侵权行为法》（第2版）（上卷），张新宝译，法律出版社2004年版，第146页之脚注［619］。

系的转移。[①]

医生的义务包含了一般注意义务所要求的一切内容，如可能是组织、监督、保密义务，当然也包括谨慎诊断的义务。组织义务可参见德国联邦最高法院1992年3月10日之判决（载NJW1992年，第1560页），即新手进行手术时应确保专业医师在场。同时也可参见德国联邦最高法院1994年2月1日之判决（载VersR1994年，第562页），即儿童医院的首席医生有义务通过组织措施确保：对用于早产儿暖箱的橡胶热水袋至少应记录购买时间；每一次使用前都必须仔细检查，在相对短的使用期之后就必须扔弃。监督义务可参见法国最高法院民事审判庭1989年5月31日之判决（载Bull.civ.1989，Ⅰ，219），即麻醉医生未对儿童提供充分的手术后看护。[②] 德国法上注意义务的违反也包括适当的转诊义务，一个诊断结果虽正确但应当知道因本人缺乏足够的知识和设备不能单独承担进一步治疗措施的医生，必须拒绝对病人进一步的治疗和将病人转给专科医生或者医院，这一点是没有争议的，否则就构成“因缺乏预见性而承担过重任务的过失（Uebernahmeverschulden）”。[③]

专家责任的核心要素有两方面，一方面，他们在经济和社会生活中的显要地位不再伴生责任法方面的特权地位，恰恰相反，正是其对经济和社会生活的重要性而被要求了更高的责任性；另一方面，这一群体中的成员只需尽其所属群体的合理谨慎标准。他们不负有侵权行为法意义上的严格的结果义务，也无需显示最高超的专业技巧；一个公认的法则是，“拥有从事某一特殊职业的胜任之人的通常技巧就足够了”。[④]

当然，一个医生必须跟上医学的发展和不断补充自己的知识，而不能只停留在求学期间获得的知识层面上。起决定意义的是治疗时医学达到的水准，而这一水准原则上甚至也适用于职业新手。[⑤]

---

① 参见［德］克里斯蒂安·冯·巴尔：《欧洲比较侵权行为法》（第2版）（下卷），焦美华译，法律出版社2004年版，第354页之脚注［713］及第353页。

② 同上书，第364～365页及脚注［796］［797］。

③ 参见同上书，第366页及脚注［806］；德国联邦最高法院1952年11月27日之判决，载BGHZ 8，第138页。

④ 同上书，第355页。

⑤ 同上书，第368页。

（三）知情同意及举证责任

医生在治疗（基于诊断目的或直接的治疗目的）前必须正确地告知病人疗法所附带的风险，这已为欧洲各国共同认可；略有不同的只是医生在特定情形下（除非病人从一开始就放弃其资讯权利）具体应阐述到什么程度。该告知义务的保护客体主要是已经带有人格权色彩的病人自主决定权，而首先不是健康权利。充分履行了告知义务并不能免除治疗失败的责任；医学上毫无瑕疵的治疗也不阻却未充分履行告知义务的责任。医生不能试图为病人作任何利弊权衡；后者应自己决定，他认为什么是有意义的。[①] 可以肯定的是，告知义务的范围取决于医疗措施的治疗价值。对单纯的美容手术——除了将一些基于心理动机的手术本身就视为侵权行为外——法院要求，医生对病人就手术效果、手术风险、无法消除的变形、伤疤及对健康的影响等提供广泛的信息。如果手术不具有正面“必要性”，施行手术与否只是取决于病人的安全需要（如妇女是否患子宫癌和有患子宫癌的风险，只有在切除后才能完全证实），医生必须就这一状况和病人商量；病人根本未表示可否就切除了子宫，则构成医疗错误。治疗的医生欲使用尚未普遍的疗法，换句话说，一定程度是拿病人作实验时，负有详细的告知义务。除此之外，能够上升到一般性的也就只是，履行告知义务时也必须遵循一个合理谨慎医生之标准。他会考虑病人的理解能力、病人的状态、疾病及治疗的类型和严肃性，可能的风险和复杂性，并考虑可供选择的替换治疗方法和在与病人交谈的过程中涉及这个问题。另外，一个法律制度也不能夸大地要求医生向病人阐述一切遥远的风险。因为这样做的后果是，许多病人会拒绝实际上对其有利的手术。[②]

医疗责任事故法和产品责任法及环境赔偿法一样也发展了众多的举证责任特别条款。医生必须证明他在进行侵害病人身体完好性的治疗手术之前已经对病人做了充分说明，这一观点被越来越多地接受了，法国法现在的情形就是如此。法国最高法院民事审判庭 1997 年 2 月 25 日判决（载 D.1997 年，IR81）：负有合同或法定告知义务者必须举证他已经履行了该义务。虽是只言片语（后由法国最高法院民事审判庭 1997 年 10 月 14 日的判决确认），却推翻了法国数十年来原则上

---

① ［德］克里斯蒂安·冯·巴尔：《欧洲比较侵权行为法》（第 2 版）（下卷），焦美华译，法律出版社 2004 年版，第 369 ~ 370 页。

② 同上书，第 370 ~ 371 页。

完全相反的司法实践，以往始终必须由病人举证未被正确告知的事实。[①]

德国法在病历义务上采推定过失。德国法院对病人的利益的保护则因为仅施加了医生及医院相对广泛的病历义务而是有所保留的（但也是仅有保留）。违反这一义务将在不同程度上减轻病人的举证责任。如当病历记载不完全或不正确时，既可以推定未被记载的措施实际也未被实施，也可以推定未达到的治疗效果是源于医疗不当行为。[②]

（四）医疗损害鉴定

《德国民事诉讼法》第404条第1款对法官启动鉴定程序的权力作出规定，鉴定人的选定与其人数，均由受诉法院决定。[③] 医疗损害责任鉴定亦然，由法官发起并遴选确定。

在医生责任鉴定上，德国在20世纪七八十年代时，曾存在医生相互包庇的问题。有一句俗话叫作“鸟儿不啄同类的眼睛”，因此而相互袒护。法院认识到了这样的问题，对这样的鉴定结论的信任度大打折扣，同时进行了司法重点的转移。在鉴定程序上，鉴定是必经程序，但不是法定程序。遇到问题时，法官必须组织鉴定，如果法官自己的判断与专家的鉴定意见相左，则法官在判决书中必须作出说明，说明自己意见的理由，否则，判决将会被撤销。法官的医疗事故鉴定，是法官依据程序进行的。每一个医生都有义务就需要鉴定的问题为法官作出鉴定结论。在每一个法院，都有一个列表，像候选人名单一样，列出每一个能否作为鉴定人的医生名单，以及在哪些领域里哪些医生最为权威。审理案件时，法官需要鉴定的，就从中确定鉴定人。[④]

（五）现代欧洲医疗损害责任具有相对独立地位

在专家责任范畴之内，健康业从业者责任——这里首先当然是指（但并不仅指）医生和医院责任——长期以来受到了特别的重视，甚至对法院的组织结构也

---

① ［德］克里斯蒂安·冯·巴尔：《欧洲比较侵权行为法》（第2版）（下卷），焦美华译，法律出版社2004年版，第361页及脚注［779］。

② 同上书，第363～364页。

③ 参见《德意志联邦共和国民事诉讼法》，谢怀轼译，中国法制出版社2001年版，第99页。

④ 参见杨立新：《医疗侵权法律与适用》，法律出版社2008年版，第24～25页。

产生了影响。如德国的上诉法院都设有特殊的合议庭集中处理本地区的医疗责任事故。现代欧洲医疗事故责任法能够取得相对独立地位显然与施加在这一职业群体上的特别注意义务密不可分。核心内容各国都一样，所不同的只是它们所归属的法律框架。[①] 在德国，最近 15 年内，法院内部有一个分工，有专门审理医生责任案件的合议庭，只受理这类案件，因此，审理这类案件的法官就成了这类案件的专家，对鉴定意见能够进行判断，作出自己的意见。[②]

（六）医疗产品损害责任

1. 德国法上的产品责任

生产者责任是 20 世纪的产物。它是工业化对责任法影响的结果。人们越信赖企业内安全的设计和生产，在使用时人们就越依赖生产者保障任务（Sicherungsaufgabe）的履行。此外，货物的销售与流通环节上还经常以批发贸易和零售贸易方式实现，其中的具体细节经常被保密。制造者责任（Herstellerhaftung）应当揭开流通环节的隐秘。[③] 产品责任会产生基于《德国民法典》第 823 条第 1 款的侵权责任以及基于欧共体《产品责任法》的专门法律责任等。德国除对药品责任有专门规定外，并无专门的医疗产品损害责任，统一适用产品责任。

（1）基于《德国民法典》第 823 条第 1 款的侵权责任

德国侵权法的规范同样很少为生产者责任而设置。《德国民法典》第 823 条第 1 款中的过错责任作为一般责任条款，在因违反生产者特有的交往义务时会被考虑到。而审判实践通过义务违反之证明责任的转移将此予以了简化。如果存在缺陷，即与安全相关的有违交往的产品状态被确认，那么生产者必须为自己脱责，亦即必须阐明其不能预见且不能避免该缺陷。生产者责任场合下的证明责任被分成不同的等级。受害人对于产品缺陷及该缺陷对损害的影响承担证明责任。不过，他可受益于证明责任的减轻。因此，在存在缺陷时，生产者必须从过错角度来免责（BGHZ 51, 91; NJW1999, 1028）。这也适用于必备的、但被疏忽的指示说明（BGH

---

① 参见［德］克里斯蒂安·冯·巴尔：《欧洲比较侵权行为法》（第 2 版）（下卷），焦美华译，法律出版社 2004 年版，第 357 ~ 358 页。

② 参见杨立新：《医疗侵权法律与适用》，法律出版社 2008 年版，第 25 页。

③ 参见［德］埃尔温·多伊奇、汉斯 – 于尔根·阿伦斯：《德国侵权法——侵权行为、损害赔偿及痛苦抚慰金》（第 5 版），叶名怡、温大军译，刘志阳校，中国人民大学出版社 2016 年版，第 129 页。

VerR 1990，99）。缺陷在损害中的典型影响也将成为表见证明的客体。生产者责任的核心概念是缺陷。商品的性能不足被视为缺陷，因此其使用无法符合计划的目的，或使用会给购买者或他人带来危险。也就是说，缺陷是对正常性能的背离。侵权性的生产者责任是一种与过错相关联的责任。如果生产者不能认识到或防止缺陷，则其不承担责任。德国生产者责任的类型包括设计缺陷、制造缺陷、说明缺陷。①

（2）欧共体的《产品责任法》

基于欧共体理事会 1985 年的一项指令，《产品责任法》（PHG）从 1990 年开始生效。以这部法律履行了将欧共体指令转化为国内法的义务。同样的转化在所有的欧共体成员国业已完成。该法所称缺陷，如果一个产品不能提供一种合理期待的安全，则该产品存在缺陷（《产品责任法》第 3 条）。受害人必须在诉讼程序中主张和证明产品缺陷、损害、因果关系以及作为请求权相对方的产品生产者身份。如果产品缺陷致人死亡，或致身体或健康受损，或者致使物毁损，则受害人对由此遭受的损害可要求赔偿（《产品责任法》第 1 条）。②

（3）竞合

欧洲法院对《欧共体指令》第 13 条（由《产品责任法》第 15 条第 2 款所转化的欧共体法规范）作如下解释：当责任涉及隐藏的缺陷或基于其他根据的过错时，且这些同样具有《产品责任法》上的责任限制时，则并不会排除国内法上的合同责任和非合同责任（EUGH NJW 2006，1409，Tz.47n–Bilka）。而且，对于那些不能适用《产品责任法》的经济参与者，民法和其他特别法也可以令其承担责任。但《产品责任法》在一些方面减轻责任时，例如，在生产者方面，侵权法却使这种责任继续行进。如果自己承担的数额被消除，或者超越了责任最高限额，则要探寻民事责任法的规定。③

（4）药品责任

《药品法》为特别法，根据《产品责任法》第 15 条，适用《药品法》时排除《产

① 参见［德］埃尔温·多伊奇、汉斯－于尔根·阿伦斯：《德国侵权法——侵权行为、损害赔偿及痛苦抚慰金》（第 5 版），叶名怡、温大军译，刘志阳校，中国人民大学出版社 2016 年版，第 130 ~ 133 页。

② 参见同上书，第 134 ~ 135 页。

③ 同上书，第 137 页。

品责任法》的适用。根据《药品法》(AMG)第84条第1目，因使用药品致人死亡或者给身体或健康造成重大伤害的，企业主应承担损害赔偿责任。如果药品在正常使用时(未超剂量使用)具有致害作用,就医学知识来看超过了合理的程度，且是由研发或者生产阶段的原因造成的，那么成立赔偿义务。根据《药品法》第84条第2目，如果损害是由不符合医学知识的药性描述或者使用说明所引起的，同样产生损害赔偿责任。这里与其说是危险责任毋宁说涉及更多的是过错责任，因为是否符合医学知识显然是以药品投放市场这个时间点来看的，如果背离了科学的标准，那么通常都存在过错的。如下以《德国民法典》第823条为基础的判决就属于这种情况(BGH NJW 1972，2217)：短效麻醉剂“Estil”只能静脉注射，应避免和动脉发生任何接触。生产商没有特别清楚地指出，该药剂不能注射仅靠近动脉的静脉中，被视为说明缺陷。①

根据《药品法》第84条第3款的规定，由制药企业承担释明和证明责任：药品致害作用的原因不存在于研发和生产阶段。药品责任的范围是有限制的。根据《药品管理法》第88条，对一个损害事故的最高责任限额为60万欧元，对一个供应商的多个损害事故的责任限额为1.2亿欧元一次性赔偿金，或者每年720万欧元的定期金。《药品法》也规定了痛苦抚慰金的支付及《药品法》其他法条的不受影响适用。《药品法》还规定：需以保险的形式建立赔偿准备金，对于药品临床试验必须提供事故保险的保护等。②

2. 法国法上的产品责任

法国法上的产品责任，在欧共体《产品责任法》生效前，展示了其多重属性。在法国，产品的生产商或批发商，就其产品瑕疵所导致的消费者或受害人人身或财产损害所承担的侵权责任,其法律依据是《法国民法典》第1382条和第1383条。然而，为改善消费者的地位，法国学者认为，因产品瑕疵而产生的侵权责任，应当适用《法国民法典》第1384条第1款。③

适用《法国民法典》第1382条的主要理由为，法律就产品销售遵从契约相

① 参见[德]埃尔温·多伊奇、汉斯－于尔根·阿伦斯：《德国侵权法——侵权行为、损害赔偿及痛苦抚慰金》(第5版)，叶名怡、温大军译，刘志阳校，中国人民大学出版社2016年版，第194～195页。

② 同上书，第195页。

③ 参见张民安：《现代法国侵权责任制度研究》(第2版)，法律出版社2007年版，第253页。

对性原则，生产商仅对契约相对方承担瑕疵担保责任，当交付产品存在隐蔽瑕疵时，买受人可根据《法国民法典》第 1641 条要求生产商及批发商承担隐蔽瑕疵担保责任，但不允许不存在契约关系的第三人向生产商或批发商主张前述瑕疵担保，无契约关系的第三方仅能根据《法国民法典》第 1382 条或第 1383 条主张过错侵权责任。但这种过错侵权责任显然对第三人不利，作为遭受人身损害的第三人必须证明瑕疵商品的生产商或批发商必须有过错且该等过错与自己人身损害有因果关系。而生产商或批发商在证明第三人的损害系由于意外事件、第三人的行为以及受害人的行为或过错造成的时候即可完全免除自己所承担的责任。法官在确定生产商或批发商的过错时，采取的是适用于专业人员的过错标准，即那些与生产商和批发商从事同类产品生产或批发的人员所理解的过错。①

物的结构管理人与物的行为管理人理论提出后，受到了法国司法的欢迎，该理论认为受侵害人仅是产品作为物的使用人，而能够对物的内部结构施加控制和操纵的人是瑕疵产品的生产商，他们是物的结构的管理人，如果受害人因为产品的内部结构存在瑕疵而受到损害，则生产商作为瑕疵产品的结构管理人应根据《法国民法典》第 1384 条第 1 款对受害人承担侵权损害赔偿责任。法国判令在 1956 年的氧气瓶爆炸一案中首次适用该种理论并在此后适用了很多案例。②

（七）法国及德国建立的其他解决医疗纠纷的路径

2002 年 10 月 14 日，法国国家医疗事故处理办公室宣告成立。据法国卫生部官员称，这是政府为维护患者权益，解决医患纠纷，减少医患矛盾而采取的一个重大举措。法国卫生部长表示：国家医疗事故赔偿办公室的主要任务是处理赔偿医疗行为和过程给患者造成的感染和伤害，卫生部希望这一办公室的建立能保障医疗事故的受害者获得应有的赔偿，使法国目前业已紧张的医患矛盾得以缓解。法国国家医疗事故赔偿办公室通过各地区医疗事故协调和赔偿委员会行使对医疗

---

① Civ., 21 mars 1962, Bull, cass 1962, Ⅰ .155；Civ., 20 avril 1964,Bull, cass., 1964, 1, 157；T.G.I.Seine, 7 mars 1963, D, 1964, som, p.31；Mlle Generieve Viney, L, Application du droit commun de la responsabilité aux fabcicants et distributeurs de produits, la responsabilité des fabcicants et distributeurs, Economica, 49, rue Héricate, 75015 paris, 1975, p.84. 转引自张民安：《现代法国侵权责任制度研究》（第 2 版），法律出版社 2007 年版，第 255 页。

② 参见张民安：《现代法国侵权责任制度研究》（第 2 版），法律出版社 2007 年版，第 257 ~ 258 页。

事故赔偿的职责，法国境内任何一个认为受到医疗事故伤害的个人均可以向地区委员会申诉，地区委员会将对事故进行专家调查和评估，如果地区委员会确认属于医疗事故，国家医疗事故赔偿办公室将对当事人予以赔偿。据介绍，国家医疗事故赔偿办公室共有 15 名正式成员，他们分别代表患者、法国医院联合会、法国私人诊所联合会、法国国家疾病保险公司、法国国家健康行业中心以及法国卫生部下属的各有关单位。①

德国建立有各州的医师协会和保险公司合作成立的，为了及时解决医疗纠纷的调解机关（Schlichtungsstelle）和鉴定机构（Cutachterstelle）。自 1975 年以来一直持续至 1978 年，当时的西德全部采用了这一制度，东西德合并后，这一制度扩展到了前东德。② 在每个州的医生协会分会中都存在一个鉴定委员会。如果发生了医生责任的争议，病人可以请求这个委员会进行鉴定，并且进行调解，如果患者愿意接受调解和鉴定，则病人不再起诉，纠纷就解决了。如果病人不同意鉴定意见或者进行调解，则向法院起诉。这种调解的优势是不收费，对病人而言是有吸引力的。③

此为法国及德国等大陆法系国家为应对较为严峻的医患纠纷现实，对传统的损害赔偿制度进行的再修正，目的非常明确，即借助于第三方机构、保险公司等力量，简化医疗损害责任处理程序，及时定分止争，实现社会的有效治理。

二、日本的医疗损害责任

日本属大陆法系，但日本在医疗事故的处理上具有自己的独特之处。日本法学界在医疗损害赔偿问题上有医疗事故、医疗过误和医疗过失等概念。日本的医疗事故概念是指在与医疗有关的场合，包括诊断、检查、治疗等医疗全过程中以医疗行为的接受者——患者作为受害人发生的一切人身伤亡事故。除了由医疗行为导致的事故外，患者从病房的窗户坠下楼、器具缺损导致患者负伤等的医院管理方面发生的事故也包括在内。它不考虑发生原因及责任所在，而是作为一种社会现象的指称。医疗过误是指医师在对患者实施诊疗行为时违反业务上必要的注意义务，从而引起对患者的生命、身体的侵害，导致死伤结果的情形。它作为一

① 参见《法国建立国家医疗事故赔偿制度》，载《法律与医学杂志》2003 年第 1 期。

② 参见［日］植木哲:《医疗法律学》，冷罗生、陶芸、江涛等译，法律出版社 2006 年版，第 66 页。

③ 参见杨立新 :《医疗侵权法律与适用》，法律出版社 2008 年版，第 25 页。

个法律术语而存在。医疗过误是医疗事故的下位阶概念，而医疗过失则是医师违反注意义务的行为。[①] 从上述定义可悉，日本的医疗事故概念实际是广义上的医疗事故概念，实际是指在接受医疗服务的特定场合医院内发生的涉及人身损害赔偿的全部内容，医疗过误概念相当于我国的医疗损害责任概念。为概念统一、便于探讨，本书将日本法上的医疗过误称为医疗事故。

（一）医疗事故责任契约与侵权请求权竞合

在民事损害赔偿责任的理论构成问题上，日本民法在传统上一直认为，因为契约责任构成和侵权责任构成是分别具有不同成立要件以及法律效果的两种责任制度，所以，即便当事人之间存在相互信赖的合同关系，也不应当排除一般人都应该享受的侵权行为法制度上的法的保护权益，应当给予受害人在契约责任构成和侵权责任构成中任意选择的权利，这样有利于实现法对受害人保护的目的（请求权竞合说）。[②] 到了 20 世纪 80 年代后期，在日本的医疗事故损害赔偿司法实践中，采取契约责任构成的案例和采取侵权责任构成的案例几乎形成了相同的力量对比。[③] 日本之所以在 20 世纪 80 年代出现契约责任与侵权责任分庭抗礼的不寻常情形，主要还是基于学界对举证责任认知导致的。初始，学界认为侵权责任需要原告举证而原告基于专业知识不具备将处于劣势，故转而求助于契约责任；但其后又发现契约责任同样需要原告就被告的具体违约进行举证，但诊疗活动又并非典型契约，故最终还是一定程度回归未尽到善良管理人义务、高度注意义务违反等。由于日本裁判界已经在无论采取哪一种责任构成都不应该影响法的责任效果这一点上达成了共识，所以在审判实践中，裁判所多采取如下处理方式：或者在判决书中并不特别言明是侵权责任构成还是债务不履行责任构成；或者只对其中一种责任构成进行判决，但该判决同样也可适用于另一种责任构成。[④] 这种方

① 参见［日］莇立明、中井美雄编：《医疗过误法》，青林书院 1996 年版，第 17 ~ 18 页。转引自龚赛红：《医疗损害赔偿立法研究》，法律出版社 2001 年版，第 125 页。

② 遠藤浩等编集：《民法（7）事务管理、不当利得、不法行为》（第 3 版），有斐阁 1993 年版，第 48 页以下。转引自夏芸：《医疗事故赔偿法——来自日本法的启示》，法律出版社 2007 年版，第 101 页。

③ 参见自夏芸：《医疗事故赔偿法——来自日本法的启示》，法律出版社 2007 年版，第 101 页。

④ 同上书，第 105 页。

式也许就是日本法学理论中的请求权规范统合说。[①]

日本这种请求权竞合的处理方式独特，与大陆法系其他国家均不同，大陆法系也承认请求权竞合，但基于契约责任或违约责任不赔偿精神损害抚慰金，因此，主流均是按照侵权处理医疗损害责任纠纷。但日本在侵权责任与违约责任精神损害抚慰问题上态度模糊，所以导致如此境况。关于精神损害赔偿，虽然只有侵权行为存在认可精神损害赔偿的规定（《日本民法典》第 710 条），当时判例和通说认为合同责任也可以类推该规定认可精神损害赔偿。只是在合同责任中，对于受害人死亡的场合，判例否定了遗属固有的精神损害赔偿请求权（《日本民法典》第 711 条，前引最判昭 55.12.18）。[②]

（二）《日本民法典》中的侵权责任

日本侵权行为法的特征是《日本民法典》规定了第 709 条这样唯一一条的一般规定，即不限定侵权行为的类型，同时也明确规定这是侵权行为的一般原则。在此基础上，于《日本民法典》第 714 ~ 719 条中规定了限定场合且与一般原则具有不同内容的侵权行为。我们可以将前者称为一般侵权行为，将后者称为特殊侵权行为。此外，民法之外也存在规定侵权行为的特别法。[③] 除了民法典中规定的特殊侵权行为之外，还存在几个规定损害赔偿责任的特别法。这些规定的大多数修正了《日本民法典》第 709 条的侵权行为一般原则，尤其是在修正过失责任注意问题上有着共同的特点。修正的内容包括认可不以过失为要件的赔偿义务（导入无过失责任—产品责任法等）、过失的举证责任由受害人转换为加害人（中间责任—机动车损害赔偿保障法等）。虽然大部分的情况是以加重加害人责任的形式修正一般侵权行为的原则，但是也有像失火责任法那样的，将责任限定在重大过失的场合而减轻加害人责任的特别法。日本特别法上的侵权行为主要规定在：国家赔偿法、机动车交通事故赔偿保障法、产品责任法、失火责任法。[④]

《日本民法典》第 709 条规定，因故意或过失侵害他人权利时，负因此而产

---

① 参见［日］吉村良一：《日本侵权行为法》（第 4 版），张挺译，中国人民大学出版社 2013 年版，第 221 页。

② 同上书，第 218 页。

③ 同上书，第 4 页。

④ 同上书，第 193 ~ 213 页。

生的损害赔偿责任。[①]《日本民法典》第709条要件构造应为，损害的发生（损害以及因果关系）、权利或者法律上所保护的利益的损害或者违法性、故意/过失以及责任能力。[②]《日本民法典》第710条规定，不论是侵害他人身体、自由或名誉情形，还是侵害他人财产情形，依前条规定应负赔偿责任者，对财产以外的损害，亦应赔偿。日本并无医疗损害责任特别法，发生侵权的医疗损害或医疗事故，适用《日本民法典》第709条。

（三）医疗损害责任注意义务及当时医疗水准说

1. 日本法上注意义务的确立

1961年日本最高裁判所对某患者在东京大学附属医院接受输血后发生梅毒感染事件作出的终审判决，也是最高裁判所对医师的注意义务作出的首例判决。在本案中，因为临床医疗用血的供血人持有血液介绍所的会员证以及血液检查所发行的血液检查“阴性”证明书，所以根据当时的临床一般惯例，本案被告医师在采血时没有问诊确认供血人是否有感染梅毒的可能性。可是，该供血人在供血时实际已经感染梅毒。因为血液检查报告是在检查一周后才能出来，而本案供血人在接受血液检查后的一周内与患有梅毒的异性发生过性行为，因此供血人实际上在检查后感染了梅毒。对此，最高裁判所在判决中认为：既然“医务人员从事的是管理人的生命和健康的工作，所以根据工作性质，就应该承担在实验室中防止危险发生的最大注意义务”。只要血液检查结果不能证明绝对安全性，医师就应该履行问诊义务以确定供血人是否感染梅毒。

1961年“东大输血感染梅毒案判决”的真正意图在于告诫下级审裁判所不要仅凭临床惯例行为判断医师的过失。[③]该案首次提出了医疗水平的概念：“因为医疗水平是医师注意义务的标准，所以不一定必须与平均的医师所实施的医疗习惯水平一致。不能认为医师只要根据医疗惯例实施了医疗水平，就履行了符合医

---

① 参见《日本民法典》，王书江译，中国法制出版社2000年版，第126页。

② 参见［日］吉村良一：《日本侵权行为法》（第4版），张挺译，中国人民大学出版社2013年版，第218页。

③ 参见新美育文：《医师的过失》，夏芸译，载张新宝主编：《侵权法评论》2003年第2辑，人民法院出版社2003年版，第164页。

疗水平的注意义务。”[1]

在这一状况下，多数下级审裁判只是依据临床一般医师的惯例行为（医学鉴定结论或者医学专家意见）来判断被告的医疗行为是否有过失。对此，日本最高裁判所“1961 东大输血感染梅毒案判决”表示了加以干预和纠正的意图。[2]

笔者认为，“东大输血案”除为日本法上注意义务在最高裁判所的第一次提出和确立外，更大的意义或裁判意旨是表明司法行为对医疗行为或医疗界内部认定是否诊疗过失的干预、评价，是对司法权终极性的追求，是对司法裁判权前期放任的回归。反观我国，直至现在的 2021 年，司法机关对医疗损害鉴定意见奢谈评价与干预，实质持有放任态度，这方面应该汲取日本法上的有利做法。

2. 当时医疗水准说

“东大输血案”裁判后，日本司法有不同的解读。日本法律界多数人不但没有领会本案判决的真正意图，反而误以为本判例意在否定凭临床惯例行为判断医师的过失，而主张以“实验中防止危险发生的最大注意义务”判断医师的过失。最高裁判所“1969 年脚癣病放射治疗案判决”（最高裁判所第一小法庭 1969 年 2 月 6 日判决，载《民集》23 卷 2 号，第 195 页）试图对“实验中防止危险发生的最大注意义务”作进一步阐述，在判决中论述道：“医师应该充分注意患者的病情，在决定患者的治疗方法的内容和程度时，应当根据诊疗当时的医学知识，综合考虑治疗方法的效果和副作用等情况，在实施治疗时必须尽到万全的注意。”[3]

岐阜地方裁判所 1974 年早产儿视网膜病变案判决（岐阜地方裁判所高山支部 1934 年 3 月 25 日判决，载《判例时报》738 号，第 39 页）推动了日本当时医疗水准说在法律意思上的确定。案情简介：本案的原告出生当时，日本医疗界已经出现了治疗早产儿视网膜病变的新疗法——光凝固疗法。但该疗法在当时仅有数例临床实施例，并没有得到一般临床医师的承认（未成为临床标准疗法）。对此，本案原告主张，被告（日本红十字医院）应当采取措施使当时患早产儿视网膜病的原告转院或劝说原告转院，以使原告能够在其他医院接受光凝固疗法治疗。对于原告的上述主张，岐阜地方裁判所认为，被告是设有早产儿治疗中心规模的日本红十字医院，在当时对患有早产儿视网膜的本案原告没有及时采取转院或劝

① 参见王岳、邓虹主编：《外国医事法研究》，法律出版社 2011 年版，第 94 ~ 95 页。

② 夏芸：《医疗事故赔偿法——来自日本法的启示》，法律出版社 2007 年版，第 109 页。

③ 同上书，第 110 页。

说转院措施是有过失的。因为“当治疗不能奏效，眼看患者将会病情恶化时，作为医师应尽的最大注意义务就是采取适当的医疗措施，阻止最坏情况发生。诸如以该医疗措施不是临床常规疗法为由而坐视病情恶化等行为是绝对不能容忍的”。总之，为防止患者病情恶化，即使医疗行为尚未得到医疗界的一般承认，医师也应当实施——这是医师应尽的最大注意义务。[①]“岐阜地方裁判所 1974 年早产儿视网膜病变案判决”受到医学界的强烈批评并使一般临床医师难以接受。

由此，日本医学和法学界展开了对医疗过失或注意义务标准大范围的辩论和讨论，此过程中松仓丰治教授提出了最具代表性的“医疗水准说”，他认为医疗水准分为“学术上的水准”与“实践中的医疗水准”概念，前者为研究水准或学界水准，其核心由学术界的一致认定而形成；后者为经验水准或技术水准，它是医学界普遍实施的技术。医疗水准说在司法实践中的最终确立则源于最判昭和 57 年 3 月 30 日的判决，该判决确立的医师的注意义务标准为：“注意义务的基准为诊疗当时临床医学实践中的医疗水准。”[②]松仓丰治教授的关于判断诊疗债务违反或医师的注意义务违反的标准应该是“医疗水平”而不是“医学水平”的见解得到了医学界和法律界的一致赞同。[③]

最高裁判所“1982 年高山红十字会案判决”（最高裁判所 1982 年 3 月 30 日判决，载《裁判集民事》第 135 卷，第 563 页）使“注意义务的基准为诊疗当时临床医学实践中的医疗水准”在法律界正式登场并演化为日本医疗损害注意义务标准的通说，但批评也始终存在。裁判实务界还有人指出，“将医疗水平解释为医疗知识的普及和运用是教条主义理论，不可能成为妥当解决每个具体且有个性的案件的标准。医疗不可避免地要受到医学本身的状况以及包括地域性在内的各种医疗环境因素的制约。在这一前提下，医务水平的内容也应当具有柔软性和相对性”。[④]

（四）知情同意

1965 年，呗孝一教授首先将联邦德国的说明同意理论介绍到日本，该理论

---

① 参见夏芸：《医疗事故赔偿法——来自日本法的启示》，法律出版社 2007 年版，第 113 页。

② 转引自龚赛红：《医疗损害赔偿立法研究》，法律出版社 2001 年版，第 181 ~ 183 页。

③ 参见夏芸：《医疗事故赔偿法——来自日本法的启示》，法律出版社 2007 年版，第 115 页。

④ 同上书，第 124 页。

受到了日本法律界的高度关注。1971年，东京地方裁判所对一例“乳腺癌乳房切除手术事件”作出判决，首次明确肯定了医务人员说明义务的法律地位，成为日本最初采纳说明同意理论的裁判例。1981年，在一例“颅骨凹陷性骨折紧急开颅手术事件”的上告审中，最高裁判所第一次对医务人员说明义务的范围进行了详细论述。

日本的多数学说认为，为使患者能够充分行使自己的决定权，在原则上医师应该对以下4项内容承担说明义务：（1）关于患者现有病情的信息（病名、疾病的性质、程度以及预后等）；（2）医师预定采取的诊疗措施以及实施该诊疗措施能够产生的预期诊疗结果（诊疗措施的性质和具体实施方法，预期治疗效果以及伴随的危险性等）；（3）关于可替代的诊疗措施的信息（是否存在可替代的诊疗措施，可替代诊疗措施的性质和具体实施方法、预期诊疗效果以及预定诊疗措施的比较，可替代诊疗措施伴随的危险性以及与预定诊疗措施的比较等）；（4）患者拒绝接受预定诊疗措施情况下的预后等。裁判实务界对于上述第（1）、（2）、（4）的说明事项一般没有异议。但对于上述（3）的可替代诊疗措施的说明义务，直到20世纪90年代初期为止，裁判例始终采取了否定态度。[①] 但是，从1992年开始，日本医疗事故诉讼中出现了一系列有关脑动静脉畸形（AVM）手术事件的诉讼。因为在当时脑动静脉畸形（AVM）手术不属于一般临床已经确立的标准治疗方法，带有试验性质。根据最高裁判所判例以及学说界关于医疗水平中没有确立的医疗行为必须要求严格说明义务的一贯立场，多数裁判例指出，在实施诸如此类的试验性手术之前，因为手术具有较大风险，为使患者能够充分进行选择和决定，除了关于该手术的说明事项外，还必须对当时存在的其他可替代疗法承担说明义务。[②]

说明义务的判断标准，日本学术界有合理医师标准说、具体患者标准说、二重标准说。二重标准说由新美育文教授提出并得到了学界的支持，逐步成为了现在的通说。司法裁判对合理医师标准说、合理患者标准说、二重说均有支持，在具体患者标准说基础上发展而来的二重标准说占据了裁判实务界通说的地位。[③] 另外，在日本公开发表的裁判案例中，虽然没有找到直接以患者放弃知情权为争

① 参见夏芸:《医疗事故赔偿法——来自日本法的启示》，法律出版社2007年版，第368～369页。

② 同上书，第371页。

③ 同上书，第376～390页。

论焦点的案例，但是其中有少数裁判例表示了这样的观点：对于患者没有明确表示需要说明的内容，或者患者没有向医师明确提出的内容，医师不必承担说明义务。①

日本法上的知情同意展示了与大陆法系和英美法不同的特点，其一，日本知情同意并未有成文法依据，基于《日本民法典》对一般侵权行为定义的宽泛性，并不能从《日本民法典》中找出知情同意的依据；同时，日本《医师法》中对知情同意也未作出相关规定，此导致知情同意概念、范围、例外情况等均缺乏成文法依据。日本法上的知情同意唯一可依据的即为司法判例，但迄今为止，并未有针对知情同意具有里程碑意义的案例出现，导致适用过错的混乱。其二，出现该等原因，可能与日本医疗界长期存在的医疗父权主义思想有关，“要考虑我国的医疗历史、文化背景以及国民感情，必须实施适合我国国情的 Informed Consent”“日本不能够完全接受美国式的说明和同意”等。②

（五）日本医疗诉讼改革及医疗损害鉴定

1. 日本医疗诉讼改革的主要内容

自 2000 年 10 月起，日本最高法院多次与医疗界、法律界人士交换意见，在广泛听取多方建议基础上，2001 ~ 2003 年采取以下步骤改革医事法律诉讼体制：（1）2001 年 4 月，在全国主要地方法院设立专门审理医疗诉讼案件的“医疗诉讼集中部”或者“联络协议会”；（2）2001 年 7 月，最高裁判所下设“医事关系诉讼委员会”；（3）2003 年修改现行《民事诉讼法》以及现行《民事诉讼规则》（2004 年 4 月 1 日实施），增设“计划审理制度”和“专家委员制度”，并大幅调整鉴定的相关规定等。③

2. 设立医事关系诉讼委员会及医疗诉讼集中部

医疗关系诉讼委员会由医疗界人士、医师、律师以及有法官经历人士以及社会一般有识人士共 13 人组成。④

2001 年 4 月起，最高法院在东京、大阪、名古屋、福冈、千叶等主要地方

① 参见夏芸：《医疗事故赔偿法——来自日本法的启示》，法律出版社 2007 年版，第 432 ~ 433 页。

② 同上书，第 376 ~ 390 页。

③ 参见夏芸：《日本医疗诉讼改革及对鉴定结论的评价》，载《证据科学》2009 年第 3 期。

④ 参见夏芸：《医疗事故赔偿法——来自日本法的启示》，法律出版社 2007 年版，第 263 页。

法院设立了专门审理医疗诉讼案件的医疗诉讼集中部，并在全国其他中小规模的地方法院设置了医疗诉讼联络协议会。[①]医疗诉讼集中部设立后，有统计数据表明，审理期限明显缩短、依赖鉴定结论的状况明显改善。[②]

3. 鉴定人的选任

日本《民事诉讼法》规定，鉴定人由受诉法院、受命法官以及委托法官指定（第213条）。至于鉴定人的资质条件，法律并没有具体规定。实践中由法院根据案件具体情况判断。日本医疗诉讼实践过去多采取的方法是，由原告方或被告方各自寻找以及向法院推荐鉴定人，法院最终在双方合意的基础上选定鉴定人。可是在这种选任制度下，经常发生双方当事人互不认可对方推荐的鉴定人，因此导致审判停滞不前的问题。过去为应对这种情况，法院往往改从《鉴定案例集》中的鉴定人名册中选任鉴定人，但还是无法避免当事人指责该鉴定人过去做的鉴定意见不公正等状况。针对上述状况，在这次改革中，最高法院将医事关系诉讼委员会设定为委托日本医学会各分会推荐候选鉴定人的最高法律机构。[③]具体程序为：基层法院向委员会提出申请（包括当事人提出的回避事项等）→委员会委托适当的医学会专科分会推荐候选人→委员会从医学会专科分会推荐的候选人中选定候选人→基层法院在委员会推荐的候选人中再选定鉴定人。

4. 法庭建立专家委员会制度

专家委员在性质上是最高法院从具有专业知识的专家中选任的只有规定日到法院上班的国家公务员。专家委员任期为2年，受任命后，一般在所在区域的法院工作。目前在医疗诉讼中，专家委员制度多被用于案件争点整理及证据整理过程，但也参与案件咨询、阐述意见及其他辅助工作等，类似于法官专业助理。

5. 基层法院对鉴定方式的改良

日本《民事诉讼法》规定，鉴定可以采书面形式，也可以采口头陈述意见形式。然而过去在习惯上，日本医疗诉讼实务多采取由法院指定1名鉴定人提出书面鉴定结论之“1人书面鉴定法”。为灵活应用，基层法院实施了“1人口头鉴定”“狭义的多人鉴定”“共同鉴定”等方法。然而，上述“1人书面鉴定”“狭义的多人鉴定”“共同鉴定”等方法均具有“1人鉴定”之共同特点。对此，各地医疗诉

① 参见夏芸：《医疗事故赔偿法——来自日本法的启示》，法律出版社2007年版，第263页。

② 同上书，第266～267页。

③ 同上书，第263页。

讼集中部均指出，采取上述鉴定方法，法院将鉴定事项、鉴定资料交付给鉴定人后，就只能坐等鉴定结论，没有机会确认鉴定人是否充分了解鉴定要点，以致常常出现鉴定结论与诉讼方面需要了解的要点不一致的现象。并且，只要鉴定结论不合理，法院就难以作出正确判断。因此，最近医疗诉讼集中部对鉴定方法做了尝试性改革，出现了多人协议（conference）口头鉴定、多人分头书面鉴定以及多人问卷回答式鉴定等新型鉴定办法。①

6. 地域联络互动网的建立

从目前的状况看，除一些特殊案件或者专业性较强选任鉴定人较为困难的案件外，多数情况下基层法院还是立足于自行确保候选人的渠道。②现已建立大阪地区、东京地区、千叶地区地域联络互动网，主要任务还是解决专家鉴定人的选任问题。

（六）医疗产品责任

日本 1994 年 6 月通过了《产品责任法》并于 1995 年 7 月开始实施。在该法生效前，日本是通过司法判例来维护使用者权益的。比如，在药害事件中，法院认为药品生产者必须按照最高的学问标准承担确保药品安全的义务（金泽地判昭 53.3.3，判时 879.26）等。法院通过提高作为过失前提的生产者的注意义务救济受害人。但是，这并不意味着所有的产品事故的受害人都得到了恰当的救济。此外，即便是在这些认可损害赔偿的案件中，过失的证明也需要耗费大量的劳力和时间，存在诉讼长期化等问题。③日本《产品责任法》规定，在因为产品的缺陷给他人的生命、身体、财产造成损害的情况下，对制造业者课以赔偿责任。所谓的产品指的是"被制造或者加工过的动产"（第 2 条第 1 款），另外，产品必须是被"制造或者加工"过的物品。此外，该法在国会审议的过程中，对于血液制剂、活疫苗是否属于产品展开了讨论。作为法案提出者的政府说明道，这些在制造过程中也进行某种形式的加工或者添加了药剂，因此也属于产品。该法所涉及的损害，并不限于消费者的损害。该法中承担赔偿义务的有制造业者、进口业者、对

① 参见夏芸:《医疗事故赔偿法——来自日本法的启示》，法律出版社 2007 年版，第 267 ~ 271 页。

② 同上书，第 271 页。

③ 参见［日］吉村良一：《日本侵权行为法》（第 4 版），张挺译，中国人民大学出版社 2013 年版，第 205 页。

他人的产品以自己为生产者进行表示的人、使用了被认为实质性制造业者的名称等的人（第2条第3款）。[①]

该法的最大特点是，对制造业者等课以不以过失而以缺陷为要件的责任（第3条）。该法舍弃过失要件并代以缺陷要件的做法，顺应了国际上产品责任法的动向。该法将缺陷定义为该产品欠缺“通常应该具有的安全性”。同时，对于判断缺陷之时应该考虑的要素，列举了“产品的特性”“通常所预想的使用形态”“产品交付的时间”（第2条第2款）。[②]

此外，产品责任法还规定，制造业者如果能够证明根据交付当时的科学技术的水平难以发现缺陷的话，可以得以免责（第4条第1款），即认可了所谓的“开发危险的抗辩”。这种抗辩有将消费者作为无偿（不负担赔偿成本）的人体试验的材料而使用之嫌，因此，在这一点上是有很多问题的。此外，如果说这种抗辩的问题是个别从业者的认识可能性的问题的话，这就是过失的问题，而这有损于用缺陷取代过失的该法意义。同时，在有关药害等事件中，判例已经将世界最高水准的科学技术作为认识可能性的问题，从而认可了生产者的过失。从这种情况看，采取这种抗辩在立法论上是有问题的。在解释论上，认可这种抗辩应该限定在即使以当时最高科学技术的水平也不能认识到缺陷的场合（明确提出这一点的有前引东京地判平14.12.13）。[③]

因此，日本的《产品质量法》与其他国家包括我国并无实质不同，此从一个层面表明法律全球同质化趋势，日本的《产品责任法》同样采质量缺陷、无过错责任、科技发展抗辩等立法。根据吉村良一教授的阐述，其对当时科学技术难以发现缺陷的抗辩的确存有歧义，笔者对其认同，允许生产者科学技术抗辩并免责，必然涉及患者的损害由谁承担的问题。

（七）通过医师协会解决医疗纠纷

通过医师协会解决医疗纠纷是日本非诉解决医疗纠纷的重要方式。日本医师协会医生赔偿责任纠纷保险是以东京海上火灾保险股份有限公司等4家损害保险

① 参见［日］吉村良一：《日本侵权行为法》（第4版），张挺译，中国人民大学出版社2013年版，第206～207页。

② 同上书，第207页。

③ 同上书，第208页。

公司（后来增加至5家）为保险者，于1973年7月1日开始发起的。日本医师协会医生赔偿责任保险的费用来自医生会员的会费收入，日本医师协会从会费中拿出相当一部分充当保险费用，以集团的名义与保险公司签订合同，被保险者为A会员。若发生保险事故，保险公司支付给每一个被保险者的赔偿限额为，包括诉讼费用在内的1亿日元（100万日元内免除责任）。但是，能够成为保险公司医疗赔偿对象的是由于医疗行为造成了他人的身体障碍，并且赔偿额为100万日元以上的医疗事故。因使用、管理医疗设施以及就餐等引起的事故不在担保之列。利用医疗保险赔偿制度处理医疗纠纷应遵循以下途径：

首先，医生应该受理患者方面的损害赔偿请求，并将这一请求提交至都道府县医师协会设置的接收窗口，由都道府县医师协会进行判断后，再委托日本医师协会按照与保险公司签订的保险合同申请理赔。其次，日本医师协会和保险公司在紧密配合的基础上，联合成立调查委员会（该委员会1994年4月成立，现有委员26名。委员会和小委员会每周举行2次会议）。由调查委员会对医疗纠纷的实况进行调查，然后将调查情况交由赔偿责任委员会进行审查。委员会执行回避原则，由处于中立立场、学识渊博、经验丰富的专家、学者共计10名审查员（医学系毕业的学者或专家6名，法律专家4名）进行审查，按照过半数的原则确定决议。审议的内容包括：(1)是否应该承担赔偿责任；(2)应当负担的赔偿数额；(3)为了公正、妥当地处理其他医疗纠纷而应采取的对策等，上述这些内容必须以书面的形式予以表示。最后，基于审议决定，进入医疗纠纷的实质性处理和解决阶段。[①]

① 参见[日]植木哲:《医疗法律学》,冷罗生、陶芸、江涛等译,法律出版社2006年版,第42～43页。

第五章 一般医疗损害责任纠纷

第一节 两个及以上医疗机构的共同医疗损害责任

一、庄某诉上海某大学附属医院甲、附属医院乙、江苏泰州市某医院医疗损害责任纠纷案

（一）诉争由来

患者庄某，男，1977年生，37岁。2014年3月6日因“今6时双手不自主抽动，伴持物不稳，无意识丧失，发作性、每次数秒、反复抽动、持续，2小时左右缓解。现觉双肩酸痛、手臂不能抬举。去年十月有类似发作1次，无药敏、无外伤”至上海某大学附属医院甲就诊，其后又于3月7日、3月9日、3月10日、3月11日、3月12日、3月13日6次至该院就诊，但均未能明确诊断。其间，经指引于3月10日、3月14日两次至某大学附属医院乙专科就诊，但未能明确诊断。3月17日至泰州市某医院就诊亦未明确诊断，5月6日第二次至该院就诊，诊断

为双肩关节脱位伴双侧肱骨大结节骨折。5月10日、5月15日至上海市第六人民医院就诊，专家认为：双肩关节骨折伴脱位长期未得到诊断与及时处理，已无明显手术指证，手术面临关节骨坏死、功能极差之可能，手术与不手术已无明显统计学差异性，尊重患者选择。

由此成讼，患者认为三被告不专业诊治导致漏诊，造成无法修复的严重人身损害后果，应承担共同侵权责任。

（二）上海市某区医学会首次医疗损害鉴定①

上海市某区医学会于2015年10月29日作出首次医疗损害鉴定意见，该鉴定书第6条的鉴定意见认为：（1）本例属于对患者人身的医疗损害。（2）医方在医疗活动中存在漏诊、漏治的医疗过错，与患者的人身损害结果存在一定的因果关系。（3）参照《医疗事故分级标准（试行）》，患者的人身损害为二级丙等，对应四级伤残。（4）本例医疗损害医方的责任程度为主要责任。其中某大学附属医院甲承担主要责任的70%，某大学附属医院乙承担主要责任的10%，泰州市某医院承担主要责任的20%。

首次医疗损害鉴定意见出具后，第二被告某大学附属医院乙不服，提起上海市医学会重新鉴定程序。

（三）上海市医学会重新进行的医疗损害鉴定

1. 诊治概要、患方代理人的重新鉴定陈述（附首次鉴定陈述）、医方再次抗辩及患者现场体检状况

（1）诊治概要②

2014年3月6日患者因抽搐后双肩酸痛，双手抬举不能到附属医院甲急诊就诊。病史记录：今6时，双手不自主抽动、伴持物不稳，无意识丧失，发作性、每次数秒、反复抽动，在持续2小时左右后缓解。无药敏，无外伤。查体：神清，气平，颅N（—），双上肢近端肌力0级，远端V级，双下肢肌

① 摘录自上海市某区医学会2015年10月《医疗损害技术鉴定书》第6条。

② 摘录自上海市医学会2016年9月［2016］×××-1号、［2016］×××-2号、［2016］×××-3号《医疗损害技术鉴定书》第4条“诊治概要”，三份技术鉴定书中均就“诊治概要”分别全面阐述，但主要内容几乎相同，仅有各医院自己治疗部分的相对详述，本诊治概要是三份文件的综合版。

力Ⅴ级，四肢肌张力不高，双上肢腱反射（++），双下肢膝反射（++）～（+++），双病理征（—）。查胸部CT：未见异常。血常规：白细胞24.85×10^9/L（参考值3.97～9.15×10^9/L），中性粒细胞80.40%（参考值50%～70%），血红蛋白114.90g/L（参考值131～172g/L），肌酸激酶283U/L（参考值55～170U/L）。诊断：双上肢乏力疼痛，多发性肌炎？感染性肌炎？周期性麻痹。予西力欣、氯化钾治疗。3月7日患者症状无好转，再次至附属医院甲就诊，检查：双肩关节肿胀，活动受限，上肢感觉正常。诊断：上肢活动受限原因待查。予西力欣、氯化钾治疗，查肌电图。3月9日患者因四肢抽搐伴意识丧失一次至附属医院甲神经内科就诊。查体：神清，颅N（—），右上肢近端肌力Ⅱ级，远端Ⅳ级，左上肢近端肌力Ⅱ级，远端Ⅳ级，双巴氏征（+），双上臂皮下瘀血严重。血常规：白细胞18.17×10^9/L，中性粒细胞63.10%，血红蛋白74.70g/L。肌酸激酶122U/L。D二聚体：2.03mg/L（参考值0～0.55mg/L）。凝血酶原时间16.1s（参考值9～13s），纤维蛋白原浓度4.02g/L（参考值2～4g/L）。诊断：GTCS发作（全身性强直阵挛性癫痫发作）、双上肢乏力，瘀血原因待查，Todd麻痹？建议血液科会诊。

2014年3月10日患者至附属医院乙血液科就诊。患者诉3月6日起抽搐，伴意识丧失，双侧手臂突发肿起，疼痛。目前手臂肿消退，有大片瘀斑，手臂不能抬起。脾外伤后切除术后。无拔牙后出血不止。查体：神清，双侧手臂和侧腹壁大片瘀斑。3月11日附属医院乙查凝血因子全套正常。2014年3月11日患者双侧上肢活动仍受限，近端有肿胀，再次至附属医院甲查肌电图示未见明显异常。诊断：双上肢活动受限原因待查，腰部瘀斑待查。予止血敏+止血芳酸、输血、西力欣等治疗。3月12日双上肢血管彩超未见明显异常。

2014年3月14日患者至附属医院乙就诊。查体：双肩、双上肢、肩部出现片状瘀斑。神经内科诊断：癫痫。予查脑电图（未见报告），建议血液科对癫痫专病进行诊治。

2014年3月17日患者因双肩疼痛、功能受限12天至泰州市某医院就诊。病史记录：3月6日突发意识不清（约10分钟），苏醒后双肩肿胀，疼痛，广泛青斑，双上肢乏力，双肩不能抬高，外院排除血液、神经系统明显异常，现仍双肩疼痛。即往史：双肩周关节脱位史，查体：双肩呈方肩。初步诊断为双肩关节疼痛。给予针灸治疗10次（3月17日至4月5日）、活血止痛肢囊治疗。5月6日泰州市某医院X线检查报告：双肩关节脱位，伴双侧肱骨大结节撕脱性骨折。同日患者至江苏省泰州市人民医院查X线报告示：双肩关节脱位伴双侧肱骨大结节骨折。

2014年5月10日上海市第六人民医院查左肩关节CT示左肱骨近端粉碎性骨折，左肩胛盂下缘骨折，左肩关节脱位。5月11日右肩关节CT示右肱骨头近端骨折、关节盂下缘损伤，肩关节半脱位。5月15日X线片示双肱骨近端骨折伴盂肱关节脱位。

（2）患方代理人的首次及重新鉴定陈述

①首次鉴定陈述[①]

第一，被告一某大学附属医院甲存有重大医疗过错，出现不应有的长期漏诊并直接导致原告目前严重的人身损害后果，应依法承担医疗损害赔偿责任。就诊相关主诉及体检均提示必须对肩关节局部进行诊断，但多次就诊、多位医生、多科室均严重忽视，执业医师的诊断思维局限，仅着眼、关注“到底是什么原因导致抽搐”，而忽视查找目前的肩关节及上肢肿胀、疼痛、活动不能或受限、肌力下降的具体原因。正是基于错误的诊断思维，导致没有任何一个医生对肩关节进行摄片、CT并诊断，甚至没有任何一个医生要求进行骨科会诊。被告一某大学附属医院甲系在国内享有较高声誉的三级甲等医院却漏诊达61天（3月6日至5月6日），被告一在患者长期、多次就诊的情况下却违反与其等级相对应的注意义务造成漏诊并导致患者人身损害不能后续医疗救济，应承担本次医疗侵权主要责任。

第二，被告二附属医院乙同样存有医疗过错，应承担与其过错相适应的医疗损害赔偿责任。被告二系国内享有极高声誉的三甲医院，在较详尽的病史记载下亦诊断思维局限，同样未考虑上肢及肩关节局部问题，同样未摄片，也未请骨科会诊。因此，被告二因漏诊构成医疗侵权。

第三，被告三泰州市某医院存有重大医疗过错，应与被告一共同承担医疗损害赔偿主要责任。被告一、被告二接诊医师均系内科医生，因其对骨科不专业故导致漏诊一定程度尚可理解，但被告三的过错则属不应有过错。作为一个应研习骨伤科的中医专业，被告三已经非常接近于诊断目标，病史记载中已经出现了肩关节脱位字眼，体检中已经记载方肩畸形，已经明确书写了排除血液、神经系统疾患，但非常遗憾，泰州市某医院同样漏诊。其漏诊达50天（3月17日至5月6日），

① 鉴定陈述系在2015年原文基础上略有删减及调整。

对患者的伤害同样非常严重。故，被告三作为三甲医院应与被告一共同承担主要责任。

第四，本病例应构成二级甲等伤残，医方责任程度为完全责任。原告所患系骨科极其常见的肩关节脱位骨折，完全可以通过及时有效的治疗而痊愈，但由于三被告的不专业诊治导致重度残疾且丧失最佳治疗时间导致无法有效医疗救济，因此，不存在任何医方违法阻却事由，医方应承担完全责任。根据《医疗事故分级标准（试行）》，本病例应构成二级甲等伤残。

②重新鉴定陈述[①]

第一，关于上海市某区医学会医疗损害鉴定意见。对上海市某区医学会就原被告医疗争议于2015年10月29日作出的医方承担主要责任的医疗损害鉴定意见，原告存有遗憾，本案本应属于医方完全责任之情形且实属浅显易判断，医方根本拿不出任何可以抗辩的事由，但鉴定意见却仅仅给出医方主要责任的意见。原告及代理人也理解中国当下医疗损害鉴定的实际状况，如果不能得到全部公正，相对的公正也是公正。这也是原告没有提起重新鉴定的根本原因。

第二，本案例重新鉴定是被告二滥用鉴定权表现。本案区医学会出具首次鉴定意见后，被告一、被告三均认可鉴定结果，未提出重新鉴定申请。但被告二在法定的期限内并未申请重新鉴定，其后提出的鉴定申请也不符合提起重新鉴定的实体要求，并没有提出符合《民事诉讼法》等所要求的“鉴定意见明显依据不足”之情形，其在重新鉴定申请中根本未表述任何据以提起重新鉴定的事实与理由。因此，本案例属于某些医院利用行业地位而滋生的傲慢并滥用重新鉴定权。

（3）医方再次抗辩[②]

上海某大学附属医院甲抗辩称，患者首诊未主诉肩痛，无外伤史，主要表现为抽搐，后数次就诊，均不以肩痛为主诉。医方在诊疗过程中遵循诊疗常规，诊断明确，无医疗过错。患者目前的情况与未遵医嘱、未定期复诊有关，与医疗行为无关。

上海某大学附属医院乙抗辩称，患者两次至医方就诊均主诉为意识丧失后出血，医方根据症状，给予及时的检查及处置。患者就诊时未提出任何骨骼系统异

① 鉴定陈述系在2016年原文基础上略有删减及调整。

② 摘录自上海市医学会2016年9月［2016］×××-1号、［2016］×××-2号、［2016］×××-3号《医疗损害技术鉴定书》第2条“争议要点”之“医方认为”。

常的主诉。患者目前的状况与医疗行为无关。

泰州市某医院抗辩称，患者 3 月 17 日就诊时，医方已明确告知患者患双肩关节疾病。5 月 6 日摄片明确诊断，不存在漏诊。患者至医方就诊时的主要诉求为缓解疼痛，在治疗期间，双肩疼痛、肿胀、青斑均缓解，诊治医生多次要求其作进一步检查，但患者并未配合。4 月 5 日至 5 月 6 日患者未在医方处诊治。

（4）鉴定现场患者的体检情况①

现场体检情况：患者右肩方肩，搭肩试验（+）。外展 30°，前屈 20°，后伸 30°；左肩：方肩，搭肩试验（+）。外展 30°，前屈 20°，后伸 30°；双肘屈曲肌力 5 级，对拇伸肌力 5 级。

2. 上海市医学会的鉴定分析说明、鉴定意见及三期鉴定

（1）鉴定分析说明②

针对上海某大学附属医院甲，根据送鉴资料、陈述、答辩，专家组分析认为：患者 3 月 6 日因抽搐后双肩酸痛，双手抬举不能遂到附属医院甲就诊，就诊时患者已存在双上肢肌力差，双肩关节肿胀，医方未详细进行体格检查，未行双肩关节 X 线摄片等辅助检查及请骨科会诊，漏诊了双肩关节的骨折脱位，延误治疗。与患者目前双肩关节活动障碍有因果关系。根据现场询问患者得知，患者 10 年前曾有肩关节脱位史，存在肩关节不稳定基础。患者在就诊过程中提供了前后不一致的陈述，这给医方诊治带来一定困难。在现场询问时，患方的陈述仍然前后不一致。

针对上海某大学附属医院乙，根据送鉴资料、陈述、答辩，专家组分析认为：患者因双上肢疼痛伴瘀斑至医方就诊，医方进行相应的血液科及神经内科诊治，符合常规。医方对患者双肩关节疼痛未进行详细的体格检查和合理的判断，未行双肩关节摄片，临床思路局限，存在漏诊，延误了患者的诊治，与患者的目前状况有因果关系。

针对泰州市某医院，根据送鉴资料、陈述、答辩，专家组分析认为：患者至医方就诊时，体格检查已发现双侧方肩及上臂的肿胀、瘀斑。方肩为肩关节脱位

① 摘录自上海市医学会 2016 年 9 月［2016］×××-1 号、［2016］×××-2 号、［2016］×××-3 号《医疗损害技术鉴定书》第 3 条“鉴定材料及鉴定过程说明”之“有关调查材料（包括现场体检情况）项下”“现场体检情况”。三份鉴定意见书中“现场体检情况”的记载完全相同。

② 摘录自上海市医学会 2016 年 9 月《医疗损害技术鉴定书》第 5 条“分析说明”。

的典型体征，医方仅以针灸治疗，未进行进一步的影像学检查，存在漏诊。至 5 月 6 日方明确诊断，延误了患者的诊治，与患者目前双肩关节功能活动障碍有因果关系。

（2）鉴定意见

上海某大学附属医院甲：本例属于对患者人身的医疗损害。附属医院甲在医疗活动中漏诊的医疗过错，与患者肩关节活动受限的人身损害结果存在因果关系。参照《医疗事故分级标准（试行）》，患者双肩关节活动受限的人身医疗损害等级为二级丙等，对应四级伤残。本例医疗损害结果医方的责任程度为主要责任（承担责任中的 70%）。

上海某大学附属医院乙：本例属于对患者人身的医疗损害。附属医院乙在医疗活动中漏诊的医疗过错，与患者肩关节活动受限的人身损害结果存在因果关系。参照《医疗事故分级标准（试行）》，患者双肩关节活动受限的人身医疗损害等级为二级丙等，对应四级伤残。本例医疗损害结果医方的责任程度为主要责任（承担责任中的 5%）。

泰州市某医院：本例属于对患者人身的医疗损害。泰州某医院在医疗活动中漏诊的医疗过错，与患者肩关节活动受限的人身损害结果存在因果关系。参照《医疗事故分级标准（试行）》，患者双肩关节活动受限的人身医疗损害等级为二级丙等，对应四级伤残。本例医疗损害结果医方的责任程度为主要责任（承担责任中的 25%）。

（3）三期鉴定[①]

上海市医学会受上海市某区人民法院委托就庄某与附属医院甲、附属医院乙、江苏省泰州市某医院医疗损害案件进行休息期、营养期、护理期鉴定，于 2016 年 11 月 24 日组织骨科和法医专业共 2 位专家就患者构成的相应损害后果进行休息期、营养期、护理期评估，经合议达成以下三期评估意见。

根据沪医损鉴［2016］×××-1 号、［2016］×××-2 号、［2016］×××-3 号医疗损害鉴定意见书结论（二级丙等，四级伤残），根据医疗损害所致伤残后治疗及恢复的实际需要，并参照上海市地方标准 DB31/T875-2015《人身损害受伤人员休息期、营养期、护理期评定标准》的相关条款。被鉴定人伤残的休息期

① 摘录自上海市医学会 2016 年 11 月《医疗损害三期鉴定意见书》，沪医三期【2016】××× 号。

为60日，护理期为60日，营养期为无需。其中医方的过失为主要责任，三家医院各自承担一定比例。

（四）人民法院的两审裁判

本案经医疗损害鉴定后，历经区法院一审和中级人民法院上诉审，原因在于：区法院并未认定上海市为原告经常居住地并以城镇居民计算其残疾赔偿金，判决以农村标准进行赔付，另外，一审亦未支持被扶养人生活费。对此，原告不服提起上诉。上诉审经审查认为“庄某主张按城镇居民标准计算其残疾赔偿金，现其所提供的公安登记资料、单位工作居住证明、银行流水明细以及证人证言等证据已足以证明庄某在本市城镇地区居住满一年以上且主要收入源于本市城镇的事实，本院对其城镇居民标准的赔偿主张予以采信。由此，本院确认庄某残疾赔偿金应为×××，×××元”“鉴于庄某已经构成四级伤残等级，可以认定大部分‘丧劳’，故其所主张被扶养人生活费的赔偿项目应予支持。庄某就其父母与子女需扶养之事实已提供相应证据予以证明，结合庄某残疾等级、父母子女年龄、生活经济状况以及现存扶养人等实际情况，本院酌情确定该项赔偿金额为×××，×××元。”[①] 即上诉审支持了上诉人的诉请，以城镇居民标准计算了残疾赔偿金并判决给付被扶养人生活费。

（五）案例分析

本案例可以写进漏诊教科书，作为医方的两家国内知名医院及一家外埠三甲医院均犯了极其低级的诊断错误（当然并不认为医方是有意为之），正如上海市医学会鉴定意见书中阐述的“临床思路局限”，此与医学发展更加细分专业、越来越依赖于诊疗设备与检验却忽视全科综合素养、依据体检判断等相关，但代价巨大，患者因该等漏诊造成终身残疾。

本案由三个被告共同承担医疗损害责任，根据《医疗损害责任司法解释》第19条的规定，两个以上医疗机构的诊疗行为造成患者同一损害，患者请求医疗机构承担赔偿责任的，应当区分不同情况，依照《民法典》第1168、1171条或者第1172条的规定，确定各医疗机构承担的赔偿责任。本案例属于适用《民法典》

---

① 摘录自上海市第二中级人民法院民事判决书［（2017）沪02民终4×××号］，第10页。

第1172条规定的“二人以上分别实施侵权行为造成同一损害，能够确定责任大小的，各自承担相应的责任”情形，但从学理层面探讨，笔者认为可能更应适用《民法典》第1171条规定的“二人以上分别实施侵权行为造成同一损害，每个人的侵权行为都足以造成全部损害的，行为人承担连带责任”情形，因为本例中三个医院均系独立诊疗，均漏诊，其各自的医疗行为本身或者至少第一被告及第三被告的医疗行为“都足以造成全部损害”。但基于司法实践中之医疗损害鉴定均会进行具体原因力分割且医方多以公立医院为主体，基本上不存在执行层面障碍，因此，适用《民法典》第1172条也不至于在医疗损害责任中对原告利益造成损害。另外，本案例赔付标准适用《医疗损害责任司法解释》第24条第1款第2项规定情形，[①] 即泰州某医院应按照受诉法院所在地（上海）标准进行赔付，该条款对本案无影响。但该司法解释第24条第1款第1项规定情形与其正式施行前的司法处理并不一致，即在2017年12月14日前，即便受诉法院所在地的医疗机构不承担赔偿责任，只要案件是在受诉法院审理，也以受诉法院所在地较高标准计算赔付。

本案出现了城乡赔偿标准二元化情形，原告系江苏农村户籍但长期在上海市工作，但企业并未为其办理居住证及社保且一审对该问题要求过严等，导致证明经常居住地出现困难，好在二审经申请调查令予以证据补强后最终予以支持。该等城乡二元化问题随城乡标准的统一很快将不存在。

二、叶某等诉上海某大学附属医院、江苏常州某市级医院医疗损害责任纠纷案

（一）诉争由来

叶某，1994年出生，时年16岁的花季少年。2010年7月19日22时因不慎被重物砸伤右髋一小时余，感疼痛，不能行走，并伴腹痛至常州某市级医院急诊

① 《医疗损害责任司法解释》第24条规定：“被侵权人同时起诉两个以上医疗机构承担赔偿责任，人民法院经审理，受诉法院所在地的医疗机构依法不承担赔偿责任，其他医疗机构承担赔偿责任的，残疾赔偿金、死亡赔偿金的计算，按下列情形分别处理：（一）一个医疗机构承担责任的，按照该医疗机构所在地的赔偿标准执行；（二）两个以上医疗机构均承担责任的，可以按照其中赔偿标准较高的医疗机构所在地标准执行。”

被收入院。诊断：骨盆骨折，腹膜后血肿？ 23时40分，在全麻下进行骨盆骨折支架固定术、骨盆填塞术。术后予禁食、止血、抗炎等治疗。住院期间病情持续不稳定，于7月26日入手术室进行小肠穿孔修补术、剖腹探查术，发现小肠穿孔、弥漫性腹膜炎。7月30日10时家属要求转上海某医院治疗，予出院。出院时患者发热，精神极萎，经口气管插管，巩膜皮肤黄染。出院诊断：闭合性腹部外伤，小肠穿孔，弥漫性腹膜炎，腹膜后血肿，骨盆骨折外固定术后，脓毒血症，急性肺损伤，MODS（多器官功能障碍综合征），电解质紊乱。上海某大学附属医院给予抗炎、营养支持等综合治疗，并予2010年8月9日在全麻下进行复杂肠粘连松解术 + 空肠造口术 + 末端回肠造口术 + 结肠灌洗术，但患者的感染未得到有效控制，仍发热不退，血项高，感染性休克，脏器功能损害不断增加，脑功能衰竭。8月27日6时30分心跳骤停，予心肺复苏抢救后无明显效果，家属要求自动出院。其后，患者死亡。

由此成讼，列上海某大学附属医院为第一被告、江苏常州某市级医院为第二被告。

（二）上海市某区医学会的医疗损害鉴定

1. 诊治概要、患方代理人的鉴定陈述、医方抗辩

（1）诊治概要[①]

2010年7月19日22时患者因不慎被重物砸伤右髋一小时余，感疼痛，不能行走，并伴腹痛至常州某市级医院急诊。B超检查显示肝肾隐窝极少量积液，右下腹肿块，考虑后腹膜血肿。22时16分入住ICU病房，查体：神志清晰，精神极萎，体温37℃，血压101/71mmHg，心率100次/分，腹平坦，腹稍膨，无压痛及反跳痛，骨盆分离试验阳性。血常规：白细胞 $17.50\times10^9/L$，血红蛋白90.3g/L（未见报告）。诊断：骨盆骨折，腹膜后血肿？ 23时40分，在全麻下进行骨盆骨折支架固定术、骨盆填塞术。术后予禁食、止血、抗炎等治疗。

7月20日11时23分抢救记录：患者心电、血压等监测，口插管接呼吸机，胃肠减压等，血压88/45mmHg，予输血浆、红细胞、地塞米松等，去甲肾微泵注入，12时血压120/59mmHg。床边摄胸片、骨盆平片显示左髂骨骨折，耻骨联合

① 摘录自上海市某区医学会2013年3月《医疗损害技术鉴定书》第4条“诊治摘要”。

分离，骶尾骨显示欠清，心肺无异常。B超示腹腔少～中等量积液（肝周、脾周、肠间隙液性暗区）。15时07分肝胆外科会诊，查体：神志不清，腹隆如鼓，下腹、耻骨处肿胀、青紫，腹叩呈鼓音，腹穿抽得少量血液，因重物砸伤腹部位置较低，考虑肠管及肠系膜损伤较大，建议请胃肠外科会诊。17时05分胃肠外科会诊记录：查体，神志不清（应用镇静药），腹膨隆，左髂部、阴囊及会阴部淤血、肿胀，全腹压之有轻度肌紧张，叩诊鼓音，肠鸣音少。初步诊断：腹部闭合性损伤，骨盆骨折，后腹膜血肿，建议情况允许时进行腹部CT检查。18时，患者心率107次/分，呼吸17次/分，SPO_2：99%，血压136/84 mmHg。

7月21日0时58分，体温38.5℃（腋下），查体：移动性浊音阳性，未及肠鸣音，骨盆分离试验阳性。血常规：白细胞$19\times10^9/L$，中性粒细胞78%，予圣诺安、特治星、天晴甘美、输血等治疗。14时25分，去甲肾上腺素泵注入维持血压。7月22日，停呼吸机，改气管内吸氧，床旁胸片右肺透亮度降低，右侧胸腔积液待排，建议CT检查。7月23日，患者氧饱和度90%～92%，诉胸闷，血气：PH7.41，PaO_2 52mmHg，$PaCO_2$ 41mmHg，又予呼吸机辅助呼吸。根据昨日胸片考虑肺水肿可能，予以利尿。在局麻下将盆腔填塞的纱布取出。腹软，腹胀有减轻，无压痛反跳痛，移动性浊音阳性，暂无腹腔脏器破裂依据。7月24日体温38.5℃（肛温），8时心率110次/分，呼吸12次/分，SPO_2：99%，血压：113/77 mmHg。血常规示白细胞$13.1\times10^9/L$，中性粒细胞77.7%（未见报告）。考虑存在感染，加用他格适联合抗感染。由禁食改为鼻饲，生理盐水250ml+生大黄粉10克每日一次由鼻饲慢进。7月25日体温38.5℃（肛温），腹胀，压痛与反跳痛不明显，肠鸣音存在，白细胞$15.1\times10^9/L$，中性粒细胞87.1%（未见报告），麦氏点和反麦氏点穿刺，抽得少量不凝血，未及脓液及胆汁样液体，无腹腔脏器破裂依据，复床旁胸片（–），再予禁食。

7月26日体温39.6℃（肛温），疑难病例讨论：血培养真菌感染，予科赛斯抗真菌治疗。患者腹胀，有压痛与反跳痛，予胸、上、中、下腹，胸腰椎，骨盆CT平扫+增强检查显示双下肺部分不张伴双侧胸腔积液；右侧第3～5腰椎横突骨折伴右侧腰大肌、右侧肾脏挫伤；耻骨联合及右侧骶髂关节分离；左侧髂骨、左骶骨边缘、右侧坐骨上下支骨折；腹腔积液伴肠管扩张；腹腔内散在少量游离积气，考虑小肠穿孔可能。请胃肠外科会诊，腹穿可见暗红色液体及胆汁样液体，考虑行剖腹探查手术（未见胃肠外科会诊记录）。据重症监护记录，12时30分患者被送进手术室，进行小肠穿孔修补术，剖腹探查术。打开腹膜后即有大量黄褐色液体含脓苔涌出，吸出腹腔内液体约2000ml，距回盲部约160cm处小肠有一穿孔，直径约1cm，有消化液流出，全部小肠及结肠、直肠系膜严重充血水肿，表面布有脓苔，腹膜后血肿到达肝下十二指肠周围。行小肠穿孔修补后用温热生理盐水冲洗腹腔，打开十二指肠及升结肠外侧腹膜，清除血肿，再用温热盐水冲洗腹腔。于升结肠旁沟及降结肠旁沟、膀胱直肠凹陷各置引流管一根，缝合中线后皮肤及皮下组织未缝合。

7月27日，腹腔引出液体量不多，特治星改为天册，中段尿直接涂片找到真菌孢子。7月28日，患者持续高热，动脉血、静脉血培养、大便培养、胸腹水培养、导管培养均有热带念珠菌生长。血生化示高钠、高氯，血钾3.4mmol/L，尿素氮14.2mmol/L。D-二聚体1081ug/L。上海某医院会诊并加用两性霉素B脂质体抗真菌治疗。肝功能提示高胆红素血症，B超提示胆囊张力高伴胆泥。7月29日，C反应蛋白测定示64.5mg/L，内毒素鲎定量测定0.0408Eu/dL（正常：0～0.0350Eu/dL），痰培养铜绿假单胞菌4+。

7月30日10时10分，家属要求转上海某医院治疗，予出院。出院时患者发热，精神极萎，经口气管插管，巩膜皮肤黄染。出院诊断：闭合性腹部外伤，小肠穿孔，弥漫性腹膜炎，腹膜后血肿，骨盆骨折外固定术后，脓毒血症，急性肺损伤，MODS（多器官功能障碍综合征），电解质紊乱。

出院当日患者由救护车、呼吸机支持通气下入住上海某医院急救科病区。入院时骨盆支架外固定中，全腹均有压痛，以左下腹为严重，有反跳痛、轻度肌卫，叩诊鼓音，肠鸣音消失。化验腹水结果：鲍曼不动杆菌、耐甲氧西林金黄色葡萄球菌、热带念珠菌生长；化验痰结果：鲍曼不动杆菌、铜绿假单胞菌、嗜麦芽窄食单胞菌、粘质沙雷菌生长；血培养显示头部葡萄球菌生长。先后予科赛斯、两性霉素B、大扶康抗真菌；培能、舒普深抗G^-菌；替考拉宁、万古霉素、利福平抗G^+菌；营养支持等综合治疗，并予2010年8月9日在全麻下进行复杂肠粘连松解术+空肠造口术+末端回肠造口术+结肠灌洗术，但患者感染得不到有效控制，仍发热不退，血项高，感染性休克，脏器功能损害不断增加，脑功能衰竭，8月27日6时30分心跳骤停，予心肺复苏抢救后无明显效果，家属要求自动出院。其后，患者死亡。

（2）患方代理人的鉴定陈述[①]

被告二常州某市级医院违反诊疗规范的不专业诊治、懈怠诊疗导致患者小肠穿孔被长期漏诊，漏诊后的病情持续发展、恶化导致无法有效救济的灾难性后果，小肠穿孔漏诊后的致命性感染并 MODS 系原告之子死亡的直接原因，被告存有重大医疗过错，依法应承担医疗损害赔偿责任。

①被告二懈怠诊疗。根据主诉及现病史，患者入院时已伴有腹痛，但被告二入院录及出院小结体格检查却均提及“无压痛及反跳痛”，此属于典型诊疗行为懈怠，因叶某骨盆严重创伤、腹膜后血肿，辅以小肠穿孔，此时腹部压痛及反跳痛是确定存在的；另外，即使没有小肠穿孔，在骨盆严重创伤及腹膜后血肿情势下，腹部压痛必是确定存在的，何况主诉及现病史已明确记载患者伴有腹痛。正因为被告二医师轻视患者体检或根本未仔细体检，被告医师懈怠诊疗使漏诊成为必然。

②被告二未及时请会诊且会诊后未履行注意义务。根据被告二临时医嘱单记载，针对如此骨盆多发伤，被告二一病区 ICU 直至 7 月 20 日 16 时 5 分前并未请普外科会诊，也未进行任何诊断性穿刺，此严重违反诊疗常规。此后，16 时 30 分，肝胆外科及胃肠外科方被请至会诊。但会诊并未起到应有的作用，在肝胆外科医生已经意识到存在肠管损伤的情况下，胃肠外科却直接忽视，此也直接导致病程持续发展至不治。肝胆外科会诊单记载：“神志不清，腹隆如鼓……腹叩呈鼓音，腹穿抽得少量血液，因重物砸伤腹部位置过低，考虑肠管及肠系膜损伤较大，请胃肠外科会诊”。胃肠外科会诊单 17 时 5 分记载：“查体神志不清（应用镇静剂），腹膨隆……叩诊鼓音，肠鸣音小。初步诊断：腹部闭合性损伤……建议腹部 CT……”

③被告二诊疗行为不符合当时医疗水平。患者 7 月 22 日脱机不能，7 月 22 日 X 片报告“右肺透亮度降低，右侧胸腔积液，建议 CT 复查”。被告二诊断为急性肺损伤，但患者 7 月 20 日两次 X 片均提示心肺未见异常，如此快速的变化，尤其是不再出血的仅进行了“骨盆外固定 + 骨盆填塞”之不大的手术后的脱机不能，被告二均予以忽视，均未能在诊断思维上追根溯源，导致在漏诊道路上越走越远。

---

① 该鉴定陈述在 2012 年原文基础上略有删减和调整。

④被告对患者血项持续升高并持续发热之重症感染视而不见，不仅不符合当时医疗水平，也体现为诊疗懈怠。患者7月19日入院时WBC已达$17.50\times10^9/L$，此后每日异常并居高不下，7月25日WBC计数达$15.10\times10^9/L$，嗜中性粒细胞87.10%；7月26日6时WBC计数达$22.90\times10^9/L$，嗜中性粒细胞90.90%。7月26日17时WBC高达$25.40\times10^9/L$，嗜中性粒细胞91.80%（剖腹探查+小肠修补术系7月26日13时25分至14时50分完成）。另外，患者住院期间持续发热，7月20日腋下最高38.8℃，7月25日腋下高热39.0℃，7月26日凌晨6时腋下高达39.6℃。上述血项及体温系在持续使用对严重感染适用的抗生素q8h静点情势下化验或测量得出，可想而知，患者自入住被告二医院始持续重症感染，而患者并无开放性伤口感染因素。此等重要的一目了然的诊断情势，被告二却匪夷所思地视而不见。反而在2010年7月24日的病程记录中记载“患者血项呈上升趋势……（1）右侧胸腔积液可能，肺部感染不能排除；（2）后腹膜血肿，血肿机化可导致感染。目前患者腹部症状及体征暂无脏器破裂依据”。该等诊疗不符合三甲的专业水准，被告二对患者漏诊属必然。直到7月26日CT提示小肠穿孔可能，被告二才意识到患者病情，才匆忙进行手术，但此时已为时已晚或手术本身致感染扩散并加速死亡。

⑤被告二还存有其他违反诊疗常规行为。例如，在未查明原因的情况下滥用抗生素等，导致患者侵袭性真菌感染加速不治。

被告一在已经不具有手术适应证的情势下，仍进行“复杂肠粘连松解术+空肠造口术+末端回肠造口术+结肠灌洗术”，此加剧了叶某死亡，可能存有过错。

综上所述，患者本系普通外科极其常见的外伤性肠穿孔，完全可以通过及时诊断和治疗而长期健康生存，但由于二被告尤其是被告二常州某市级医院的不专业诊治导致死亡的严重后果，因此，没有任何医方违法阻却事由，医方应承担完全责任。本案例依法构成一级甲等医疗损害。

（3）医方抗辩[①]

后腹膜血肿早期渗到腹腔的血液在量少的情况下，腹膜刺激症状较轻，再加上患者来院时处于休克状态，体检时的反应跟正常人会有差异，主诉就更不明确。

① 摘录自上海市某区医学会2013年3月《医疗损害技术鉴定书》第2条“争议要点”之“医方认为”。鉴于被告上海某大学附属医院诊疗行为不构成医疗损害，故仅列明被告二常州某市级医院的抗辩。

7月19日患者入住ICU，第二天上午，腹腔诊断性穿刺抽出少量不凝血，行床边B超检查提示少量~中等量积液，即请肝胆科、胃肠科会诊，均建议腹部CT检查，目的是排除有无实质性或空腔脏器损伤，但由于患者循环不稳定，情况不允许而未能执行。小肠穿孔隐匿性较大，可以较长时间无症状或症状较轻。我们一直在密切观察患者的腹部情况，根本不存在漏诊说法，7月25日还做了诊断性腹腔穿刺，未抽及脓性腹腔液。7月26日患者出现腹胀，做上腹部CT提示小肠穿孔可能。患者有手术切口、机械通气、严重创伤存在炎性反应等情况，必须使用抗生素，不存在滥用抗生素情况。我们一直关注患者有否二重感染，最终找到真菌感染的依据与肠穿孔时间吻合，可以间接说明不存在漏诊。

2. 医学会鉴定分析说明及鉴定意见①

（1）鉴定分析说明②

常州某市级医院对患者的病情观察不仔细，检查不及时。7月19日急诊入院直到7月26日才剖腹探查发现小肠穿孔。此时已并有弥漫性腹膜炎（腹腔内2000ml脓性腹水，广泛脓苔），所以小肠穿孔的诊断被明显延迟。7月26日剖腹探查手术中，在已有弥漫性腹膜炎存在的情况下，打开后腹膜血肿，造成感染扩散，导致病情加重，感染难以控制。医方上述不足与患者最后难以控制的腹腔感染导致严重脓毒血症、多脏器功能障碍综合征及死亡有直接的因果关系。

（2）鉴定意见③

本例属于对患者人身的医疗损害。常州某市级医院在医疗活动中存在对患者在小肠穿孔诊断延迟、术中见到已有弥漫性腹膜炎情况下，打开后腹膜清除血肿的不当引起感染扩散之医疗过错，与患者死亡的状况存在直接的因果关系。参照《医疗事故分级标准（试行）》，患者叶某人身损害等级为一级甲等。本例医疗过错对患者人身医疗损害结果的责任程度为主要责任。

---

① 上海某大学附属医院诊疗行为不构成对患者的医疗损害，仅列出被告二常州某市级医院的鉴定情况。

② 摘录自上海市某区医学会2013年3月《医疗损害技术鉴定书》第5条“分析说明”。

③ 摘录自上海市某区医学会2013年3月《医疗损害技术鉴定书》第6条“鉴定意见”。

（三）法院判决

本案系 2013 年 12 月裁判，依据当时的《人身损害赔偿司法解释》（法释〔2003〕20 号）规定，残疾赔偿金、死亡赔偿金、被扶养人生活费均以“按照受诉法院所在地上一年度……”标准计算赔偿，故尽管第一被告上海某大学附属医院不构成医疗损害，但仍以受理法院所在地上海市相关标准计算死亡赔偿金等。如本案发生在 2017 年 12 月 14 日《医疗损害赔偿司法解释》生效后，将只能以常州市的当地标准计算赔偿金额。

（四）案例分析

本案被告二诊断、治疗水平均不符合当时医疗水准，严重漏诊及不专业治疗叠加导致患者死亡，依法应承担医疗损害赔偿责任。

第二节 单个医疗机构的医疗损害责任

一、郑某诉上海某大学附属医院医疗事故责任纠纷案

（一）诉争由来

患者郑某，男性，1967 年生，41 岁。因“发现左颈部包块 10 年”，无疼痛无其他明显不适入院，诊断为颈动脉体瘤可能（良性肿瘤）而在被告医院进行左侧颈动脉体瘤切除术 + 左颈内动脉重建术。术后脑梗后脑出血、脑疝形成。诉讼及医疗事故鉴定时表现为：神志清楚，记忆、计算、定向力差，失语；不能对答问题。右上肢、右下肢运动完全障碍，左上、下肢能自主运动。二便尚不能完全控制。能坐轮椅，但不能站立。

患者于 2008 年向上海市某区人民法院提起医疗事故损害责任诉讼，其后人民法院委托上海市某区医学会进行首次医疗事故鉴定，鉴定结论为构成二级乙等

医疗事故，医方承担次要责任。[①] 患者方对该等鉴定结论中的责任程度等不服，依法向上海市医学会医疗事故鉴定工作办公室提起再次鉴定。

（二）上海市医学会的医疗事故鉴定

1. 诊治概要、患方代理人的再次鉴定陈述、医方再次抗辩

（1）诊治概要[②]

2008 年 2 月 23 日，患者因“发现左颈部包块 10 年”入住某大学附属医院口腔科。据住院病历记载，查体：左侧上颈部隆起，表面皮肤未见明显异常，可触及 5.0cm × 5.0cm 大小的肿物，表面光滑，边界清晰，质地中等偏软，触压无疼痛，左右活动度好，上下活动度差，肿物搏动明显，可闻及轻微吹风样杂音。双侧颞颌关节无压痛，活动度正常，张闭口度 4.5cm，开口型正常。入院诊断：左上颈部动脉体瘤。2 月 26 日，患者行 MRI 检查，影像诊断：左侧上颈部颌下腺外上方肿块，颈动脉体瘤可能，间叶源性肿瘤待排。

3 月 5 日颈部 CT 诊断：左侧颈总动脉分叉处肿块，考虑为颈动脉体瘤可能性大。3 月 10 日，患者在经口气管插管吸入 + 静脉麻醉下行左侧颈动脉体瘤切除术 + 左颈内动脉重建术。据手术记录记载：术中见肿瘤位于颈动脉三角，深红色，约 10cm × 8cm，表面有大量血管曲张迂行，周围交通支丰富，肿瘤压缩性差。见颈内静脉、迷走神经、舌下神经与肿瘤粘连，小心游离并保护。分离肿瘤下极，见肿瘤与颈总动脉、颈外动脉、颈内动脉壁粘连。先将颈外动脉自分叉处结扎离断，遂开始将肿瘤自颈总动脉壁、颈内动脉壁上剥离，肿瘤与部分颈内动脉壁粘连牢固，有浸润，术中出血较多，采用全身肝素化，用肝素 50mg，并升血压，暂时

---

① 上海市某区医学会 2008 年 10 月《医疗事故技术鉴定书》的相关内容“八、分析意见　1. 患者所患‘左侧颈动脉体瘤’的诊断明确，有手术指征，院方首次采取的手术方式恰当。2. 术后患者出现神经系统症状系手术并发症，但根据病史记录无法判断此时院方采取溶栓治疗是否在恰当的溶栓治疗窗内。院方存有病情观察不够严密、病程记录不够翔实的缺陷。3. 目前患者有偏瘫、失语，存在严重功能障碍，而医院无法提供第一次手术的知情同意书，违反医疗诊疗规范。九、结论　患者与上海某医院医疗争议构成医疗事故。综上分析，根据《医疗事故处理条例》第 2、4 条，《医疗事故分级标准（试行）》《医疗事故技术鉴定暂行办法》第 36 条，本病例属于二级乙等医疗事故，医方承担次要责任。”

② 摘录自上海市医学会 2009 年 8 月《医疗事故技术鉴定书》第 6 条“诊治摘要”。

阻断颈总动脉，检查颈内动脉返流好，暂时阻断颈内动脉，截除肿瘤浸润的颈内动脉约 2cm，将颈内动脉与颈总动脉断端吻合牢固。再用鱼精蛋白 50mg 拮抗肝素，维持血压于 160/100mmHg，检查血管吻合口无渗漏。将肿瘤完整切除，标本送病理。术后患者带管送入 ICU 病房。

3 月 11 日 15 时 30 分，患者右侧瞳孔散大，左侧瞳孔对光反射减弱。予甘露醇 125ml 静滴、呋塞米 10mg 静推脱水降颅压。请神经内科及血管外科会诊，怀疑左侧脑梗塞。17 时 15 分，患者颈部肿胀，伤口引流血性液体 500ml，予以左侧颈部切口压迫止血，镇静、镇痛、制动，万汶 500ml、少浆血 800ml 补充丢失。血管外科医生急诊行床旁伤口切开探查止血，并予相应药物治疗。21 时 40 分，患者左侧瞳孔 4.5mm，右侧瞳孔 1.5mm，双侧对光反射减弱。请脑外科会诊，予以甲强龙 80mg、高渗氯化钠羟乙基淀粉 19g 脱水治疗。3 月 12 日，神经内科会诊考虑脑栓塞可能，患者双侧瞳孔不等大，右侧肢体偏瘫，双侧病理征（+），脑疝形成，予甘露醇、白蛋白、呋塞米加强脱水。3 月 13 日，患者脱机，仍处于昏迷状态，生命体征平稳。病理诊断示：左颈动脉体瘤。3 月 14 日，头颅 CT 影像诊断：左侧颈内动脉术后，左额叶、额叶脑梗塞；左基底节区血肿、脑室系统积血；蛛网膜下腔出血。当日在全麻下行左颞部去骨瓣减压术。术后患者带气管插管返回，接呼吸机辅助呼吸。3 月 15 日，予患者行床旁气管切开术。3 月 18 日，患者仍处于昏迷状态，有呛咳反应及睫毛反射，经气管导管吸氧下血氧饱和度 97%，继续脱水等治疗。3 月 21 日，患者已睁眼，但神志仍不清，不能应答，无法配合。3 月 24 日，患者神志较前有所改善，对声响有眨眼反应，同时伴有眼球运动，但四肢无任何运动反应。4 月 8 日，患者出院并转院行高压氧治疗。出院时情况：神志不清，对指令无反应，病情稳定，没有明显好转迹象。出院诊断：左侧颈动脉体瘤、脑梗后脑出血、脑疝。

2008 年 4 月 8 日，患者因左颈部血管瘤术后 28 天，脑出血、脑疝行开颅减压术后昏迷 24 天，入住上海某地段医院治疗。据病情小结记载：4 月 25 日拔除胃管；5 月 9 日拔除气管套管；5 月 12 日起意识逐步恢复；6 月 20 日起大小便便意恢复；7 月 15 日首次癫痫发作；8 月 20 日起能发“啊”“咿”音。

8 月 28 日情况：神志清楚，记忆、计算、定向力差，失语；不能对答问题。右上肢、右下肢运动完全障碍，左上肢、下肢能自主运动。二便尚不能完全控制。能坐轮椅，但不能站立。患者目前在家中休养。

（2）患方代理人的再次鉴定陈述[①]

原告认为沪某医鉴［2008］039号《医疗事故技术鉴定书》所认定的构成医疗事故鉴定结论实属经典，其在第8条分析意见中第2、3项整体上论据充分、说理清晰，体现了上海地区鉴定委员会专家的专业与睿智，但由于众所周知的行业内、体制内特色，该份鉴定报告书也存有严重瑕疵，尤其是集中于第8条分析意见的第1项及第9条的鉴定结论之“医方承担次要责任”问题上，上述两点不仅与事实不符合也与法理相违背，故对患者方显失公平。具体分析如下。

第一,第8条鉴定分析意见第1项“患者所患‘左侧颈动脉体瘤’的诊断明确，有手术指征，院方首次采取的手术方式恰当”与事实严重相违背。理由如下。

①颈动脉体瘤诊断明确属实，有手术指征也没有错误，但有手术指征与是否必须手术并不具有一致性，有手术指征与手术是否有严重缺陷也不具有同一性。

原告的确患有左侧颈动脉体瘤，而且无任何症状的健康带瘤体生活10余年之久，对这种并不影响患者生存质量的很少有恶变倾向的良性少见病症，无论是5年制还是7年制及8年制的耳鼻咽喉头颈外科学均指出：“手术危险性较大，故有人主张除非肿瘤发生恶变，一般不予手术切除。”颈动脉体瘤临床少见，如处理不当，可能造成严重的脑血管并发症，甚至导致死亡，此在学界早已达成共识，故很多学者并不建议手术。

再结合被告医院在手术前根本没有告知患方手术的巨大风险，也未签署手术同意书。故此为严重违反卫生管理法律、法规的医疗行为，是导致患者目前状况的最主要原因；换言之，如果被告医院告知患者疾病的巨大风险，满足其知情权、选择权、同意权，患者完全会选择不做手术而长期健康生存，或至上海其他医院具有成熟经验的血管外科或耳鼻喉头颈外科就医。故仅凭这一点，被告医院就应该承担医疗事故的完全责任。

②被告医院口腔科严重违反颈动脉体瘤切除的诊疗常规，不仅术前、术中违反操作常规，且手术技巧粗陋，患者目前瘫痪、失语等严重并发症即完全基于此。

首先，术前没有对患者进行颈动脉体瘤Shamblin法病理分级，至少在病历中无任何内容体现，故也无从谈起系Ⅰ级则直接切除，系Ⅱ级则需临时性颈动脉内转流，系Ⅲ级则血管移植；术前没有进行血管造影或DSA检查，未判断Wills环

---

① 该鉴定陈述是在2008年原文基础上微调。

通畅及代偿状况，更不必奢谈 DSA 下球囊暂时阻断实验、血管介入栓塞等措施。尽管术前有 CTA 及 MR，但内容仅有一般诊断价值。

其次，为防止颅脑缺血性损害，对患者进行术前颈总动脉压迫实验（Matas），术中颈动脉阻断实验，甚至测定颅外段颈内动脉反流压力已为必须之常规，其是评价脑侧枝循环状况，评价患者能否耐受手术，防止缺血性损害极为重要的必不可少环节。但被告医院漠视这些诊疗常规，围手术期处理对被告来说根本可有可无。

最后，标准的颈动脉体瘤手术除可以直接切除的 I 级外，为防止严重颅脑血管并发症均采用颈动脉内转流术，部分阻断颈总动脉→大隐静脉近端与阻断颈总动脉部分端－侧吻合→松开颈总动脉→夹住大隐静脉→阻断颈内动脉→切断颈内动脉→颈内动脉远端与大隐静脉远端“端－端”吻合→切断并结扎颈总、颈外动脉，同时将颈动脉体瘤一并切除。只是在某些特殊情况下，为避免过多出血才较早结扎颈外动脉。反观被告医院的手术记录，本末倒置、技术粗陋，科学成熟的手术设计遭到一再践踏。

另外，根据第一次手术的麻醉记录单及手术记录，患者是在 9 时 30 分进行手术，手术结束时间是 14 时 15 分，在没有进行血管移植的情况下手术竟然经历 4 小时 45 分钟，出血量竟然达 5000ml，输血 4000ml；同时，手术者是先结扎颈外动脉，然后对瘤体进行剥离，期间手术大量出血，后又因瘤体与颈内有粘连而无法剥离，转而不得已采取阻断颈总动脉，再“截除肿瘤浸润的颈内动脉约 2cm”（注意：手术记录一直没有说明整个瘤体是否剥离），后再行颈内动脉与颈总动脉吻合。被告手术记录的记载极其简单，故具体何时进行颈总动脉阻断，何时才使颈总与颈内动脉吻合完毕均不得而知，但毫无疑问这个时间应该非常长，远远超过了颅脑缺血的耐受极限。

综合以上事实，通俗地说，被告医院口腔科的心态即是：刀先开了再说，至于手术中发生什么到手术中再说。手术技术粗糙，远未达到此类手术所需要的熟练、精细要求，故颅脑长时间缺血、血管受损、栓塞形成等不足为怪。被告属典型的仓促上阵，诊疗行为违背科学、规范的诊疗常规及规范，轻视患者生命健康权的行为。

第二，被告尚存有其他医疗过错，现简要阐述。

①被告医院口腔科不是适格的手术主体。

自20世纪80年代起，世界各国先后将耳鼻咽喉科改为耳鼻咽喉－头颈外科，我国现设有中华医学会耳鼻咽喉—头颈外科分会，从严格意义上说颈动脉体瘤应属于耳鼻咽喉—头颈外科或血管外科的专业，口腔科并非适格的手术主体。该点从我国第7版5年制或7年制、8年制卫生部的规划教材中也有明确体现，即颈动脉体瘤均收录在耳鼻咽喉—头颈外科学教科书中，而口腔科规划教材中任何一个专业均没有收录该疾病。我们合理怀疑被告医院因科室利益或科研驱使，导致其收治并不适格也同时无成熟处理经验的疾病患者。

②被告还存有其他错误及延误诊治行为。

患者3月11日的14时30分即出现了中枢神经系统改变，17时15分即出现患侧颈部大出血，3月11日15时30分病程记录记载："并请神经内科会诊，停用丙泊酚后查体右侧肢体肌张力减弱，怀疑脑梗塞，建议行头颅CT检查"（但此会诊记录却不在病案内，不翼而飞），但直至3月13日10时45分才行头颅急诊CT；至于尿激酶、肝素及川穹的使用鉴于沪某医鉴［2008］039号已经做出鉴定结论，对此不赘述，但需要着重指出的是3月12日10时30分，神经内科某副主任会诊已明确：患者系重大手术后，防止再次出血可不用低分子肝素钠。但手术者却在16时违背会诊意见仍决定再用低分子肝素钠。另外，患者在3月11日的14时30分出现异常，但手术者直至3月12日10时才进行查房，且手术者在本次查房中也意识到必须要进行CT检查明确颅脑内状况，也意识到脑出血的问题。从这些记载中可以看出，手术者本人对疾病的判断与对疾病的处置出现自相矛盾的情况；另外，在患者处于如此危急且病情处理棘手的状态下，被告医院甚至没有组织过一次像样的全院大会诊。再次，"去骨瓣减压术"直至3月14日15时43分方为施行，手术后患者即行气管切开。此为延误诊治及错误诊治的典型。

③被告医师病历书写不符合管理规范且肆意损毁病历。

在其入院记录、病程记录、术前小结、术前讨论、出院小结等中多次将左侧疾患写成右侧，多次将肿块大小写成"5.0 m×5.0 m"；口腔科术后病程记录与ICU科室ICU病程记录尽管由不同科室、不同医生书写，但内容如出一辙；3月11日术后第一天即发生手术颈侧大量出血，量为500ml，血管外科受邀行床边切开探查止血，但并无具体手术探查内容记载，血管外科到底探查到什么、采取何种措施均不得而知；根据口腔科的病程记录，医生是在3月11日15时30分才发现患者右侧瞳孔散大，左侧对光反射减弱的。但根据3月11日的脑外会诊订录，3 月 11 日的 14 时 30 分即出现了左侧瞳孔缩小、右侧肢体张力下降的情况。会诊医师已经诊断为“左侧大脑半球缺血性损害、脑疝早期”；另外还有在病案首页将确诊日期涂改为 4 月 1 日，与入院记录所记载的 2 月 23 日已明确诊断自相矛盾；同时，对患者进行“去骨瓣减压术”没有术前小结、没有术后记录，其他还有更严重的诸如病历会诊记录不明原因缺失等不一而足，这不仅违反病历书写基本规范，而且也反映了被告医院管理混乱，所属医师漠视患者权益，草率诊疗行为。

第三，卫生法学意义上的完全责任、主要责任与次要责任问题。

《医疗事故技术鉴定暂行办法》第 36 条对医疗事故中医疗过失责任程度进行了规范：完全责任是医疗事故损害后果完全由医疗过失行为造成；主要责任是损害后果主要由医疗过失行为造成，其他因素起次要作用；次要责任是损害后果主要由其他因素造成，医疗过失行为起次要作用。

另外，有一个卫生法学上的概念必须厘清，即规范中的“其他因素”包括但不限于患者原有疾病状况，患者是否遵守医嘱、是否有个体差异等其他情况；同时，患者原有疾病状况作为医疗事故鉴定中的参与因素，并不是指只要有疾病或只要有凶险或危险程度高的疾病就一定是医疗事故鉴定中的责任因素。《医疗事故技术鉴定暂行办法》中的其他因素中的“原有疾病”构成医疗事故鉴定中的责任因素必须具备以下 4 个条件：①医方诊疗行为符合诊疗护理常规及规范，无过错；②医方已满足了患者知情同意权；③医方已经尽到卫生法学上最大的注意义务；④尽管医方尽到卫生法学上最大的注意义务，但由于患者疾病本身的凶险，仍发生了难以避免的并发症（必须注意：是难以避免的并发症，而不是所有并发症，这种难以避免仍需要专家委员会在具体分析后进行认定）。只有完全同时满足上述 4 个条件产生难以避免的并发症，医院才能够免责或部分免责。

反观本案件，结合上述 4 点卫生法学理论，被告医院应承担完全责任。理由：①被告的诊疗行为严重违反诊疗护理常规及规范，具体理由前节事实部分已阐述；②被告术前根本没有满足患者知情同意权。颈动脉体瘤系少见且涉及颈动脉的具有较高手术风险的疾病，处理稍有不慎，极易引起中枢神经系统损伤。如进行手术治疗，对术者专业水准、综合素质要求很高。此类疾病的手术治疗，充分满足患者的知情同意及选择权显得尤为重要。具体到本案，如果医院充分告知患者，则患者完全可以选择不手术或去其他更适格的医院或科室诊治，就有可能完全避免目前极其严重的损害后果；③被告根本没有尽到卫生法学上最大的注意义务，包括整个围手术期，尤其是术前准备、术中注意、术后处置等（具体上节事实部分已经阐述）；④患者目前的严重后果并非难以避免，被告并没有严格按照法律、法规及规范的要求进行手术及治疗，故疾病本身尽管有一定少见性、危险性，但并不构成本次医疗事故鉴定责任的“其他因素”。

综上所述，本案例中被告在围手术期各个环节均存有严重违规的诊疗行为，包括但不限于既未满足知情同意权，亦未履行卫生法学上的高度注意义务等，故尽管疾病本身有一定少见性、危险性，却被医方的违法、违规行为所阻断，并不构成医疗事故责任参与因素。故本案被告医院应承担医疗事故的完全责任。

（3）医方再次抗辩[①]

颈动脉体瘤属于口腔科治疗范畴，并不存在医方跨科执业的问题。患者入院后行 MRI 及 CT 检查，诊断明确，对肿瘤和血管情况进行了评估，该肿瘤巨大复杂，具有明确手术指征。医方组织术前讨论，邀请血管外科共同参加手术，正是本着对病人认真负责的态度，最大限度发挥各科室的技术优势。术前充分告知了患者手术的风险及术后可能发生的并发症。

2. 医学会鉴定分析及鉴定结论

（1）鉴定分析[②]

患者因“发现左颈部包块 10 年”就诊于医院，“左颈动脉体瘤”诊断明确，有行颈动脉体瘤切除术的适应证。但是医方在诊疗过程中存在以下过失：未作必要的颅内血流交通及脑组织耐缺氧程度的术前评估，对于手术的困难及可能发生的意外估计不足，且不能提供证据证明对手术风险进行了告知；术中监测不严密，脑保护措施不力；术后发生偏侧神经功能缺损症状，在未明确颅内病变性质的情况下使用溶栓、抗凝治疗欠妥；对于术后颅内血肿及脑疝的诊断、处理有一定延误。患者目前存在的严重神经功能缺损与医方的上述医疗行为存在直接的因果关系。

颈动脉体瘤是少见病，颈动脉体瘤切除术为高风险手术。术后发生脑部病变的可能性大，抢救难度较高，也是导致不良后果的因素之一。

---

① 摘录自上海市医学会 2009 年 8 月《医疗事故技术鉴定书》第 2 条“争议要点”之“医方认为”。

② 摘录自上海市医学会 2009 年 8 月《医疗事故技术鉴定书》第 8 条“分析意见”。

（2）鉴定结论[①]

根据《医疗事故处理条例》第2、4条，《医疗事故分级标准》（试行），《医疗事故技术鉴定暂行办法》第36条，本例构成二级甲等医疗事故，医院承担主要责任。

（三）法院判决

上海市某区人民法院根据被告的过错程度等因素判定本案主要责任之责任参与度为80%，判决被告医院赔付原告医疗费、误工费、住院伙食补助费、陪护费、后续护理费、残疾生活补助费、被扶养人生活费、律师费、精神损害抚慰金、医疗事故处理所需交通费／误工费／住宿费等共计约115万余元，原告的后续治疗费可待实际发生后另行主张。

（四）案例分析

本案例在2008年起诉，2009年审结，此时，原《侵权责任法》尚未出台及生效，上海市仅适用单一的医疗事故责任来处理医疗纠纷，即任何的与医疗相关的损害只能进行医疗事故鉴定并据以裁判。

本案医疗事故鉴定认定医方承担主要责任，司法实践中人民法院一般将该等主要责任之责任参与度认定为70%，70%为司法实践惯常认知但并非法定也并不符合参与度理论。笔者代理的案件中一般会根据鉴定书中对过错本身的描述、参与度理论、市场主体与弱者关系、相关判例等主张80%，本案最终即支持了80%。

本案构成医疗事故并导致患者严重人身损害，医方的主要过错集中在围手术期处理既不符合诊疗规范，也不符合当时医疗水准，涉及术前、术中、术后处理的各个环节，上海市医学会出具的医疗事故鉴定书对此也进行了分析说明。另外，本案医方还存在知情同意权重大过失，甚至都没有证据表明存在术前谈话签字之手术同意书等，医疗管理极不规范。

本案再次鉴定将首次医疗事故鉴定的次要责任修正为主要责任，再次鉴定结论符合实际情况，客观、科学、公正。另外，再次鉴定结论也将首次鉴定的二级

---

① 摘录自上海市医学会2009年8月《医疗事故技术鉴定书》第9条“结论”。

乙等伤残调整为二级甲等，体现了上海市医学会鉴定专家组客观性、公正性及全面性的工作态度，令人信服。

但本案有一个问题，区、市二级医学会均未给出正面回应，即口腔科是否为该等颈动脉体瘤适格诊治主体问题。笔者认为，颈动脉体瘤应属于耳鼻咽喉—头颈外科或血管外科的专业，口腔科并不适格，专业人做专业事，不适格没经验当然可能出问题，此有赖于医疗管理部门的明确规范。

本案例原告获得的各项赔偿为 115 万余元，且后续治疗费可待实际发生后另行主张。被告未上诉，一审裁判发生法律效力并给付，此在 2009 年属于比较高的人身损害赔偿数额。

二、赵某等诉上海某大学附属专科医院医疗损害责任纠纷案

（一）诉争由来

王女士，1954 年生，时年 57 岁。患者 2007 年曾因“主动脉瓣二叶畸形，升主动脉瘤样扩张”在被告处行全麻体外下行升主动脉替换 + 带蒂人造血管主动脉根部重建术。2011 年 10 月 10 日患者再至被告医院门诊，诉术后 4 年现有活动后气急。患者一般活动可以，仅表现为活动后气急。被告后于 10 月 25 日 9 时 30 分在全麻下对患者行二尖瓣、主动脉瓣置换术。11 月 1 日 21 时 50 分，生命无法维持宣告死亡。死亡原因：急性呼吸窘迫综合征，感染性休克。并发症：败血症，感染性休克，ARDS、H_2。

由此成讼，并委托某区医学会进行医疗损害鉴定。

（二）上海市某区医学会的医疗损害鉴定

1. 诊治概要、患方代理人的鉴定陈述、医方抗辩

（1）诊治概要①

患者因反复胸痛 10 余年曾于 2007 年 10 月 22 日诊断主动脉瓣二叶畸形，升主动脉瘤样扩张入住被告医院心外科，10 月 29 日在全麻体外下行升主动脉替换 + 带蒂人造血管主动脉根部重建术。11 月 23 日出院。

① 摘录自上海市某区医学会 2012 年 4 月《医疗损害技术鉴定书》第 4 条“诊治摘要”。

2011年10月10日患者至被告医院门诊，诉David术后4年，现有活动后气急。10月14日心超检查结论：人工血管置换术后，二叶主动脉瓣狭窄(轻度)伴反流(轻度)，二尖瓣反流（中度），三尖瓣反流（轻度），肺高压（轻中度）。10月19日患者入住心外科拟择期手术治疗。

10月20日心电图检查示窦性心律（80次/分），可能左心房扩大，左心室肥大伴复极化异常。血常规示白细胞 $5.8\times10^9/L$，中性粒细胞65%，血红蛋白120g/L。

10月24日，就瓣膜病变手术事宜，家属签署知情同意书，开临时医嘱生理盐水100ml+灵流旷3.0g/L×2带入手术室。

10月25日9时30分在全麻下行二尖瓣、主动脉瓣置换术。胸骨正中再次劈开时原升主动脉人造血管出血。左股动脉、静脉暴露，肝素化，股动脉、静脉插管，体外转流，降温至22℃，分离胸骨后粘连，缝合人造血管出血部位，经右房插入上腔引流管，升主动脉阻断，停跳后灌注，升主动脉人造血管横切开，二办（瓣）叶主动脉办（瓣）切除，左房切开，二尖办（瓣）前叶切除，27mm St.jude办（瓣）植入，左房切口缝合，19mm Regent办（瓣）植入，人造血管切口缝合，心脏排空后主动脉全办（瓣）开放，心脏自动复跳，复温后体外渐停，拔心插管，给鱼精蛋白，修补左股动、静脉，放入2RV起搏导线，放入左右胸管和1纵隔管，正中切口逐层缝含，患者血动力学平稳，17时30分手术结束，转送ICU。术中诊断：David术后主狭主闭，二尖办（瓣）关闭不全。据转运交接记录，患者手术时间为9时30分至18时10分，出血量3000ml。术后予生理盐水+灵流旷3.0每日二次静滴，多巴胺、肾上腺素、异舒吉、氯化钾、可达龙泵维持等治疗。18时30分应用鱼精蛋白100mg。20时予甘露醇、纤维蛋白原、地塞米松、止血敏、维生素K1、PAMBA等应用。

10月26日，患者肌酐125umol/L，尿素8.7mmol/L，一般情况尚平稳，未完全清醒，呼吸机供氧，尿量可，渗出>1000ml/小时，已予止血、输血治疗及甲强龙、丙泊酚、甘露醇、胞二磷胆碱等治疗，暂不予以拔管。10月27日，患者时有躁动，予药物镇静，呼吸机辅助，血气分析正常，心率99次/分，血压105/55mmHg，$SPO_2$100%o。尿量正常。10月28日患者未清醒，血常规示白细胞 $23.2\times10^9/L$，中性粒细胞92.6%，C反应蛋白80.3u/L，血乳酸脱氢酶484u/L，肌酸激酶1103u/L，肌酐122umol/L，尿素12.6mmol/L。予百普力，硝普钠，白蛋白，少浆血 2^u 治疗，

13 时肌注灭吐灵 1 支。

10 月 29 日患者清醒安静，血压 132/57mmHg，胸液量 590ml，色暗红。11 时停用甲强龙、丙泊酚。18 时患者体温 39.5℃，19 时予稳可信 lg 每日二次静脉应用，19 时 15 分予维库溴胺静脉，丙泊酚泵入等。血常规示白细胞 1.7×10^9/L，血小板 22×10^9/L，C 反应蛋白 60.8g/L。20 时予速尿 200mg 泵入。10 月 30 日 6 时病程记录：患者昨日躁动不安，呼吸较促，血氧分压渐下降，加压面罩供氧未好转。床边胸片示肺水肿，请麻醉科口插管，呼吸机辅助，呼吸仍促，血氧仍低，调节呼吸机参数无效，复胸片肺水肿渐加重，血压逐渐下降，尿量减少，目前点头样呼吸，SPO_2 91%，PO_2 45.6mmHg，PCO 38.2mmHg，凝血酶原时间 16.7 秒。血多种酶升高，肌钙蛋白Ⅰ 6.03ng/ml，肌红蛋白 1946.0ng/ml，血常规白细胞 1.1×10^9/L，血小板 7×10^9/L，灵流旷改用泰能，去甲肾上腺素、丙泊酚泵入，肾上腺素、血浆，白蛋白、西地兰、左西孟旦等应用。6 时，体温最高达 40.1℃。8 时 10 分起股动静脉插管，予以 ECMO 辅助。

10 月 31 日，患者昏迷，有皮下出血点，胸片示右肺下野及左肺中野处高密度影，较前无改善，血气常呈代酸，PaO_2 正常，$PaCO_2$ 较高，患者可能存在重症败血症，感染性休克，痰培养报告肺炎克雷伯氏菌肺炎亚种 +++，C 反应蛋白 256.7g/L，肌红蛋白 >3764 ng/ml。予白蛋白、单采血小板应用，请华山抗生素所会诊，12 时 10 分予血培养（未见报告），13 时 30 分静脉用鱼精蛋白 50mg，去甲肾上腺素、多巴胺泵入等治疗。11 月 1 日凝血酶原时间 26.9 秒，予单采血小板、冷沉淀、垂体后叶素等治疗。ECMO 辅助 48 小时后，生命体征渐减弱，至 21 时 50 分，生命无法维持宣告死亡。死亡原因：急性呼吸窘迫综合征，感染性休克。并发症：败血症，感染性休克，ARDS、H_2。

（2）患方代理人的鉴定陈述①

第一，无明显手术适应症贸然实施手术，属典型过度医疗，将本可通过内科保守治疗、多年健康生存的患者却采取过度医疗并导致死亡后果，具有重大过错。原告合理怀疑手术实施有基于科研等利益动机。

①患者入院时一般情况良好。

现病史记载为：近 1 月来患者出现阵发性胸闷，否认心悸、晕厥、咳嗽咳痰、

① 该鉴定陈述是在 2012 年原文基础上略有删减和调整。

咯血、呼吸困难、吞咽困难等症状。现患者活动不受限制，夜间能平卧。患者本次发病以来，食欲正常，神志清醒，精神尚可，睡眠尚可，大便正常，小便正常，体重无明显变化。体格检查记载为：心脏望、触、扣、听，除听有杂音外余全无异常。周围血管征：无任何异常。

②患者入院时心功能尚可。

入院时心功能情况评定为Ⅱ级；另，2011 年 4 月 22 日，被告医院心功能检查报告单提示：左室收缩功能未见异常；左室舒张功能未见异常。2011 年 10 月 14 日，被告医院心功能检查报告单提示，与 2011 年 4 月 22 日相比较：左房内径仍偏大，与前相仿，左室内径偏大，室壁不增厚，静息状态下左室壁运动未见明显异常。主动脉瓣二叶式，纵裂交界，开放尚可，连续多普勒估测主动脉瓣压差仍约 37mmHg，彩色多普勒仍测及轻度返流。二尖瓣前叶增厚，开放不受限，彩色多普勒仍测及中度偏心返流（沿二尖瓣后叶方向）。2011 年 7 月 6 日，上海市第五人民医院超声检查报告单提示：左室收缩功能未见明显减弱，左室舒张功能未见明显减弱。2011 年 10 月 9 日，五院超声检查报告单提示：左房增大，左室内径正常上限，右房室大小正常，左室壁不增厚，静息状态下，左室收缩功能未见明显减弱。二尖瓣稍增厚，开放未受限，二尖瓣口血流图示：呈单峰，CDFI 示二尖瓣中度（偏多）返流。主动脉根部未增宽，升主动脉未增宽，主动脉瓣呈二叶式，开放稍受限，CW 估测主动脉瓣跨瓣压差 37mmHg，CDFI 示主动脉瓣轻度返流。

③患者不符合瓣膜置换指征。

二尖瓣置换手术指征：二尖瓣重度狭窄；有胸闷、气促、二尖瓣中度狭窄，合并左房血栓或房颤；闭式扩张术后再狭窄者；二尖瓣重度关闭不全者；二尖瓣中度关闭不全，心功能减退者。主动脉瓣置换手术指征：临床上反复出现晕厥或心绞痛者，主动脉瓣压力阶差大于 50mmHg；瓣膜钙化或细菌性心内膜炎，合并关闭不全者；重度主动脉瓣狭窄，主动脉瓣压力阶差大于 70mmHg；中度主动脉瓣关闭不全，左心室扩大；有症状，左心室功能正常的主动脉瓣关闭不全的病人，射血分数有下降趋势，左心室扩张达正常下限，则有手术指征。

综上所述，患者并无手术指征，被告属于无手术适应证的过度医疗，违法违规。

第二，被告违反手术注意义务导致升主动脉破裂出血；被告在患者术后有大量活动性出血的情况下，具有手术指征而不进行二次开胸止血，严重违反诊疗常规，存在重大诊疗过错。

被告在开胸手术时违反注意义务，手术操作粗暴，“胸骨正中劈开时，原升主动脉人造血管出血”，手术时间长达8小时42分钟。患者手术中失血3000ml，10月25日18时15分回ICU病房时纵膈管一直有血凝块存在，直至23时患者胸引量为970ml，平均为200ml/h以上，此表明患者有活动性出血，具有立即开胸探查止血指征。患者术后即出现各种低血容量、失血休克表现，大量输血但血容量仍持续不足；长久使用升压药但血压始终处于低压状态，但被告始终置之不理，始终不进行积极干预。根据被告的“瓣膜病变手术知情同意书”的记载，被告在本病例的特殊性内记载“1、再次剖胸止血”，如果这段记载是真实的话，说明被告已预知该类手术有再次剖胸止血的可能性，但仍不履行高度注意义务并及时开胸止血，放任患者死亡后果发生，为重大过错。此等重大过失导致失血休克长期不能纠正、随后继发感染休克，直至死亡。

第三，患者系死于低血容量休克或至少是主要死于低血容量休克，理由如下。

手术麻醉记录单记载：患者手术中失血3000ml。根据输血记账单：被告对患者输血细胞悬液35个单位，低温沉淀物（80g个单位）15次，病毒灭活血浆3300ml，单采血小板7个单位，自体血回收一次；再结合术后大量的胸引量，均表明患者术中、术后有大量的出血情况。其术后24小时胸引量为1440ml，之后每天的引流量均维持在500 ~ 800ml/d。血常规术后第一次检查为15g/dl，但之后在持续输血的情形下一直维持在Hgb7.0g/dl，故患者实质一直处于低血容量的严重失血状态、失血性休克状态。此与心脏瓣膜置换术后所要求的至少Hgb12g/dl严重违背，结合患者术后的血压持续下降，患者死亡为必然。2011年10月30日8时10分，ECMO计划前，在被告使用多巴胺、肾上腺素、去甲肾上腺素的情况下，患者的血压仅为53/29mmHg。10月31日，PCT（降钙素原）364.25ng/ml（正常值0.00 ~ 0.05 ng/ml）。2011年10月31日，华山医院会诊诊断为“感染性休克、急性肾功能衰竭、呼吸衰竭、心力衰竭、持续低血压状态、肝损（继发性）中枢昏迷（缺氧脑病）。低氧分压？”10月31日检验报告单示：WBC 2.7×10^9/L，PLT 2×10^9/L。2011年11月1日，输血状态下，血红蛋白68g/dl，PLT 4×10^9/L，PT 26.9秒（正常值9.0 ~ 13.0秒）。病程录记载:10月26日，“渗出较多，>100ml/h（字迹有如天书般潦草，仅能窥见端倪）”；10月27日，患者即出现“躁动，予药物镇静”；10月28日的记载如天书；10月29日，干脆类似无记载，仅有表格；10 月 30 日，“躁动不安，血压分压下降，尿量减少，呈点头样呼吸，血压 60/35mmHg”；10 月 31 日，“病人昏迷状态”“无尿”“抢救中”；10 月 31 日 8 时 10 分，“病危、昏迷”“患者有皮下出血点”，死亡进程已无法遏制。

第四，虽然患者最后被诊断为败血症、感染性休克，但首先是失血性休克、多器官功能衰竭、机体免疫功能丧失等导致继发院内感染。其后，失血休克与感染休克叠加，呼吸窘迫、多器官衰竭、DIC 等是必然演进过程，死亡已经是必然，所有一切均是被告违反诊疗常规、手术不成功、失血休克处理不力造成。

患者术前无感染，行无菌手术后却导致严重的院内感染。患者入院 10 月 19 日入院体温为 37.0℃，直至 25 日手术前体温均维持在 37.0℃恒定不变。10 月 20 日，检验报告单显示：WBC 5.8×10^9/L，中性粒细胞 65.0%，血红蛋白 120g/L，PLT 133×10^9/L，一切的一切都提示极其正常。术后第一天即 26 日体温即增高到 38.2℃，27 日最高体温仍为 38℃，除术后第三天即 28 日尚较低外，29 日体温最高达 39.5℃，30 日更是直接飙升为 40℃。故患者的感染为医院内感染，直接推定被告存在重大过错。另外，被告漠视围手术期处理。对如此长时间的（长达 8 小时 42 分钟）有体外循环的瓣膜置换重大手术，对患者术后第三天才第一次脱呼吸机的危重病人，本应高度重视抗感染，但被告抗感染却存在重大过失。根据麻醉记录单记载，患者系 9 时 9 分进行手术，因手术不顺利，结束时间是 17 时 51 分，患者开放手术竟然达 8 小时 42 分钟。此间，患者大量出血，失血量达 3000ml。长时间的开放手术、侵袭性操作，应重视患者易感因素。但被告仅在手术时将一代的头孢硫脒（灵流旷）带入手术室输注；术后 4 天一直使用单一的一代头孢硫脒抗炎（未联合用药），直至 10 月 30 日 10 时才改为泰能，而 10 月 29 日患者体温已达 39.5℃。直至临死前的 11 月 1 日 8 时才使用会诊医嘱磷霉素，此时，已无力回天。直至 10 月 31 日才进行血培养 + 药敏。院方没有及时进行血培养，且院方至今未提交血培养阳性之证据。另外，患者 10 月 28 日上午的血常规提示：WBC26.2，中性 92.6%，已经是重大感染表现，但院方没有采取任何有效的治疗措施。败血症、感染性休克是失血性休克、多器官功能衰竭、机体免疫功能丧失等导致继发院内感染。其后，失血休克与感染休克叠加，呼吸窘迫、多器官衰竭、DIC 等是必然演进过程。

第五，退一步讲，即使患者仅仅死于脓毒血症、感染性休克，亦是院方违反诊疗常规，违反抗菌素使用规范所造成。

术前根本没有考虑到患者术后感染的可能，没有防治感染的方案。从24日15时术前讨论及25日7时30分术前小结的记载看，均未考虑到感染的可能和拟定抗感染措施，术前准备方案存在明显的缺陷，这是患者发生感染后，院方对此束手无策的重要原因，院方存有重大过错。术中、术后，尤其是痰培养后长期单一使用头孢硫脒用于该手术的预防、治疗，抗生素使用违反用药规范。该病例中在术中、术后仅选用抗菌效果差的第一代头孢菌素头孢硫脒违反用药规范，当痰培养结果显示肺炎克雷伯氏菌肺炎亚种感染时仍使用对克雷伯氏菌不敏感的头孢硫脒更是极其错误的；另外，克雷伯氏菌对人致病性较强，是重要的条件致病菌和医源性感染菌之一，在患者受到感染或免疫力下降时，极易发病。结合本病例的失血性休克、免疫功能丧失的情况，脓毒血症、感染性休克系必然。胸腔手术后肺部易感的常见病菌为革兰氏阴性杆菌，如肺炎克雷伯氏菌、铜绿假单胞菌、大肠杆菌和不动杆菌等。一般应选择头孢菌素三代、喹诺酮类和 β－内酰胺类抗菌素。而心脏瓣膜置换术的抗感染用药原则是联合用药，首选预防方案：万古霉素＋庆大霉素，替代预防方案：利奈唑胺＋庆大霉素。术后院方将头孢硫脒与速尿等强利尿药合用增加了肾毒性，是造成最后肝肾功能衰竭的重要原因。在用药前后及用药时应当检查或监测的项目：长期用药时应常规监测肝、肾功能和血项，院方在发现有严重肝、肾功能障碍时仍继续使用该药物，违反“严重肝、肾功能障碍者慎用”原则。在患者出现典型感染症状（血项、体温、血脓痰）后，院方仍未予以重视、不及时处置，懈怠诊疗。患者术后第一天即26日出现血痰，18时体温升到38.2℃；27日再现呼吸音粗、抽出血性痰；27日患者即出现“躁动”，但院方未查明原因仅消极地“予药物镇静”；28日抽出黄脓痰，血项升高到23.2；在患者出现肺底有啰音、抽出黄脓痰时，抗生素雾化吸入应为首选，29日12时16分胸片提示肺湿变。上述均提示患者存在重度感染，且都可以采取成熟的治疗措施，但期间院方一直没有对病情进行认真分析并实施有针对性的治疗，反而进行错误的治疗。在患者的有效抢救时间内，长时间地单一使用对肺炎克雷伯氏菌肺炎亚种不敏感的头孢硫脒，是造成治疗无效患者最后死亡的另一重要因素。院方直至29日19时才开具万古霉素，30日到下达病危时开具泰能，11月1日直至患者临死前10小时在患者家属的强烈要求下才请感染科、心外科会诊，后开具磷霉素的医嘱，为时已晚。术中、术后抗感染不力却又持续使用激素也是造成重症感染的另一重要因素。本次手术虽为清洁手术，但因手术范围大、时间长（超过3个小时），手术涉及重要脏器（心脏），属于异物（人工心脏瓣膜）植入手术，一旦发生感染会造成严重后果。根据《外科围手术期抗菌药物预防应用规范》，术中、术后应采取预防性抗感染措施，并重视预防感染的重要性。在使用激素的同时，应选用高档广谱的抗生素并应增大使用剂量。院方在该病例中术中、术后仅选用头孢硫脒，并且以常规剂量使用。因此，院方不符合当时医疗水平的错误诊治贻误了最佳控制感染时机，最后导致患者感染性休克死亡。

第六，知情同意权存在重大缺陷。被告违反知情同意权条款，对涉及手术适应证，替代治疗方案，手术中、手术后可能出现的严重损害后果均未提及或仅轻描淡写，此严重违反法定义务。

被告从未向原告告知此类手术的适应证，也从未告知本病可保守治疗，仅极其简单地告诉原告："此病必须立即开刀，这类疾病也只有我们有这个实力开刀。"术前谈话根本未对手术中、手术后可能发生的情势进行告知，仅是轻描淡写地将打印好的条款交给患者家属签字。签字谈话前后仅用了3分钟。患方基于对医生的信赖，却被彻底误导进行了手术，原告至今追悔莫及。

第七，被告医院管理混乱，科室讨论制度、院内大会诊制度等形同虚设，该等违法违规行为与患者的死亡也具有一定因果关系。

（3）医方抗辩[①]

患者术前诊断明确，有手术适应证，无手术禁忌证；4年前第一次手术（David）升主动脉人工血管置换，术前胸片提示血管与胸骨粘连可能，易引起劈胸骨时大出血，术前谈话已充分告知家属术中、术后的巨大风险；综合临床资料考虑，患者术后无活动性出血，无心包填塞，无再次剖胸止血手术指征；患者术后并发症的诊断与救治积极、及时，但终因难以避免的手术并发症及引发的多器官功能衰竭而抢救无效死亡，在患者的治疗抢救中整个医疗组及ICU医护人员均尽心尽力。

2. 医学会的鉴定分析说明及鉴定意见

（1）鉴定分析说明[②]

从提供的资料来看，患者被诊断为升主动脉置换术后二尖瓣中度关闭不全，

① 摘录自上海市某区医学会2012年4月《医疗损害技术鉴定书》第2条"争议要点"之"医方认为"。

② 摘录自上海市某区医学会2012年4月《医疗损害技术鉴定书》第5条"分析说明"。

主动脉瓣轻度狭窄，心功能2级，但无明确瓣膜置换手术指征。医方对患者的手术风险估计不足，术前准备不够充分，术中出现意外人工血管破裂出血，增加了手术难度和体外循环时间，与术后出现低氧血症、严重肺部感染、败血症等并发症及最终患者死亡直接相关。医方在病史记载、医患沟通、围手术期管理方面存在一定不足。

（2）鉴定意见[①]

本例属于对患者人身的医疗损害。医院在医疗活动中存在手术指征不明确、风险评估不足、术前准备不充分的医疗过错，与患者死亡的人身损害结果存在因果关系。参照《医疗事故分级标准（试行）》，患者死亡结果的人身医疗损害等级为一级甲等。本例医疗过错对患者人身医疗损害结果的责任程度为主要责任。

（三）案例分析

本案医方没有告知患方可替代医疗方案，违反《民法典》第1219条知情同意权条款，构成医疗损害赔偿责任；本案中对没有手术适应证的患者强行手术治疗，既属于严重违反诊疗规范的行为，也一定程度属于过度医疗行为，尽管《民法典》第1227条规定的过度医疗仅指医疗机构及其医务人员不得违反诊疗规范实施不必要的检查之检查行为，但根据卫生管理法律法规，[②]过度检查属过度医疗，过度治疗也属于过度医疗。从违法违规角度而言，不具有手术适应证而强行进行手术应属于严重违反诊疗规范的行为，其本身属重大过错。

本案医方违反注意义务，诊疗水平没有达到当时的医疗水平，围手术期处理均存在重大缺陷和过失。除前述提及的没有手术适应证强行手术存有重大过错外，医方其他过错还表现为手术操作违反高度注意义务，导致升主动脉破裂并大出血，此后的失血性休克及抗感染处理也存有未能达到当时的医疗水平的过错等。此外，医院管理混乱，各项核心医疗管理制度执行不到位或形同虚设，病历书写及围手术期管理存在其他重大违规等情形。

---

① 摘录自上海市某区医学会2012年4月《医疗损害技术鉴定书》第6条“鉴定意见”。

② 具体见《基本医疗卫生与健康促进法》第54条第1款规定：医疗卫生人员应当遵循医学科学规律，遵守有关临床诊疗技术规范和各项操作规范以及医学伦理规范，使用适宜技术和药物，合理诊疗，因病施治，不得对患者实施过度医疗。《关于进一步规范医疗行为促进合理医疗检查的指导意见》第1条第1款规定：促进合理检查、合理用药、合理治疗。

最后一点启示是，医疗损害责任鉴定及诉讼是非常专业的鉴定及诉讼，作为原告的患方必须“举证”，该等“举证”不是申请鉴定并预交鉴定费，而是必须专业地指出医方诊疗行为的具体过错及过错与损害后果之间的因果关系。建议患方作为原告的案件在鉴定前即对案件进行全面的研究和论证，不宜未经事先全面研究和论证就全盘依赖鉴定专家组。鉴于医学各学科不断发展，新术式、新治疗方法等层出不穷，此对作为患方的代理律师提出了专业挑战，非得依赖于代理律师持续学习和不断深入研究方可。

三、饶某等诉某大学附属医院医疗损害责任纠纷案

（一）诉争由来

饶某，男，2001 年出生，是年仅 10 岁的儿童。2011 年 3 月 9 日 21 时，孩子因频繁呕吐，头痛半天并出现情绪、行为异常至被告医院就诊。原告夫妇反复告知接诊女医师：孩子已经呕吐了许多次，而且呕吐时大叫头痛，出现了地上打滚、尖叫等情绪异常情形。急诊时测得体温 37.8℃，血常规显示：白细胞 25.76×10^9/L，中性粒细胞 89.4%；C 反应蛋白 16mg/L。检查结果出来后送医师，医生说：“没事，就是白细胞有点偏高，这就是小孩感冒，很正常，你们现在带孩子去输液、退烧。”门诊仅给予退热、输液抗炎等处理，医嘱随诊。

第一瓶液体输完后，孩子又出现了呕吐并烦躁、大叫头痛等情绪失控情形。原告夫妇急告女医生，女医生答：“没有关系，正常反应。给点镇静药，一会孩子就会睡觉。”但注射镇静药后孩子的症状丝毫无缓解，原告夫妇再至医生处，医生答：“正常，镇静药起效果需要时间。”其后，孩子再次呕吐，为褐色物，出现血液样。再告医生，女医生回答“没事”。

待第二瓶液体输完已是 0 时左右，孩子仍然烦躁不安。护士再次量体温后说“体温有点高，可以用退烧药”。由于孩子的症状无明显改善且有加剧趋势，原告夫妇再问女医生，女医生正在进行与医疗无关的事宜，见原告夫妇来了，就说：“没有关系，就是感冒，反复呕吐和咳嗽是小孩装的，你们不用理他。吊完水了，就将孩子带回家，没有关系的”。原告夫妇遂回至输液室，但刚到孩子又出现烦躁，剧烈、频繁咳嗽和呕吐，为血样褐色，孩子走到垃圾桶处一直呕吐，由于声响巨大，女医生也听见了并来到输液室外，女医生大声对孩子说：“你这样咳嗽喉咙一定

会出血的，常人都会有的，你不要装了”。原告夫妇见女医生这么说，就拉扯女医生的衣袖想阻止其继续说下去，但该女医生再次大声说：“就在这里说，小孩不要伪装了”。原告夫妇因为极度担忧，又跟随女医生进办公室并询问，但女医生始终表示：“孩子没事，就是感冒，回家后不用管他，将他一个人关在房间里睡觉，看他还闹不闹”。原告夫妇再次追问：“真的没有关系吗？明天一早还要再仔细看看吧？”女医生答：“明天不用复诊，就是感冒，没有关系”。

尽管女医生信誓旦旦，但原告夫妇仍不愿意离开医院，直至1时许，在护士看到原告夫妇和孩子仍未离开时，就说：“你们怎么还没有走，快点走”，原告夫妇就哀求说：“我们再等等看吧，孩子病得厉害，我们想再等等，求求你了”。10日3时许，护士又看到了原告夫妇及孩子，护士厉声说道：“你们还不走，你们不要再闹了，其他病人马上就要来了，你们不要影响他人，你们必须马上离开”。迫于无奈，原告夫妇只能带着孩子离开，孩子也表示：“她说我坏话，说我是装的，我不是装的，我不想待在这里了，爸爸妈妈带我回家吧”，但刚一坐上摩托车，孩子又出现剧烈呕吐，孩子说：“妈妈，我脑子要炸了。”“妈妈，你不要离我的脸太近,风吹得我难受”。原告夫妇就商量着天亮后带孩子再去医院仔细检查，但一提到去医院，孩子的反应激烈，说:“我不去医院，再去医院我就死给你们看，她们说我是装的，我不是装的，我死也再不去医院”。

之后，孩子妈妈表示：“孩子很不好，下车等会儿再走”，但刚下摩托车，孩子就又剧烈呕吐，烦躁异常，一边吐一边以头撞地。原告夫妇心如刀绞，拼命地抱住儿子以避免进一步受到伤害。

稍微平静后，原告夫妇带着孩子骑车回家。回家后孩子持续几个小时一直极度烦躁，大叫大骂，不停地呕吐，呈喷射性，为血样物（呕吐约10余次），孩子多次挣脱父母的搂抱，出现在地上打滚、以头撞墙等举动，原告家的地上、墙壁、家具到处都是孩子的呕吐物，孩子再三强调如再提去医院就咬舌自尽，原告夫妇只能拼命抱住孩子，欲哭无泪。

天亮后，老师和亲戚陆续来到家里，此时孩子稍许平静，老师对其进行安抚。孩子萎靡，有时尚能答应或点头。后老师提出和孩子单独谈谈，约5分钟后，原告夫妇突然听到孩子大叫，遂急忙冲进房间，问孩子怎么了，但孩子没有应答，孩子的母亲唯有紧紧抱住孩子。原告夫妇与亲戚商量后急将孩子再次送入被告医院，8时许至医院后，接诊医生告知:“孩子很危险，恐怕不行了”，约抢救半小时后，宣布孩子死亡。

本案例之所以将原始病情及过程再现，是便于读者了解案情，医学会医疗损害技术鉴定意见书并未详尽阐述。由此成讼。

（二）某区医学会的医疗损害鉴定

1. 诊治概要、患方代理人的鉴定陈述、医方抗辩

（1）诊治概要[①]

2011 年 3 月 9 日 21 时 10 分患者因“呕吐半天”至被告医院儿科急诊，（呕吐）非喷，为胃内容，无泻、无热。查体：神清，反应好（行为异常被划去），心率齐，心音劲，二肺清，腹软，不胀，剑突下、脐周压痛（+），右下腹无压痛，NS 检查无异常。诊断：呕吐待查。急诊时测得体温 37.8℃，血常规示：白细胞 25.76×10^9/L，中性粒细胞 89.4%；C 反应蛋白 16mg/L。予：托恩 8ml 必要时口服，10% 葡萄糖 250ml+ 头孢氨噻肟 3.0g，10% 葡萄糖 250ml+ 维生素 B6 0.1g+10% 氯化钠 7.5 ml+10% 氯化钾 5ml 静滴 st，安定 6mg 静推 st。嘱随访。

3 月 10 日 8 时 43 分患者被送至被告医院儿科急诊，来院已死。经胸外按压，肾上腺素静脉应用，患儿仍未能复苏。病史中记录：头部挫伤史，前额部见大片淤斑。抢救 30 分钟后报“110”。

2011 年 3 月 18 日某公安局物证鉴定中心法医学尸体检验鉴定书鉴定分析意见结论：无暴力加害致死的依据。据毒化检验结果，可排除相应毒物中毒致死。摘录部分的尸体检验描述：头面部：额顶部皮下出血 5 厘米 ×15 厘米，局部有斑点状的羡皮剥脱，两眼内眦至鼻根处呈皮下出血改变。解剖：额顶部、左颞顶部均见有头皮下出血。硬脑膜外和硬脑膜下未见血肿，全脑呈淤血水肿，脑疝形成。大脑顶叶表面部分脑沟处有浅黄色改变，大脑、脑干等切面未见损伤出血，脑室未见积血。

（2）患方代理人的鉴定陈述[②]

原告之子死于脑炎，病毒性脑膜炎或化脓性脑膜炎均不排除，死于病毒性脑炎或化脓性脑膜炎引发的大脑出血水肿，脑疝形成。被告存在严重的误诊，此误

---

① 摘录自某区医学会 2011 年 8 月《医疗损害技术鉴定书》第 4 条“诊治摘要”。

② 该鉴定陈述是在 2011 年原文基础上略有删减和微调。

诊及随后的放任病情发展系原告之子死亡的直接原因，被告的诊疗行为与死亡结果的发生具有直接因果关系。

第一，被告医师违反诊疗常规，违反注意义务、医疗水准低下，致严重误诊。

血常规中白细胞总数达 25.75×10^9/L，中性达 89.4%，此提示严重感染。发热并呈现升高态势。持续、频繁、长久的几十次的喷射性呕吐、烦躁等精神改变提示颅内高压持续存在。对儿童出现的上述主诉、症状、体征不仅缺乏认识，体检时连最基本的神经系统检查都不进行，严重违反诊疗常规。

第二，被告医师严重违背《执业医师法》《医务人员医德规范及实施办法》所规范的医护人员救死扶伤的天职，漠视患者的生命健康权，不仅医疗水准低下，而且缺乏最基本的医者仁心的职业道德。

原告夫妇多次告知病情，孩子被病痛折磨得极度痛苦，但被告所属医师不仅表现极度淡漠，而且盲目自信到刚愎自用，“感冒”诊断极其错误但却被被告医师贯彻始终。在一个 10 岁儿童无法遏制的呕吐，甚至呕吐出血、精神状态极度不正常的情势下，竟然说孩子是伪装，这种行为在医疗界少见。遇到病情危重的儿童，即使一个水准再差的医生也可能考虑将孩子收住院密切观察，但被告医护人员却活生生地将患儿推出院外，直至死亡。

第三，本案被告的严重误诊及违反职业道德行为直接导致患儿死亡的后果，被告在诊疗活动中存在极其重大过错，患儿罹患的也是儿童常见病、多发病，如经及时抢救和治疗很多病例可恢复正常，因此，医方应承担医疗损害的完全责任。

（3）医方抗辩[①]

患儿病程短暂，父母代诉病史简单，根据提供的病史、体检及实验室检查，考虑感染存在，予抗感染、补液对症处理，符合诊疗常规；所用药物、剂量及补液速度遵循儿科药物使用规则。患儿补液过程中未出现任何除病史以外的其他症状，补液后自行离院；医方有告知随访，符合告知制度；患儿补液后自行离院至再次来院仅隔 5 小时，病情发生如此迅速的变化，就 10 岁儿童而言甚为罕见。患儿尸检大体解剖示有脑疝形成，但家属拒绝进一步病理解剖，脑疝原因不明，回顾就诊过程中症状、体征及事后侧面了解的情况，不排除患狂犬病的可能。

---

① 摘录自某区医学会 2011 年 8 月《医疗损害技术鉴定书》第 2 条“争议要点”之“医方认为”。

综上所述，患儿死亡的确切原因不明，这和疾病本身的特征性有一定关系，患儿疾病的最终转归与医院的诊疗行为无因果关系。

2. 区医学会的鉴定分析说明及鉴定意见

（1）鉴定分析说明①

医方对患者频繁呕吐伴发热、外周血白细胞及中性分类增高、可疑行为异常等情况未作全面分析，对疾病严重性缺乏必要的认识；病程中未予相应的处理，丧失了及时的急救时机，与病情的恶化及最终死亡有一定的关系；医疗过程中，医方在给予安定等特殊药物的应用时，未进行神经系统相关的观察和记录，缺乏责任感；患者疾病凶险，进展快，导致病情迅速恶化，脑疝形成，临床考虑重症脑膜脑炎的可能性大，病死率高。

（2）鉴定意见②

本例属于对患者人身的医疗损害。医院在医疗活动中存在：①对疾病缺乏足够的认识；②诊治和观察过程存在不足的医疗过错。与患者死亡的人身损害结果存在一定的因果关系。参照《医疗事故分级标准（试行）》，患者死亡结果的人身医疗损害等级为一级甲等。本例医疗过错对患者人身医疗损害结果的责任程度为主要责任。

（三）案例分析

根据笔者从业以来的认知，如此惨烈的案例国内应不多见。本案例并不复杂，一般而言，接受过完整五年制本科教育的执业医师面对该等病情时，即便其专业不是儿科学，也能根据频繁呕吐伴发热、外周血白细胞及中性分类增高、可疑行为异常等症状和体征进行明确诊断或至少高度怀疑颅内压增高、脑炎可能。人命关天，没有什么能比一个孩子的生命更重要，本案表现的不仅是诊断水准低下，而且是严重缺乏责任感。救死扶伤、关爱生命的责任感有时或许比专业水准更重要，有了责任感，即便医师本人不专业但基于责任感其会紧急请教上级医师并获得指导和指示，错误的诊治或许就可避免。

笔者并不同意本案例之医方主要责任的鉴定结论，本案例医方过错极其重大

---

① 摘录自某区医学会 2011 年 8 月《医疗损害技术鉴定书》第 5 条“分析说明”。

② 摘录自某区医学会 2011 年 8 月《医疗损害技术鉴定书》第 6 条“鉴定意见”。

且严重缺乏救死扶伤责任感，应为完全责任。脑炎是常见病、多发病，该等疾病本身不能构成医方减轻责任事由，今日国内医疗损害鉴定之原发病因素已一定程度被滥用。最后，笔者认为，本案情节之严重、造成损害后果之惨烈在某种程度上已超出了民事侵权的责任范畴，我国台湾地区相关刑事司法实践可供参考。

四、黄某等诉上海某大学附属医院医疗损害责任纠纷案

（一）诉争由来

黄某，1949 年生，时年 62 岁，既往糖尿病史。2011 年 8 月 22 日 21 时许，患者以恶心、呕吐，肛门停止排便、排气 1 天等主诉就诊被告急诊内科。被告行相关检查后给予患者胃肠减压、抗炎、降血糖、补液等处理。8 月 23 日 9 时 55 分，患者下床后头晕、大汗淋漓。10 时 20 分，患者被初步诊断为“肠梗阻”入住急诊观 -25 床。17 时血糖 31.1mmol/L，主诊医师查房后分析患者 2 型糖尿病，酮症酸中毒，主要针对酸中毒、肠梗阻治疗。19 时左右患者出现意识不清，呼之不应，气促，腹胀等症状。血压 60/30mmHg，被告予以告病危、心电监护等。8 月 24 日 5 时 02 分，患者突发呼吸骤停，血压、脉氧测不出，予心肺复苏至 6 时 10 分，宣布临床死亡。死亡医学证明书中注明的直接死亡原因为呼吸循环衰竭，其次诊断：糖尿病酮症酸中毒，肠梗阻。

由此成讼。本案经区医学会首次鉴定，市医学会重新鉴定程序。

（二）上海市某区医学会的首次医疗损害鉴定

1. 诊治概要、患方代理人的鉴定陈述、医方抗辩

（1）诊治概要①

2011 年 8 月 22 日 21 时 50 分患者至被告医院内科（急）诊，病史记录：恶心、呕吐，肛门停止排便、排气 1 天。予血常规、立位腹平片、血淀粉酶、心电图检查。血常规示白细胞 19.25×10^9/L，中性粒细胞 93.1%；血糖 16.1mmol/L（法院卷宗内复印件）。请外科会诊查体：腹软，全腹轻度压痛，中下为主，可及肠型，肠鸣音弱，余（－）。处理：置胃管、胃肠减压；禁食水；相关补液治疗，注意水、

① 摘录自上海市某区医学会 2012 年 10 月《医疗损害技术鉴定书》第 4 条“诊治摘要”。

电解质平衡，我科随访；灌肠。23 时 10 分记录：现患者诉无明显恶心不适，无呕吐，无发热。予 NS100ml+ 明可欣 2.25g、NS100ml+ 泰美尼克 80mg 各每日二次静滴，泛福舒 500ml+10% 氯化钾 15ml+ 诺和灵 R6IU、护川 250ml+10% 氯化钾 7ml 各每日一次静滴，平衡液 500ml+10% 氯化钾 15ml+ 生奥定 0.3mg 维持 12 小时，下胃管、胃肠减压，灌肠。

8 月 23 日 0 时 5 分，患者因频繁呕吐，见胃肠减压管中有咖啡色液体引出，量约 100ml，生命体征平稳，予 NS250ml+ 力达非 2.0+ 止血敏 1.0+ 解痉灵 20mg 每日一次静滴。9 时 55 分，CGB 23.3mmol/L（未见报告）。（患者）下床后头晕、大汗淋漓。检查：血压测不清，神志尚清，稍烦躁，气促，两肺呼吸音清，啰音未及，心率 100 次 / 分，律齐，腹软，无压痛，脉搏细数。予吸氧，心电图检查显示窦速（131 次 / 分）。平衡液 500ml、万汶 500ml 即刻静滴。10 时 20 分，患者被初步诊断“肠梗阻”入住急诊观 –25 床。体温 36℃，脉搏 112 次 / 分，呼吸 20 次 / 分，血压 80/50mmHg。急性面容，表情痛苦，神志清楚，精神状态较差，腹平、软，左下腹、中上腹压痛，无反跳痛，肠鸣音亢进。腹部平片：中上腹部多个气液平，请结合临床（未见报告）。初步诊断：肠梗阻；2 型糖尿病，糖尿病酮症酸中毒。予禁食水，测血压、CBG 每日二次，NS100ml+ 头孢唑肟钠 2g、奥硝唑氯化钠注射液 500ml、NS100ml+ 潘托拉唑钠 80mg 各每日二次静滴，醋酸奥曲肽 0.1mg 每 8 小时 1 次皮下注射，5%GS500ml+ 丙氨酰谷氨酰胺 20g+10% 氯化钾 15ml+ 诺和灵 RI4IU、18AA– Ⅱ 氨基酸 250ml+10% 氯化钾 7.5ml、20% 中长链脂肪乳 250ml+ 脂溶性维生素注射液 2 瓶、转化糖 500ml+10% 氯化钾 10ml、5%GS500ml+10% 氯化钾 10ml+ 诺和灵 RI4IU 各每日一次静滴。16 时 49 分血气报告：PH 7.274，PCO_2 13.0mmHg，PO_2 92.1mmHg，SO_2 96%，HCO_3 5.9mmol/L，血钾 6.07mmol/L，GIU 36.7mmol/L，Lac 5.5mmol/L。改测 CBG、血压 4 小时一次，改Ⅰ级护理。17 时血糖 31.1mmol/L，主诊医师查房后分析患者 2 型糖尿病，酮症酸中毒，主要针对酸中毒、肠梗阻治疗。23 时 12 分抢救记录：19 时左右出现意识不清，呼之不应，气促，腹胀。血压 60/30mmHg，予告病危、心电监护等。改测 CBG 1 小时一次。19 时 30 分血糖 22.4mmol/L，以后测得血糖分别为 18.2 mmol/L、8.7 mmol/L、5.2 mmol/L、4.5 mmol/L。血尿素、肌酐、碱性磷酸酶等均升高，白蛋白 19g/L。19 时 31 分血气显示 PH 7.228、HCO_3 13.8mmol/L、血钾 4.76mmol/L，同时置深静脉导管，快速补液，平衡液、生理盐水、万汶、多巴胺、碳酸氢钠、诺和灵 RI 泵输入，患者无小便，留置导尿管等处理，19 时 50 分患者意识稍恢复，呼吸急促有所缓解，多巴胺维持下血压 90/60mmHg。

8 月 24 日 0 时 28 分抢救记录：8 月 23 日 22 时 43 分患者血压最低至 40/27 mmHg，叹气样呼吸，呕吐，胃管内引流出咖啡色液体约 200 ml，大便一次为咖啡色稀便，深褐色尿液 200ml。血气显示：PH 7.292，PCO_2 39.8mmHg，PO_2 50.6mmHg，HCO_3 18.8mmol/L。予止血敏、血凝酶，口服冰肾，奥克、万汶、多巴胺等处理，血压波动在 70 ～ 100/40 ～ 60 mmHg。1 时 10 分患者血糖 3.6mmol/L、1 时 30 分 2.8 mmol/L。1 时 40 分静推 50%GS40ml 及 5%GS250ml 静滴，改测 CBG 15 分钟一次。1 时 45 分血糖 9.8mmol/L。5 时 2 分，患者突发呼吸骤停，血压、脉氧测不出，予心肺复苏至 6 时 10 分，宣布临床死亡。死亡医学证明书中注明的直接死亡原因为呼吸循环衰竭，其次诊断：糖尿病酮症酸中毒，肠梗阻。

（2）患方代理人的鉴定陈述①

第一，被告在明知患者有糖尿病既往史且处于治疗阶段的情况下，在已经测得葡萄糖为 16.1 mmol/L 的情况下，未能鉴别诊断且未依据诊疗规范请会诊，导致错误诊治，导致未识别酮症酸中毒的早期表现，病情长时间演化、发展至酮症酸中毒后死亡，为重大过失。

将糖尿病酮症酸中毒（DKA）的早期临床表现误诊为肠梗阻，肠梗阻诊断明显依据不足。而早期诊断是决定糖尿病酮症酸中毒的治疗成败的关键之关键。在患者既往有糖尿病史，且测得血糖 16.1 mmol/l，有呕心呕吐、腹部不适等酮症酸中毒早期临床表现时，应优先考虑糖尿病酮症酸中毒；应立即查包括但不限于末梢血糖、血酮、尿糖、尿酮，同时抽血查血糖、血酮、β－羟基丁酸、尿素氮、肌酐、电解质、血气分析等以排除或确定本病；但被告仅仅依据一个尚需要结合临床症状的立位腹部 X 线片即确诊为“肠梗阻”，导致丧失救治患者的最佳时机。因此，急诊内科和急诊外科医师的医疗水准不符合当时的医疗水准导致误诊或判断失误，而且更大的错误在于，未请内分泌专科会诊。另外，患者自始至终未主诉腹痛，而机械性肠梗阻的腹痛症状极其典型。门诊的急诊外科医师医嘱“禁食水，相关补液治疗，注意水、电解质平衡”，但随后的补液量仅 1450ml，连生理需要量都不够，更何况本病例尚有呕吐等显性失水情况。另外，门诊自始至终均未查

① 该鉴定陈述为 2012 年原文基础上略有删减和微调。

电解质状况，而酮症酸中毒的电解质紊乱是可以引起麻痹性肠梗阻表现的。患者有严重感染征象（血常规报告：WBC $19.15 \times 10^9/L$，GRAN 为 84.50%），被告处理不积极，此严重感染属 DKA 的常见诱因，并加剧了 DKA 的病情发展。

第二，被告的懈怠诊疗及不专业诊治导致患者因糖尿病酮症酸中毒死亡。

根据被告的“生命体征观察表”记载，患者 23 日 11 时的血压为 80/40mmHg，此后直至死亡，其休克均未得到任何纠正。在“生命体征观察表”中，对该类酮症酸中毒的昏迷病人竟然连“神志”等重要生命体征都未记载，直至死亡。根据“生命体征观察表”记载，患者系 23 日 10 时 20 分入院，已经是病重患者，但直至 11 时才开始记录，直至 17 时方有血糖的第一次记载（血糖为 31.1 mmol/L），方进行第一次做血气分析，此时离患者入院已经过去 7 小时 40 分钟。19 时 30 分血糖为 22.4 mmol/L，20 时 30 分血糖为 18.4 mmol/L；此后，血糖直线下降，最低时竟然达 2.8 mmol/L。纵观抢救病史，医院远未达到酮症酸中毒抢救所要求的“尽快补液以恢复血容量、纠正失水状态，降低血糖，纠正电解质及酸碱失衡，同时积极寻找和消除诱因，防治并发症，降低死亡率”之原则，被告在补液、胰岛素治疗、纠正电解质及酸碱平衡失调、处理诱发病和防治并发症（休克、严重感染、心衰、肾衰、脑水肿）、护理等方面存在重大缺陷。从原告目前持有的资料看，未见到被告检测过患者的血酮或尿酮记录。

第三，医疗损害责任程度及医疗损害等级。

根据上述阐述，患者本系普通的糖尿病病情，完全可以通过及时诊断和有效治疗而长期健康生存，但由于被告的懈怠诊疗及不专业诊治导致死亡后果，因此，医方应承担完全责任，构成一级甲等医疗损害。

（3）医方抗辩①

入院后未予以立即行胃肠减压。解释：入观后拟行胃肠减压，家属以患者不能耐受为由要求暂缓，遂暂时予以灌肠，观察病情，约 2 小时后患者仍感腹胀，予以行胃肠减压。

患者在半夜出现的低血糖是否为降糖过快问题：患者于 16 时 45 分测血糖 31.1 mmol/L，至 22 时 58 分测得 14 mmol/L，在 6 小时余内血糖下降 17 mmol/L，平均每小时降糖为 3 mmol/L，降糖速度并不快，并且随后亦给予 5%GS250ml+ 诺

① 摘录自上海市某区医学会 2012 年 10 月《医疗损害技术鉴定书》第 2 条“争议焦点”之“医方认为”。

和灵 R4IV 防止低血糖，符合糖尿病酮症酸中毒的治疗常规。但患者此后仍出现低血糖，可能系该患者病情极其危重，全身衰竭，内环境严重紊乱所导致。

患者从入观至死亡共补液 8000 余毫升，是否过多问题：正常人每天分泌的唾液、胃液、胆胰液、小肠液及摄入液体 8 ~ 10L，几乎全部被肠管吸收。发生肠梗阻后，机体可丢失大量体液和血液，出现严重的脱水，血容量减少，甚至休克；另外，糖尿病酮症酸中毒的病人一般失水 4 ~ 6L，根据补液先快后慢的原则，前 4 小时可输入总失水量的 1/2，并且该患者胃肠减压管内曾引流出大量胃液，之后又出现消化道出血，因此其整体体液丢失相当大，故即使给予了大量补液，包括晶体、胶体、血管活性药物等，患者的血压仍然难以维持。

2. 区医学会的鉴定分析说明及鉴定意见

（1）鉴定分析说明[①]

患者就诊时病情危重，但生命体征记录全无，仅凭恶心、呕吐、腹胀而以肠梗阻进行诊断治疗。在急诊处理过程中，未请内分泌专科会诊，存在过错。患者有糖尿病史，同时伴有恶心呕吐，应首先考虑是否有糖尿病酮症酸中毒可能，并做必要的相关检查，如血糖、血常规、血电解质、血气分析、肝肾功能、尿酮体等，但院方在诊治过程中未予重视，在该疾病的诊断、检查、治疗、监测等方面存在不规范行为。

（2）鉴定意见[②]

本例属于对患者人身的医疗损害。医院在医疗活动中存在对糖尿病酮症酸中毒诊治不规范的医疗过错，与患者最终死亡的结果存在因果关系。参照《医疗事故分级标准（试行）》，患者的人身医疗损害等级为一级甲等，损害结果的责任程度为主要责任。

（三）上海市医学会的医疗损害重新鉴定

1. 诊治概要、患方代理人的重新鉴定陈述、医方抗辩

（1）诊治概要

基本同区医学会诊治概要，故省略。

---

① 摘录自上海市某区医学会 2012 年 10 月《医疗损害技术鉴定书》第 5 条“分析说明”。

② 摘录自上海市某区医学会 2012 年 10 月《医疗损害技术鉴定书》第 6 条“鉴定意见”。

（2）患方代理人的重新鉴定陈述

关于上海市某区医学会首次医疗损害鉴定之意见书的质证意见。上海市某区医学会针对原被告的医疗争议于 2012 年 10 月 11 日依法作出了医疗损害鉴定结论，该鉴定报告第 6 条的结论为“本例属于对患者人身的医疗损害。医院在医疗活动中存在对糖尿病酮症酸中毒的诊治不规范的医疗过错，与患者最终死亡的结果存在因果关系。参照《医疗事故分级标准（试行）》，患者的人身医疗损害等级为一级甲等，损害结果的责任程度为主要责任”，总体而言，该鉴定结论科学、客观、公正。同时，该鉴定报告在第 5 条进行了充分的说理及科学论证，具体为：“患者就诊时病情危重，但生命体征记录全无，仅凭恶心、呕吐、腹胀而以肠梗阻进行诊断治疗。在急诊处理过程中，未请内分泌专科会诊，存在过错。患者有糖尿病史，同时伴有恶心呕吐，应首先考虑糖尿病酮症酸中毒的可能，并作必要的相关检查，如血糖、血常规、血电解质、血气分析、肝肾功能、尿酮体等，但院方在诊治过程中未予重视，在该疾病的诊断、检查、治疗、监测等方面存在不规范”。上述说理部分紧扣主题、抓住争议核心、严格依照诊疗常规规范层层推进，系一个依据充分及科学、说理明晰、逻辑缜密的分析说明，体现了鉴定专家们尽管作为医者但仍具有较强法律思维的精英特质。

对该鉴定结论，原告基本认诺，但该鉴定意见仍存有一定程度遗憾或错误，即本案例医方应构成完全责任。因此，区医学会的鉴定意见应予维持。

（3）医方再次抗辩

胃肠减压因为患方最初不能耐受暂缓，先予灌肠，约 2 小时后仍感腹胀，再予胃肠减压。对患者的降糖措施，符合酮症酸中毒的治疗常规。患者从入观至死亡共补液 8000ml，源于肠梗阻后大量丢失体液，出现严重脱水和低血容性休克症状，补液中包括晶体、胶体血管活性药物等，但患者的血压仍难以维持。

2. 市医学会的鉴定分析说明及鉴定意见

（1）鉴定分析说明①

医方在患者首诊时没有进行体格检查和相应的生命体征记录；对糖尿病患者没有或未尽早进行相关血酮、肝肾功能、电解质等实验室检查，不符合医疗常规。医方在诊疗过程早期仅对患者的肠梗阻实施处理，而忽视其糖尿病史，表现为在

① 摘录自上海市某区医学会 2012 年 10 月《医疗损害技术鉴定书》第 5 条“分析说明”。

测得血糖 23.3 mmol/L 时，仍未按糖尿病治疗规范进行诊疗（血糖监测、胰岛素应用不规范），致使血糖在短时间内急剧上升到 31.1 mmol/L，入院 19 小时后才发现患者存在严重的代谢性酸中毒。医方的上述医疗过失行为，延误了患者相关病情的诊疗，使其失去了有利的抢救时机，与最终死亡结果的发生有直接的因果关系。患者有糖尿病史多年，就诊时合并肠梗阻，病情已较重，而糖尿病酮症酸中毒一旦发生，在临床上有一定的死亡率，故其基础疾病本身对预后会有影响。

（2）鉴定意见[①]

本例属于对患者人身的医疗损害。医院在医疗活动中存在未及时检测和控制血糖等诸多违反医疗常规的医疗过错，与患者的死亡存在因果关系。参照《医疗事故分级标准（试行）》，患者死亡结果的人身医疗损害等级为一级甲等。本例医疗过错对患者人身医疗损害结果的责任程度为主要责任。

（四）本案例分析

本案中被告提起重新鉴定程序，结果为维持。本案例系普通的糖尿病酮症酸中毒，属内分泌科常见病、多发病，但基于被告医院急诊科相关科室误诊、懈怠诊疗、不专业治疗才导致最终死亡的严重后果。

本案的核心是误诊，将糖尿病酮症酸中毒（DKA）的早期临床表现误诊为肠梗阻，但肠梗阻诊断明显依据不足，此导致病情发展至酮症酸中毒而不治。被告在该疾病的诊断、检查、治疗、监测等各方面都不符合诊疗规范，不符合当时医疗水准。从本案中可以吸取教训的是，急诊相关科室自身不专业却又未请内分泌会诊，此也为重大过失之一。此外，患者就诊时病情危重，但生命体征记录全无，此为违背尽职尽责为患者服务的懈怠诊疗，违反了《执业医师法》及其他诊疗规范。

五、陈某等诉上海某大学附属专科医院医疗损害责任纠纷案

（一）诉争由来

陈某，1949 年出生，时年 62 周岁。2011 年 2 月 18 日因“左肺下叶鳞癌术后四年，发现左余肺结节一年余”入院。一年前复查胸部 CT 发现左余肺结节影，行

① 摘录自上海市某区医学会 2012 年 10 月《医疗损害技术鉴定书》第 6 条“鉴定意见”。

PET/CT 考虑为炎症予随访。近一月余患者出现咳嗽、咳痰，伴痰中带血，再行PET/CT 检查考虑为左余肺复发。2011 年 2 月 25 日患者在全麻下行“左余肺切除术”，术后病理提示为结核而非癌症，术中、术后患者大量出血，2 月 25 日 22 时送入手术室行“左胸探查止血术”，2011 年 3 月 9 日患者死亡。

由此成诉，受理法院委托某区医学会进行医疗损害技术鉴定。

（二）上海市某区医学会的医疗损害鉴定

1. 诊治概要、患方代理人的鉴定陈述、医方抗辩

（1）诊治概要①

根据被告住院病史记载：陈某，男，62 岁，浙江某市人，经常居住地上海。2011 年 2 月 18 日因“左肺下叶鳞癌术后四年，发现左余肺结节一年余”入院。4 年前因左肺下叶阴影于该院行“左肺下叶切除术”，术后病理鳞癌，$T_2N_0M_0$，术后化疗 4 次（盖诺、铂尔定）。一年前复查胸部 CT 发现左余肺结节影，行PET/CT 考虑为炎症予随访。近一月余患者出现咳嗽、咳痰，伴痰中带血，再行 PET/CT 检查考虑为左余肺复发。无慢性咳嗽、咳痰、呼吸困难、咳血、低热、盗汗、胸痛，入院诊断：左下肺鳞癌术后，左余肺复发？体格检查：T35.7℃，BP18/10Kpa，P80 次 / 分，肺部听诊：呼吸音正常，胸部 CT 显示左余肺结节影。左肺下叶鳞癌术后，2 月 19 日完善术前常规检查，血沉 25mm/1h，超敏 C 反应蛋白 0.5mg/L，总胆红素 8.8umol/L，直接胆红素 3.9umol/L，总胆汁酸 11.6umol/L，碱性磷酸酶 80u/L，胆碱酯酶 11.0ku/L，肌酐 74umol/L，尿素 497umol/L，白细胞计数 7.9×10^9/L，中性粒细胞 50.1%，红细胞计数 5.44×10^{12}/L，血红蛋白 168g/L，凝血酶原时间 11.3 秒，部分凝血酶原时间 32.2 秒，D- 二聚体 0.lmg，癌胚抗原 2.68ug/ml。

2011 年 2 月 25 日患者在全麻下行“左余肺切除术”，术中探查：胸壁正常，胸膜正常，胸膜粘连广泛，致密。肺：肿瘤 2×1×1 立方厘米，位置：左上叶舌段；硬度及外形：硬，结节状；肺门：冰冻样；淋巴腺：未清扫，试水残端无漏气；出血量 4500ml，输血量 1800ml；术中冰冻病理（F11–689）：（左上叶）类上皮细胞增殖结节伴干酪坏死，考虑结核。3 月 9 日病理诊断（B11–765），巨检：左肺

① 摘录自上海市某区医学会 2012 年 5 月《医疗损害技术鉴定书》第 4 条“诊治概要”。

上叶舌段见散在结节大小不等，直径 0.1 ~ 1cm，伴干酪坏死；镜检：肺上叶舌段肺结核，干酪性伴增殖性。

患者回 ICU 后外科引流总量 1000ml，胸片显示手术侧胸腔大量积液，血压最低 75/45mmHg。2 月 25 日 22 时送入手术室行“左胸探查止血术”，清除胸腔内积血，凝血块 3500ml，输血量 1200ml，未见活动性出血，予创面止血返 ICU 抗感染输血止血营养支持治疗。

术后第 5 天出现胸管渗出较多，予加强输血止血营养支持治疗；术后第 7 天出现低血容量休克，给予多巴胺、输血等治疗；术后第 8 天出现少尿，低氧，给予利尿、呼吸机无创辅助呼吸；第 9 天出现食管瘘，给予胃肠减压；第 10 天出现无尿。3 月 5 日肌酐 308umol/L，尿素 27.9mmol/L，尿酸 662umol/L，胱抑素 C3.360mg/L，凝血酶原时间 26.9 秒，INR：2.2；3 月 7 日肌酐 336umol/L，尿素氮 46.7mmol/L，皮肤黏膜黄染明显；3 月 9 日 6 时 30 分至 9 时，左侧深血性胸引约 1800ml，仍无止血趋势。与家属交代病情后，家属表示要自动出院并签字。出院诊断：左余肺结核可能，左肺下叶鳞癌术后，左余肺切除术后肝、肾、凝血功能衰竭。

浙江某市公安局 2011 年 12 月 29 日出具户籍证明，证实陈某于 2011 年 3 月 9 日死亡。

（2）患方代理人的鉴定陈述[①]

第一，被告违反注意义务，将肺结核误诊为肺癌，此误诊直接导致了其后灾难性后果。

被告术前违背高度注意义务，以惯性思维认为：4 年前行鳞癌切除术，那么今天也应该是癌症；违反诊疗常规，未进行必要的肺结核鉴别诊断；违反诊疗常规，过度依赖并不完全可靠的 CT 或 PET/CT 影像学报告。在剖胸探查的情况下，结核与癌症视野下及触碰感知时应有显著区别，此误诊只能解释为专业水准问题或缺乏责任心。2 月 25 日，术中冰冻病理切片提示“结节伴干酪性坏死，考虑结核”；3 月 9 日正式病理报告提示：左肺上叶舌段肺结核，干酪性伴增殖性。

第二，被告在冰冻病理切片已经提示结核情况下仍粗暴进行手术，极其严重地违反诊疗常规。

在冰冻病理切片已经提示结核并未进行任何规范抗痨治疗的情况下，结核病

① 鉴定陈述是在 2012 年原文基础上删减及微调。

灶不能手术为医学常识，但被告却严重违反常识、常规粗暴进行手术，此骇人听闻。作为一个三级甲等专科医院医师，其行为无法用正常的医学思维解释。《上海市某医院肺癌手术记录》（第一次手术后记录）除格式化文本填充诊断有“原发性左侧支气管肺癌”外，尚有手术医生手写记载：“左余肺 TB 可能”。因为术中冰冻切片已经提示结核诊断，但手术医生却在术后的手术记录中记载“左余肺 TB 可能”，让人费解。这种情况只有两种可能解释：一为医生根本未等冰冻切片报告就径行粗暴手术，二为明知冰冻切片报告结果但置之不理，即使是广泛粘连的结核仍执意粗暴剥离。“术后首次病程录”却记载“术中诊断”为“左余肺结核”，这又说明在手术中即明确诊断为结核但违法、违规径行手术。但这却又和前述记载明显相悖，混乱无法解释。手术视野所见被描述为“全胸腔致密粘连，肺门粘连重”“左肺动脉主干、左主支气管及其后方的食管由于上次手术中的肺门及隆突下淋巴结清扫而产生了致密粘连，术中游离困难大，出血多”。此等描述说明一个事实：明知是结核，明知粘连严重，明知其属于根本不能再行手术处理的禁忌症但仍违背医学常规来粗暴、硬性剥离，此等情形下，食管被剥离破裂，大出血（甚至不排除大血管切断）不可避免。

第三，知情同意权重大缺陷。

被告医院的知情同意书全部系格式文本，是一个涉及“各类肺切除手术知情同意书”，该格式文本甚至连一个打钩“√”都不具备，结合实际手术前的状况，医生仅仅是拿一张打印好的纸张让患者家属签字，医生基本上什么也没有说，这不是知情同意。知情同意书的内容与本病例“驴唇不对马嘴”，被告核心目的是罗列所有的可能危险来解脱责任，丝毫没有针对性。该知情同意书的第 4 条是“本病例的特殊性”，医生必须在此书写该病例的特殊性并特别告知，但医生一个字也没有书写。依据心胸外科常识，本病例必须告知患方疾病有结核的可能，有依据术中冰冻切片结果中止手术的可能，有开胸后情况复杂终止手术的可能。但被告医生什么也没有告知。根据术中情况，被告所属手术医师必须出手术室告知患者家属冰冻切片状况、手术不能继续进行的医学依据，告知强行继续进行手术的复杂性、危险性并征得患者家属明确同意，但被告所属医生极度漠视患者生命健康权、知情同意权，一意孤行。

第四，被告管理极度混乱，医生之间任意假冒签名或不签名，严重违法违规。

病历记载显示，二次手术后记录由“胡 ××”和“林 ×”书写，但一眼就可以看出，实际上是同一人书写，“胡 ××”签名系“林 ×”假冒签署，但林 × 主治医师自己真正签署的“林 ×”却与上述迥异，根据笔迹推测上述“胡 ××”和“林 ×”均系住院医生冯 × 冒名书写。“上海市某医院肺癌手术记录”（第一次手术后记录）由林 × 主治医生书写签名，胡 ×× 主任签字确认，但明眼人一眼就可以看出“胡 ××”由林 × 假冒签署。另外，该手术是发生在 2011 年 2 月 25 日，但手术记录却记载手术发生在“2011 年 2 月 26 日”。病程记录中多次出现查房医生不签署姓名的情况。该病历还有其他严重违反病历书写规范的情况，不再赘述。该等严重违法违规，实质彰显被告医院管理混乱，所属医生轻视法律、漠视患者的生命健康权。

第五，患者死于被告无指征粗暴手术所导致的大出血。

根据记载：第一次手术中出血 3500ml，输血 1800ml。根据 2011 年 2 月 25 日 23 时 48 分 ICU 病程记录记载，“术中患者出血多（5000ml），术后患者外科引流亦多，血性，回 ICU 后外科引流总量 1000ml，胸片示侧胸腔积液大量，并时伴循环不稳，血压最低 75/45mmHg，为补充失血已输总量约 2200ml，白蛋白 40g 等”。次日，也就是第二次开胸探查，发现“术中清除胸腔内积血、凝血块 3500ml，输血 1200ml”。术后回 ICU 的病程记录记载“未找到明确出血点”“1am 至目前患者外科引流量少（200ml）”。术后第 4 天，患者胸腔引流“量 590ml，血性”。术后第 5 天，患者胸腔引流“血性，乳糜状，量多”，出入量记录单记载为 1100ml。术后第 7 天 0 时 39 分，“患者班内外科引流到目前为止为血性 1550ml”；22 时 30 分“下午因胸腔引流量仍多，并伴有循环不稳，再次转入 ICU 病房；患者出血肢端湿冷，意识模糊，测血压示：90/58mmHg，考虑出现低血容量休克”。2011 年 3 月 5 日，即术后第 8 天，“昨胸引 3000ml，色深”，“考虑肾前性因素有效循环血容量不足，凝血功能障碍”。3 月 6 日，“患者外科引流量仍大，晨 6 时至目前已有 2200ml，为淡红色浑浊液体”。3 月 7 日，“胸管畅，昨胸引 3530ml，色深，浑浊”。3 月 9 日 9 时“患者目前病情危重，6 时 30 分至现 9 时已左侧深血性胸引约 1800ml，仍无止血趋势，考虑患者因肝、肾功能均有严重损伤，全血过滤后凝血功能衰竭所致”。2011 年 3 月 7 日，被告医院肾脏内科会诊意见为：“目前少尿，符合急性肾损伤（Ⅲ期）诊断，原因可能为低血压及肾毒性药物所致”。2011 年 3 月 8 日，外院肾脏内科沈教授会诊意见为“术后胸腔渗血→低血压→急性肾损伤。合并其他脏器损伤：肝损、凝血功能障碍及肺损伤”。

第六，医疗损害责任程度。

根据上述阐述，患者本系结核病情，完全可以通过规范抗痨治疗而长期生存，甚至治愈，但由于被告严重违法违规导致患者死亡，因此，无任何医方违法阻却事由，医方应承担完全责任。

（3）医方抗辩①

医方对患者术前已行慎重鉴别诊断，有手术适应证，无手术禁忌证，病变位于余肺中央并累及支气管壁，即使是结核，也有手术指征。术前进行了充分的告知，家属仔细考虑后表示要接受手术治疗，并签署了告知同意书。术中由于全胸致密粘连，游离困难大，出血多，术后的临床表现提示胸内有活动性出血的可能，向家属充分告知，家属签署了告知同意书。第二次手术探查发现左胸腔大量积血，即行止血术。医方对患者术后出现的并发症诊断及时、积极救治，整个治疗过程符合诊疗常规，不构成医疗事故。②

2. 医学会的鉴定分析说明及鉴定意见

（1）鉴定分析说明③

患者因左肺下叶鳞癌术后 4 年，发现余肺结节 1 年入院，术后曾化疗 4 次。一年前 PET/CT 提示为炎症，本次 PET/CT 考虑为左余肺复发，患者入院后医方在疾病诊断过程中没有进行肺结核的鉴别诊断，而术后病理提示左肺上叶舌段肺结核，干酪性伴增殖性。造成误诊，故违反诊疗常规。术后病理报告提示：左上叶舌段见散在结节，大小不等。医方在术中遇粘连重、出血多的情况下应尽可能地取得病理，明确诊断，必要时终止手术，而医方在术中未取得局部病灶病理（冰冻）诊断的情况下仍行余肺切除术，造成患者术中、术后大量出血及输血，与患者的肝、肾功能衰竭以致死亡有直接因果关系。

根据送鉴资料，该患者有肺癌病史，临床上要明确肺癌诊断及相应的鉴别诊断有其复杂性和一定困难；同时，作为化疗后的再次手术有相当难度和风险性。

（2）鉴定意见④

本例属于对患者的人身医疗损害。医院在医疗活动中存在术前未做肺结核相关

---

① 摘录自上海市某区医学会 2012 年 5 月《医疗损害技术鉴定书》第 2 条“争议要点”之“医方认为”。

② 原文如此，此应为医方尚未能及时适应原《侵权责任法》生效，仍沿用原医疗事故概念。

③ 摘录自上海市某区医学会 2012 年 5 月《医疗损害技术鉴定书》第 5 条“分析说明”。

④ 摘录自上海市某区医学会 2012 年 5 月《医疗损害技术鉴定书》第 6 条“鉴定意见”。

鉴别诊断，造成误诊；术中未取得局部病灶的病理诊断情况下仍行余肺切除术，违反诊疗常规,与患者的人身损害结果存在因果关系。参照《医疗事故分级标准(试行)》,患者死亡结果的人身损害等级为一级甲等。本例医疗过错的责任程度为主要责任。

（三）法院裁判

本案例中上海市某区医学会作出鉴定意见后，被告曾提出重新鉴定申请，但法院未予支持，法院认为“被告对该鉴定意见有异议，提出重新鉴定申请，其在申请中所提出的问题，上海市某区医学会的鉴定意见书中已经进行了充分的阐述，且已充分考虑到诊断及手术的难度和风险，被告未能提起启动重新鉴定程序的合理依据，本院不予支持，对鉴定意见本院予以采信”。① 本案例中的主要责任亦由人民法院酌定赔偿份额为 80%。②

一审裁判后，被告不服并上诉至中级人民法院，中级人民法院判决：驳回上诉，维持原判。③

（四）案例分析

本案中医方存有重大医疗过错，严重违反诊疗常规和规范，术前未做肺结核相关鉴别诊断，违反注意义务，造成误诊；术中未取得局部病灶的病理诊断情况下仍行余肺切除术，违反诊疗常规。④ 医学专业的学生都知道，未行规范抗痨治疗的结核病灶属手术禁忌，系医学常识。结核病灶并广泛致密粘连，如强行剥离、摘除，术后出血死亡几乎是必然。

本案例也存在病历书写违法违规情形，该等医生之间任意假冒签名或不签名情形也许并不构成原《侵权责任法》第 58 条规定的“伪造、篡改或者销毁病历资料”的推定过错情况，但如不有效遏制这一行为，病历资料真实性无法保障，医疗质量及安全无法保障。

---

① 摘录自上海市某区人民法院《民事判决书》[(2012) × 民一(民)初字第 48×× 号] 第 7 页。

② 同上。

③ 摘录自上海市某中级人民法院《民事判决书》[(2012)沪 × 中民一(民)终字第 30×× 号]第 7 页。

④ 本案中上海市某区医学会鉴定专家组认定术中未取得病灶病理即进行手术，违反诊疗常规。但根据患者的病历记载，也存有术中取得了结核病理却强行手术的可能性，如是后者，其主观过错程度更大。

另外，本案例中知情同意权也存在重大缺陷，医方给患者的是格式版本且不具有针对性，这不是真正的、有效的知情同意。

本案例或许最大的启示是，再大的医院、再有名的专业科室也会犯常识性的低级错误，人命关天，唯有谨慎行医。

六、沈某等诉某大学附属医院医疗损害责任纠纷案

（一）诉争由来

沈某，1946 年出生，时年 68 周岁。2015 年 2 月 7 日，患者因“突发腹痛 1 天”被某大学附属医院收治。2 月 9 日 CTA- 大血管显示：腹主动脉动脉瘤伴附壁血栓形成，左侧锁骨下动脉粥样斑块形成，两肾囊肿，两肺上叶炎症。2 月 10 日在全麻下行腹主动脉夹层腔内修复术，术后予抗感染、镇痛等治疗。术后发热，血培养为猪霍乱沙门氏菌群阳性等。出院后又因多次发热、寒战、反复便血等 5 次再住院，被告消化内科诊断消化道出血。2015 年 8 月 26 日患者因便血至上海某医院住院，9 月 2 日该院小肠 CT 增强扫描及重建显示：腹主动脉空肠瘘，造影剂外渗，由此确诊腹主动脉空肠瘘。被告医院 9 月 12 日在全麻下行腹主动脉瘤腔内修复术后膜瘘腔内修复术 + 左髂内动脉弹簧圈封堵术 + 双股动脉旁路移植术 + 右腘动脉取栓术，术后诊断：腹主动脉腔内修复术后Ⅱ、Ⅲ型内瘘。术后仍有间断血便，10 月 6 日晚突发呕血，于 10 月 8 日出院。原告其后又在被告处出入院 8 次，2016 年 4 月 18 日出现血便且次数及血便量逐渐增加，患者诉胸闷，吸氧不能缓解，予输血、止血等治疗后，于 4 月 19 日 6 时 12 分死亡。

由此，原告在苏州市某区人民法院提起诉讼，其后苏州市某区人民法院委托无锡市医学会进行医疗损害鉴定。

（二）无锡市医学会的医疗损害鉴定

1. 诊治概要、患方代理人的鉴定陈述、医方抗辩

（1）诊治概要[①]

患者因“突发腹痛 1 天”于 2015 年 2 月 7 日至某大学附属医院住院，既往

---

① 摘录自江苏省无锡市医学会 2019 年 4 月《医疗损害鉴定书》第 6 条“诊治概要”。

有高血压病史、肾病史、肺结核病史、房速、早搏病史、肺栓塞病史等。查体：T39℃、P110次/分、R20次/分、BP152/93mmHg，双肺呼吸音稍低，听诊心率110次/分，律不齐，腹软，脐周有压痛，腹部叩诊鼓音。腹部增强CT示：腹主动脉远端动脉瘤伴壁内血肿形成，下腔静脉内嵌滤器。诊断：腹主动脉夹层，膜性肾病，高血压病，房性心动过速，肺栓塞术后。入院后予绝对卧床，床边心电监护、控制血压心率、镇痛等治疗。2月9日CTA–大血管显示：腹主动脉动脉瘤伴附壁血栓形成，左侧锁骨下动脉粥样斑块形成，两肾囊肿，两肺上叶炎症。2月10日在全麻下行腹主动脉夹层腔内修复术，术后予抗感染、镇痛等治疗。术后患者出现发热，血培养为猪霍乱沙门氏菌群阳性等，根据药敏调整抗生素等治疗。2月24日复查CTA–大血管显示：腹主动脉瘤术后改变，下腔静脉滤器置入术后，肝及双肾小囊肿，双肺感染，前列腺钙化。术后患者血常规显示白细胞较高，请血液科及感染科等会诊考虑感染可能性较大，予对症治疗。于3月12日出院。

2015年3月25日患者因“腹主动脉夹层术后，发热1天”第二次到被告医院住院。查体：T38.7℃、P90次/分、R18次/分、BP146/70mmHg，双肺呼吸音稍低，听诊心率110次/分，律不齐。诊断:发热，腹主动脉夹层术后，膜性肾病，高血压病。入院后予降温、抗感染等治疗。3月29日血培养显示：猪霍乱沙门氏菌群阳性，根据药敏调整抗生素等治疗。于4月13日出院。

2015年5月9日患者因“腹主动脉腔内修复术后，寒战、发热3小时”第三次到被告医院住院。查体：T39.4℃，P94次/分、R18次/分、BP152/78mmHg，双肺呼吸音稍低，可闻及少许湿啰音，听诊心率94次/分，律齐。诊断：肺部感染，腹主动脉腔内修复术后，膜性肾病。入院后予抗感染等治疗。于5月18日出院。2015年7月12日患者因“腹主动脉腔内修复术后，发热1天”第四次入住该院。查体：T38.5℃、P90次/分、R18次/分、BP140/78mmHg，双肺呼吸音稍低。诊断：发热待查：败血症？腹主动脉夹层腔内修复术后，膜性肾病，高血压病。入院后予抗感染等治疗。入院当晚出现鲜血便，量少，腹痛腹胀不适，查体可触及下腹部压痛，请消化科及普外科急会诊，予禁食，绝对卧床，抗感染、输血、止血等治疗，并完善腹部增强CT检查。之后患者反复血便，请消化科会诊，查胃镜显示慢性浅表性胃炎，未见明显出血灶及溃疡形成。7月20日血培养显示：猪霍乱沙门氏菌阳性，继予禁食，抗感染、止血等治疗。患者大便隐血显示弱阳性，血项偏高，凝血功能检查异常等，于7月31日转该院消化内科继续治疗。

2015年7月31日患者转入医院消化内科。诊断：消化道出血，高血压病，心律失常，膜性肾病，腹主动脉夹层术后，肺栓塞术后。入院后医嘱告病重，心电监护，予抑酸、抑酶、止血、抗炎等治疗，并请心内科、介入科等会诊。8月4日胃镜显示：慢性浅表性胃炎（活动期）。8月5日心超显示：左室松弛性下降，轻度肺动脉高压。8月7日肠镜显示：直结肠炎症性改变。胶囊内镜显示：十二指肠病变？回肠远端占位性病变？患者于8月21日出院。

2015年8月26日患者因便血至外院住院，9月2日小肠CT增强扫描及重建显示：腹主动脉空肠瘘，腹主动脉瘤伴血栓形成，造影剂外渗，下腔静脉、腹主动脉及两侧髂动脉支架置入后改变。患者于9月8日出院。

2015年9月8日患者因“消化道出血，菌血症，腹主动脉支架十二指肠内瘘，腹主动脉腔内修复术后，肺栓塞术后”第六次到被告医院住院。入院后医嘱告病重，予吸氧、雾化、禁食、抑酸、补充MAP等治疗。9月12日局麻+监护下行主动脉造影术，同日在全麻下行腹主动脉瘤腔内修复术后膜瘘腔内修复术+左髂内动脉弹簧圈封堵术+双股动脉旁路移植术+右腘动脉取栓术，术后诊断：腹主动脉腔内修复术后Ⅱ、Ⅲ型内瘘，术后予抗感染、镇痛、止血、纠正贫血等治疗。9月16日CTA-大血管显示：腹主动脉瘤支架置入术后改变，支架外主动脉十二指肠瘘形成，下腔静脉滤器置入术后，较前片右侧髂总动脉支架内及分支近段闭塞；股-股动脉旁路移植术后改变，右侧股动脉管壁多发混合斑块伴近段管腔中度狭窄，左侧股动脉管壁多发混合斑块伴管腔轻度狭窄。患者术后仍有间断血便，10月6日晚突发呕血，于10月8日出院。

2015年10月8日至11月3日、11月3日至11月30日、11月30日至12月25日、2015年12月25日至2016年1月23日、1月23日至2月5日、2月12日至3月10日、3月10日至4月9日、4月9日至4月19日患者因“菌血症，重度贫血，下消化道出血，腹主动脉-十二指肠瘘封堵术后，腹主动脉腔内修复术后，肺栓塞术后”多次入住被告医院，入院后予抗炎、止血、间断输入MAP纠正贫血等治疗。2016年4月18日出现血便且次数及血便量逐渐增加，患者诉胸闷，吸氧不能缓解，心电监护示脉氧为80%，BP89/54mmHg，心率偏快，110次/分，予输血、止血等治疗后，于4月19日6时12分死亡。

（2）患方代理人的鉴定陈述[①]

被告某大学附属医院违反高度注意义务，未能专业诊治、谨慎手术操作，导致主动脉十二指肠瘘，存在重大过失。被告对预防、发现及处置感染问题不专业、不系统，导致感染持续不能控制，与最终的死亡存有因果关系。被告因不专业存在严重的漏诊行为，在有明显症状和体征的情况下从未考虑过瘘，被告极其严重的过失主要表现在2015年7月13日的大血管CTA已经诊断腹主动脉十二指肠瘘但却迟滞未报告（直至2015年9月10日方出具正式报告），而此迟延诊断直接导致病情加重且加剧医疗救济困难，直至最后的不治，通俗地说就是丧失早诊断、早治疗的最佳时机继而导致死亡。

（3）医方抗辩[②]

院方对患者的治疗行为没有违反诊疗常规，诊断明确，治疗方案符合诊疗规范，没有过错。

2. 医学会鉴定分析说明及鉴定意见

（1）鉴定分析说明[③]

①相关理论依据。

腹主动脉瘤是指腹主动脉呈瘤样扩张，通常直径增大50%以上定义为动脉瘤。常见的病因有动脉粥样硬化，多数患者无症状，常由于其他原因查体而偶然发现。典型的腹主动脉瘤是一个向侧面和前后搏动的膨胀性肿块，半数患者伴有血管杂音。少数患者有压迫症状，以上腹部饱胀不适为常见。根据病史及腹部脐周或中上腹扪及膨胀性搏动的肿块，有时有轻压痛，可同时伴有下肢急性或慢性缺血症状，进一步行彩色超声检查、CTA或MRA检查，即可确立诊断。CTA可作为腹主动脉瘤明确诊断的手段。腹主动脉瘤一般不能自愈，可自行破裂，一旦破裂后果严重，因此，明确诊断后应手术治疗。腹主动脉瘤破裂则是一种极其危重状态，患者就诊前常因大出血休克而死亡。早期诊断、紧急手术控制出血至关重要。腹主动脉瘤破裂临床表现笃重而复杂，对于短期内有明显大出血者，可存在“三联征”，即剧烈腹痛或腰背部疼痛、低血压甚至休克及腹部搏动性肿块。

---

① 该鉴定陈述是在2018年原文基础上略有删减和微调。

② 摘录自无锡市医学会2019年4月《医疗损害鉴定书》第3条“争议要点”之“医方认为”。

③ 摘录自无锡市医学会2019年4月《医疗损害鉴定书》第7条“分析说明”。

②医方的诊疗行为。

患者因“突发腹痛 1 天”于 2015 年 2 月 7 日至附属医院住院，既往有高血压病史、肾病史、肺结核病史、房速、早搏病史、肺栓塞病史等。查体：T39℃、P110 次 / 分、R20 次 / 分、BP152/93mmHg，双肺呼吸音稍低，听诊心率 110 次 / 分，律不齐，腹软，脐周有压痛，腹部叩诊鼓音。腹部增强 CT 显示：腹主动脉远端动脉瘤伴壁内血肿形成，下腔静脉内嵌滤器。诊断：腹主动脉夹层，膜性肾病，高血压病，房性心动过速，肺栓塞术后，医方诊断明确。2015 年 2 月 9 日 CTA- 大血管显示：腹主动脉瘤伴附壁血栓形成，左侧锁骨下动脉粥样斑块形成，两肾囊肿，两肺上叶炎症。有手术指征，与患方沟通，签署知情同意书后，于 2015 年 2 月 10 日在全麻下行腹主动脉夹层腔内修复术，手术方式正确。术后予抗感染、镇痛等治疗。其后因反复发热，多次住院，医方给予抗感染治疗。医方发现腹主动脉瘤十二指肠瘘后，行主动脉造影术、腹主动脉瘤腔内修复术后膜瘘腔内修复术 + 左髂内动脉弹簧圈封堵术 + 双股动脉旁路移植术 + 右腘动脉取栓术。医方的以上诊疗行为未违反诊疗规范。

③医方诊疗中存在的过错行为。

患者第一次术后反复发热，医方予血培养，提示猪霍乱沙门氏菌等感染，医方在感染未完全控制（血项未恢复正常的情况下），让患者出院；后患者多次不明原因发热住院并抗感染治疗，但抗菌治疗疗程不足。2015 年 7 月 13 日后患者不明原因消化道间歇性出血，医方未考虑腹主动脉支架手术后腹主动脉瘤十二指肠瘘可能，延误了腹主动脉瘤十二指肠瘘的诊断和治疗，存在过错，与患者的死亡之间存在一定的因果关系。

④因果关系分析。

患者系老年男性，既往有高血压病史、肾病史、肺结核病史、房速、早搏病史、肺栓塞病史等基础疾病，长期服用免疫抑制剂，抵抗力低下。腹主动脉瘤易破裂，病情凶险，死亡率高，并发腹主动脉十二指肠瘘，预后极差，系其死亡主要原因。综上所述，医方的过错行为在患者死亡中的原因力为次要原因。

（2）鉴定意见[①]

医方的诊疗行为存在过错，与患者死亡之间有一定的因果关系，原因力为次

① 摘录自无锡市医学会 2019 年 4 月《医疗损害技术鉴定书》第 8 条“专家意见”。

要原因。

（三）法院委托鉴定情况

本案苏州某区人民法院委托医疗损害鉴定的过程一波三折，根据当时江苏省的相关规定，既可以选择法医临床鉴定，也可以选择医学会的医疗损害鉴定。苏州某区人民法院首先委托上海某国家级司法鉴定中心，但该鉴定中心拒绝受理，理由是没有尸检未明确死因。尽管原告及法院均表示本案对死因无争议，但其仍拒绝受理。其后鉴定因多种因素延宕，苏州某区人民法院最终委托无锡市医学会方进行本次医疗损害鉴定。

（四）本案例分析

本案系腹主动脉瘤手术操作时违反注意义务导致十二指肠瘘，更重要的是，该等瘘在原告此后的5次住院过程中均未能诊断，存在严重漏诊失误。被告极其严重的过失表现在2015年7月13日的大血管CTA已经诊断腹出主动脉十二指肠瘘但却迟滞未报告（直至2015年9月10日方出具正式报告）。原告反而是在上海某医院确诊，该院仅在入院1周内即确诊，因此，被告诊断水平不符合当时的水准。另外，被告抗感染等治疗也存有不足。被告该等违反注意义务导致十二指肠瘘，其后又长久地漏诊，导致丧失最佳治疗时机，构成医疗损害。

笔者认为，本案应至少认定被告承担对等原因力，认定被告原因力为次要原因一定程度是对被告的倾斜。

七、罗某等诉上海某大学附属专科医院医疗损害责任纠纷案

（一）诉争由来

罗某，女，1982年生，时年29岁。患者曾在外省医院行宫腔镜检查，鉴于宫腔镜内见“形状不规则赘生物”而行宫颈赘生物活检，外院病理显示“子宫内膜非典型增生伴广泛鳞化”。其后，病理标本被送至被告医院请被告医院病理科会诊，病理诊断为“（宫内物）子宫内膜腺体异性增生伴鳞化（不排除高分化腺癌可能）”，为进一步确诊、治疗，2011年4月6日，原告以“月经中期出血半年”主诉入住被告医院，临床诊断：子宫内膜病变，子宫内膜癌。患者4月11日在

连硬外麻醉下行宫腔镜检查+宫颈内口肿块电切+清宫术。术后不明原因下腹疼痛、发热等，其后经历数次手术，诊断为子宫穿孔、乙状结肠与直肠交界处穿孔、肠梗阻、腹膜炎等。

由此成讼，本案经区、市医学会二次鉴定。

（二）上海市某区医学会的首次医疗事故鉴定

1. 诊治概要、患者方的代理人首次鉴定陈述、医方抗辩

（1）诊治概要[①]

患者月经中期少许出血近半年。某省当地医院 B 超提示子宫内膜增厚，宫颈前唇近内口处可见 2.8cm×2.3cm×2.2cm 低回声，向颈管内突起，内可见丰富的血流信号。2011 年 3 月 22 日行宫腔镜检查，颈管内（左侧前壁）见形状不规则赘生物 1 枚，颈管黏膜明显增生，较多异型血管，宫体内膜较厚，后壁局部突起似息肉样改变。刮出较多颈管组织，因出血而中止手术。病理显示子宫内膜非典型增生伴广泛鳞化，ER+PR+CD10+P16 部分阳性（未见报告）。

2011 年 3 月 30 日被告医院病理会诊诊断：（宫内物）子宫内膜腺体异型增生伴鳞化（不排除高分化腺癌可能）。4 月 6 日患者入住被告医院，临床诊断：子宫内膜病变，子宫内膜癌。

4 月 11 日在连硬外麻醉下行宫腔镜检查+宫颈内口肿块电切+清宫术。术中见宫腔内膜增厚，呈分泌期改变。宫颈内口三点处可及息肉状赘生物 2 枚，直径 5mm 左右，色红；宫颈内口右后壁可及直径 2cm 左右隆起，色淡黄。将左侧宫颈内口处肿瘤基底部予电圈切除局部黏膜层至子宫肌层，电圈圈切宫颈内口右后壁部分隆起组织送病理，圈切后探查仍可及隆起组织。沿宫腔内刮尽子宫内膜组织送病理。手术顺利，出血 50 毫升。4 月 12 日，患者主诉下腹部疼痛，查体腹稍膨隆，肌卫 ±。血常规显示白细胞 12.8×10^9/L，中性粒细胞 90.5%，予威君定静滴抗感染等治疗。18 时患者体温 38.2 ℃。4 月 14 日早晨患者体温 38.8℃，病程记录下腹部疼痛较前缓解，腹胀、有少量肛门排气、少量黄糊状便，查体腹稍膨隆，肌卫土。血常规显示白细胞 26.5×10^9/L，中性粒细胞 95.7%，嘱适量进流质。4 月 15 日晨患者体温 39℃，下腹部肌卫 ±，请某抗生素研究所会诊。会

① 摘录自 2012 年 9 月上海市某区医学会《医疗损害技术鉴定书》第 4 条“诊治概要”。

诊记录记载有患者发热有畏寒寒颤等，会诊建议：腹部立卧位平片，上腹部 CT，请普外科会诊并加强抗生素应用。当日 CT 诊断腹膜后及肠系膜散在小淋巴结。腹部立位片见肠腔内多发气液平，考虑肠梗阻可能。17 时左右普外科会诊后考虑小肠不全梗阻（麻痹性）。19 时，在全麻下行粘连松解 + 盆腔脓肿引流术。进腹后发现大网膜充血，粘连于腹壁、子宫前壁和宫底，分离粘连后见子宫正常大小，子宫前壁底部可见一直径 7 ~ 8mm 穿透伤痕，子宫直肠陷凹可见淡黄色脓性分泌物溢出，子宫前后壁以及宫底部布满脓苔，双侧附件粘连于脓壁。直肠、乙状结肠肠曲表面布满厚壁脓苔，充血水肿胀气明显，正常解剖结构消失；盆腹腔内小肠、结肠肠曲粘连、胀气明显。予剥除脓苔、碘伏及生理盐水冲洗盆腔处理，左右各放置一根双套管腹腔引流；术后胃肠减压，抗炎对症处理。

本次术后 4 月 16 日患者体温 37℃。血常规显示白细胞 $14.4 \times 10^9/L$，18 日 $17.7 \times 10^9/L$，21 日 $19.3 \times 10^9/L$。4 月 18 日拔除左侧引流管。病理报告显示宫颈赘生物及诊刮物均是内膜组织，部分呈分泌期改变，部分呈不典型复杂性增生过长，其间见肌束样梭形细胞，不典型息肉样腺肌瘤不能完全除外，必要时重新诊刮以排除高分化内膜样癌可能。4 月 19 日引流管突然引出粪便样物，外科会诊后考虑直肠瘘。建议禁食、生理盐水冲洗等，必要时结肠造瘘。暂予腹腔持续冲洗。4 月 16 日采样的腹腔引流液，4 月 20 日报告大肠埃希菌生长，ESBLS（+）。4 月 22 日 14 时患者体温 39.1℃，血常规显示白细胞 $27.6 \times 10^9/L$，中性粒细胞 89.6%。经会诊、盆腔、腹部 CT 检查，18 时在全麻下由某附属医院普外科教授主刀行复杂性肠粘连分解 + 乙状结肠造瘘术。术中见腹腔肠管粘连成饼状，全腹腔肠壁水肿明显，升结肠旁沟、子宫直肠陷凹、小肠与乙状结肠间可见三个脓肿形成，分隔包裹，内见乳白色脓液。子宫前壁底部可见一长度 0.5 厘米的穿透伤痕。乙状结肠与直肠交界处可见一瘘口，直径 0.5 厘米，表面脓苔覆盖。双附件粘连于子宫后壁。经锐性联合钝性分离后，各打开三个脓肿，吸尽脓液，生理盐水冲洗脓腔及腹腔，并行乙状结肠造瘘等处理。手术同时，请某抗生素研究所会诊指导抗生素应用。

患者造瘘术后，经抗炎对症等处理，5 月 22 日主任查房，嘱病情平稳可出院，但患者因经济赔偿问题未出院。

2011 年 12 月 16 日，患者入住某附属医院，12 月 20 日行乙状结肠造瘘口还纳，复杂肠粘连松解 + 老疤切除。12 月 28 日患者情况好转出院。2012 年 6 月 1 日某大学附属妇产科医院下腹部超声检查提示双侧不规则低回声占位，输卵管积水可能。

（2）患者方代理人的首次鉴定陈述[①]

第一，被告违反《执业医师法》《医学教育临床实践管理暂行规定》的规定，明知而放任非本院注册的实习生孙某独立执业，导致严重的人身损害后果，应承担医疗侵权全部责任。《执业医师法》第 14 条第 1 款规定，医师经注册后，可以在医疗、预防、保健机构中按照注册的执业地点、执业类别、执业范围执业，从事相应的医疗、预防、保健业务。《医学教育临床实践管理暂行规定》（卫科教发〔2008〕45 号）第 14 条规定，医学生和试用期医学毕业生参与医学教育临床诊疗活动必须由临床带教教师或指导医师监督、指导，不得独自为患者提供临床诊疗服务。临床实践过程中产生的有关诊疗的文字材料必须经临床带教教师或指导医师审核签名后才能作为正式医疗文件。医学生、实习生孙某执业证书编码为 110310000027×××，注册执业地点为上海市某区中心医院，其在被告某大学附属某医院是医学生、实习生身份。根据被告医院住院日志的记载，无论是“妇科手术前（操作前）同患者或家属谈话记录”，还是“手术记录”抑或“上海市某医院麻醉记录均清晰无误地显示：孙某是手术者，而一助均是所谓“下级医生”单 ××。因此，鉴于被告放任此等违法行为并造成患者的严重人身损害后果，应承担全部责任。

第二，医学生、实习生孙某不具备宫腔镜操作经验，粗暴手术操作导致被告子宫穿孔、乙状结肠与直肠交界处穿孔等严重人身损害后果。另外，被告第二次手术并未能发现乙状结肠与直肠交界处穿孔，导致又进行了第三次手术，加剧了患者人身损害。4 月 15 日，因原告术后出现体温增高、肠梗阻、腹膜炎等症状体征，被告急行“粘连松解 + 盆腔脓肿引流术”第二次手术，手术记录中“病灶描述”处记载：“进腹后发现大网膜充血水肿，粘连于腹壁、子宫前壁和宫底，分离粘连后见子宫正常大小，子宫前壁底部可见一直径 7 ~ 8mm 穿透伤痕，子宫直肠陷凹可见淡黄色脓性分泌物溢出，子宫前后壁以及宫底部布满脓苔，双侧附件粘连于脓壁。直肠、乙状结肠表面布满脓苔，充血水肿胀气明显，正常解剖结构消失；盆腹腔内小肠、结肠肠曲粘连”。4 月 22 日，因原告病情再度恶化，体温急剧升高（WBC27.6）、引流出大便水样物，邀请某附属医院沈教授进行第三次手术，术后记录为：“术中见腹腔肠管粘连成饼状，全腹腔肠壁水肿明显，升结肠旁沟、

① 鉴定陈述是在 2012 年原文基础上删减、调整。

子宫直肠陷凹、小肠与乙状结肠间可见三个脓肿形成，并且分割包裹，内见乳白色脓液。子宫前壁底部可见一长度 0.5cm 的穿透伤痕。乙状结肠部与直肠交界处可见一瘘口，直径 0.5cm，表面脓苔覆盖。子宫大小正常，双附件粘连于子宫后壁”。基于不得已，也为了保命，沈教授对患者进行了“乙状结肠造瘘术”。

第三，事故等级及责任程度。原告前后经历 4 次手术，除造瘘 8 个月之久外，盆腹腔内广泛粘连，正常生理结构遭到损害；另外，不仅子宫及双侧附件遭受重创，其输卵管均感染水肿后闭锁，这些对一个未生育年轻女性伤害实属重大。参照《医疗事故分级标准（试行）》，符合“存在器官缺失、大部分缺损、畸形情形之一，有较重功能障碍，可能存在一般医疗依赖，生活能自理”之规定，伤残等级应构成三级甲等。本病例系被告违反注意义务导致子宫穿孔、直肠穿孔，进而造成生殖系统损害。原告的原发病与目前的人身损害后果无关联性，不属参与因素，医方应承担完全责任。

（3）医方抗辩①

患者的病理会诊（宫内物）子宫内膜腺体异型增生伴鳞化（不排除高分化腺癌可能）。其年轻未生育，有强烈的保留生育功能的愿望。为进一步明确诊断以决定进一步的治疗方案，有必要再次清宫 / 子宫内膜病灶活检，而宫腔镜检查可探查整个宫腔，明确病灶位置，提高病灶活检的准确率，为保守治疗提供病理依据，故诊疗方案符合规范，手术指征明确；子宫穿孔是宫腔镜手术常见的并发症，术前已充分告知患者和家属并有家属签字；虽然出现子宫穿孔、盆腔感染和结肠瘘等医疗损害，但医院尽到了注意义务和告知义务，并进行了及时有效的诊治，目前患者健康恢复情况尚可，子宫内膜癌经药物保守治疗，保留了子宫和生育功能，故不应承担赔付责任。

2. 区医学会的鉴定分析说明及鉴定意见

（1）鉴定分析说明②

患者子宫内膜病变，因要求保留生育功能，为进一步明确病变性质行宫腔镜手术，有手术指征。医方在宫腔镜手术过程中，存在操作失误，导致子宫、结肠穿孔。宫腔镜术后观察不仔细，未及时发现并发症。医方在第二次剖腹探查术中

---

① 摘录自 2012 年 9 月上海市某区医学会《医疗损害技术鉴定书》第 2 条“争议要点”之“医方认为”。

② 摘录自 2012 年 9 月上海市某区医学会《医疗损害技术鉴定书》第 5 条“分析说明”。

对已造成的肠管损伤认识不足，探查欠仔细。以上不足之处与患者子宫穿孔、结肠穿孔、反复剖腹探查、结肠造瘘的结果存在直接因果关系。

（2）鉴定意见[①]

本例属于对患者人身的医疗损害。医院在医疗活动中存在操作失误、观察不仔细的医疗过错，与患者子宫穿孔、结肠穿孔、反复剖腹探查、结肠造瘘等的结果存在直接因果关系。参照《医疗事故分级标准（试行）》，患者的人身医疗损害等级为三级戊等。本例医疗过错对患者人身医疗损害结果的责任程度为主要责任。

（三）上海市医学会的重新鉴定维持了区医学会的鉴定意见[②]

1. 鉴定分析说明[③]

本病例系子宫内膜病变，医方虽实施宫腔镜治疗有指证，但在同一次月经周期中两次实施宫腔镜，属时机掌握不当，故存在一定的医疗过失。医方在手术操作上有失误，相继发生子宫穿孔和乙状结肠穿孔，同时术后观察不细致，对可能存在的肠管损伤认识不足，故上述医疗过失与患者其后发生3次手术之间存在直接的因果关系。患者因在局部条件不利的情况下手术，容易造成感染和增加穿孔发生的概率。根据现有送鉴病历资料，患者目前一般情况尚可，虽诉有反复出现的腹部胀痛不适，但目前并无肠梗阻的客观依据，同时不存在较重的功能障碍和医疗依赖。

2. 鉴定意见[④]

本例属于对患者人身的医疗损害。医院在医疗活动中存在宫腔镜手术时机掌握不当以及探查后操作不细致的医疗过错，与患者的子宫、肠穿孔存在因果关系。

---

① 摘录自2012年9月上海市某区医学会《医疗损害技术鉴定书》第6条“鉴定意见”。

② 患方认诺区医学会作出的《医疗损害鉴定意见书》第6条鉴定意见之第1、2、4款所确立的医疗损害认定、因果关系、责任程度之结论，但对该条第3款认定患者方构成“三级戊等”医疗损害等级不服。患方认为该“三级戊等”鉴定等级明显与医疗损害的严重程度不相符合，某区医学会的鉴定专家不仅未考虑到患者目前之严重损害事实，且对患者已经出现的频繁肠梗阻症状视而不见，更对患方已经出现影像学表现且将来必然发生的生殖系统严重损害丝毫未提及，故“三级戊等”鉴定等级显属错误，违反了鉴定所要求的全面性、客观性、科学性。故对“三级戊等”伤残等级之不服，构成本次重新鉴定之核心，也是患方启动本次重新鉴定的唯一缘由（摘自患者方代理人重新鉴定陈述）。但很遗憾，市医学会的重新鉴定维持原鉴定结论。

③ 摘录自2013年1月上海市医学会《医疗损害技术鉴定书》第5条“分析说明”。

④ 摘录自2013年1月上海市医学会《医疗损害技术鉴定书》第6条“鉴定意见”。

参照《医疗事故分级标准（试行）》，患者目前的人身医疗损害等级为“三级戊等”，对应十级伤残。本例医疗过错对患者的人身医疗损害结果的责任程度为主要责任。

（四）司法鉴定机构休息期、护理期、营养期三期鉴定

经人民法院委托，司法鉴定机构于2013年7月就本次人身损害进行了休息期、护理期、营养期鉴定。人民法院据此计算误工费、护理费、营养费。①

（五）案例分析

本案例属于典型违反注意义务导致的人身损害，其实质是技术事故，是手术者欠缺手术经验却又粗暴操作而产生的人身损害，构成医疗事故责任应无争议。医疗损害责任纠纷案中，单纯由手术操作失误引起的人身损害占比并不低。

本案之所以发生，带教老师也存有责任，其放任执业地点不在被告医院且由不具备宫腔镜操作技能的医学生、实习生独立手术操作存有过错，此与损害后果的发生存有一定因果关系，但很遗憾，区、市二级医学会均回避了该等问题。

本案第二次手术并未能发现乙状结肠穿孔，其诊疗行为不符合当时的医疗水准，存有过错并加重了患者的人身损害。

关于医疗事故责任程度，笔者认为，本案进行的是宫腔镜手术，子宫为空腔脏器，应不存在市医学会认定的“患者因在局部条件不利的情况下手术”的情形，医院应为完全责任。

最后，本案提起再次鉴定是认为首次鉴定认定医疗事故等级过低问题，患者本人始终认为作为最低等级的十级伤残根本不能与其受到的损害相对应，但很遗憾，再次鉴定维持了这一认定。

八、周某等诉上海某大学附属医院医疗损害责任纠纷案

（一）诉争由来

林某，男，1952年生，时年61岁。患者曾因被诊断为胃肠道恶性肿瘤（乙

---

① 此后，为改变医学会作出的医疗损害鉴定与司法鉴定机构作出的三期鉴定给审判程序带来的多头委托及迟滞等问题，由医学会进行三期鉴定。

状结肠癌）而于2012年6月26日在被告医院行“腹腔镜下直肠DIXON'S术”，其后经规范化疗及门诊随访，恢复较好。2013年4月11日患者复诊，遵医嘱4月15日行肠镜检查，肠镜前行血常规、肝肾功能电解质、肿瘤标志物检查，检查结果无异常。但肠镜检查结束后，患者大汗淋漓，呈虚脱表现且口吐鲜血。家属非常焦虑，多次询问肠镜医生，但医生根本不予理会。回家后，患者极其虚弱，主诉难受、无力、腹胀，并发现手足浮肿有青紫瘀斑表现。

4月16日早晨，家属发现患者睡过的枕套上有两摊很大的血迹，是患者咯血了。家属及患者本人非常恐慌，立即再至被告医院急诊，患者本人及家属均非常仔细地将患者所患肠癌、手术、术后及本次肠镜检查后吐血及在回家夜间吐血和手脚明显浮肿并有淤青等情况向医生一一说明，期待得到救治。但该接诊医生非常淡漠并表示：“现在你到底是什么病因，我也不清楚，你先回去，明天你再来看急诊”。4月17日，患者再至被告处看急诊，查急诊生化及血常规，给予头孢等。另外，4月17日肠镜病理报告为：（结肠）黏膜慢性炎症伴部分区息肉样图像。4月24日，被告通知患者住院，病历中的主诉为“结肠癌术后1年，发现结肠息肉10天”，住院目的为结肠息肉摘除。入院时患者的血压为140/80mmHg，给予二级护理。4月25日拟对患者行胃镜下息肉摘除术，但因患者出现凝血功能异常而取消手术，后仅对被告进行对症及相关检查。4月28日12时，被告对患者下病危通知书，病历记载为“大肠癌术后凝血功能障碍，急性肝功能异常”。短短数小时后，4月28日19时，宣布患者死亡，列明的死亡原因为脑出血、弥散性血管内凝血、多脏器功能障碍综合征、溶血性贫血等。

由此成讼，本案经区、市二级二次医学会医疗损害鉴定。

（二）上海市某区医学会的首次医疗损害鉴定

1. 诊治概要、患方代理人的首次鉴定陈述、医方抗辩

（1）诊治概要[①]

2013年4月17日，原告曾至被告急诊，门急诊就医记录册上接诊医生记载：结肠镜检查术后2天，大便可见少许带血，无凝血块，无明显腹痛，无发热，无恶心呕吐。检查：BP130/701mmHg，心率85次/分，腹软，无肌卫，无压痛。

① 摘录自2014年2月上海市某区医学会《医疗损害技术鉴定书》第4条“诊治概要”。

予头孢克洛治疗，消化科随访。

4月24日患者因“结肠癌术后1年，发现结肠息肉10天”入住被告医院消化内科，住院病史记载：患者因“乙状结肠癌”于2012年6月26日在我科行“腹腔镜下乙状结肠癌根治术”，病理诊断为“（乙状结肠）粘液腺癌，浸润型，T4An2Bm0 Ⅲ C”。术后按艾恒+希罗达化疗共8次，10天前行肠镜检查诊断为“乙状结肠癌术后，结肠多发息肉”并收治入院。既往史：2008年患脑出血，保守治疗出院；发现患高血压5年，平素规范用药治疗；青霉素过敏史。体格检查：步入病房，神志清楚，精神可，皮肤巩膜轻度黄染。血压130/80mmHg。4月12日入院前检查：癌胚抗原42.23（参考值0 ~ 5ug/L），甲胎蛋白定量5.22（参考值<25u/ml），CA153 23.99（参考值30U/ml），CA125 10820（参考值<35U/ml），CA199 278.10（参考值<35U/ml），CA724>300（参考值0 ~ 193U/ml）。入院后予完善相关检查，脂溶性维生素、维生素B6、维生素C等补液及复方消化酶、阿拓莫兰治疗。25日辅助检查：白细胞7.0×10^9（参考值3.97 ~ 9.15×10^9），红细胞3.22（参考值4.09 ~ 5.7×10^{12}），血红蛋白100g/L（参考值131 ~ 172g/L），红细胞比积28.7%（参考值38.0% ~ 50.8%），血小板112×10^9/L（参考值85 ~ 303×10^9/L），PT%（凝血酶原时间）36.1秒，INR（国际标准化比例）3.10秒（参考值11秒），APTT（部分凝血活酶时间）44.1秒（参考值27.6秒），纤维蛋白原0.30g/L（参考值：2 ~ 4g/L），D-D二聚体定量2.76mg/1 FEU（正常值<0.55mg/1 FEU），谷丙转氨酶13.2U/L，结合胆红素17.6umol/1，总胆红素102.5umol/L，尿素氮87.1mmol/L，肌酐526.4umol/L。26日原拟昨天行肠镜下息肉摘除术行肠道准备，后因凝血因子异常暂缓。27日皮肤巩膜明显黄染，小便为红色，红细胞2.68×10^{12}，血红蛋白86g/L，红细胞比积23.7%，血小板74.5×10^9/L，纤维蛋白原0.20g/L，D-D二聚体定量3.13mg/L FEU，FDP124.1ug/ml，非结合胆红素17.6umol/L，谷草转氨酶164U/L；下腹部及上腹部CT+增强：目前未发现明显肿瘤复发及转移征象；血液科会诊：目前凝血功能异常，间断输注新鲜冰冻血浆，人纤维蛋白原。28日血液科会诊：建议补充维生素K，纠正维生素K依耐因子等。11时40分告病危，医嘱：维生素K1注射液30mg，人纤维蛋白原1g静滴。17时56分神经内科会诊：意识障碍，查体不合作。全身多处脏器出血存在，颅内出血可能也存在。17时34分肝胆外科会诊：有DIC可能，急性肝衰可能，建议纠正DIC，保肝等治疗。19时10分呼吸心跳停止，心电图

呈一直线，宣告临床死亡。死亡原因：脑出血；弥散性血管内凝血；多脏器功能障碍综合征；溶血性贫血。

（2）患方代理人的首次鉴定陈述[①]

患者死亡原因系弥散性血管内凝血（以下简称DIC），由于被告的懈怠、不专业诊疗导致诊断、治疗迟滞，最终发展至DIC综合征不治，医方存在重大医疗过失。

第一，控制原发病是DIC治疗的关键，预防和去除引起DIC病因是防治DIC的根本措施，但直至患者死亡，被告均未去寻找、诊断原发病，而患者肝脏功能损害早有征兆，故被告存有重大过失。被告作出的脑出血、溶血性贫血死亡诊断与客观事实不符。自4月12日复诊直至4月28日死亡，在长达16天的时间内，在患者已经出现咯血、皮肤瘀斑青紫等相关严重症状的情况下，在患者多次求治、多次主诉、多次详尽叙述病情的情况下，被告所属医师均置若罔闻、懈怠诊疗，导致未能早期诊断早期治疗。脑出血死亡无任何依据，应系被告为逃避责任而拟制的错误、虚假诊断；也无证据支持溶血性贫血的诊断，这同样系被告为逃避责任拟制的错误、虚假诊断。

第二，患者死于DIC系被告未及时诊断、及时有效治疗的结果。根据病史记载（入院记录及首次病程记录）患者入院时已经有皮肤巩膜轻度黄染。4月25日10时18分凝血9项检查报告已明确提示凝血功能异常。根据入院第二日即4月25日9时01分"陶××主治医师首次查房记录"，4月26日9时34分"施××副主任代主任医师首次查房记录"，4月27日20时02分"陶××主治医师日常查房记录"等记载，主治医生及副主任医师早已发现患者凝血功能异常。就凝血功能异常，消化内科此后又多次请血液科会诊，但直至4月28日17时34分肝胆外科会诊才提及"根据患者病情有DIC可能，急性肝衰可能"，患者4月28日19时10分宣布临床死亡。

本病例之所以最终发展至DIC而不治，核心问题在于被告医院对低纤维蛋白原血症、对肝损及与肠癌的关系无认知或有所认知但认知不足，对低纤维蛋白原血症易导致DIC几乎无认知或有认知时为时已晚，且治疗手段和方法严重缺乏针对性、有效性。"只有去除和控制病因，DIC才可能治愈"为学界共识，DIC一

① 鉴定陈述系在2014年原文基础上删减和调整。

旦引发就难以救济，此为学理上所称的“瀑布效应”。

第三，被告将脑出血列为死亡诊断无临床依据，退一步说，即使推定有脑出血也是 DIC 发展导致。

综上所述，患者尽管罹患肠癌但手术后恢复良好，本次低纤维蛋白血症如果被告能及时诊断并有效治疗完全可以长期健康生存，但由于被告严重懈怠、不专业及救治不力导致患者死亡的严重后果，因此，医方应承担完全责任，依法构成一级甲等医疗损害。

（3）医方抗辩[①]

患者因乙状结肠癌进行手术治疗（术后病理：乙状结肠粘液腺癌浸润型），化疗 8 次。术后一年复查肠镜，符合诊疗规范。4 月 15 日肠镜复查及病理：结肠黏膜慢性炎症，伴部分区息肉样改变。4 月 24 日入院后拟行肠镜下息肉摘除术，后发现皮肤黄染、解便有鲜血、凝血功能异常，即停止肠镜治疗，并予对症止血治疗，符合医疗常规。在患者出现进行性肝功能损害，血胆红素升高、凝血功能异常，腹部 CT 提示腹水后，发病危通知，急请血液科、肝胆外科、肾内科、神经内科、SICU 会诊，协助诊治。患者为黏液腺晚期恶性肿瘤转移，出血和肝损系原发疾病的加剧恶化，这是导致死亡的原因。医方的诊疗行为符合诊疗规范，诊断明确，治疗措施得当。

2. 区医学会的鉴定分析说明及鉴定意见

（1）鉴定分析说明[②]

根据委托单位提供的鉴定材料及现场调查阅片，专家的意见如下。

2013 年 4 月 24 日患者因“结肠癌术后 1 年，发现结肠息肉 10 天”入院，拟行“肠镜下息肉摘除”（未执行）。4 月 25 日血液检查发现凝血功能异常，继而出现皮肤巩膜黄染加深，多系统内脏器官（皮肤及黏膜、泌尿道、消化道）出血。4 月 27 日经血液科会诊、4 月 28 日予人纤维蛋白原补维生素 K 等治疗，但患者病情快速恶化，于 4 月 28 日死亡。死亡原因：低纤维蛋白原血症（弥散性血管内凝血），多脏器功能损害，消化道晚期肿瘤复发，溶血性贫血。患者有明确的“乙状结肠癌”病史。据 2012 年 6 月患者在医方行“腹腔镜下乙状结肠癌根治术”术后病

---

① 摘录自 2014 年 2 月上海市某区医学会《医疗损害技术鉴定书》第 2 条“争议要点”之“医方认为”。

② 摘录自 2014 年 2 月上海市某区医学会《医疗损害技术鉴定书》第 5 条“分析说明”。

理诊断：黏液性癌，浸润型，伴腹腔转移，临床分期提示为晚期恶性肿瘤。2013年4月12日门诊化验检查，多项肿瘤指标明显增高，4月15日（入院前）门诊行肠镜复查有指征。

医方的医疗行为存在以下过错：对低纤维蛋白原血症的认识不足造成漏诊。患者入院第二天在血液检查指标中即发现纤维蛋白原下降（正常参考值：2 ~ 4g/L，患者为0.30g/L），并已合并全身多脏器出血症状，但医方没有引起足够警觉和重视，未对患者凝血功能障碍原因加以分析或及时请血液科会诊（入院第4天才请血液科会诊），存在对低纤维蛋白原血症的漏诊，使血红蛋白及纤维蛋白原在病程中没得到及时纠正，加重了病情。临床治疗滞后违反诊疗常规。通过查阅医嘱单发现，血液科会诊后医嘱（建议主要治疗用药：人纤维蛋白原、维生素K）至入院第5天（4月28日）才得到执行，且使用人纤维蛋白原的剂量过小，影响了有效治疗，致使患者凝血功能障碍始终未得到纠正，最终因出血而死亡。根据以上事实，判断医方的医疗行为违反医疗规范，延误了对患者的救治，与患者的死亡存在一定的因果关系。

患者的最终死亡原因为低纤维蛋白原血症所致多脏器功能损害。患者入院前检查的多项肿瘤指标（癌胚抗原、糖类抗原CA199及D-D二聚体定量等）均明显增高，以及肠镜检查多发性息肉，高度提示乙状结肠癌术后复发；而晚期消化道肿瘤是发生低纤维蛋白原血症（弥散性显管内疑血）最常见的基础疾病之一，易出现凝血功能障碍。在患者自身肿瘤无法去除的病因情况下，有一定死亡率。

（2）鉴定意见[①]

本例属于对患者人身的医疗损害。医院在医疗活动中存在对低纤维蛋白原血症的认识不足，漏诊和治疗滞后的医疗过错，与患者死亡的人身损害结果存在一定的因果关系。参照《医疗事故分级标准（试行）》，患者的人身损害等级为一级甲等。本例医疗损害医方的责任程度为同等责任。

（三）上海市医学会的重新鉴定及意见

1. 医方重新鉴定再抗辩[②]

患者入院时肝功能异常考虑肿瘤复发合并重症肝炎、肝衰竭可能，临床采取

① 摘录自2014年2月上海市某区医学会《医疗损害技术鉴定书》第6条“鉴定意见”。

② 摘录自2014年5月上海市医学会《医疗损害技术鉴定书》第2条“争议要点”之“医方认为”。

保肝利胆治疗。患者治疗过程中肝功能进行性减退，后期出现多发性出血、溶血、多脏器受累，考虑 DIC。因无法根治原发病，只能采取对症补充凝血因子措施。关于脑出血诊断，患者有既往史，在患者出现神志不清意识障碍时请神经内科会诊,因当时病情危重,无机会行头颅 CT 或 MRI 检查。患者为晚期结肠癌术后复发，原发疾病的急剧恶化，导致急性肝衰竭、DIC 等的发生而死亡。医方的诊疗行为符合诊疗规范，诊断明确，治疗措施得当。

2. 鉴定分析说明①

根据送鉴资料、现场阅片，专家组的意见如下。

医方在诊疗过程中存在以下过错：对患者凝血功能及肝功能异常原因的认识不足，延误了疾病的诊治。患者于 4 月 15 日进行肠镜检查后，于 4 月 16 日、4 月 17 日至该院就诊。4 月 24 日入院，入院后发现凝血功能异常、肝功能异常、皮肤瘀斑、便血。4 月 25 日谷丙转氨酶 13.2U/L，PT31.4S、纤维蛋白原 0.30g/L。4 月 26 日谷草转氨酶 164U/L，非结合胆红素 166umol/L。根据患者病情综合分析考虑有溶血性贫血、低纤维蛋白原相关的凝血功能障碍。医方对此认识不足，未及时请血液科会诊并采取针对性治疗，对病情预后产生不利影响，在一定程度上缩短了患者的生存期。

脑出血：患者全身凝血功能障碍，迅速出现意识障碍，故脑出血诊断需考虑。

死亡原因：患者为恶性肿瘤病人，4 月 12 日查多项肿瘤标志升高（肿瘤标志物升高通常提示肿瘤复发，并且可早于影像学改变）提示肿瘤相关因子负荷高，此为发生溶血性贫血、凝血功能障碍的基础病因。因原发病（恶性肿瘤）无法根除，且部分肿瘤相关的血液系统疾病即使经及时、正规治疗仍不能改善病情，故患者自身疾病的严重性是导致死亡的原因之一。

综上所述，医方承担对等责任。

3. 鉴定意见②

本例属于对患者人身的医疗损害。医方在医疗活动中存在对凝血机制紊乱认识及处理不足的医疗过错，与患者死亡的人身损害结果存在一定的因果关系。参照《医疗事故分级标准（试行）》，患者的人身医疗损害等级为一级甲等。本例医

---

① 摘录自 2014 年 5 月上海市医学会《医疗损害技术鉴定书》第 5 条“分析说明”。

② 摘录自 2014 年 5 月上海市医学会《医疗损害技术鉴定书》第 6 条“鉴定意见”。

疗损害医方的责任程度为对等责任。

（四）案例分析

本案患者死亡后未进行尸检，医患双方对死亡诊断也存有争议。该等案例适合医学会进行医疗损害鉴定，如委托司法鉴定机构法医临床鉴定存有拒绝受理可能。除非极其特殊病例，医学会在医疗损害鉴定中一般均可根据患者主诉、症状、体征及相关检查等推论死因，此也为循证医学发展的必然。

本案也较为专业，作为原告的患者方之所以提起本诉，是因为 4 月 16 日患者就咯血且出现多种症状体征，但医方不认真对待且不专业诊疗致 4 月 28 日患者死亡。患方只是隐约感觉医方的诊疗有问题，但并不清楚到底有无问题。此依赖于代理人的研究，该等研究需要有医学专业背景、也需要较为缜密的逻辑思维能力，更需要请教相关学科临床专家。

本案医方的主要过错是对患者凝血功能及肝功能异常原因的认识不足，延误了疾病的诊断，也未能及时请血液科会诊并采取针对性有效治疗，数个过错叠加缩短了患者的生存期。其实质是诊疗行为不符合当时的医疗水准。

正如笔者在本书中所提及的，所谓“让医方承担举证责任是加重医方负担，会导致防御性医疗”是伪问题，无论是原《侵权责任法》生效前的举证倒置，还是原《侵权责任法》实施后的患方举证，具体到医疗损害责任纠纷中，均需要作为原告的患者方首先“举证”,该等“举证”不是指原被告某一方预缴鉴定费问题，也不是病历问题（病历原件由医方提供，自带的门诊病历则由患者方提供）而是要求患方指出医方的具体过错及过错与损害后果之间的因果关系。

九、谬某等诉某大学附属儿童医院医疗损害责任纠纷案

（一）诉争由来

1. 患儿因左侧嵌顿性腹股沟斜疝入住被告医院，仅行强行手法复位及对症等处理，未行急诊手术。住院期间，患儿出现多种异常症状体征，但被告不管不问。患儿第二日 7 时 40 分心率 0、呼吸 0、血压未测出，9 时 30 分宣布临床死亡。

缪某患儿，男，汉族，2014 年 1 月 10 日生，时年 1 岁三个月。患儿系 2015 年 4 月 8 日 11 时睡觉醒来后，因哭闹被奶奶发现“疝气掉下来了”（其出生后

二三个月即查出有疝气，可自动复位，在多家医院看过均被告知疝气是常见病），因之前有多次突出后自行回纳情况，奶奶并未太在意，孩子当天情况尚可。4月9日上午因发现孩子疝气还没有回纳，遂于9时将孩子送至当地某县级市医院就诊，该院诊断“左斜疝”并表示需要尽快手术，同时告知县级市医院其对该类幼儿手术及麻醉经验均不足，建议转上级医院。因此，将患儿转至某儿童医院治疗。

9日17时许，原告一行带着孩子到达被告院区，挂急诊后住进普通病房。入院后，医生查看幼儿时，原告询问医生何时手术及能否尽快手术，答：如果疝气没有推回去复位前手术，手术复发率比较高，伤口切口会比较大。其后再问则不再搭理。约20时许，主治医生进入病房，二话没说，就进行复位，但推了疝气却没有复位，后说：再过半小时试试，尽量推进去。患儿此时疼痛难忍，哭地声嘶力竭，父母十分痛苦。21时20分，主治医生再进入病房并带了两个护士。主治医生说：刚才没有推进去，现在还是需要将疝气推进去。然后孩子被带到另外一个房间（护士间后面的一房间）开始操作。其间，孩子因疼痛哭得上气不接下气。推了一二分钟，疝气被医生强行推入复位。

复位结束后，父母就发现孩子有异常，面色苍白并持续哭闹不停。主治医生告诉妈妈按照他的手势再按10分钟，妈妈遵嘱执行。此时再问医生何时可以手术，医生答：现在小肠处肿着，没办法做手术，可能要等到第三天才能做手术。此后幼儿一直不舒服并持续干呕，并先后吐出白色及黄色分泌物，呼吸急促，脸色发白。妈妈找护士，护士答：正常现象，继续观察。此情形持续了约一个半小时。约23时许，孩子妈妈突然发现孩子鼻子里流出黄褐色分泌物。惊恐万分又叫护士，护士嘱其再继续观察。黄褐色分泌物擦干净又持续流出，该等情况又持续了一个小时左右。约24时，孩子又吐黄褐色分泌物，表现出萎靡状态。经父母多次哀求，住院医师始来并简单询问，嘱继续再观察。此时，发现疝气又凸出，医生旋即又给推回后离开。此后，孩子仍在干呕、呕吐，父母再次找护士和医生，后行插胃管。

约3时40分，父母发现孩子发热，叫护士后测体温为38.5℃，半个多小时后再测体温为38.6℃，幼儿肛门给退热药（双氯芬酸钾栓）。

约5时30分时输液结束，父母感觉孩子安静得仿佛要睡着，6时30分至7时感觉呼吸慢，摸了摸孩子的嘴唇觉得凉，随即摸了摸心脏感觉还有跳动，又摸了摸脸和嘴唇，感觉很凉。父母有不祥之感，非常恐慌地赶紧叫护士。此后陆续十余个医护人员进行抢救，在病房抢救十几分钟后又把幼儿推到四楼重症监护室抢救，约一个半小时后，医生出来说：小孩子不行了，进去再看最后一眼吧。至此，幼儿死亡。

2. 被告病历记载情况。

根据患儿入院后现病史记载，“入院前30h余无明显诱因下出现左侧腹股沟肿块不能回纳，伴呕吐三次为胃内容物，非喷射性，伴肛门停止排便排气”。专科检查：“神情、气平，无明显脱水貌，反应可。全腹平软，未见胃肠型及蠕动波；左腹股沟可及肿块6cm×4cm×4cm，质硬，皮肤色稍红，局部皮温略高，触痛（+），界尚清，透光实验（–），不可自行回纳，右腹股沟（–），左阴囊肿胀，睾丸触诊不清，右侧睾丸位于阴囊内，发育可”。根据首次病程记录，拟“急诊行腹股沟探查+左侧嵌疝回纳术+左疝囊高位结扎术”。据“手术申请单”，“拟于4月9日18时30分在全麻下行腹股沟斜疝修补术”。根据4月9日“临时医嘱单”18时31分医嘱为“拟于4月9日18时30分在全麻下急诊行腹股沟斜疝修补术”，另外，根据“临时医嘱单”，被告积极进行了包括但不限于术前常规检查、清洁皮肤、输液、灌肠、麻醉前用药、拍片等一切手术前准备工作。根据被告临时医嘱记载：21时20分取消急诊手术。

根据被告护理记录单的记载：2015年4月9日21时20分患儿左嵌顿经医师手法复位。左嵌顿疝复位，遵医嘱取消手术。2015年4月9日22时09分患儿哭吵明显，出现呕吐，为胆汁样液体，量少，通知医生后给予继续观察。2015年4月10日0时15分患儿呕吐，呕吐物为深黄色液体，通知医生后给予继续观察。2015年4月10日1时10分患儿再次呕吐，呕吐物为深黄色液体，量多，通知医生后给予继续观察。2015年4月10日2时患儿呕吐，色黄，量大，患儿腹胀，通知医生后给予胃肠减压，引流出深黄色液体，患儿哭吵明显。2015年4月10日4时19分体温38.6℃，脉搏136次/分，呼吸30次/分，嘱温水擦浴，患儿腹部稍涨，未见患儿哭闹，通知医生后未处理，予以继续观察。2015年4月10日5时52分患儿胃肠减压4h引流出16ml深黄色液体。2015年4月10日7时22分脉搏85次/分，呼吸12次/分，患儿精神萎靡，反应差，面色苍白，口唇青紫，四肢末梢循环差，立即给予胸外心脏按压，同时嘱家属通知值班医生及2N班，给予心电监护。

根据长期医嘱单：4月10日7时40分病危；核对时间9时29分。4月10日7时40分心电血氧监护。根据检验报告单：4月9日20时31分白细胞

15.91×10^9/L [(正常值 8.00 ~ 12.00)$\times 10^9$/L]，中性细胞百分比 52%（正常值 30% ~ 40%）。

根据被告重症记录单：7：40 心率 0、呼吸 0、血压未测出。此持续至 9 时 30 分宣布临床死亡。根据被告出具的居民死亡医学证明书，直接死亡原因为肠源性脓毒血症；引起的疾病或情况为左侧嵌顿性腹股沟斜疝。

（二）被告在诊疗活动中存有重大医疗过错

患儿死于肠源性脓毒血症、感染性休克。被告作为国内享有盛誉的专科医院存在极其严重的过失，严重违背诊疗护理常规、规范，严重违背注意义务，严重不负责任，应承担医疗损害完全责任。

1. 对一个已经明确诊断为嵌顿性斜疝并且明知其嵌顿 30 小时以上（实际上在被告所属医师复位时，已经达到或超过嵌顿 33 小时）病例，不仅未能积极地进行手术干预，反而严重违反诊疗常规进行强行复位，该等严重错误的诊疗行为直接导致患儿死亡。

（1）人民卫生出版社出版的第 8 版《外科学》全国高等学校教材[①]第 31 章腹外疝"嵌顿性和绞窄性疝处理原则"[②]写明：嵌顿性疝具备下列情况的可先试行手法复位：①嵌顿时间在 3 ~ 4 小时以内，局部压痛不明显，也无腹部压痛或腹肌紧张等腹膜刺激征；②年老体弱者或伴有其他较严重疾病而估计肠袢尚未绞窄坏死者。此法（指手法复位）虽有可能使早期嵌顿疝复位，暂时避免了手术，但有挤破肠管、把已坏死的肠管送回腹腔，或疝块虽消失而实际仍有一部分肠管未回纳可能。因此，手法必须轻柔、切忌粗暴；复位后还需要严密观察腹部情况，注意有无腹膜炎或肠梗阻的表现，如有这些表现，应尽早手术探查。由于嵌顿性疝复位后，疝并未得到根治，大部分病人迟早仍需手术修补，而手法复位本身又具有一定危险性，所以要严格掌握手法复位指征。《外科学》同页下段同时阐述[③]，除上述情况外，嵌顿性疝原则上需要紧急手术治疗，以防止疝内容物坏死并解除伴发的肠梗阻。绞窄性疝的内容物已坏死，更需手术，术前应做好必要

---

① "十二五"普通高等教育本科国家级规划教材、卫生部"十二五"规划教材。主审吴孟超、吴在德、吴肇汉　主编陈孝平 汪建平 2014 年 10 月第 8 版。

② 《外科学》第 328 页第 2 自然段。

③ 《外科学》第 328 页第 3 自然段。

的准备。

因此，被告严重违法违规，严重违反嵌顿性疝诊疗原则，应该手术而不手术，贻误最佳的手术时机，导致孩子丧失生命；同时，又严重违反诊疗原则强行回纳复位，本病例绝对不能排除因为被告的严重违反原则的粗暴复位导致肠管挤破、或将坏死的肠管送回腹腔的可能性，此直接后果就是感染性休克、死亡。

（2）《外科学》还提及：[①] 肠管嵌顿如不及时解除，肠壁及系膜受压情况下不断加重动脉血流减少，最终导致完全阻断，即为绞窄性疝。嵌顿性疝和绞窄性疝实际上就是一个病理过程中的两个阶段，临床上很难截然区分。肠管嵌顿或绞窄时，可导致急性机械系肠梗阻。

很显然，本病例存在嵌顿性→绞窄性→肠管坏死并感染→感染性休克→死亡之过程。所有过失均在于被告。

2. 面对一个已经嵌顿 33 小时以上，持续呕吐并停止排便排气并呕吐物有出血坏死组织的肠梗阻阶段，并伴有发热且血项异常的危重病例时，被告所属医护人员仍疏于观察、玩忽职守，且在患儿父母多次告知患儿异常、多次恳请哀求的情况下，仍麻木不仁、敷衍塞责，甚至患儿病危亦为父母发现并告知。此令人不能接受，被告所属医护人员不仅严重违反诊疗规范，也严重违背救死扶伤最基本的职业伦理。

3. 被告还存有严重侵害原告知情同意权情形。被告丝毫未告知原告此等长达 30 小时以上嵌顿疝治疗原则、拟采取的措施及方案选择及可能的严重后果。

（三）处理结果

本案起诉后医患双方曾有过一次诉前调解，其后被告医院直接联系诉讼代理人进行协商解决，后被告直接赔付，案结事了。

（四）案例分析和启示

本案被告所属医护人员严重违法违规且严重缺乏责任心，教训极其惨痛。被告管理机关对此也一定经过认真评估并认识到该等过错的严重性，否则本案也不会未经医疗损害鉴定被告就直接赔付。

---

① 《外科学》第 322 页第 2、3 自然段。

当然，笔者也同时认为，我国医护人员工作压力大，薪酬待遇也普遍不高，附属医院等还面临教学、科研与临床三个方面的任务。本案属不具有代表性的特例，在谴责严重不负责任个案时也应该看到卫生系统的主流是好的，他们为我国医药卫生事业发展做出了巨大贡献。

第三节 医方违反注意义务构成医疗事故完全责任非典型案例

蒋某诉上海某区中心医院医疗事故责任纠纷案

（一）诉争由来

原告蒋某，女，1971年出生，时年39岁。2005年11月30日，原告因“慢性胆囊炎、胆囊结石”入被告医院治疗，拟择期手术。2005年12月5日，全麻行腹腔镜下胆囊切除术，术中误将总肝管当作胆囊管切断，手术记录：切断胆囊管后，发现总肝管有胆汁溢出，随即进腹，探查发现总肝管有一直径约0.8cm之缺损，伤及右侧壁。总胆管前壁切开后，置入16号T管，用5个零号无损伤缝线缝合总胆管缺损处。因张力过高而使修补处管壁撕裂。由于手术者穷尽一切也无法解决此等严重损伤后果，无奈之下停止手术，急请上海市蔡教授救台。鉴于损伤情势，仅是“将肝圆韧带浆膜层带蒂与总胆管缺损处缝合修补（肝圆韧带上端与总胆管近端缝合）”便结束手术。手术历时6小时15分钟。

原告此后因肝功能损害、腹腔胆汁漏、黄疸、发热等又先后在本院和外院经过“腹腔冲洗引流术”“胆道探查，左右肝管切开胆管空肠-Roux-Y吻合术”“肝门左右肝管-Roux-Y重建术”三次手术并空肠营养性造瘘等，肝功能持续异常至2009年10月12日。现原告在被告医院住院至今，已有近5年之久。原告目前病情频反复，有特殊医疗依赖。多次出现上腹痛、寒战、发热、黄染等症状体征，有发生胆源性肝硬化、危及生命可能，预后极差。

由此成诉，上海市某区人民法院委托上海市医学会进行医疗事故鉴定。

（二）上海市医学会的医疗事故鉴定

1. 诊治概要、患方代理人的鉴定陈述、医方抗辩

（1）诊治概要[①]

2005年11月30日患者因主诉“反复右上腹疼痛2年”住被告医院外科病房。病案记载：入院时外科检查：全腹部平坦，无压痛、肌卫及反跳痛，肝脾肋下未及。12月1日B超检查提示：胆囊炎发作，胆囊结石；胰腺显示不清；肝脏、脾脏未见明显占位。入院诊断：慢性胆囊炎，胆囊结石。12月5日在全麻下先行腹腔镜“胆囊切除术”，术中见：“胆囊慢性炎症，约7cm×3cm×3cm大小，胆囊壁较厚，约0.4cm，胆囊内有胆固醇结石一枚，约2cm×1cm×1cm大小，总胆管直径约0.4cm，内无结石，胆囊管与总胆管并行，粘连。切断胆囊管后，发现总肝管有胆汁渗出。随即（中转）进腹，探查发现总肝管有一直径约0.8cm之缺损，位于右侧壁，总胆管前壁切开后，置入16号T管，用4个零号无损伤线缝合总胆管缺损处。因张力提高而使修补处管壁撕裂，遂向下延长切口，近脐处横断肝圆韧带，将肝圆韧带浆膜层带蒂与总肝管缺损处缝合（肝圆韧带上端与总肝管近端缝合），缝合关闭T管旁总胆管壁切口。胆囊窝置止血纱布一块，肝肾隐窝处置三腔管一根引流。T管自右上腹壁戳孔引出固定”。

术后诊断：胆囊炎，胆囊结石，总肝管损伤。予抗感染、护肝、支持等治疗。12月7日作右下腹麦氏点穿刺，无液体抽得。同日超声检查：右肝上膈下有少量积液，下腹部有线条状积液。12月8日患者巩膜无黄染，全腹平坦，下腹部压痛，无肌卫。经腹部B超证实下腹部有积液。当日上午在静脉麻醉下行阴道后穹窿穿刺置管引流术。术中于阴道后穹窿穿刺抽得胆汁样液体，切开引流出胆汁样液体量200ml，于后穹窿切口内置入26号蕈状导尿管作引流。术后予以抑制生长抑素善得定，以减少胆汁分泌量。12月9日会诊后因认为引流不满意，全麻下行腹腔冲洗引流术。术中见肝下缘T管旁有胆汁积液，100~150ml，T管旁有胆汁渗出，直肠窝内有胆汁积液约50ml。术中作T管造影，见下端通畅，造影剂进入十二指肠，上端未见显影。术后诊断：胆囊切除术后，胆漏。继续予以抗感染、护肝、支持等治疗。12月13日超声检查提示：左侧胸腔少量积液；胆道未见明显扩张；目前腹腔未见明显积液。12月16日中上腹部CT平扫加增强显示：

---

① 摘录自上海市医学会2010年10月《医疗事故技术鉴定书》第6条“诊治概要”。

胆囊窝、引流管周围大网膜、腹壁切口区软组织内及左肝管炎性病变并腹腔内少量积气（考虑为术后改变）；双侧少量胸腔积液并双肺下叶节段性不张。12 月 24 日患者行 T 管造影。造影剂进入十二指肠，左、右肝管显影，造影剂外渗致窦道显影。12 月 31 日复查超声提示：肝总管代偿性扩张；腹腔未见积液。经治疗至 2006 年 1 月 17 日，患者体温正常，皮肤、巩膜无黄染，腹平软、全腹无压痛，腹部切口愈合良好，T 管夹管中，带管出院。

2006 年 4 月 5 日患者因“胆切总引术后 4 月，黄疸半月”第二次入住被告医院。据住院病案记载：入院时查体：巩膜、皮肤轻度黄染，全腹无压痛、肌卫及反跳痛，右上腹可见 T 管。予以抗感染、保肝、支持等治疗。4 月 6 日行 T 管造影示：胆总管上段及肝内胆管未见充盈，提示胆总管上段梗阻。4 月 7 日查血谷丙转氨酶 83 IU/L（参考值 0 ~ 40IU/L）；谷草转氨酶 138 U/L（参考值 <38U/L）；总胆红素 83.5 umol/L（参考值 <19umol/L），直接胆红素 51.0 umol/L（参考值 <5.13umol/L）；碱性磷酸酶 691IU/L（参考值 39 ~ 117 IU/L）；谷氨酰转肽酶 505IU/L（参考值 11 ~ 49IU/L）；总胆汁酸 75 umol/L（参考值 <10umol/L）。4 月 7 日 B 超检查提示：左右肝管、胆总管轻度扩张；肝脏显示区、脾脏未见明显占位；胰腺显示不清。4 月 12 日行 ERCP 检查，检查过程中造影管及导引钢丝进入胰管，但未进入总胆管，检查过程未见异常反应。4 月 14 日复查超声提示：胆总管及左右肝管轻度扩张，胆总管内容混浊。4 月 21 日在全麻下行“胆道探查”，术中见腹腔有粘连，于肝门处找到总肝管残端，切开总肝管、左右肝管，盆式与空肠作端侧吻合，吻合口大 3cm，肝内未见明显郁胆，质地好。原 T 管于术中拔出。术中输血 400ml，术后输血 400ml。抗感染、补充容量、支持等治疗。经治疗至 2006 年 6 月 13 日患者出院。当日复查血谷丙转氨酶 74IU/L，谷草转氨酶 126U/L，总胆红素 73.2umol/L，直接胆红素 34.0umol/L，碱性磷酸酶 862IU/L，谷氨酰转肽酶 489IU/L，总胆汁酸 137umol/L。

2006 年 8 月 30 日患者因“LC 术后 8 个月，皮肤黄染 5 月余”入住某大学附属医院。住院病案记载：入院时本科检查：全身皮肤黏膜轻中度黄染，巩膜重度黄染，腹平软，腹部中央见一长约 15cm 手术疤痕，左腹部 5 个直径 1cm 疤痕，全腹无压痛、肌卫及反跳痛，肝脾肋下未及，肝区叩痛（-），全腹未及包块，移动性浊音（-）。入院后予以抗感染、保肝、支持等治疗。9 月 2 日 B 超：肝内胆管轻度呈平行管状，受气体干扰，胆总管显示模糊。9 月 4 日腹部 CTA 检查显示：

LC 术后，腹部大血管未见明显异常改变，肝门区结构不清晰，肝门区软组织密度影，肝内胆管扩张。9 月 5 日在全麻下行肝门左、右肝管 – 空肠 R–Y 重建术，术中同时做空肠营养性造瘘，于肝肾隐窝放置三腔管一根。术后予胃肠减压，三腔管冲洗，保肝、抗炎、营养支持等处理。治疗至 2006 年 9 月 25 日患者出院，转往被告医院治疗至今。

（2）患方代理人的鉴定陈述①

第一，手术过程中违反注意义务致肝总管被严重损伤。原告罹患单纯的“慢性胆囊炎、胆囊结石”病症，并无先天性胆道异常或其他胆囊病变，属择期手术。本病例手术医师系采取腹腔镜下微创胆囊切除术，腹腔镜较普通开腹手术有创伤小之优势，但处置不当却极易损害肝总管、胆总管，导致严重的人身损伤后果；故此类手术要求术者具有驾驭腹腔镜手术之能力，对术者既往学识经验、对胆囊区解剖、注意义务等要求极高；术者小心谨慎操作、履行高度注意义务以避免损伤肝总管、胆总管系此类手术的核心义务，系任何一个从事此类手术的医师的熟记于心的常识；遗憾的是在本病例中术者并未履行高度的注意义务，轻率操作，故人身损害后果发生属偶然之必然。

第二，肝总管切断后救济措施明显不当或错误。本病例在第一次手术导致肝总管损伤后，后又经历数次手术：“肝圆韧带浆膜层带蒂与总胆管缺损处缝合修补（肝圆韧带上端与总胆管近端缝合）”“腹腔冲洗引流术”“胆道探查，左右肝管切开胆管空肠 Roux–Y 吻合术”“肝门左、右肝管 – 空肠 R–Y 重建术”，上述 4 次手术中至少前三次手术是失败的，这些明显处理不当或错误的诊疗行为与目前的严重人身损害后果亦具有直接因果关系。当然，尽管这期间都是请外院会诊行为，但毫无疑问，这些错误都应由被告医院独自承担。

第三，被告未满足原告知情同意权。被告履行知情同意义务存有重大缺陷，仅言及胆漏，从未明确告知原告存在胆管肝管损伤可能等。

综上所述，术者违反注意义务、操作不当导致肝总管损伤，其后相关诊治不符合当时的医疗水准，现患者存在严重人身损害后果并在余生需特殊医疗依赖，依法构成医疗事故。本案例被告医院应负完全责任，构成二级乙等医疗事故。本案例原本是一个极其简单、常规、成熟的胆囊切除术，患者也无其他任何特殊病

① 鉴定陈述是在 2010 年原文基础上略有删减和调整。

情。被告所属医师明知自身并不具备熟练操作腹腔镜的技能却又强行进行腹腔镜手术，基于操作失误直接导致了患者高位胆管损伤的严重人身损害后果，故被告理应承担完全责任。另外，现患者已经出现了特殊医疗依赖，多次出现上腹痛、寒战、发热、黄染等症状体征，由于长期医疗依赖，其肝脏功能已经持续遭受严重损害，故根据《医疗事故分级标准（试行）》，本病例应属二级乙等医疗事故（胆道损伤致肝功能重度损害）。

第四，本次鉴定需要重点提及的问题。本次医疗事故鉴定，原被告均放弃区医学会鉴定而直接选择市医学会鉴定，所以已无再次鉴定可救济。本次鉴定前，原被告双方对构成医疗事故本身均无异议，原被告双方核心关注的是医疗事故责任程度问题，即完全责任和主要责任问题。医学会鉴定的专家都是临床医生，基于同行业相互亲近因素，医学会鉴定将完全责任降格为主要责任属常态。但本案有特殊性，本次诉诸法律及鉴定的实质就是通过合法途径解决具有严重医疗依赖的原告后续医疗及生活保障问题，故恳请各位鉴定专家从人性角度、从一个具有社会责任感的社会精英层面睿智、善意地作出你们的判断。另外，需提及的是，原手术医生早已经退休，因此，医疗事故鉴定结果不会产生其他压力。

（3）医方抗辩①

对患者“胆囊炎，胆石症”诊断明确，患者有手术指征，无手术禁忌，采取LC手术方式无不妥。由于开展LC手术不久，医生手术经验不多，误伤总胆管，事后予以积极救治，希望尽量减少患者的伤害，并已协议赔偿。患者在外院大力协助下，目前仍未完全康复，医方对此深感不安，一定吸取教训，避免再次发生类似事件。

2. 上海市医学会的鉴定分析说明及鉴定意见

（1）鉴定分析说明②

患者患有慢性胆囊炎、胆囊结石，在腹腔镜下行胆囊切除术时医方术中未遵循谨慎操作的原则，误伤总肝管，存在医疗过失。由于患者胆管损伤类型较为特殊，其受损胆管管径的粗细及术后反复的胆道感染，均严重影响了治疗效果。虽经多次手术，患者胆道梗阻症状已解除，但仍有胆管炎症反复发作。故患者不良

① 摘录自上海市医学会2010年10月《医疗事故技术鉴定书》第2条“争议焦点”之“医方认为”。

② 摘录自上海市医学会2010年10月《医疗事故技术鉴定书》第8条“分析意见”。

后果完全由上述医疗过失行为所造成。依据现有的送鉴病历资料，目前患者肝功能检查在治疗后尚处于正常范围，不构成对肝功能严重障碍，但存在一般的医疗依赖（主要为抗感染和利胆治疗），生活能自理。

（2）鉴定结论[①]

本病例构成医疗事故。根据《医疗事故处理条例》第2条及第4条、《医疗事故分级标准（试行）》和《医疗事故技术鉴定暂行办法》第36条，本病例属于三级乙等医疗事故，医方承担完全责任。

（三）法院判决

本案在开庭时，被告抗辩称，在2006年6月13日，双方签订了一份协议书，双方一致同意按三级丙等事故、被告承担主要责任的方式进行赔付，约定由被告承担原告的两次住院费用并一次性补偿原告15万元。之后，被告履行了协议约定的给付义务，双方之间的纠纷已经解决，原告向法院起诉要求重新处理，法院不应支持。[②]对此，法院认为，原被告于2006年6月13日签订的协议，系当时原告正处于在被告处第二次住院治疗准备出院的时候，对损害的后果不能清楚地预见，又未经有关专业部门鉴定的情况下所签，因此，虽然被告一次性付清了协议书中规定应支付的15万元，但原告在协议书签订后，即在未支付医疗费的情况下一直在被告处治疗；且原告的损害结果及被告的过错程度均与协议书不符；再者，该协议书是由被告一方草拟，原告当时对自己的损害后果并未了解，因此，原告现要求被告按实际发生损害结果进行处理，法院予以支持。[③]

（四）案例分析

本案例经鉴定认定为医方完全责任，这在医疗事故或医疗损害鉴定实践中极为罕见。笔者当然认为本案本该就是完全责任，胆囊炎、胆石症属于普通外科常见的疾病，本例胆囊炎、胆结石也无其他诸如梗阻黄疸等特殊情况，其根本不属于严重的、凶险的、现有医学技术难以诊治的疾病，另外，本案例中的患者非常年轻，也无其他全身性疾病等，本理应经过治疗而痊愈出院。因此，患者本身及

① 摘录自上海市医学会2010年10月《医疗事故技术鉴定书》第9条“结论”。

② 摘录自上海市某区人民法院《民事判决书》[（2010）× 民一（民初字）第3×× 号]第2～3页。

③ 摘录自上海市某区人民法院《民事判决书》[（2010）× 民一（民初字）第3×× 号]第7页。

该等疾病本身不构成医疗损害责任的参与因素。此外，本案是典型的缺乏微创技术经验和技能的执业医师违反注意义务，操作失误导致的肝总管损伤，胆囊炎、胆石症患者手术时不能损伤肝总管等是普通外科医生的首要要求和最低要求（众所周知，一旦损害后果极其严重且难以救济）。故本案本就应该是完全责任。

笔者之所以说医疗事故鉴定或医疗损害实践中判定医方完全责任罕见，不是说医方完全责任本身罕见，仅是想表达患者本身其他情况及疾病本身因素已经被鉴定过程中滥用，并基于滥用已为习惯，即医疗事故鉴定或医疗损害鉴定已经不加辨析的、习惯性地将患者自身因素及患者就医的疾病因素理所当然地纳入鉴定的责任参与因素，并据以减少医方的责任程度。该等不合法、不合理现象希望可以得到逐步修正，本书第四章叙述的博莱索案（Bolitho），对我国的司法实践应具有启示作用，即由法庭对医疗行为介入并实体审查，不再轻信或完全信任由医方或鉴定机构提供的证据或说辞，当法院认为医方或鉴定机构提供的证据或说辞经不起逻辑分析时，则有权予以否定。

另外，本案诉讼前的确存有被告所称的协议书，该等协议书的主要内容为患者已经痊愈，医方医疗事故为三级丙等并承担主要责任，15万元一次付清并立即出院。但其后原告根本未痊愈，数次开刀并在被告处住院至今，原告近5年住院也并未支付医疗费用。因此，该等协议意思表示不真实，存有欺诈、乘人之危等情形；更重要的在于，原告并未出院且被告准允之，可以理解原被告双方均以自己的行为合意解除了该等协议。法院判决实质是否定了该协议的法律效力。

第四节
医疗损害责任纠纷之法医临床鉴定案例

潘某等诉合肥市某医院医疗损害责任纠纷案

（一）诉争由来

潘某，男，1947年生，时年65岁。2012年4月28日，潘某“体检时B超发现胆囊结石伴黄疸，右上腹不适1周余”入合肥市某市级医院微创外科，5月24日，被告在全麻下行“胆囊切除术+胆总管切开取石+T管引流术”。术后因胆红素进行性升高、发热、反复出现心功能不全等，于5月27日下病危通知转ICU治疗，6月2日转回微创外科，6月4日患者又出现心衰而又旋即转回ICU。6月22日心跳骤停，经抢救无效死亡。

患者死亡后，其近亲属向合肥市某区人民法院提起医疗损害责任诉讼案，其后，人民法院依法委托位于上海市的司法鉴定科学技术研究所司法鉴定中心进行法医临床鉴定，明确是否构成医疗损害责任等。

（二）司法鉴定机构的医疗损害鉴定

1. 诊治概要、患方代理人的鉴定陈述、医方抗辩

（1）诊治概要①

2012年4月28日14时36分，被告合肥市某市级医院以“体检时B超发现胆囊结石伴黄疸、右上腹不适一周余”主诉将患者潘某收住微创外科。现病史为：一周前体检时B超提示胆囊结石（充满型），总胆红素41.3umol/L，直接胆红素18.5umol/L，间接胆红素22.8umol/L。近来感觉右上腹轻度不适，有黄疸症状，遂就诊，拟“胆囊结石”收住院。病程中无寒战发热，无咳嗽咳痰，无胸闷心慌，无恶心呕吐，无腹泻腹胀，饮食可，二便正常。入院时生命体征平稳，T：36.8℃，P：78次/分，R：18次/分，BP：140/80mmHg。入院诊断为：胆囊结石伴胆囊炎、胆总管结石，2型糖尿病。

5月24日，被告在全麻下行“胆囊切除术+胆总管切开取石+T管引流术”。术后因胆红素进行性升高、发热、反复出现心功能不全等，于5月27日下病危通知转ICU治疗，ICU期间病情并无明显好转，却在6月2日又转回微创外科，但6月4日患者又出现心衰而又旋即转回ICU。6月22日患者心跳骤停，下午17时18分宣布临床死亡。被告罗列的死亡原因是：感染性心内膜炎、主动脉瓣赘生物形成关闭不全、心功能不全（心功能Ⅳ级）、肝功能不全。

---

① 2013年11月《司法鉴定科学技术研究所司法鉴定中心鉴定书》并未如医学会作出的医疗损害鉴定一样列明“诊治概要”，其在第4条列明“书证摘要”，该等“书证摘要”主要是首次病程记录、查房记录、转科记录、抢救记录、死亡记录等。当前“诊治概要”来自原告代理人在法医临床鉴定听证会阐述并提交的“医疗损害鉴定之患者/原告方听证陈述”。

（2）患方代理人在法医临床鉴定听证会上的陈述[①]

第一，患者并没有急迫的手术指征，在患者仍发热、黄疸已经好转的情况下，本可以保守治疗但被告却强行手术，违反诊疗常规；另外，在感染未控制、发热原因不明的情况下强行手术，此直接导致后续感染休克。

患者胆红素相关指标在术前已呈下降趋势，患者的黄疸已经逐渐消褪。4月27日入院前日生化检验报告：总胆红素41.3umol/L，直接胆红素18.5umol/L，间接胆红素22.8umol/L。5月12日，总胆红素33.1umol/L，直接胆红素18.2umol/L，间接胆红素14.9umol/L。另外，患者住院期间，黄疸逐渐消褪，右上腹不适减轻。

患者术前在使用抗生素、激素的情况下仍持续发热，胆囊炎症状并未得到有效控制，未行血培养并抗炎不力。患者术前持续发热。4月28日至4月22日，患者体温在38.0～39.6℃波动；5月23日术前仍为37.7℃。患者分别使用了头孢替安、奥硝唑、头孢孟多酯钠、比阿培南。5月11日开始使用激素地塞米松。术前会诊提示需要进行血培养明确诊断，但被告始终未行血培养，也未进行骨髓穿刺。

患者术后第一日即5月25日即出现休克，被告考虑“心衰”，此后5月27日白细胞上升为$27.37\times10^9/L$，后即入ICU监护。患者病情的恶化与手术行为具有最直接的因果关系。被告在患者有手术禁忌的情况下违背诊疗常规进行手术，导致此后的一系列严重人身损害的后果。

第二，患者术后胆红素持续升高，提示手术并未能有效解决梗阻问题；相反，持续存在的胆道梗阻或不畅通，导致肝衰；辅以已经存在的术前未能得到很好治疗的胆道感染（或手术加重感染扩散或糖尿病未得到系统治疗之易感因素），此直接导致感染加重，同时由于未能对重症感染进行及时、有效的治疗，导致感染性休克、高凝状态、DIC、MSOF，直至死亡。此系患者死亡的直接原因，与被告的过错诊疗行为存在直接因果关系。

术后胆红素等指标持续升高并演变为肝衰。术后共测血生化11次，分别是5月27日、30日、31日；6月2日、4日、7日、10日、13日、15日、18日、20日，其胆红素指标持续升高，6月4日最高曾达总胆红素182.0umol/L，直接胆红素122.0umol/L，间接胆红素60umol/L。术后6月6日测腹水一次，总胆红

① 听证会陈述系在2013年原文基础上简化和调整。

素 83umol/L，直接胆红素 39umol/L，间接胆红素 44umol/L。手术中行胆总管探查，但手术记录记载取出的结石很小。记录为：胆总管下段取出 0.3cm × 0.2cm 大小结石 2 个。根据病程记录记载，患者在术后黄疸反而出现进行性加重，诊断为重度黄疸。术后 T 管引流的胆汁量持续减少，此 T 管引流不畅意味梗阻仍存在或 T 管堵塞但并未引起被告重视并进行积极干预，此系极其重大过错，直接导致肝衰及死亡。自 5 月 26 日术后第三天至 6 月 2 日转入 ICU 的引流液分别为：40ml、160ml、140ml、90ml、80ml、90ml、130ml、280ml，6 月 5 日引流液甚至为 0ml，肝衰不可避免，胆红素持续升高原因清晰。被告在 6 月 6 日方想起 T 管造影，观察通畅状况，但报告结果并不特别确定。另外，该报告结果与临床表现极其不符，值得怀疑。

术后在使用抗生素及激素的情况下患者持续高热，感染加剧，重症感染。由于未能对重症感染进行及时、有效的治疗，导致感染性休克、高凝状态、DIC、MSOF，直至死亡。术后第二天的 5 月 26 日体温达 38.5℃，5 月 27 日至 5 月 30 日高热，体温 39.4 ~ 40.7℃高位运行。5 月 31 日至 6 月 8 日，仍在 38 ~ 39℃震荡，6 月 9 日至 22 日死亡，体温均在 39℃左右徘徊，最高触及 40℃。在术后大量使用抗生素、激素的情况下，白细胞仍显著升高，5 月 27 日白细胞 27.37×10^9/L，6 月 2 日白细胞 24.12×10^9/L。降钙素原持续升高，术后检测 4 次，维持在 0.6 ~ 0.8（正常值 0.00 ~ 0.20ng/ml）。术后血红蛋白尤其是血小板持续下降，D- 二聚体明显升高。血小板在 5 月 30 日最低降至 20×10^9/L，此前血小板即持续下降，但直至 5 月 30 日，被告方进行血小板输注，处理极其不力；血红蛋白在 6 月 14 日降至 65g/L，被告同样处理不力。D- 二聚体持续升高，5 月 30 日最高为 20.00mg/L。

第三，被告未满足患方知情同意权，对未查明原因的发热及仓促手术可能带来的严重后果并未进行告知，导致患者丧失选择权。此亦为重大过错。

根据知情同意书的记载：被告在手术指征栏目写明“无手术禁忌症”“保守治疗无效（但实际上胆囊炎胆石症保守治疗有效），在手术可能出现的并发症和风险栏目并未特别注明会因手术而产生重症感染甚至死亡，仅轻描淡写地告知“术后仍有发热可能”。因此，被告存在重大知情同意过失，属于为了开刀而开刀的“开刀匠”，丝毫不顾忌患者的既存未明原因发热及较大年龄者重大侵袭性操作可能带来的严重后果。

第四，没有证据表明患者是死于感染性心内膜炎，尤其缺乏血培养证据，血培养可获得病原学诊断，在诊断感染性心内膜炎时具有决定性的作用。

感染客观存在，但感染性心内膜炎仅仅是被告逃避责任的托辞。根据病史记载：患者既往无心脏病史更无瓣膜置换史，入院记录胸部体检“胸廓对称，双肺呼吸音清，未及干湿啰音。心界不大，心率70次每分，律齐无杂音”。术前心电图亦无明显异常，血沉、尿常规等也不支持感染性心内膜炎的诊断。

即使退一步假定此后存在感染性心内膜炎，也是因为被告对不明原因的发热未按照诊疗常规及时诊断、治疗、盲目手术继发所致（被告最主要的证据系超声下主动脉瓣赘生物，而该等超声诊断并非感染性心内膜炎的标准故不能单独诊断，赘生物应为肝功能损害下纤维蛋白、血小板变化下所继发形成）。

综上所述，患者本系普通不能再普通的胆囊炎胆石症病情，完全可以通过规范诊治而长期健康地生存，现由于被告严重违法违规的不专业诊疗行为导致患者死亡，因此，无任何医方违法阻却事由，医方应承担医疗损害完全责任。

2. 司法鉴定机构法医临床鉴定分析说明及鉴定意见

（1）鉴定分析说明[①]

第一，关于死亡原因。本例患者因死亡后未进行尸体解剖，难以明确其确切的死亡原因仅就现有病史资料对其死因分析如下。

根据病史记载，患者死亡诊断为：感染性心内膜炎，主动脉瓣赘生物伴关闭不全，心功能不全（心功能Ⅳ级），肝功能不全，低蛋白血症，胸腔积液，肺部感染，胆囊结石伴胆囊炎，胆总管结石2型糖尿病。死亡原因为：感染性心内膜炎，主动脉瓣赘生物形成伴关闭不全，心功能不全（心功能Ⅳ级）、肝功能不全。从现有病史资料及结合患者临床表现分析，患者的死亡原因符合感染性心内膜炎、主动脉瓣赘生物形成伴关闭不全引起心功能不全（心功能Ⅳ级）致急性心力衰竭。

第二，关于被告医院的诊疗行为。患者因“胆囊结石伴黄疸、右上腹不适”入住被告医院，院方予以“胆囊结石伴胆囊炎、胆总管结石”等诊断正确。入院后予以抗炎、解痉、止痛等对症处理未见不妥，实施“胆囊切除术＋胆总管切开取石＋T管引流术”符合胆囊结石、胆总管结石的治疗原则。但审查病史资料发现，被告医院在对患者的诊疗过程中存在一定的不足，主要表现在以下几个方面。

---

① 摘录自司法鉴定科学技术研究所司法鉴定中心2013年11月《司法鉴定科学技术研究所司法鉴定中心鉴定书》第5条“分析说明”。

①心脏疾病诊断不及时。患者于2012年5月25日（术后第一天）出现突发呼吸急促、心率加快、大汗、四肢湿冷等急性心功能不全的临床表现，医院考虑心衰可能，但未及时进行相关检查。5月26日心内科会诊时，听诊发现3/6SM及叹息样舒张期杂音、颈静脉怒张，考虑：心脏瓣膜病？主动脉狭窄伴主动脉关闭不全，感染性心内膜类？建议进行血培养、UCG等检查，但送检病史资料未见相关结果反馈。5月27日BNP1440Pg/mL（参考值0 ~ 100Pg/mL）、cTnI 1.31ug/L，医院亦未引起重视，直至6月6日心脏超声提示主动脉瓣中重度返流，赘生物形成，医院才考虑感染性心内膜炎诊断。上述医疗不足，说明院方对于患者急性心功能不全的临床表现未引起足够重视，相关心衰指标的监测不到位，诊断不及时，在一定程度上延误了对患者的救治。

②治疗欠规范。患者在行“胆囊切除术＋胆总管动开取石+T管引流术”前出现反复低热，术前稍平稳，但未见腹部体征，黄疸变化亦不明显，与急性胆管炎的特征不完全相符，院方虽予以抗感染治疗，但在发热原因未明了的情况下实施胆道手术增大了术后感染的风险。对于感染性心内膜炎明确病原体，采用最有效的抗生素是治愈本病的根本因素，而有效的杀菌类抗菌素需要根据血培养＋药敏来决定，且前期病程中患者多次出现38℃以上体温，医院应予以反复血培养检查，但送检病史资料中未见相关结果的反馈。治疗期间患者数次出现心功能不全急性发作症状，此时应控制急症，同时采用扩血管药物及利尿剂以减轻心脏容量负荷，医院予以速尿、雅施达治疗未见不妥，但使用疗程较短，未能有效缓解患者心功能不全的症状。

上述医疗不足，在一定程度上延误了对患者心脏疾病的及时诊断与治疗，增加了患者死亡的风险，与患者死亡结果之间存在一定的因果关系，是死因构成中的次要因素。

此外，病史资料反映患者2012年5月4日至19日，处于反复发热状态，最高达39.9℃，与同期体温单上显示的体温不符合，存在一定的不足，但与死亡结果之间无因果关系。

第三，关于医疗过失行为参与度评定。参与度评定应遵循法医学因果关系判定准则，在法医学鉴定实践中，参与度评定尚属于学理性探讨内容，参与度大小的把握存在一定的主观因素。因此，鉴定人对于参与度的评定仅为供审判参考的学术性意见，而非确定审判赔偿程度的法定依据。就本例而言，鉴于感染性心内膜炎多见于器质性心脏病的患者，该病常因化脓性细菌侵入心内膜引起，多由毒力较强的病原体感染所致，且本例潘某为老年患者，起病缓慢，临床表现为反复低热等非特异性症状，被“胆囊结石伴胆囊炎，胆总管结石”等病症掩盖，诊断存在一定困难，术后发生反复心脏衰竭表现并死亡是自身疾病发生、发展的结果，医院对患者心脏疾病的诊疗不及时、治疗欠规范，存在一定的过错，该过错与患者死亡之间存在一定的因果关系，属次要因素，考虑到患者自身获病及身体条件等客观不利因素，建议医疗过失的参与度确定为 40% ~ 50%。

（2）鉴定意见[①]

患者系感染性心内膜炎、主动脉瓣赘生物形成伴关闭不全引起心功能不全（心功能Ⅳ级）致急性心力衰竭死亡，被告医院对患者的医疗行为存在过错，其过错与患者死亡结果之间存在一定的因果关系，建议参与度确定为 40% ~ 50%。

（三）司法鉴定机构基于医方异议而对受诉人民法院的书面答复[②]

司法鉴定机构的鉴定意见作出后，被告医院就医疗损害鉴定书中的部分内容向合肥市某区法院提出了书面异议，合肥某区法院向司法鉴定机构送达并要求其对被告医院的异议予以书面回复，此后，司法鉴定机构就“急性胆管炎的诊断”“心脏疾病诊断不及时”“参与度评定问题”三个方面问题专门行文对合肥某区法院进行答复。根据笔者理解，其答复内容及意见基本等同原鉴定书内容和意见。

（四）案例分析

本案系通过法医临床鉴定确定医方责任的案例，在 2012 年，除上海市实质上不允许法医临床鉴定外，其他很多省市均允许进行法医学临床鉴定，本案例即为安徽省合肥市某区人民法院委托司法鉴定科学技术研究所司法鉴定中心进行法医学临床鉴定情形。司法鉴定人在本案例中认定被告存有心脏疾病诊断不及时和治疗欠规范两方面过错，认定医方为次要责任，但次要责任却又建议医疗过失的参与度为 40% ~ 50%。对此，尽管患者方其后认诺鉴定意见并根据参与度上限

---

① 摘录自司法鉴定科学技术研究所司法鉴定中心 2013 年 11 月《司法鉴定科学技术研究所司法鉴定中心鉴定书》第 6 条“鉴定意见”。

② 《司法鉴定科学技术研究所司法鉴定中心关于“司鉴中心［2013］病鉴字第 ××× 号”司法鉴定意见书异议的答复》，落款日期为 2014 年 1 月 2 日。

50% 要求被告医院赔偿，但代理人本身对该等鉴定持有一定保留看法，具体如下。

其一，司法鉴定人将“在发热原因未明了的情况下实施胆道手术增大了术后感染的风险”纳入治疗不规范中阐述，与临床医学习惯不同，临床医学该等情形下一般表述为“不具有即刻手术适应证”，外科临床领域有很多疾病是需要等待手术适当时机方能手术的，该等时机也是是否具备手术适应证的一部分，也属于诊疗常规或规范的一部分。

其二，代理人认为患者术后胆红素持续升高提示手术并未能有效解决梗阻状况并继发肝衰也应为分析论证的一部分或造成医疗损害的原因之一，但司法鉴定人并未列明。

其三，代理人认为患者的死亡经历了重症感染、感染性休克、高凝状态、DIC、MSOF 等病理演化过程且不完全认同感染性心内膜炎死亡诊断，但司法鉴定人并未对其进行令人信服的辨析和论证。

其四，一般而言，参与度为 50% 就是同等责任了，但司法鉴定人在办案中却认为仍属于次要责任范畴，该等司法鉴定人的表达与医疗损害鉴定的表达存有差异。

第五节 抢救生命垂危患者等紧急情况下医疗损害责任

左某等诉浙江某大学附院、杭州市某医院医疗损害责任纠纷案

（一）诉争由来

鲁某，男，1974 年生，时年 36 岁。2010 年 12 月 11 日 11 时至 13 时，应邀赴某朋友喜宴，由于高兴，约 13 时 30 分，喝了近 7 杯的低度（38%）白酒（半斤至七两），因不胜酒力醉坐座椅，但神智清、少语。15 分钟后，朋友将其送往被告二杭州市某区医院急诊科。

13 时 45 分至急诊室，嗜睡状态，测心率 80 次 / 分，血压 115/78mmlg，急诊

医师对其进行简单对症、催醒处理，后静脉点滴，患者处于平卧位。随后未见医生及护士，除朋友外无医护人员对患者进行密切观察。约 10 分钟后，朋友见患者嘴和鼻里皆有杂物(食物残渣呈半固态)喷出，无水分。同时脖子部位略微肿大，并发出丝丝响声，朋友们判断患者要呕吐。10 多分钟后护士姗姗来迟，在没有观察病情的情况下，就推来洗胃机，要强行进行洗胃处理。陪护朋友担忧地问护士：患者还在吐，这时候洗胃有没有危险？如果能不洗胃就不要洗胃了。护士说：当然要洗，洗胃是有窒息危险，但他酒喝多了就一定要洗胃。洗胃过程持续约 20 分钟，洗胃时，患者耳朵和嘴唇急骤发紫，继发心跳骤停，患者 14 时 45 分出现心跳呼吸骤停，距离入急诊 13 时 45 分恰好 1 小时，此后医生进行了包括电除颤在内的心肺复苏活动，抢救持续约 20 分钟。将患者转入重症监护室。12 月 11 日 15 时 40 分入重症监护室，随后几日病情无任何进展，询问被告二所属医师均给予模棱两可的答复："如果 15 天醒不过来，可能没希望了""外请了专家会诊，3 天到 5 天可能会脑水肿，水肿消除后 7 日至 10 日可能会苏醒"。由于被告二的水准及服务不能令家属放心，治疗中家属曾提及转至更高等级医院救治的愿望。一提及此，被告二态度冷漠、蛮横，实质为阻挠，说："转院可以，一切后果自负！"

2010 年 12 月 15 日，患者转入被告一浙江某大学附属医院。12 月 16 日，被告一修正诊断为：心跳骤停（CPR 术后）；窒息肺部感染；缺氧性脑病；蛛网膜下腔出血；头部皮下血肿。12 月 16 日 CT 报告提示："蛛网膜下腔出血，头皮下软组织肿胀，请结合有无外伤综合考虑"。入院后，被告一进行了一系列治疗，但几乎均无好转。12 月 21 日，脑电图报告"平坦脑电图"，医生私下告知：患者实际已经脑死亡，已无救治的价值。2011 年 1 月 2 日，患者死亡。

（二）浙江省医学会的医疗损害鉴定

1. 诊治概要、患方代理人的鉴定陈述、医方抗辩

（1）诊治概要[①]

患者鲁某，男，1974 年 12 月出生，2010 年 12 月 11 日 13 时 45 分因"饮酒过度致昏睡 20 分钟"送至杭州市某区医院急诊室。患者昏睡，双瞳孔等大等圆，直径 3mm，对光反射迟钝，予以洗胃等处理，拟诊酒精性中毒于 15 时 40 分收

① 摘录自浙江省医学会 2011 年 9 月《医疗损害鉴定书》第 6 条"诊治概要"。

住入院，主诉：大量饮酒后昏迷，呼吸心跳停止 2 小时余。患者意识昏迷，体温 36.5℃，脉搏 96 次 / 分，呼吸 18 次 / 分，血压 210/90mmHg，GCS 评分 3 分。患者 2 小时前赴宴大量快速喝下 2 斤半白酒出现意识不清、呼之不应、小便失禁情况，予洗胃利尿等对症处理，意识状态无明显改善，并出现紫绀，呼吸骤停，心跳停止，立即予胸外按压，气管插管，机械辅助呼吸，肾上腺素等抢救后恢复室性心律。初步诊断：急性酒精中毒，中枢抑制；心肺复苏后；窒息；缺血缺氧性脑病。入院后给予维持气道通畅，维持循环功能，维持水电解质、酸碱平衡，抗感染，利尿，降颅压，物理降温等治疗。12 月 15 日患者转上级医院治疗，出院情况：患者神志昏迷，GCS 评分 3 分，时有抽搐，气管插管接呼吸机辅助通气。

2010 年 12 月 15 日 12 时 11 分患者转入某大学附属医院治疗。体温 37.2℃，呼吸 29 次 / 分，心率 106 次 / 分，血压 155/87mmHg，左侧头颅顶部有软组织肿胀，患者神志不清，压眶反射消失，双瞳孔 5mm。初步诊断：心脏骤停（CPR 术后），窒息，肺部感染，缺氧性脑病，头部皮下血肿。12 月 16 日 CT 检查提示：脑实质弥漫性密度降低，缺氧性脑病变或弥漫性轴索损伤（外伤）考虑，蛛网膜下腔出血，头皮下软组织肿胀，请结合有无外伤史综合考虑；两肺支气管病变伴感染；副鼻窦炎症。入院后医方予脱水降颅压，清除氧自由基，醒脑抗感染等治疗，12 月 17 日和 12 月 21 日查脑电图结论均为平坦脑电图。2011 年 1 月 2 日患者仍处于深昏迷状态，家属要求出院并签字，出院后患者死亡。

（2）患者方代理人的鉴定陈述[①]

第一，被告二杭州某区医院对急诊抢救病人疏于观察和诊治。患者 12 月 11 日 13 时 35 分入院，直至其窒息前病情一直平稳，但被告二疏于履行其观察、注意义务，将醉酒昏迷患者独自丢在急诊室床上，连最基本的心电监护也没有实施。本案某派出所曾介入并调取了当天急诊室的监控录像，录像清晰无误地显示了当时的情景：患者出现呕吐及轻微憋气时，无任何医护人员在床边观察和救治，仅看到医护人员在远处谈笑风生。

第二，被告二在患者出现轻度窒息的情势下，不优先解除呼吸道梗阻之窒息状态反贸然对患者粗暴实施有创洗胃，此不仅严重违背诊疗常规，也未履行知情同意权，与随后的窒息及心跳骤停及缺血性脑病具有直接因果关系。护士姗姗来

① 鉴定陈述是在 2011 年原文基础上细微调整。

迟后，并没有优先解决患者呼吸道梗阻问题，反而要对其洗胃。陪护朋友看到这种情形就担忧地问护士：“还在吐，这时候洗胃有没有危险？如果能不洗胃就不要洗胃了”。护士回答说：“当然要洗，洗胃是有窒息危险，但他酒喝多了就一定要洗胃”。医方粗暴洗胃属于明知危险而为之。洗胃这一机械操作持续20余分钟，据现场患者朋友描述，“洗胃时，鲁某的耳朵和嘴唇急骤发紫”，此直接加剧窒息并窒息后心跳骤停，再缺血性脑病。

第三，被告二违反注意义务，不能排除患者“蛛网膜下腔出血，头部皮下血肿”是被告二在ICU病房内违反看护的注意义务造成。同时，疏于诊疗，对“蛛网膜下腔出血，头部皮下血肿”造成漏诊，此与患者死亡存有一定因果关系。

（3）医方抗辩①

某大学医学院附属医院认为，本例患者入院时已经是脑死亡且不能再生，多次向患者家属告知预后不良，对患者的医疗行为不存在任何医疗过错。

杭州市某区人民医院认为，根据本例患者入院的体检情况已采取了积极的抢救措施，尽到了注意和谨慎义务，不存在医疗过错。

2. 医学会的鉴定分析说明及鉴定意见

（1）鉴定分析说明②

根据提供的鉴定材料、医患三方的陈述及对专家提问的回答，专家鉴定组综合分析提出以下意见。

杭州市某区医院在患者有呕吐且存在窒息风险的情况下没有及时采取有效的气道保护措施（如气管插管等）即行洗胃，存在医疗过错，与患者死亡存在一定因果关系。该院检查不完善，未能及时发现患者头皮血肿和蛛网膜下腔出血，但这与患者死亡无因果关系。某大学附属医院对本例患者的诊疗行为符合医疗常规，不存在救治不力的情形，无医疗过错。

本例患者系急性酒精中毒（重度），送入杭州市某区人民医院时已经处于昏睡状态，根据现有资料考虑患者死亡主要是重度酒精中毒所致，但与杭州市某区人民医院的医疗过错也存在一定因果关系。

---

① 摘录自浙江省医学会2011年9月《医疗损害鉴定书》第2条“争议要点”之“医院认为”。

② 摘录自浙江省医学会2011年9月《医疗损害鉴定书》第8条“分析意见”。

（2）鉴定意见[①]

某大学医学院附属医院的医疗行为无医疗过错，与患者死亡之间无因果关系。杭州市某区人民医院的医疗行为存在医疗过错，与患者死亡之间有一定因果关系，应承担次要责任。

（三）本案系在人民法院主持下调解结案

本案经医疗损害鉴定后，在杭州市某区人民法院主持下以《民事调解书》调解形式结案，被告对原告的医疗费、住院伙食补助费、护理费、住宿费、交通费、丧葬费、死亡赔偿金、被扶养人生活费、精神损失抚慰金、案件受理费等各项损失进行了赔偿。

（四）案例分析

从现在的法律来看，本案适用《民法典》第1224条第1款第2项规定情形，即医务人员在抢救生命垂危的患者等紧急情况下已经尽到合理诊疗义务，患者在诊疗活动中受到损害的医疗机构不承担赔偿责任。被告二当年也是如此抗辩的，即“根据本例患者入院的体检情况已采取了积极的抢救措施，尽到了注意和谨慎义务，不存在医疗过错”。但真实状况并非如被告所言，鉴定意见书明确指出“被告二在患者有呕吐存在窒息风险的情况下没有及时采取有效的气道保护措施（如气管插管等）即行洗胃，存在医疗过错”。依据笔者的理解，患者的死亡过错为：洗胃行为→窒息→心跳骤停→缺血缺氧脑病→继而死亡，如果没有洗胃，即便不特别处理，也许患者不会死。因此，在抢救生命垂危的患者的紧急情况下，医方并没有尽到合理诊疗义务，故《民法典》第1224条第1款第2项不能援引，被告二需要承担医疗事故责任。

另外，本案被告二也侵害了患者方知情同意权，洗胃属于侵袭性操作，属于特殊检查、特殊治疗范畴，但医方既未告知风险，也未取得患者近亲属的明确同意，存有过错。

---

① 摘录自浙江省医学会2011年9月《医疗损害鉴定书》第9条“鉴定结论”。

第六节
二次法医临床鉴定的医疗损害责任纠纷个案

潘某诉某市人民医院医疗损害纠纷案

（一）诉争由来

患者潘某2001年6月28日至8月22日曾在被告医院住院，被诊断为肾病综合征并给予治疗，后住院并嘱随诊，但此后9年潘某再未至该院就诊。潘某9年后在外院被诊断为系统性红斑狼疮（SLE）及狼疮性肾炎（LN），由此，对被告提起诉讼，主张被告误诊造成其人身损害。此案后来分别经过某医科大学司法鉴定所鉴定及某政法大学司法鉴定中心鉴定，最后法院否定某医科大学司法鉴定所的鉴定意见证据效力而采信某政法大学司法鉴定中心的鉴定意见。

（二）某医科大学司法鉴定所的首次鉴定意见①及追加被告

某医科大学司法鉴定所鉴定意见书第5部分鉴定意见认为：某市人民医院存在对其异常免疫指标未加重视、未行进一步检查的过错（未查抗核抗体ANA及ds-DNA等），不排除有漏诊SLE合并LN的可能，考虑院方过错的参与度以45%～55%为宜（仅供法庭参考）。

被告某市人民医院对该鉴定意见不服，申请重新鉴定。被告某市人民医院并认为本案应追加患者另外就医的某省中医院为共同被告，法庭准允。

① 摘录自某医大司鉴所［2012］书鉴字第4× 号鉴定意见书。

（三）某政法大学司法鉴定中心法医临床重新鉴定

1. 听证会医方陈述[①]

（1）某医科大学司法鉴定所的司法鉴定意见因遗漏了某省中医院就医事实而导致鉴定结论明显依据不足依法不被采信。某医科大学司法鉴定所鉴定意见书有意无意忽略了已经作为“鉴定材料”的“某省中医院门诊病历复印件 11 页”，而某省中医院作为三甲医院在患者就医过程中同样未诊断出 SLE 合并 LN，也涉嫌漏诊。因此，必须将某省中医院的诊疗行为置于鉴定过程中并加以综合考量，任何有意或无意忽略该等就医事实的鉴定意见，必将导致鉴定结论错误。

①患者就医事实、时间节点。患者于 2001 年 8 月 22 日自被告即某市人民医院出院后，直至 2010 年 4 月 19 日于某军区总医院出院之近 9 年时间内均未再至被告某市人民医院就诊。而患者却至某省中医院就诊前后达 4 年 7 个月多，此期间在本案原告所就诊的三家医院中时间跨度最长。患者 2001 年 6 月 28 日至 8 月 22 日在被告某市人民医院住院治疗，出院后给予带药，医嘱门诊随诊。出院后的 2001 年 8 月 22 日至 2003 年 4 月 7 日，患者再未至被告某市人民医院随诊、就诊。2003 年 4 月 8 日至 2007 年 11 月 18 日，患者一直在某省中医院进行就诊、治疗。2010 年 4 月 12 日至 4 月 19 日，患者至某军区总医院住院治疗。

②患者的诊断情况及误诊推论。被告某市人民医院诊断为“肾病综合征”。某省中医院在患者就诊的 4 年多时间内，未有明确诊断，未收患者住院，仅仅给予尿常规检查，中药治疗。某军区总医院诊断为系统性红斑狼疮（SLE）及狼疮性肾炎（LN）。结合前述①就医事实、时间节点意味着：假定某军区总医院的诊断是正确的，那么，某省中医院就对患者误诊近 5 年；如果说被告某市人民医院在 2001 年误诊（或许属于早期疾病不典型误诊），而某省中医院的误诊却是自 2003 年持续至 2007 年（应属于疾病持续进展期误诊），结合现代医学不断发展之事实，结合早期误诊和持续进展期间误诊，孰轻孰重一目了然。

综上所述，某省中医院的诊疗行为应被置于司法鉴定范围，通过判断某省中医院是否存在诊疗过错，是否存在漏诊并进而审视、比较、判断被告某市人民医院医疗行为的合法合规性。

（2）患者就诊的三个医院等级及当时的医疗水平。被告某市人民医院属于非

---

① 鉴定听证会陈述系在 2013 年原文基础上删减和调整。

省会中小城市的医院，2001 年应该属于二级医院。某省中医院地处国内重要城市之一，是某中医药大学附属医院，系老牌三级甲等中医院，其自我介绍：医院各项医疗业务指标在全国中医系统乃至某省各大医院中处于前列，综合实力、学术地位在全国省级中医医院中居领先地位，社会影响力不断扩大，在某省乃至全国享有较高声誉，病人遍及国内外，是集医疗、教学、科研、保健于一体的大型现代化综合性三级甲等医院。某军区总医院系某大学医学院临床学院、某医科大学临床学院、某军医大学等校的教学医院。1994 年首批被评为"三级甲等医院"，其肾脏病专科由院士领衔，实力超强，在国内处于最顶尖位置。

"当时的医疗水平"应该是当时全国通行的医疗水平，该等医疗水平不应该是最高等级医院的水平，也不应该是最低等级医院的水平，其应该是一般的、普通的或者平均的水平。因此，被告某市人民医院肾内科"当时的医疗水平"应该是 2001 年当时我国通行的普通的、一般的或者平均的水平，不应该要求被告某市人民医院的水平达到或等同某军区总医院肾内科 2001 年的水平，更不应该要求被告某市人民医院的水平达到或等同某军区总医院肾内科 2009 年的水平，因为，某军区总医院肾内科水平应不属于"当时的医疗水平"，不应作为评判其他医院的依据。但某省中医院的医疗水平却可以作为"当时的医疗水平"参考，其地处国内重要城市之一且级别高于被告某市人民医院，如果其在自 2003 年至 2007 年患者持续就医期间仍不能诊断患者患有 SLE 合并 LN，那么，就没有理由要求被告某市人民医院在 2001 年就能诊断出患者患有 SLE 合并 LN。众所周知的一个医学常识是，疾病越向后期发展，主诉、症状、体征及相关医学检查就越明显，就越容易诊断；反之，越早期越不典型，越难诊断。

综上所述，被告某市人民医院诊疗行为符合 2001 年"当时的医疗水平"，无过错，某医科大学司鉴所鉴定意见理应被推翻。

（3）即使不考虑某省中医院的共同侵权因素，某医科大学司鉴所以一个 9 年后的诊断来倒退 9 年前"必然存在某一种疾病"，违背医学基本常识，毫无科学性、缜密性。

①根据患者 2001 年之症状、体征、实验室检查的情况诊断为肾病综合征正确。无任何证据表明患者在 2001 年已经患有 SLE，不仅如此，被告某市人民医院还进行了继发性肾损害的初查。因此，作为二级医院，被告已经履行了诊断注意义务，符合当时的医疗水准，无任何过错。被告医院考虑到需要排除继发性肾损

害，故在力所能及的范围内初查 ENA 多肽谱进行 SLE 甄别，但检查结果仅抗核抗体 P 蛋白抗体（rRNP）呈阳性，其他均阴性。ENA 多肽谱诊断的意义在于抗 Sm 是 SLE 的标志抗体且与狼疮性肾炎活动程度相关。抗 ulRNP 是 MCTD 的标志抗体，少见于 SLE、PSS 等；抗 SS-A 和抗 SS-B 是 SS 的标志抗体，少见于 SLE、MCTD、PSS 等；抗 Scl-70 是 PSS 的标志抗体；抗 Jo-1 是 PM / DM 的标志抗体；抗 Rib 是 SLE 的标志抗体，少见于 PSS 等。

1982 年美国风湿病学会推荐的 11 项标准中无抗核抗体 P 蛋白抗体（rRNP）阳性标准，其 11 项目标准为：蝶形红斑；盘状红斑狼疮；日光过敏；关节炎但不伴有畸形；胸膜炎、心包炎；癫痫或精神症状；口、鼻腔溃疡；尿蛋白 0.5g/ 日以上或有细胞管型；抗 DNA 抗体，抗 Sm 抗体，LE 细胞，梅毒生物学试验假阳性；抗核抗体阳性（荧光抗体法）；抗核性贫血，白细胞减少，淋巴细胞减少，血小板减少。以上 11 项中 4 项或以上阳性者确诊为 SLE，但应排除感染性疾病，肿瘤或其他风湿性疾病。因此，也必须纠正某医科大学司鉴所鉴定意见书第四部分之分析说明部分的一个错误，即认为抗 rRNP 阳性即意味“免疫学异常”。很显然，结合 1982 美国标准，必须第九项“9. 抗 DNA 抗体，抗 Sm 抗体，LE 细胞，梅毒生物学试验假阳性”为免疫学异常，某医科大学司鉴所并未严格遵守诊断标准，其所谓的“免疫学异常”属于典型的超越诊断标准的求全责备。

此外，鉴定报告言已经出现浆膜炎、肾脏病变等，故也高度怀疑 SLE，此也属推论错误，因为肾病综合征同样会出现浆膜炎、肾脏病变。

②未查抗核抗体 ANA 及 ds-DNA 等不仅未违反诊疗常规，而且符合 2001 年国内医疗卫生发展状况。

2001 年，在中小城市的被告医院无能力开展 ANA 及 ds-DNA 检测项目，上述项目一般只在全国或区域重点城市可以开展，如上海或南京等，无能力检测 ANA 及 ds-DNA 系全国非省会城市医院的通常状况，因此，某市人民医院检验检测能力符合 2001 年国内医疗卫生发展状况，无过错。另外，未查抗核抗体 ANA 及 ds-DNA 并不违反诊疗常规。如前所述，被告已经进行了 ENA 多肽谱初查，仅抗核抗体 P 蛋白抗体（rRNP）阳性，故符合诊疗常规。

（4）鉴定意见中有关参与度的认定毫无科学性、逻辑缜密性。

鉴定意见书第四部分之分析说明表述的“但由于被告医院在其 rRNP 抗体阳性的情况下，未行进一步检查以明确潘某患者是否存在 SLE，不能针对 SLE 进行系统的正规治疗及随访，故分析认为患者自身疾病与院方部分诊疗过错两个因素共同存在难分主次，考虑院方的医疗过错参与度 45% ~ 55% 为宜。”毫无科学性、缜密性。

前文已经论证 rRNP 异常不属于 1982 年美国风湿病学会 SLE 推荐标准中的免疫学异常且未查抗核抗体 ANA 及 ds-DNA 并不违反诊疗常规，因此，也就不存在进行进一步检查的过错，司法鉴定人的前提错误，结果当然错误，也就不存在所谓 45% ~ 55% 参与度问题。首先，“不排除有漏诊 SLE 合并 LN 的可能”这种说辞的本身也包括“不能肯定有漏诊 SLE 合并 LN”，这种逻辑不清的模糊论断并无科学性、缜密性。其次，“不能针对 SLE 进行系统的正规治疗及随访”的责任在原告即患者，患者 9 年前就诊后就再未至被告某市人民医院接受就诊。最后，系统性红斑狼疮并无特别或特效的治疗手段，即使依据目前 2013 年的医学认知，仍然是通过激素、免疫抑制剂进行治疗，患者 2001 年至被告某市人民医院治疗肾病综合征即是使用激素、免疫抑制剂进行治疗，因此，尽管并没有证据证明当时就患者 SLE，但与 SLE 相同的治疗在 2001 年就开始进行，通俗言之，患者在被告某市人民医院治疗期间，已经实质针对 SLE 治疗。

某医科大学司鉴所仅凭一个 9 年后的诊断来倒推 9 年前“不排除”存在某一种疾病，这不仅违背医学基本常识，也不符合逻辑。

（5）假定某军区总医院 SLE 合并 LN 的诊断是正确的，某省中医院作某中医药大学附属医院，作为国内有影响力的三级甲等中医院，作为对患者诊治 4 年多的医院，应承担医疗侵权主要责任。

（6）假定某军区总医院 SLE 合并 LN 的诊断是正确的，患者自身过错应承担医疗侵权的责任或者甚至是主要责任。被告某市人民医院在患者 2001 年出院后嘱其随诊，但患者再未在该院诊治。系统性红斑狼疮因病因复杂（至今发病机制不清）、疾病表现不典型、免疫性检查不普及、实验室要求高、国内尚无诊断标准（目前采美国风湿病学会标准）等因素导致早期难以确诊。因此，患者的长期随诊对该病的诊断极其重要，本病例患者没能随诊及自行对激素停药均构成医疗损害的主要参与因素，其应自身承担责任甚至是主要责任。

2. 某政法大学司法鉴定中心的分析说明和鉴定意见[①]

分析说明：结合2001年全国医疗水平及某市当地的医疗水平综合考虑，对全身症状不明显的红斑狼疮的诊断尚有一定的难度，据此，某市人民医院对患者的诊疗行为不存在过错，但是，某市人民医院在检查发现患者部分指标异常，在考虑红斑狼疮可能性的情况下，没有明确建议被鉴定人到上级医院作进一步检查，存在不足。

鉴定意见：某市人民医院及某省中医院对被鉴定人的诊疗均存有不足，该不足与被鉴定人目前状况存在间接因果关系，上述两家医院责任参与度酌情各为5%。

（四）司法鉴定机构医疗损害鉴定意见的庭审质证

就某医疗大学司法鉴定所作出的医疗损害鉴定意见，被告依法申请司法鉴定人出庭作证，庭审中各方当事人充分发表了质证意见，以下系笔者作为被告代理人在发问程序中对司法鉴定人的发问，[②]正是通过该等发问使主审法官内心确信其鉴定意见明显依据不足并对某作出的医疗损害鉴定意见不予采信。

1. 为何在鉴定意见书第1条基本情况之鉴定材料中列明“某省中医院门诊病历复印件11页”，但在第2条“检案摘要”中却只字不提？这符合司法鉴定原则及《司法鉴定程序通则》所要求的客观全面原则吗？

2. 患者在某省中医院门诊就医（2003年4月8日至2007年11月18日）长达4年多，某省中医院诊断的是什么？是肾病综合征还是SLE？

3. 某医科大学司鉴所接受司法鉴定的委托时间是2012年3月12日，受理为4月12日，而原告在2009年12月27日至30日却在南京某肾科医院住院，在听证程序中，司法鉴定人有追问患者全面的既往治疗史吗？有按照《司法鉴定程序通则》第14条的规定进行审查吗？南京某肾科医院诊断患者为何种疾病？

4. 某医科大学司鉴所鉴定意见书第4条分析说明部分指出的“故分析认为潘某自身疾病与院方部分诊疗过错二个因素共同存在难分主次，考虑院方的医疗过

---

① 摘录自某政法大学司法鉴定中心[2013]法医医鉴第3×号《司法鉴定意见书》第5条“分析说明”及第6条“鉴第意见”。

② 仅列出对某医科大学司法鉴定所出庭司法鉴定人的发问内容。

错的参与度为45% ~ 55%为宜”实质是表明原告自身疾病与被告某市人民医院侵权行为共同导致了目前损害后果，也就是说被告某市人民医院是唯一侵权主体。在目前已经披露的某省中医院、南京某肾科医院都未能诊断SLE，且某省中医院作为三级甲等医院却在患者4年多就医过程中均未诊断SLE，司法鉴定人还坚持某市人民医院是唯一侵权主体吗？

5. 医学是循证科学吗？诊断需要客观依据吗？既然说医学是循证科学，再结合司法鉴定人在鉴定意见第4条分析说明部分（第6页）第二自然段阐述“虽现有资料尚不能确定患者2001年就诊断是否已患SLE合并LN，但由于院方疏漏而未行进步检查，故不排除SLE合并LN的可能性”。既然司法鉴定人自己都不能确定患者2001年就患有SLE，却又推论不排除患有SLE可能性，这是一个缜密的推理吗？是否自相矛盾？是否可以当然地以9年后的结果来直接推论9年前的诊断？另外，司法鉴定人调查了解过与被告类似的属于国内三、四线城市的全国其他医院在2001年期间查抗核抗体ANA及ds-DNA能力吗？

6. 司法鉴定人认为根据患者2001年的主诉、症状、体征及相关检查，可以诊断肾病综合征吗？

7. 被告某市人民医院有考量过患者的继发性肾损害吗？有无进行力所能及的甄别？司法鉴定人认为对ENA多肽谱进行检查，是否是SLE的甄别？司法鉴定人知道ENA多肽谱检查的结论吗？有何临床意义？［仅抗核抗体P蛋白抗体（rRNP）阳性］

8.1982年的美国风湿病协会推荐的11项标准中，有抗核抗体P蛋白抗体（rRNP）阳性标准吗？该标准中的免疫学异常的全部的表述是什么？［抗DNA抗体、抗Sm抗体，LE细胞，梅毒生物学试验假阳性;抗核抗体阳性（荧光抗体法）］

9. 鉴定报告中第4条分析意见中认为，因为未行进一步检查诊断SLE而未能进行系统的正规治疗与随访，故某市人民医院存在过错。但鉴定报告中只字不提患者9年未再到该医院就诊的事实，也未提及医方已经告知其应当随诊。司法鉴定人认为不能进行系统的正规治疗与随访的责任在谁？某市人民医院已经使用激素与免疫抑制剂治疗，司法鉴定人认为SLE还有超越这两种方式的新的治疗方式吗？

10. 司法鉴定人认为SLE表现典型吗？是一个容易诊断的疾病吗？尤其是男性患者？司法鉴定人认为SLE的发病机理已经彻底搞清楚了吗？

11. 根据现行的法律（侵权责任法），诊疗行为不符合当时的医疗水平应承担侵权责任。具体到本案，判断当时的医疗水平是依据 9 年前的水平还是今天的水平？

（五）法庭司法鉴定意见之证据采信状况

经鉴定人出庭作证等正当程序，人民法院依法采信某政法大学司法鉴定中心的鉴定意见，认定医方有 5% 的责任。

（六）案件评析

本案中笔者代表被告医方，本案系原告 9 年后在外院确诊患 SLE 后认为被告当年漏诊而提诉。被告医方对某医科大学司法鉴定所作出的鉴定意见不服，要求鉴定人出庭作证，质证过程中笔者作为被告代理人至少对司法鉴定人发问 11 个问题，该等问题包括但不限于案件事实、医学理论及临床实践、法律适用等，鉴定人的回答不仅不能让代理人信服，也不能使审判人员形成内心确信。其后，启动重新鉴定程序并委托某政法大学司法鉴定中心，笔者作为代理人出席了听证会并充分发表意见，其后重新鉴定意见提交法庭质证并被人民法院依法采信。

本案中某医科大学司法鉴定所的鉴定意见明显不具有全面性、客观性、科学性，对此前文已作阐述，笔者想指出的是，无论是司法鉴定机构的法医临床鉴定抑或医学会的医疗损害鉴定，均是自然人作出的鉴定，而自然人本身由于学术背景、专业能力、逻辑思维等不同均有产生错误鉴定或部分错误鉴定的可能性，认真对待案件并深入研究一定会更接近科学和真实。

另，某医科大学司法鉴定所表述的“虽现有资料尚不能确定患者 2001 年就诊断是否已患 SLE 合并 LN，但由于院方疏漏而未行进步检查，故不排除 SLE 合并 LN 的可能性”逻辑推论不能为笔者接受，但据知，该等逻辑推论并非法医临床鉴定的个别案例。笔者认为，这种逻辑推论自身就是前后矛盾的，看似有道理实质根本不科学。此外，本案还涉及注意义务“当时的医疗水平”问题，应以 2001 年就诊当时的医疗水平进行鉴定而不能为司法鉴定时。

第六章 侵害患者知情同意权医疗损害责任纠纷

第一节 知情同意权损害纠纷

程某诉上海某大学附属医院医疗事故责任纠纷案

（一）诉争由来

患者程某，女性，1950 年生，58 岁。2008 年 4 月 5 日患者因发现盆腔肿块 1 年入住被告医院，入院诊断：卵巢囊肿（双侧）、尿毒症、子宫肌瘤。4 月 14 日患者在全麻下施行腹腔镜术。术后，患者发现其双侧附件被切除，而术前其同意的仅是双侧囊肿切除。

由此成讼，本案经过区、市二级医疗事故鉴定。

（二）上海某区医学会的鉴定结论[①]

2009 年 7 月，对程某诉某大学附属医院医疗事故责任纠纷案，上海某区医学会作出首次鉴定结论。《医疗事故技术鉴定书》第 8 条分析意见指出：（1）从 2007 年 3 月起，患者多次超声检查提示双侧附件区有不均质占位且有扩大趋势，手术指征明确。（2）2008 年 4 月 14 日手术中发现：右卵巢直径 5cm 囊肿，与后阔韧带有粘连。左卵巢直径 3cm 囊肿，与侧盆壁粘连，表面有小囊肿，内含巧克力液体。鉴于患者 58 岁已绝经 5 年，故选择双侧附件切除术是正确的。（3）根据术中所见的双侧卵巢囊肿内含巧克力液体的特征，可以确诊双侧卵巢巧克力囊肿。该疾病的临床诊断和病理诊断存在一定的差异。（4）目前未发现患者有与双附件切除相关的明显不良后果。（5）院方术中、术后与患者及家属沟通不够。综上分析，根据《医疗事故处理条例》第 2 条及医疗事故分级标准（暂行）的相关规定，程某与院方医疗事故争议不构成医疗事故。

对该等鉴定结论，原告不能接受，由此，提请上海市医学会进行再次鉴定。

（三）上海市医学会的再次医疗事故鉴定

1. 诊治概要、患方代理人的再次鉴定陈述、医方再次抗辩

（1）诊治概要[②]

2008 年 4 月 5 日患者因发现盆腔肿块 1 年入住被告医院。5 年前已自然绝经，其后无异常阴道流血、流液。1 年前经盆腔 B 超检查示：右附件占位约直径 3cm。2008 年 3 月 11 日其他三级医院盆腔 B 超检查提示：宫腔积液；子宫肌瘤；盆腔少量积液；双侧附件实质性占位（右侧畸胎瘤可能，左侧来自输卵管待查）。患者既往有尿毒症病史 2 年，在被告处进行血液透析治疗。此次入院妇科检查：阴道：畅，宫颈：光、口闭，宫体：中位、萎缩。双侧附件中区增厚，无压痛。根据病史记载，B 超示：子宫肌瘤，右附件区混合性占位，左卵巢增厚大，后穹窿积液。入院诊断：卵巢囊肿（双侧）、尿毒症、子宫肌瘤。完善相关检查，择期手术。4 月 14 日患者在全麻下施行腹腔镜术，术中见右卵巢囊肿直径 5cm，与后阔韧带有粘连，内含巧克力（色）液体，左卵巢直径 3cm，与侧盆壁粘连，表

① 摘录自上海市某区医学会 2009 年 7 月《医疗事故技术鉴定书》第 8 条“分析意见”、第 9 条“结论”。

② 摘录自上海市医学会 2009 年 11 月《医疗事故技术鉴定书》第 6 条“诊治概要”。

面有小囊肿，内含巧克力（色）液体。行双侧附件切除 + 肌瘤摘除手术，手术标本送病理（病理号：F08–08× ×）："子宫" 平滑肌瘤 2 枚；"左、右卵巢" 白体形成，其中 "右侧" 囊肿形成，未见内衬细胞；"左、右输卵管" 浆膜充血。术后返回病房，生命体征平稳，腹部伤口愈合可，2008 年 4 月 19 日出院。出院诊断：双侧卵巢巧克力囊肿，子宫肌瘤，尿毒症。

（2）患方代理人的再次鉴定陈述[①]

第一，如鲠在喉、不得不说的话。

原告认为沪某医鉴〔2009〕0× × 号《医疗事故技术鉴定书》所认定的不构成医疗事故的鉴定结论不仅明显依据不足，而且令人十分愤慨，愤慨在于此案首次鉴定呈现的 "医医相护" 的不公正情形，鉴定会现场情形与鉴定结论差距巨大。本案并不复杂，事实清楚，证据确实充分。在绝大多数时间里，被告在鉴定会上均对鉴定专家的提问无言以对，均承认自己存在过失，现场基本呈现一边倒态势。原告本以为会构成医疗事故，仅在责任承担上或等级上会对被告有所偏斜，但鉴定结论却完全出乎意料。原告丝毫不怀疑首次鉴定专家组的专业技能、逻辑推理和判断力，如此结果只有一种解释——内心不公正。从鉴定书第 8 条分析意见来看，为构建不构成医疗事故结论煞费苦心。

第二，关于首次鉴定的沪某医鉴〔2009〕0× × 号《医疗事故技术鉴定书》问题。

①第 8 条鉴定分析意见第 1 项认为 "从 2007 年 3 月起，患者多次超声检查提示双侧附件区有不均质占位且有扩大趋势，手术指征明确"。此不仅与事实严重不符，而且避开原告的争议焦点，偷换概念。

原告右侧附件囊肿系原告自行健康 B 超体检所发现，平素无任何症状，门诊及住院时亦无阳性体征，原告在被告处曾经进行三次 B 超检查，分别为 2007 年 6 月 22 日，结论为 "子宫肌瘤、左附件囊性占位、右附件混合型占位、后穹窿积液"；2007 年 10 月 19 日，B 超提示 "子宫肌瘤、右附件混合性痞块、后穹窿积液"；2008 年 4 月 5 日，术前 B 超提示 "子宫肌瘤，右附件区混合性占位，左卵巢增大，后穹窿积液"。事实很清楚，即左侧附件在 B 超上根本不是分析意见所言的 "双侧附件区不均质占位且有扩大趋势"。原告之所以以 B 超时间为顺序驳斥分析意

① 再次鉴定陈述是在 2009 年原文基础上略有删减。

见第 1 项，只是为了以正视听，因为该点并非原告主张的焦点所在。分析意见 1 中所谓“手术指征明确”更是“偷换概念”，原告暂且尚不论及其所谓“手术指征明确”是否科学、合理。原告的第一个问题是，“手术指征明确”是否与“必须进行手术治疗”属同一概念？答案是否定的，“手术指征明确”只是表明可以开刀，并不必然排斥保守治疗或不开刀；第二个问题是，“手术指征明确”与知情同意权相冲突时，孰轻孰重？很显然，知情同意权优先适用，这是一个极其简单的问题，何况原告已经在首次鉴定陈述材料中明确指出其不仅未满足知情同意权，而且切除双侧卵巢的手术指征并不明确（该点将在辨析第 8 条鉴定分析意见第 2、3 项时一并阐述）。

原告在首次鉴定材料中已经细致阐述被告过错之核心观点，即未满足知情同意权即进行手术，此为严重诊疗过失。2008 年 4 月 3 日晚，被告医院与原告丈夫进行了术前谈话，被告口头明确告知：患者入院诊断为“双附件囊肿”，拟进行囊肿切除术，术中冰冻如为恶性，可能需扩大手术范围。原告丈夫也应医师要求签署了“要求腹腔镜下双侧囊肿切除手术”。（当时有一个情节，即原告丈夫并不知道囊肿的囊字如何写，谈话医生具体告知其如何简写囊字）但结果出乎所有人意料，被告医院擅自切除了原告的双侧卵巢，导致原告的严重人身损害后果，此严重违反了《执业医师法》第 26 条、《医疗事故处理条例》第 11 条、《医疗机构管理条例》第 33 条。

因此，分析意见 1 将原告核心观点抛掷一边，答非所问，反而说什么“手术指征明确”。该分析意见 1 的观点是：只要有手术指征医生就能直接开刀，根本无须征得患者及其授权人的同意，《执业医师法》《医疗事故处理条例》《医疗机构管理条例》中所规范的知情同意权应该立即取消。

②第 8 条鉴定分析意见第 2 项认为“2008 年 4 月 14 日手术中发现：右卵巢直径 5cm 囊肿，与后阔韧带有粘连。左卵巢直径 3cm 囊肿，与侧盆壁粘连，表面有小囊肿，内含巧克力液体。鉴于患者 58 岁已绝经 5 年，故选择双侧附件切除术是正确的”，并进而在第 8 条鉴定分析意见第 3 项指出“根据术中所见的双侧卵巢囊肿内含巧克力液体的特征，可以确诊双侧巧克力囊肿。该疾病的临床诊断可以和病理诊断存在一定的差异”。

上述鉴定分析意见第 2、3 项，简单概括即是：被告手术记录写了双侧卵巢有巧克力囊肿，那么这个记录就是唯一客观和正确的，原告已 58 岁了并且已经绝经，所以切除双侧囊肿就是对的。这种分析问题的论据和论证完全违背医学科学、不合逻辑。原告的症状、体征、B超、术中冰冻切片、腹腔镜下所见均未提示需要行双侧附件切除术，根本无双侧附件切除指征，被告严重违背诊疗常规。

原告右侧附件囊肿系原告体检时B超发现的，平素无任何症状，门诊及住院时亦无阳性体征，入院前CA125等指标均属正常，入院后肿瘤指标CEA、CA199、CA125等亦均属阴性。入院后被告医院B超提示“子宫肌瘤，右附件区混合性占位，左卵巢增大，后穹窿积液”。同时，术中冰冻提示：“子宫”平滑肌瘤2枚，（游离标本）；“左、右卵巢白体形成”，其中“右侧”囊肿形成，未见内衬细胞；“左、右输卵管”浆膜充血。术后病理检查报告单提示：（1）“子宫”平滑肌瘤2枚（游离标本）；（2）“左右卵巢白体形成”，右侧卵巢形成，未见内衬细胞。（3）“左输卵管”黏膜慢性炎。从该等资料可看出，被告诊断患者为“巧克力囊肿”更多的是依赖于术中所见，但原告在此并不想过多探究被告的诊断是否正确与严谨，原告着重想指出的是，原告左侧卵巢并无囊肿生成，按照循证医学原理，被告在没有任何手术指征的情况下对原告的左侧卵巢擅自施行了切除术，故被告对原告的左侧囊肿切除附有不可推卸的医疗严重过失责任，这一点确定无疑。另外，关于右侧卵巢囊肿问题。众所周知，“卵巢巧克力囊肿”系子宫内膜异位症，属良性，极少恶变；有药物治疗、手术治疗、药物与手术联合治疗等多种方式；手术治疗中又分为保留生育功能手术、保留卵巢功能手术、根治术等多种方式。而手术治疗又是基于药物治疗后症状不能缓解，局部病变加剧者。反观本案例，原告无任何症状，也无病变加剧等指征，术中及术后病理均提示系良性囊肿，再加上原告尚罹患尿毒症疾病，故原告根本无须手术治疗，被告属于无指征的过度医疗；同时，退一步说，即使对原告施行手术，也并非要将卵巢进行切除一种选择方式，完全可采取保留卵巢功能的手术方式。故被告对原告的右侧卵巢切除也系严重违反诊疗常规的医疗过失行为。

实际上，按照首次鉴定意见书的说法，今后进行医学诊断及治疗，根本无须考虑什么主诉、症状、体征、B超、病理等，也无须考虑什么诊断和鉴别诊断，患者到了医院只要开刀就可以了；今后进行医疗事故鉴定活动，专家组也不要看什么病历，也不要了解什么主诉、症状、体征、B超、病理等，专家组更不要进行所谓综合判断。因为按照鉴定意见的说法，只有医生的手术记录是唯一客观的，因为那是医生肉眼看见的，只要看医生的手术记录就能发现客观真实、就能发现所谓真理。原告想提醒的是，新写一份手术记录，5分钟就足够了。

分析意见第 8 条第 3 项中还有一个非常巧妙的提法，即为了弥补手术记录与病理报告之间存在的巨大差异，加上了一句“该疾病的临床诊断可以和病理诊断存在一定的差异”，手段之高超令人叹为观止。但原告想说的是，病理作为金标准是医学常识。

③第 8 条鉴定分析意见第 4 项认为“目前未发现患者有与双附件切除相关的明显不良后果”。此更是“智慧”淋漓尽致发挥,妙就妙在“目前”二字的使用上。该观点是明显违背医学常识的错误，仅仅是个文字游戏而已。

正如原告在首次鉴定中的陈述，原告的双侧卵巢被切除，系严重的人身损害后果（此内容来自妇产科学卫生部统编教材）。卵巢为女性人体的重要性腺器官，其重要功能为产生卵子和分泌女性激素，即生殖功能及内分泌功能。卵巢分泌激素包括雌激素、孕激素、雄激素及多肽激素和生长因子等，上述激素除对生殖功能及第二性征产生作用外，尚有对下丘脑、垂体作用；促进水钠潴留、促进肝脏高密度脂蛋白合成、抑制低密度脂蛋白合成、降低循环中胆固醇水平、维持和促进骨基质代谢等代谢作用；兴奋下丘脑体温中枢；促进水钠排泄；促进蛋白合成，促进肌肉生长，并刺激骨髓中的红细胞的增长作用；促进肾脏远曲小管对钠离子、氯离子的重吸收作用；对垂体 FSH 的合成和分泌反馈调节作用；调节细胞增生和分化等作用等。甚至有研究表明卵巢有延缓衰老等作用。故卵巢在女性的整个人生过程中具有不可或缺、不可替代的作用。结合本案，由于原告尚患有尿毒症，故卵巢功能的保留更显得尤为重要。原告在首次鉴定中已经指出其现阶段因双侧卵巢切除后出现贫血加剧、性情急剧改变等人身损害后果，但鉴定专家组似乎对其视而不见，也只字未及。

原告认为：放眼全球医学界，没有哪个专家敢说将女性的双侧卵巢切除不产生任何人身损害后果，何况原告已经产生了可感知的明显人身损害；即使退一步说，“目前”不明显，没有哪个专家敢说“永远”不明显。

④第 8 条鉴定分析意见第 5 项认定的“院方术中、术后与患者及其家属沟通不够”问题。

此观点也是可圈可点，深谙社会学规则，智慧含量不低：明说被告不足，实则帮了被告大忙，使原告一眼看上去十分舒服，起到怀柔目的，同时更无碍被告大局。但更核心的是其间接肯定了被告术前沟通是充分、足够、合法的。事实并非如此，市医学会专家组看术前签字即可，再华丽的修饰辞藻在真相面前也会不攻自破。

综上所述，由于被告医院严重违反卫生管理法律法规，侵害患者知情同意权且存在其他诊疗过失行为并直接导致了患者目前的人身损害后果，依法构成医疗事故。区医学会之不构成医疗事故的鉴定结论依法应予否定。本案例的医疗事故损害后果完全是由被告医院实施了一系列违反知情同意、诊疗常规行为所导致，故被告医院理应承担完全责任。另，根据《医疗事故分级标准（试行）》标准，本病例应属二级乙等医疗事故。

（3）医方抗辩[①]

卵巢巧克力囊肿或子宫内膜异位症有其特殊性，临床诊断与术后病理结果可以存在一定的差异。患者已经绝经 5 年，卵巢内分泌功能已经丧失，没有根据表明此类患者双侧卵巢切除后可能引起性激素降低相关的内分泌紊乱。综上所述，医院对患者的诊治过程符合诊疗常规，医疗行为与患者认为的状况无因果关系。

2. 市医学会的鉴定分析说明及鉴定结论

（1）鉴定分析说明[②]

患者自然绝经 5 年、患尿毒症 2 年，因发现“盆腔肿块 1 年”入住医院。入院妇科检查：宫体萎缩，双侧附件中区增厚；多次经 B 超检查提示：“子宫肌瘤，右附件区混合性占位，左卵巢增厚，后穹窿积液”。临床诊断考虑双侧卵巢囊肿、子宫肌瘤，尿毒症，原则可行双侧附件切除 + 肌瘤摘除术。术后病理：子宫平滑肌瘤，右侧卵巢囊肿形成。临床诊断与病理诊断可以存在一定的差异。根据送鉴材料及鉴定会现场专家询问双方当事人的事实经过，术前谈话记录单上记载患者家属意见：要求腹腔镜下双侧囊肿切除手术，并签字。医方拟定手术操作名称：腹腔镜下双侧附件切除术。据此，医方行双侧囊肿切除及附件切除。其行为的后果未与患者充分告知。目前患者的主诉症状与绝经及手术切除存在关联。医方应承担相应责任。

（2）鉴定结论[③]

本病例构成医疗事故。根据《医疗事故处理条例》第 2、4 条和《医疗事故分级标准（试行）》以及《医疗事故技术鉴定暂行办法》第 36 条，本病例属于三

① 摘录自上海市医学会 2009 年 11 月《医疗事故技术鉴定书》第 2 条“争议要点”之“医方认为”。

② 摘录自上海市医学会 2009 年 11 月《医疗事故技术鉴定书》第 8 条“分析意见”。

③ 摘录自上海市医学会 2009 年 11 月《医疗事故技术鉴定书》第 9 条“结论”。

级戊等医疗事故，医方承担次要责任。

（四）案例分析

本案属于比较经典的侵害患者知情同意权导致人身损害后果的医疗损害责任纠纷，患者要求的是囊肿切除手术，但医方是直接将女性患者的双侧附件切除，事实清楚、证据确实充分。依原《侵权责任法》及现《民法典》视野，笔者认为，被告至少存在：（1）替代医疗方案未告知过错；（2）附件切除未知情同意过错；（3）在未知情同意的情况下，无手术指征的切除双侧附件违反诊疗规范的过错；（4）根据术中所见，未再行知情同意的过错；术中摘除并无囊肿的左侧附件的违反诊疗规范的过错等。违反知情同意权是医疗家父主义的体现，与现代法治并不契合，随着依法行医的逐步推进，该类案例应会减少。

本案中区医学会的首次鉴定存有基于同行情谊相护嫌疑，其分析说明及结论有站在医方角度处心积虑为其辩护迹象，因此，从维护当事人合法权益角度，再次鉴定有必要对首次鉴定意见进行充分辩驳，唯此，方有可能在再次鉴定中扭转不利、不公正局面。当然，案件发生在2009年，考虑到当时法制的状况也确情有可原。从现时判断，笔者认为医学会的鉴定结果公正为主流，不公正仅为个别。

第二节 知情同意权与注意义务违反并存的医疗损害责任纠纷[①]

一、伍某等诉上海某大学附属医院医疗事故责任纠纷案

（一）诉争由来

患者李某，女，时年71岁。2009年12月26日19时左右“无明显诱因下胸

① 本书下篇中的很多案例均并存知情同意权损害及注意义务违反等，本节只是为了便于说明混合过错而单列一节。

闷半小时”而由 120 送至被告急救室，急诊 ECG 提示：急性前壁心肌梗死。急救室给予扩冠、抗凝，镇静等处理。23 时转入 CCU 病房住院。23 时 10 分被告下达病危通知书。

住院期间，被告仅对患者进行了常规检查、对症等处理。12 月 27 日 15 时 30 分患者呼吸心跳骤停，经抢救后生命特征暂恢复，18 时 30 分拟至导管室行主动脉内球囊反博术（IABP），但尚未至室内患者又出现呼吸心跳骤停，后经抢救后宣布死亡。

由此成讼，此案经区、市二级医疗事故鉴定。

（二）上海市某区医学会的首次医疗事故鉴定

1. 诊治概要、患方代理人的首次鉴定陈述、医方抗辩

（1）诊治概要①

2009 年 12 月 26 日 20 时 30 分患者因胸闷胸痛约 3 小时由“120 救护”送至被告急诊科。原告有冠心病史，17 时左右胸痛发作、出汗。检查：神清，血压 160/70mmHg，双肺音清，心率 82 次 / 分，（律）齐。诊断：冠心病，心绞痛，心梗？胃炎。给予做心电图、吸氧、监护、扩冠等治疗，查心肌酶、出凝血等。21 时 23 分（患者）感上腹痛，无呕吐，原有胃病史。给予复查心电图、解痉、心内科会诊。心内科会诊：心梗不能除外。予镇静、低分子肝素、抗血小板聚集药物。患者 23 时入住 CCU 病房。

急诊 ECG：窦性心律，Ⅱ、Ⅲ、AVF、V6 ST–T 压低，V1–V4 ST–T 抬高，提示急性前壁心肌梗死、RV3 递增不良。急查血：D–D 二聚体 0.31ug/ml，心肌酶：肌钙蛋白 0.01ng/ml，肌红蛋白 21ng/ml，CK–MB 2.02ng/ml，pro–BNP 255pg/ml，血糖 6.7mmol/L。既往患者有高血压病约 1 年，最高 190/120mmHg，平时服用硝苯地平，血压上下浮动。入院体检：体温 37℃，脉搏 77 次 / 分，呼吸 18 次 / 分，血压 102/69mmHg。精神可，推入病房，双肺未及广泛罗音，心界临界，心率 77 次 / 分，AF 律，各瓣膜区未闻及病理性杂音。诊断：（1）冠心病、急性前壁心肌梗死，心功能 2–3 级（NHYA）；（2）高血压 3 级极高危。予心电血压监护，吸氧，监测心肌酶。绝对卧床休息，切忌用力屏气。告病危（见病危

① 摘录自 2010 年 9 月上海市某区医学会《医疗事故技术鉴定书》第 6 条“诊治概要”。

通知单）。予抗栓、扩冠、防止心室重构、适当补液等治疗。23 时 06 分，心电图示：房性心动过速、前壁心外膜下心肌损伤（可能是急性心肌梗塞）。

12 月 27 日 0 时 41 分，TnT 0.13ng/ml，Myo 583.5ng/mb，CK–MB 14.86ng/ml，pro–BNP 354.2pg/ml（未见正式报告）。9 时 03 分心电图示：窦性心动过速、不排除是偶发室性早搏（也可能是伪差引起）、急性（？）前壁心肌梗塞、显著 ST 压低（可能是心内膜下心肌损伤）、肢导联 QRS 波低电位。9 时 19 分，TnT 1.03ng/ml，Myo 1259 ng/ml，CK–MB 115.10ng/ml，pro–BNP 1474pg/ml（未见正式报告）。10 时，患者仍感胸闷，有气急，高枕位，精神萎，气尚可，心率 88 次 / 分，呼吸 22 次 / 分，血压 108/70mmHg，双肺湿啰音。加用极化液、扩血管药物、利尿剂等。建议行 CAG PCR 术，血管开通成形术。15 时 26 分，TnT 2.63ng/ml，Myo767.3 ng/ml，CK–MB 13.28ng/ml，pro–BNP 5163pg/ml（未见正式报告）。

16 时患者气急明显，不能平卧，精神软，气促，心电监护窦律，心率 100 次 / 分，血压 103/70mmHg，双肺干湿啰音，予速尿静推。16 时 30 分，患者家属在给患者洗脚过程中，患者突然呼之不应，心电监护心率为 0，心脏骤停为一直线，呼吸骤停，立即予胸外按压、人工呼吸，麻醉科插管，静脉应用肾上腺素、可拉明、洛贝林、多巴胺，更换补液。5 分钟后，患者出现自主呼吸，心律恢复为室性心动过速 150 ~ 160 次 / 分。自主呼吸规律、浅促，麻醉科无法插管，咽部抵抗明显，予面罩吸氧，简易呼吸机辅助呼吸；电击复律 2 次，心率减慢至 120 ~ 130 次 / 分。患者神志有所恢复呼之能应，但血压不能维持，多巴胺加量至 600 ~ 800mg，血压 75/50mmHg，SO_2 一度恢复至 80%。四肢冰凉，末梢微循环差，导尿至少量尿液，再予平衡液 500ml，补液中加入阿拉明 2 支，5% $NaHCO_3$ 40ml 静推。16 时 41 分，心电图示：房性心动过速，不排除是偶发室性早搏（也可能是伪差引起），非特异性室内传导阻滞，扩展到后壁的近期（？）下壁心肌梗死。17 时 30 分，SO_2 77% ~ 80%，血压 83/50mmHg，心率 130 次 / 分，齐，加速性室性自主心律。18 时患者较烦躁，四肢能活动但仍冰凉，心电监护非阵发性室性心动过速 120 ~ 130 次 / 分，血压 77/53 mmHg，SO_2 77%，呼吸 35 次 / 分。18 时 25 分，患者目前大面积心梗，心源性休克，Killip 分级 4 级，血压低，休克状态。病情危重，考虑先暂时放置主动脉球囊反搏泵，向家属说明手术的必要性以及随时存在的风险，家属签字。

据患方陈述，27日18时30分拟至导管室行主动脉球囊反搏术，尚未至室内，患者又出现呼吸心跳骤停，经抢救后宣布死亡。据《居民死亡医学证明书》，患者死亡原因：心跳呼吸骤停、心肺复苏后；心源性休克；急性广泛前壁心梗；冠状动脉粥样硬化（性）心脏病；高血压病3级。

（2）患方代理人的首次鉴定陈述[①]

第一，被告违反诊疗常规，懈怠诊疗、消极不作为，与死亡发生具有直接因果关系，为重大过失。患者自12月26日晚19时入院，直至12月27日18时30分几近24小时内，被告在明确诊断为“急性前壁心肌梗死”的情势下，仅采取了一些保守治疗措施，并未采取已被现代医学所证实的有效的积极治疗措施，既未行冠状动脉造影（CAG），也未行经皮冠状动脉介入治疗（PCI术）。此为重大过失，且属于明知故犯（首次病程录内已明确书写处理措施，但实质是从未实施或从未想实施），严重违反卫生部“急性ST段抬高心肌梗死临床路径（2009版）”（卫办医政发〔2009〕111号）。此重大过失直接导致患者丧失了生存机会，被告严重违法行为与死亡具有直接的因果关系。

第二，被告漠视原告享有的知情同意权、选择权。直至12月27日13时被告某姓医生才轻描淡写地告知原告：患者可能需要行冠状动脉造影以明确病情。但直至患者在15时30分第一次呼吸心跳骤停之前，被告从未有任何医师正式且规范地向原告告知患者病情危急，如不行造影及介入治疗，有可能丧失积极治疗、干预机会，患者有可能丧失生存机会。被告所属医师更多的是淡漠地告知：心肌酶谱还可以（实际上心肌酶谱也在不断变化，持续升高），应该问题不大，再观察，请放心。12月27日15时30分，患者第一次呼吸心跳骤停。直至在抢救后，CCU某主任此时才出现。也直至此时，被告才意识到患者病情的严重性，才让原告签署“术前谈话记录单”，即使如此，“术前谈话记录单”中也仅有一些标准的格式条款，患者的严重病情丝毫未提及，也从未确切告知患者近亲属到底要实施什么手术、手术作用、不进行手术的可能后果等。被告的前述行为严重违反《医疗机构管理条例》及其实施细则、《医疗事故处理条例》、原《侵权责任法》所规范的患方知情同意权、选择权。

第三，被告在明知患者病情危急，如不及时行造影及介入治疗就会丧失生存

---

① 鉴定陈述是在2010年原文上略有删减。

机会的情况下，未履行救死扶伤天职，不积极作为，直接导致患者死亡，情节恶劣。在患者第一次呼吸心跳骤停抢救后，原告要求被告某主任尽快进行造影及介入治疗，尽最大努力挽救患者的生命，但该主任却百般推诿，说："是需要马上进行手术，只有马上进行手术或许还有生存机会，但手术需要人手，我一个人做不了,你们只有等"。这一等就是三个多小时,一直等到原告眼睁睁地看着妻子(或母亲)死亡的后果。此严重违反《执业医师法》，严重违反救死扶伤的职业规范，情节严重且可能不限于侵权责任。

（3）医方抗辩①

对患者的诊断明确,患者的病情一直处于动态衍变过程中。患者的病情危重，医方反复向家属告知。对患者进行了积极治疗和抢救，整个诊疗过程符合诊疗常规，患者的死亡与医疗行为之间没有因果关系。

2. 医学会的鉴定分析说明及鉴定结论

（1）鉴定分析说明②

根据患者的症状、系列心电图表现及心肌标志物动态升高等情况，可确诊为急性前壁心肌梗死（ST 段抬高型），有急诊 PCI 或溶栓治疗指征而无明显禁忌证，但医方仅采取内科保守治疗而未及时采取上述措施。鉴于患者高龄、病情严重(广泛胸前导联 ST 段抬高型心肌梗死)、进展迅速是死亡的主要原因。

（2）鉴定结论③

本病例构成医疗事故。根据《医疗事故处理条例》第 2、4 条,《医疗事故分级标准（试行)》、《医疗事故技术鉴定暂行办法》第 36 条，本病例属于一级甲等医疗事故，医方承担次要责任。

（三）上海市医学会的再次鉴定维持区医学会的鉴定结论

1. 鉴定分析说明④

患者因突发胸闷胸痛急诊，结合心电图、心肌标志物动态变化，急性心肌梗死诊断明确，有介入治疗指征，目前的送鉴资料未提示存在介入治疗禁忌证。医

① 摘录自 2010 年 9 月上海市某区医学会《医疗事故技术鉴定书》第 2 条"争议要点"之"医方认为"。

② 摘录自 2010 年 9 月上海市某区医学会《医疗事故技术鉴定书》第 8 条"分析意见"。

③ 摘录自 2010 年 9 月上海市某区医学会《医疗事故技术鉴定书》第 9 条"结论"。

④ 摘录自 2010 年 12 月上海市医学会《医疗事故技术鉴定书》第 8 条"分析意见"。

方申辩家属拒绝介入治疗，但不能提供书面证据。医方未采取积极的介入治疗，与患者死亡存在一定的因果关系。急性广泛前壁心梗死亡率高，且在一周内可出现严重心律失常、心力衰竭等致命性并发症。医方给予该患者急诊收入 CCU、告病危、心电监护及吸氧、抗凝、抗血小板、改善心功能等必要药物治疗，病情曾一度稳定。该患者年龄大，且同时合并心力衰竭、心源性休克、恶性心律失常、心肌梗死面积大，故患者本身病情危重、病情演变快、并发症重是死亡的主要原因。

2. 鉴定结论[①]

本病例构成医疗事故。根据《医疗事故处理条例》第 2、4 条，《医疗事故分级标准（试行）》，《医疗事故技术鉴定暂行办法》第 36 条，本病例属于一级事故（甲等）医疗事故，医方承担次要责任。

（四）人民法院的裁判

该案发生在医疗事故鉴定时期，因医疗事故造成患者死亡的，无论医疗事故责任的程度如何，上海市范围内均不支持赔偿死亡赔偿金的请求。尽管原告极力坚持且认为原《侵权责任法》已在《医疗事故技术鉴定书》作出的 2010 年 9 月 15 日前生效，但仍未获法院支持。法院认为，"（关于）原告主张的死亡赔偿金，对此最高人民法院《关于适用〈中华人民共和国侵权责任法〉若干问题的通知》中明确规定，《侵权责任法》施行前发生的侵权行为引起的民事纠纷案件，适用当时的法律规定，故原告的相关主张因缺乏相应的法律依据，本院难以支持"。[②]往事不可追，这是一个基于立法缺陷而产生的错误。

（五）案例分析

本案被告在明确诊断为"急性前壁心肌梗死"的情势下，仅采取了一些保守治疗措施，既未行冠状动脉造影（CAG），也未行经皮冠状动脉介入（PCI 术）等再灌注治疗。明显违反诊疗原则，也属明确违反《急性 ST 段抬高心肌梗死临床路径（2009 版）》[③]诊疗规范的行为。本案不是医疗水准问题，而是未积极救治问题，

---

① 摘录自 2010 年 12 月上海市医学会《医疗事故技术鉴定书》第 9 条"结论"。

② 上海市某区人民法院《民事判决书》[（2011）× 民一（民）初字第 1××× 号] 第 4 页。

③《卫生部办公厅关于印发 8 个病种临床路径的通知》，卫办医政发〔2009〕111 号，部门规范性文件，2009 年 6 月 30 日实施，现行有效。其中包括《急性 ST 段抬高心肌梗死临床路径（2009 版）》。

被告违反《执业医师法》第24条“对急危患者,医师应当采取紧急措施进行诊治”的规定。本案被告也侵害了患者知情同意权，医务人员在入院后未向患者近亲属说明病情和医疗措施。直至患者第一次呼吸心跳骤停后，方签署“术前谈话记录单”，但其内容并不明确和具体。

本案中因不服首次鉴定而提起再次鉴定程序，但再次鉴定维持原鉴定结论，稍显遗憾。笔者认为,PCI等治疗手段属成熟技术且效果良好,只要医方及时采用,患者大概率会健康地存活，原发病应不构成原因力因素，故该等情形至少可以考虑为对等责任。

二、刘某诉上海某民营医院医疗事故责任纠纷案

（一）诉争由来

患者刘某，女，1979年生，29岁。因多囊卵巢不孕不育于2009年1月27日及其后多次至被告医院治疗。被告给予促排卵及手术等治疗，2009年9月7日20时左右，原告突感右腹部剧痛、绞痛，继而满腹痛自被告处被送至某三级医院，次日行剖腹探查术，诊断为右卵巢扭转（破裂出血）、腹腔内出血、卵巢过激综合征，行右侧附件切除，左侧卵巢囊肿切除+诊刮术。

由此成讼。经人民法院委托，此案原拟在某区医学会进行医疗事故鉴定。鉴定听证会召开前，被告主动向原告赔付，后原告撤回鉴定申请并继而撤回起诉。

（二）诊治概要①

2009年1月，原告刘某在工作之余利用搜索引擎浏览不孕不育的相关知识，当网页中显示上海某民营医院时，其“专业治疗不孕不育”“治不孕看疗效”“三步疗法助你好孕”“创造更多不孕不育奇迹”等的广告内容使人眼花缭乱、怦然心动，宣传语诱使原告在其网页稍有停留。恰当此时，网上导医主动通过其呼叫系统与原告进行联系。导医在听了原告的陈述后，建议与该民营医院右医师联系，并介绍说右医师有40余年治疗不孕不育经验，是“送子观音”，只要找右医师，

① 诊治概要来自代理人2010年8月原文，之所以未能摘录《医疗事故技术鉴定意见书》是因为最终未鉴定。

包生孩子。原告求子心切，被网络及导医蛊惑，随即与右医师进行电话沟通，右医师在电话中告知：“你这种情况多见且不严重，我有处理这方面问题的丰富经验，经过我的系统治疗你一定可以很快怀孕。我们节假日不休息，随时恭候，你和你先生应尽早到医院来检查治疗。”至此，原告陷入了一个精心设计、有一整套操作模式的陷阱。随后演绎的最终结果是，原告不仅耗费巨资，而且遍体鳞伤；不仅未能生子怀孕，反而差点赔上身家性命；最后命虽保住，但双侧卵巢一侧爆裂并出血坏死被摘除、一侧修复后几乎失去功能。

2009 年 1 月 27 日（此时恰是大年初二）原告自外地某市急迫启程，次日到达被告医院，被告右医师给原告开具了令即使不懂医学的普通人也不得不瞠目结舌的 49 项检查。右医师对原告解释说：“这些都是确定多囊卵巢必要的检查，你四天后来看结果。”原告直至 2 月 1 日方离开上海。

其后，原告又受被告指示分别于 2009 年 2 月 21 日、2009 年 5 月 13 日［本次住院治疗，于 5 月 20 日行腹腔镜下卵巢楔形切除（双侧）、腹腔镜下输卵管疏通术］、2009 年 6 月 14 日、2009 年 7 月 21 日、2009 年 8 月 11 日，五次从外地奔赴上海，接受被告所谓“正规系统”治疗。

2009 年 9 月 1 日夜间，原告感觉腹部胀痛明显且逐渐加重，次日上午当地医院 B 超提示：双侧卵巢极度增大。因情势严重，加上腹痛加剧，B 超医生要原告立即与其主治医师联系。原告随即电话与右医师联系，右医师说：“你不要害怕，是用药的正常反应，请来上海检查。”原告和婆婆立即第七次奔赴上海，2009 年 9 月 3 日 23 时 30 分左右两人到达被告医院，经急诊诊断后收入院。直至此时，被告丝毫没有向原告告知病情。在原告的不断追问下，被告仅说“正常治疗反应”。9 月 4 日，化验结果出来，被告向原告郑重告知了一个天大喜讯，“你怀孕了！”原告当时欣喜的心情已无法表达。

2009 年 9 月 7 日 20 时左右，风云突变，原告突感右腹部剧痛、绞痛，继而满腹痛，急叫病房医生。原告坐着轮椅做了 B 超及相关化验。之后，急诊医生说：“你患了阑尾炎，要马上转院，我们已经联系好了上海三甲医院。”原告当时极度惊恐，不仅源于病情，而且源于身边没有一个亲人（原告的婆婆得知怀孕喜讯后回老家准备相关衣物），原告只能在电话里向老家亲属哭诉，但此时原告已无任何支配力。随后，被告医院一张姓主管（女）与值班医生将原告送至上海某三级医院，该院的两位妇科医生对原告进行简单检查后，询问张姓主管（女）与值班医生：你们医院为何自己不处理而转院？张姓主管答：我们怀疑是阑尾炎才转来的。上海某三甲医院的值班医生就说：我们倾向认为是妇科问题，你们还是转院吧。实际上就是该院拒绝收治。随后，被告又将原告拖至上海另一三甲医院，挂急诊号，直至此时张姓主管还一再误导该院急诊医生，说原告是阑尾炎。随后原告被送到该院十楼外科病房待查，至十楼时，已是凌晨时分；但随后，张姓主管及其随从竟对原告不管不顾、全部撤离。

外科病房值班医生检查后告知原告其罹患的并非阑尾炎，由于被告的人员均撤离，医生告知原告，请其家人速来，不然无法进行诊断及治疗，生命堪虞。原告此时是独自面对死亡的威胁。原告亲属在接到原告的电话后，自外地某市包车急速奔赴上海，日夜兼程，持续开车 8 个小时后，在 9 月 8 日的 6 时到达救治医院，办理了必要的手续后，8 时原告被推进手术室行剖腹探查术。最终结果为：右卵巢扭转（破裂出血）、腹腔内出血、卵巢过激综合征。行右侧附件切除，左侧卵巢囊肿切除 + 诊刮术。原告 9 月 17 日自该院出院。

（三）被告依法构成医疗事故损害责任[①]

被告在前述诊断和治疗过程中，存在重大过错，直接导致了原告目前严重人身损害后果，依法应构成二级乙等医疗事故，承担完全责任。

第一，被告违法使用枸橼酸氯米芬片及注射用尿促性素，违反告知义务及注意义务，诊疗行为严重违法违规并放任损害后果发生。原告目前严重的人身损害后果与上述药物的违法使用及主观放任具有直接因果关系。

原告目前持有门诊及住院病历原件或复印件三份，分别为门诊病历、2009 年 5 月 14 日至 2009 年 5 月 21 日第一次住院日志；2009 年 9 月 2 日至 7 日第二次住院日志。此囊括了原告在被告医院诊断及治疗的所有医学信息。但上述两份住院日志中，无论是长期医嘱还是临时医嘱均无枸橼酸氯米芬片及注射用尿促性素的医嘱记载。门诊病历在 7 月 22 日、8 月 12 日有注射用尿促性素记载，但未履行知情同意及严重副作用告知。被告所属右医师在 2009 年 7 月 22 日门诊医嘱：“HMG 75u 肌注 ST”；2009 年 8 月 12 日门诊病历医嘱“HMG 75u 肌注 qd × 10”，

---

① 其下内容来自原告代理人拟进行鉴定阐述的 2010 年 8 月原文，之所以未能摘录《医疗事故技术鉴定意见书》是因为最终未鉴定。

被告两次使用注射用尿促性素均未履行知情同意及任何严重副作用告知义务。被告严重违反病历管理规范，给原告服用枸橼酸氯米芬片竟无医嘱记载。门诊病历在 2009 年 7 月 22 日记载的“LMP7.7. 已服克罗米芬，但监测排卵中未见卵泡发育，偶有下腹微涨”的内容为被告所属右医师记载，但具体医嘱开具日期无任何踪迹可寻。换言之，被告认为无需在病历上医嘱记载枸橼酸氯米芬片。此严重侵害了原告的知情同意权，实质即为对待卵巢已较正常人为异的 PCOS 患者使用注射用尿促性素、枸橼酸氯米芬片这些特殊药物的告知义务、同意义务，该义务包括但不限于患者对这种治疗的同意，对这种药物使用至患者身上的严重副作用及日常高度注意义务。此为被告的严重过失，该严重过失不仅表现为未履行法定义务，更重要的是凸显了被告及其医务人员对患者生命健康权的严重漠视。

被告严重违反注意义务，放任损害后果发生，与患者目前严重人身损害后果具有直接因果关系。诱发排卵之氯米芬为一线排卵药物，对氯米芬抵抗患者可给予二线促排卵药物。诱发排卵时易发生卵巢过度刺激综合征，需严密监测，加强预防措施。国内枸橼酸酸氯米芬片说明书中注明：“较常见的不良反应有：肿胀、胃痛、盆腔或下腹部痛（卵巢增大或囊肿形成或卵巢纤维瘤增大、较明显的卵巢增大，一般发生在停药后数天）。”国内注射用尿促性素说明书中指出的不良反应为：“主要为卵巢过度刺激综合征，表现为下腹不适或胀感、腹痛、恶心、呕吐、卵巢增大。严重可致胸闷、气急、尿量减少、胸水、腹水，甚至卵泡囊肿破裂出血等。此外尚有多胎妊娠和早产等。”

被告对原告所使用的上述两种具有严重不良反应的药物均不是在住院密切观察下使用，而是门诊医嘱和使用，甚至是让原告自行带回家服用，此为严重过失。

更有甚者，2009 年 8 月 21 日，原告由于腹部持续胀痛且无法缓解，焦虑地反复询问右医师是怎么回事。右医师说：“这是用药后的正常反应，卵泡发育很不错，等卵泡排掉胀痛就会减轻，你回家同房；如到 9 月 9 日月经还不来，就有可能是怀孕了，你到老家医院查实是否怀孕即可，如果月经照常来的话，等下次月经还到上海医院来接受治疗。”此后，在原告已经出现用药不良反应的情况下，竟然让原告自行出院。此为严重违反注意义务，该等放任导致了此后卵巢状态的持续恶化。

第二，被告所属医师违背《执业医师法》所规范的救死扶伤的神圣职责，严重不负责任，这不仅与原告目前人身损害后果有直接因果关系，还涉嫌刑事犯罪。

2009 年 9 月 7 日晚原告卵巢破裂，但被告却以被告罹患所谓“阑尾炎”“我们医院是专科医院”的理由将原告推至其他医院，称之“丧尽天良”不为过。被告工商相关登记信息显示，其经营范围中第一项即为普通外科专业，实际上被告医院也有普通外科。故被告是在将一个垂死的患者推至门外，严重违反救死扶伤天职。另外，原告是下腹持续胀痛，根本非右下腹转移性痛，原告的血常规等检查结果中均无任何体现急性阑尾炎之征象。再根据 2009 年 9 月 2 日入院的住院日志，原告在被告医院门（急）诊的诊断是“卵巢过度刺激综合征”，入院诊断主要为“卵巢过度刺激综合征”，9 月 7 日出院小结之出院诊断为“卵巢过度刺激综合征早孕腹痛待查：（1）卵巢破裂？（2）卵巢囊肿蒂扭转？（3）急性阑尾炎？”9 月 7 日 B 超：“宫内膜增厚，双侧卵巢卵泡过度生长，腹水。”简言之，根据被告对原告病历之记载，从原告甫一入院，被告早就知道原告的病情危急。在将原告违法转出院之前，被告已经预见到原告卵巢破裂，而预见到卵巢破裂，也就意味着已经预见到原告有死亡之可能。但被告仍将原告扫地出门、推入绝境。事实一目了然，被告自原告 9 月 2 日急诊尚未入院即明确诊断，但被告对原告即将发生的损害后果未采取任何措施，犯意属间接故意，实为放任，同时对原告及其近亲属以“你怀孕了”谎话掩瞒病情；尤为恶劣的是，在原告因卵巢破裂坏死、出血有可能导致死亡的严重情势下，将原告独自一人抛弃至其他医院且继续掩瞒、掩饰病情，此为天理难容。

最后，接诊医院的出院小结内容为：右卵巢扭转，广泛性破裂出血、纤维素性渗出，局灶坏死，并见黄体出血、输卵管充血、出血；左卵巢间质出血伴囊状滤泡形成；腹腔内出血（量达 1800ml）、卵巢过激综合征。行右侧附件切除，左侧卵巢囊肿切除 + 诊刮术。

被告医务人员似乎符合刑法上医疗事故罪的犯罪构成要件，但从主观方面观察，属明知而为，又不符合医疗事故罪的犯罪构成；从某种程度上或许更符合刑法上间接故意伤害罪（既遂）或杀人罪（未遂），原告已表示保留视事态进展情况要求有关部门追究其刑事责任权利。

第三，被告违反诊疗常规对原告进行卵巢楔形切除术，这也是原告目前左侧卵巢早衰、丧失功能的原因之一，手术也未履行知情同意。

腹腔镜下卵巢打孔术对 LH 和游离睾酮升高者效果较好。在腹腔镜下对多囊卵巢应用电针或激光打孔，每例卵巢打孔 4 个为宜，可获得 90% 排卵率和 70% 的妊娠率。卵巢楔形切除术系 60 年代以前唯一有效的治疗方法。其缺点为排卵不持久，半年后变为无排卵者达 50% 以上，术后盆腔粘连是主要并发症，导致 PCOS 患者由功能性不孕转为机械性不孕，现已不再利用。目前多采取腹腔镜打孔，电凝打孔采用 4 ~ 20 个孔多见。

被告在手术前，根本就没有告知原告施行手术的方式，仅告知系腹腔镜手术要打孔，丝毫未谈及要对原告进行卵巢切除，但结果是被告擅自切除了原告部分器官，而且属于已经淘汰的对生命健康有害的术式，此同样为重大过错。

第四，被告及其医务人员恶意过度医疗，为达到赚钱的贪婪目的不择手段。

POCS 存在于如此高比例的妇女中，以至于其本身就是正常状态的一种变化。POCS 的治疗是针对症状的，因为 POCS 并不是原发疾病而只是系统性代谢状态的表现之一。所有的检查都是针对各种问题的可能原因展开的，需要的只是少部分检查项目，其他的主要是排除肿瘤。

原告 2009 年 1 月 27 日至 2009 年 9 月 17 日，从外地 7 次满怀希望地到被告医院，仅医疗费用及交通费用就支付了 7 万余元（部分发票已遗失）。翻开原告的病历医嘱记载，令人触目惊心，原告作为私营医院的恶意过度医疗甚至欺骗性医疗昭然若揭。现举一例言之：原告 2009 年 5 月 13 日因手术入院［5 月 20 日行腹腔镜下卵巢楔形切除（双侧）、腹腔镜下输卵管疏通术］，之前电话沟通时右医师明确地告知原告："手术及住院费用正常情况下绝对不会超过 12,000 元，入院押金是 15,000 元，多退少补。"但至 5 月 21 日原告出院结账时竟然发现医疗费为 24,065 元。而且恰当结账日，右医师"休息了"，原告只有"挨宰"，无处理论。

（四）案件处理结果

原告依法起诉后，人民法院委托上海市某区医学会进行医疗事故鉴定。拟鉴定前，被告医院主动联系原告并进行赔付，该案未再进行鉴定，案结事了。

（五）案例分析

本案发生 2009 年，系民营医院野蛮生长时期，一小部分民营医院基于利益及监管不到位等因素，利用患者缺乏医学知识且对一些患者"求医心切"的心理，攫取不义之财，实施了众多虚假宣传、诱导、欺骗、强迫、过度医疗、不专业诊疗等严重损害患者利益的不正当甚至违法犯罪行为。具体到本案，被告及其医务人员实施了诸多违法违规行为，有些行为实属严重甚至涉嫌犯罪。此一方面需要患者擦亮双眼，树立正确的就医观，另一方面也需要监管部门的持续监管和惩处，只有如此，方能净化医疗生态环境。

第七章 与医疗产品责任相关的案例[1]

第一节 丙肝感染医疗损害责任纠纷

朱某诉某市妇幼保健院、某市级医院医疗损害纠纷案[2]

（一）诉争由来

2011 年 10 月 24 日，患者朱某因“原发性不孕、输卵管因素”收入某市妇幼保健院，2011 年 10 月 24 日丙肝抗体检查阴性，2011 年 10 月 25 日行腹腔镜检查 + 输卵管通液术，2011 年 10 月 31 日出院。2011 年 11 月 12 日，患者因“车祸伤、左桡骨骨折、L2 压缩性骨折”诊断被收入某市级医院，2011 年 11 月 14 日在臂丛麻醉下行左桡骨骨折切开复位内固定术，2011 年 11 月 15 日丙肝抗体

① 本章中遴选的 3 个案例，严格意义上说可能不属于《民法典》第 1223 条规范的医疗产品责任，但一定意义上也可以说属于医疗产品责任或与之密切相关。

② 在本案中笔者代表医方某市级医院。

检查阴性，2012 年 1 月 4 日丙肝抗体检查阳性。后续在江苏省某省级医院检查 HCV-RNA 升高，2012 年 2 月 23 日出院，出院诊断中包括“丙肝”。

患方就丙肝感染问题，与两家医院发生医疗损害责任纠纷，并诉诸当地某区人民法院，人民法院委托北京市某司法科学证据鉴定中心进行法医临床鉴定。

（二）北京某司法科学证据鉴定中心的鉴定意见

1. 诊治概要 ①

（1）某市妇幼保健院诊治概要

住院日期 2011 年 10 月 24 日至 31 日。入院情况：患者朱某，女，29 岁。因“结婚 4 年，未避孕 2 年未孕”入院，患者平素月经规律，2 年前体检多囊卵巢，予促排卵治疗未孕，外院碘油造影示盆腔炎，拟“原发性不孕（输卵管因素）”收入院。住院经过：患者入院后完善相关检查。2011 年 10 月 24 日丙肝病毒抗体阴性。2011 年 10 月 24 日生化：谷丙转氨酶 121U/L，谷草转氨酶 191U/L，总胆红素 16.4umol/L，直接胆红素 4.4umol/L，r- 谷氨酰转肽酶 91U/L，碱性磷酸酶 96IU/L。于 2011 年 10 月 25 日行腹腔镜检查 + 输卵管通液术，术中子宫外形正常，表面炎性充血，盆腔淡黄色积液 100ml，左输卵管间质部隆起呈紫蓝色，右输卵管伞端见美蓝通过，术中（后）予抗炎、补液、对症处理。出院情况：一般情况好，腹部穿刺孔Ⅱ / 甲愈合，阴道无流血。出院诊断：原发性不孕，左侧输卵管梗阻（近端），慢性盆腔炎。

（2）某市级医院诊治概要

住院日期 2011 年 11 月 12 日至 2012 年 2 月 23 日。入院情况：患者朱某，女，29 岁。因车祸伤全身多处疼痛 2 小时余入院。入院查体：BP120/80mmHg，神清，精神可，表情痛苦，左前臂肿胀、压痛、质软、旋转活动受限，颈椎无压痛，颈椎活动可，L2 处压痛明显。X 线示：左桡骨骨折。腰部 CT 平扫显示：L2 压缩性骨折。入院诊断：左桡骨骨折，L2 压缩性骨折。诊疗经过：入院后予以相关检查，于 2011 年 11 月 14 日在臂丛麻醉下行左桡骨骨折 ORIF 手术。术后 14 日予以拆线，切口愈合良好。2011 年 11 月 14 日生化：谷丙转氨酶 151U/L，谷草传氨酶

① 摘录自北京市某司法科学证据鉴定中心 2015 年 7 月《司法鉴定意见书》{（京）×× 司鉴［2014］临鉴字第 9×× 号}第 3 条“检验过程‘之第 2 项’”“送检材料审查及摘抄概要”。

211U/L，总胆红素 38.70umol/L ↑，直接胆红素 12.00umol/L ↑，间接胆红素 26.70umol/L ↑，r- 谷氨酰转肽酶 121U/L，碱性磷酸酶 1071U/L。2011 年 11 月 15 日沟通记录内容记载：患者近日出现黄疸，巩膜中度黄染，食欲不振，考虑可能为肝细胞性或梗阻性黄疸可能。拟再次复查相关检查，并请相关科室会诊，排除肝炎及结石梗阻可能。2011 年 11 月 15 日丙肝抗体 0.2（参考值 0 ~ 1）。2011 年 12 月 26 日病程记录：患者诉食欲不振，巩膜中度黄染，全身皮肤黏膜黄染。予以保肝、降酶处理。2011 年 12 月 26 日肝生化异常。2011 年 12 月 27 日肝胆胰脾超声：胆囊壁增厚呈双线。2011 年 12 月 28 日肝生化异常。2011 年 12 月 28 日上腹部 MRCP：急性胆囊炎征象；肝右叶小囊肿。2011 年 12 月 29 日病程记录：患者诉食欲好转，排便正常。神清，精神一般，巩膜黄染好转。目前考虑黄疸为胆囊炎、胆管炎可能，予以抗炎、保肝、降酶等处理。2011 年 12 月 31 日肝生化异常。2012 年 1 月 1 日病程记录:患者食欲好转，无乏力，二便正常。2012 年 1 月 4 日病程记录：巩膜轻度黄染，全身皮肤黏膜无明显黄染，Murphy 征（±）。2012 年 1 月 4 日丙肝抗体 8.5（参考值 0 ~ 1）。2012 年 1 月 4 日肝生化异常。2012 年 1 月 5 日肝脏超声：胆囊炎性声像。2012 年 1 月 9 日病程记录：目前考虑患者可能为丙肝致肝功能异常、黄疸,已予以复查丙肝抗体,如仍为阳性,建议患者于南京医院予以丙肝 RNA 检查,以确诊丙肝。继续予以保肝,降酶治疗。2012 年 1 月 10 日丙肝抗体 9.1（参考值 0 ~ 1）。2012 年 1 月 12 日病程记录：巩膜轻度黄染,全身皮肤无黄染,肝稍大。江苏省某省级医院 HCV-RNA 显示:阳性(2012 年 2 月 2 日江苏省某省级医院门诊病历记载：HCV-RNA 2.34×10^{7}copies/ml），丁戊肝阴性。目前考虑诊断丙肝。2012 年 1 月 15 日病程记录：巩膜轻度黄染，肝脾肋下未及，Murphy 征（±）。目前治疗同前已加用还原性谷胱甘肽。2012 年 1 月 16 日病程记录：建议患者转传染病医院行专科治疗，患者表示拒绝，要求我科就诊，感染科随诊。2012 年 1 月 18 日肝生化异常。2012 年 1 月 25 日病程记录：巩膜黄染消褪。2012 年 1 月 31 日病程记录：请示感染科后认为可予以抗病毒及干扰素治疗。2012 年 2 月 20 日生化：谷丙转氨酶 211U/L，谷草转氨酶 18IU/L，总胆红素 28.60umol/L ↑，直接胆红素 10.20umol/L ↑，间接胆红素 15.20umol/L，r- 谷氨酰转肽酶 23IU/L，碱性磷酸酶 97IU/L。2012 年 2 月 23 日病程记录：患者精神可，饮食可，二便正常。巩膜无黄染，颈软，无压痛，心肺听诊（-），腹平软，肝脾肋下未及，全腹无明显压痛及反跳痛，四肢肌力 5 级，未及阳性体征，左前臂手术切口愈合良好。出院诊断：左桡骨骨折，L2 压缩性骨折；轻度闭合性颅脑损伤；创伤性颈髓脱髓鞘反应；创伤性颈椎椎间盘突出；丙肝。

2. 鉴定分析说明①

审查送检材料，现对本案患方争议的丙肝感染问题，分析说明如下。

（1）关于患者丙肝感染问题。

丙型肝炎是由丙型肝炎病毒（HCV）引起的传染性疾病，传播途径包括输血和血制品、注射、器官移植，血液透析、生活密切接触传播等。人民卫生出版社出版的《传染病学》教科书中指出，HCV 进入人体内后第 1 周即可从血液或肝组织中用 PCR 法检出 HCV-RNA，第 2 周开始可检出抗 HCV，少部分病例感染 3 个月后才检测到抗 HCV。以上说明丙肝病毒主要是血源性传播，现有医学条件仍存在因输血、注射、手术等治疗通过血源性途径感染丙肝病毒的可能性；个体感染丙肝病毒后至医学检测发现需一段时间，且窗口期存在个体差异；HCV-RNA 较 HCV 抗体检测方法更具有敏感性、及时性特点。

审查送检材料，患者 2011 年 10 月 24 日在某市妇幼保健院检查丙肝抗体显示为阴性，2011 年 11 月 15 日在某市级医院检查丙肝抗体显示为阴性，2012 年 1 月 4 日复查丙肝抗体显示为阳性，2012 年 2 月 2 日江苏省某省级医院门诊病历记载检查 HCV-RNA 为 2.34×10^7copies/ml，提示患者感染丙肝病毒；按照目前教科书观点并依据现有病历材料，患者在 2012 年 1 月 4 日前 2 周至 3 个月期间感染丙肝病毒的可能性较高，该期间患者有在两家医院接受手术、抽血、输液的诊疗行为；对于手术器械、注射器械的质量，消毒管理，以及医护人员操作规范性问题，涉及医疗质量管理、医院感染管理、医疗器械质量合格性等多方面问题；患者在 2011 年 10 月 24 日前接受医学诊疗情况，是否存在其他感染途径，现缺乏相关鉴定材料评价。

（2）关于某市妇幼保健院的诊疗行为。

依据患者结婚 4 年，未避孕 2 年未孕病史，外院碘油造影显示盆腔炎，医院入院诊断及给予患者腹腔镜检查 + 输卵管通液术治疗符合医学原则。手术证实患者妇科病情，达到诊疗目的。术前与患方签署腹腔镜手术同意书，告知了与手术相关的常规内容，符合该手术的告知要求。住院期间医院给予患者常规抽血检查，

---

① 摘录自北京市某司法科学证据鉴定中心 2015 年 7 月《司法鉴定意见书》第 4 条“分析说明“。

以及术后静滴药物抗炎、止血等治疗符合医学规范。对于医疗质量管理、医院感染管理、医疗器械质量合格性等问题的评价，涉及卫生行政管理、检查、监督范畴，以及实际操作的事实情况，法医学技术层面对此的评价存在难度。

（3）关于某市级医院的诊疗行为。

依据患者车祸伤，伤后检查左前臂肿胀、触痛、活动受限，腰 2 处压痛，以及 X 线片、CT 影像检查所示，医院入院诊断及给予患者左桡骨骨折切开复位内固定术治疗符合医学原则。病历记录反映手术顺利，术后恢复良好。住院期间医院给予患者常现抽血检验，以及静滴药物抗炎等治疗未违反医学原则。2011 年 11 月 12 日入院查体记录显示患者全身皮肤黏膜光滑、无黄染；出院记录和病程记录显示 2011 年 12 月 26 日患者食欲不振，查体见巩膜中度黄染、皮肤黏膜中度黄染:2011 年 11 月 15 日医患沟通记录显示患者近日出现黄疸，巩膜中度黄染，食欲不振；2011 年 11 月 14 日生化检查显示总胆红素、直接胆红素、间接胆红素均轻度升高，总胆红素指标 38.7umol/L，在医学理论上可以出现黄疸症状，因此，病历中对于患者黄疸症状出现时间记载的差异，存在病历书写不规范情形，也对本次鉴定分析评价形成一定不利影响。2011 年 11 月 14 日患者生化检查显示总胆红素、直接胆红素、间接胆红素指标均轻度升高，在 2011 年 11 月 15 日医患沟通记录中，见拟再次复查相关检查，并请相关科室会诊，排除肝炎及结石梗阻可能的记载。但病程记录中未见医院对此的进一步临床分析，未见及时进行生化、肝炎抗原抗体复查和腹部影像学检查，也未见及时邀请相关科室会诊。因此，医院在患者生化提示胆红素指标异常后的临床分析、检查和诊治的及时性方面存在不足。医院在 2011 年 12 月 26 日以后对患者黄疸病情的检查、会诊、诊断和治疗方面，符合医学规范要求。对于医疗质量管理、医院感染管理、医疗器械质量合格性问题的评价，涉及卫生行政管理、检查、监督范畴，以及实际操作的事实情况，法医学技术层面对此的评价存在难度。

（4）关于患者丙型肝炎与医疗行为的因果关系。

如前所述，某市级医院在 2012 年 1 月 4 日对患者进行丙肝抗体复查显示阳性，后 2012 年 2 月 2 日江苏省某省级医院门诊病历记载 HCV–RNA 检查显示升高；按照现有医学理论，患者在 2012 年 1 月 4 日前 3 个月内感染丙肝病毒的可能性较高，此期间患者在两家医院接受手术、抽血、输液等诊疗行为，均存在通过血源性感染丙肝病毒的可能性。对于两家医院手术器械、注射器械的质量，消毒管理，以及医护人员操作规范性问题，涉及医疗质量管理、医院感染管理、医疗器械质量合格性及实际操作的事实情况等多方面问题，法医学技术层面对此的评价存在难度。

某市级医院病历中对患者出现黄疸症状的记录存在不一致的情况，致本次鉴定难以判断患者肝炎的发病时间；某市级医院在2011年11月14日生化示胆红素升高未能及时进行检查、会诊、诊断和治疗，2011年12月26日生化复查示谷丙转氨酶、谷草转氨酶已呈明显升高，也对判断患者丙肝病毒感染时间具有不利影响。因此，某市级医院在对患者的诊疗过程中存在医疗过错，该医疗过错在医院举证患者肝炎病毒感染时间方面具有不利影响，致本次鉴定不能排除患者在两家医院诊疗期间感染丙肝病毒的较高可能性。

因此，鉴于现有医学鉴定材料提示患者可能感染丙肝病毒的时间特点，以及此期间患者接受两家医院医疗行为在法医学技术层面的评价难度，本次鉴定不能排除两家医院的医疗行为存在过错，不能排除与患者感染丙肝病毒的因果关系。需指出的是，本案依据现有医学鉴定材料，无法作出确定性鉴定意见，也无法分别评价两家医院的因果关系程度。至于患者除该两家医院之外，是否存在其他感染途径之情形，因未有任何相关举证材料，本次鉴定无法评价。

损害后果中因果关系程度的评定，实际上属于目前临床法医学领域中最具有争议的工作，不同诉讼参与人或不同鉴定机构鉴定人可具有各自的评价观点；本次鉴定认为该因果关系程度评定本质是建立在鉴定人内心判断基础上的一种学理性观点，不能与审判确定民事赔偿程度完全相同，是供法官审判确定民事赔偿的参考依据之一。本案鉴定人认为该案件因果关系程度评定需要考虑的因素有：（1）患者在2011年10月24日前有在其他医院接受诊疗的情况；（2）两家医院针对妇科、骨科对患者的诊疗行为符合医学规范；（3）某市级医院针对患者生化所示异常未能及时检查、会诊、诊断和治疗，存在的医疗过错对分析患者感染丙肝病毒时间具有一定的不利影响；（4）法医学技术层面对两家医院手术、抽血、输液等诊疗行为评定的难度。基于以上因素的分析，本次鉴定认为：就现有送检病历材料而言，两家医院医疗行为与患者感染丙肝病毒的因果关系程度，从法医学立场分析为共同（同等）因果关系程度，是否妥当供法庭审理裁定参考。对于两家医院分别的因果关系程度，本次鉴定评价存在难度，请法庭审理裁定。

3. 鉴定意见[①]

（1）对于某市妇幼保健院、某市级医院手术器械、注射器械的质量，消毒管理，以及医护人员操作规范性问题，涉及医疗质量管理、医院感染管理、医疗器械质量合格性及实际操作的事实情况等多方面问题，法医学技术层面对此的评价存在难度。某市级医院针对患者生化所示异常未能及时检查、会诊、诊断和治疗，存在医疗过错。

（2）依据现有鉴定材料，不能排除某市妇幼保健院、某市级医院医疗行为与患者感染丙肝病毒的因果关系，从法医学立场分析，两家医院的因果关系程度为共同（同等）因果关系程度，是否妥当供法庭审理裁定参考。对于两家医院分别的因果关系程度，本次鉴定评价存在难度，请法庭审理裁定。

（三）案例评析

在本案中笔者代表某市级医院医方，患者方起诉时某市级医院为唯一被告。经分析研究案情并进行相关查询，发现患者方不久前在另一家医院也进行过诊疗并有侵袭性手术操作，基于病毒感染窗口期问题，其后向人民法院申请追加被告并被准允。

首先，本案例并未有输血过程，一般而言，丙肝感染绝大多数是由输血导致，因此，本案较为罕见。基于丙肝感染窗口期问题，[②]本案不能用一般的普通思维来论证因果关系。本案患者在某妇幼保健院 10 月 24 日术前检查丙肝阴性，患者 10 月 25 日接受手术，出院后并未再查丙肝抗体。某市级医院 11 月 14 日对患者进行手术，11 月 15 日丙肝抗体 0.2（参考值 0 ～ 1）为阴性（该等抗体应为术前检查术后出报告），但 2012 年 1 月 4 日丙肝抗体 8.5（参考值 0 ～ 1）却为阳性。因此，如果采取一般认知进行推论，似乎感染是发生在某市级医院，因为某市级医院的 11 月 15 日丙肝抗体显示为阴性，这个阴性结果似乎已经为某妇幼保健院提供证据证明患者在某妇幼保健院出院后未感染丙肝。但实际并非如此，基于存在窗口期，存有某妇幼保健院导致感染但直至 2012 年 1 月 4 日抗体方可监测出并显示为阳性的可能，至于某市级医院 11 月 15 日阴性报告只是表明那个时间点

① 摘录自北京市某司法科学证据鉴定中心 2015 年 7 月《司法鉴定意见书》第 5 条“鉴定意见”。

② 窗口期概念：在人体感染病毒的初期，对病毒的免疫应答并不能即刻产生，人体有一个识别与应答并继而产生特异性抗体（immunoglobulin，Ig）的过程，我们把病毒感染至抗体产生这段时间称谓为“窗口期”。

尚不能测出抗体。

其次，笔者认为，本案法医临床鉴定是基于全面、客观、科学、理性原则进行的，说理清晰、科学客观、用词谦抑，直面并揭示法医学技术鉴定层面对于因果关系鉴定之争议以及对于医疗质量管理、医院感染管理、医疗器械质量合格性问题评价之困难等，系一篇高水准的鉴定意见书。笔者还想提及的是，本案鉴定依据明确列明了《传染病学》《内科学》教科书，[①] 笔者对此认同，教科书是历经多位医学大家、几代传承集合写就的经典之作，也为所有临床医学生的必修课程，自当是最好、最经典的“当时的医疗水平”。

最后，本案丙肝感染尽管不属于《民法典》第1223条“输入不合格的血液造成患者损害的”情形，但却可能与侵袭性操作（包括手术或其他输液、注射等）过程中使用的医疗器械消毒或医疗器械合格产品（如使用标识为一次性无菌包装产品）之医疗产品责任相关，从这个意义上说，又与《民法典》第1223条消毒产品、医疗器械的缺陷相关。

第二节 药物过敏医疗损害责任纠纷

一、沈某等诉上海市某区医院医疗损害责任纠纷案

（一）诉争由来

患者刘某，男，1957年生，时年52岁。既往有青霉素过敏及休克史，2009年7月29日9时05分因感冒咽痛，怕冷发热，体温40.3℃至被告医院内科急诊。7月31日16时15分患者又至该院急诊，收住血液科，初步诊断为两肺炎。给予罗氏芬抗炎等治疗，20时05分宣布临床死亡。

① 摘录自北京某司法科学证据鉴定中心2015年7月《司法鉴定意见书》第3条“检验过程‘之第1项’”“案件审理及鉴定工作”。内容为：依据《执业医师法》、原《侵权责任法》、《传染病学》、《内科学》教科书等法律、医学规范，鉴定人经讨论制作本鉴定意见书。

由此成讼，人民法院委托区医学会进行医疗事故鉴定。

（二）上海市某区医学会的医疗事故鉴定

1. 诊治概要、患方代理人的鉴定陈述、医方抗辩

（1）诊治概要[①]

患者刘某，男性，52岁。2009年7月29日9时05分患者因感冒咽痛，怕冷发热，体温40.3℃被送至被告医院内科急诊。检查：一般尚可，咽部充血，扁（±），心肺（－）。予复氨2ml即刻肌注，5%糖水＋克林霉素静滴 ×3天及正柴胡冲剂、蓝苓口服液口服。

7月30日，患者主诉咳嗽、胸痛伴发热2天，9时50分再至该院看急诊，体温39.6℃。检查：咽红，扁I°，心率86次/分，律齐，两肺呼吸音粗，予摄胸片（未见报告），诊断肺炎，予复氨2ml即刻肌注，头孢替安试验阴性，头孢替安20加生理盐水静滴 ×3天及泰诺口服，嘱随诊。

7月31日16时15分患者又至该院急诊。主诉：伴有气促明显。检查：神清，呼吸尚促，两肺闻及湿啰音，心率90次/分。诊断肺炎，当日17时入住血液科。自诉既往有青霉素过敏史。入院体检：体温36.5℃，心率90次/分，呼吸25次/分，血压110/70mmHg，神清，精神萎，呼吸稍促，两肺呼吸音粗，可闻及干湿性啰音，余无特殊。初步诊断为两肺炎。首次病程录辅助检查项示：血常规白细胞13.1×10^9/L，中性粒细胞80.4%；胸片提示“两肺炎症”（未见报告）。予内科Ⅱ级护理，吸氧，即刻0.9%生理盐水20ml+喘定0.25静推；0.9%生理盐水100ml+罗氏芬2.0、左氧氟沙星100ml各每日二次静滴，5%糖水250ml+喘定05、0.9%生理盐水250ml+维生素C2.0+维生素B6 0.2+氯化钾075、0.9%生理盐水100ml+盐酸氨溴索60mg、平衡液500ml、15-AA250ml各每日一次静滴；物理降温、高热血培养＋药敏处理。16时50分护理记录显示医生告知使用冰袋，但测得体温为36.5℃，未予以使用；18时35分患者家属诉患者静脉针掉落，予以重新注射静脉留置针；18时50分，患者家属诉患者口唇青紫，舌头发青，护士到床边见患者口唇青紫，呼吸急促，立即通知值班医生，嘱通知血液科主任、内科二值班；18时55分，予0.9%生理盐水20ml+喘定0.25、地塞米松5mg及甲强龙40mg各静推。19时02分血常规报

---

① 摘录自上海市某区医学会2009年11月《医疗事故技术鉴定书》第6条“诊治概要”。

告：白细胞 2.8×10^9/L，中性粒细胞 47.30%。19 时 15 分，患者神清，半卧位，呼吸急促，喘、胸闷，面部略青紫，唇紫绀，心率 >120 次 / 分，两肺可闻及干啰音、粗湿罗音、哮鸣音。血压 100/40mmHg，予甲强龙 80mg、肾上腺素 1mg、地塞米松 5mg、速尿 20mg 各静推，向家属交待病情，改内科 I 级护理。19 时 20 分护理记录：暂停氨基酸补液。5% 糖水 250ml+ 喘定 0.5、地塞米松 10mg 静滴，静推地塞米松 5mg、速尿 20mg，消心痛舌下含服。19 时 30 分，内科二值班查房，护理记录：予 75% 酒精湿化吸入，暂停糖水 + 喘定 + 地塞米松补液；19 时 35 分，患者昏迷，呼吸急促，不规则，医生予以胸外按摩。19 时 45 分，患者神志不清，呼吸逐渐浅慢，不规则，唇紫绀，心率 80 次 / 分，心音微弱，四肢末端紫绀，即请麻醉科气管插管，继续胸外按摩。19 时 50 分，气管插管成功，吸引器吸取呼吸道分泌物、大量痰液及血性液体。患者呼吸停止，心率 50 次 / 分，齐。20 时，人工辅助呼吸，心率测不出，心率小于 30 次分，予胸外按摩、心三联、呼二联治疗。20 时 05 分，患者无自主呼吸、心跳，血压测不到，双侧瞳孔散大至边缘固定，对光反射消失，足背动脉搏动消失，心电图显示一直线，宣告临床死亡。死亡诊断：感染性休克，呼吸衰竭；两肺炎，急性呼吸窘迫综合征；过敏性休克待排。7 月 31 日之血培养，8 月 5 日报告：检出铜绿假单胞菌。

（2）患方代理人的鉴定陈述[①]

患者死于罗氏芬过敏性休克，被告所谓“感染性休克、急性呼吸窘迫综合征？呼吸衰竭、过敏性休克待排”的死亡诊断仅为规避医疗事故责任之举。

第一，患者并非死于感染性休克。

感染性休克或称脓毒性休克（septic shock）是由各种不同病原体及其毒素、包括抗原抗体复合物，在人体引起的以全身炎症反应综合征（sirs）、低血压及组织器官低灌注为特征的临床症候群。部分患者即使获得足够的液体补充，但收缩压仍低于 90mmHg 或在原水平基础上下降 30% 以上，伴有持续性的组织器官灌注异常或功能障碍。脓毒性休克的临床表现可分为脓毒症的表现和休克的表现。

脓毒症的临床表现。全身性炎症反应，包括体温大于 38℃，或小于 36℃（见于老年、体弱或免疫功能低下者）；心动过速，大于 90 次 / 分；呼吸频率大于 20 次 / 分；与原发感染有关的症状和体征。

① 鉴定陈述是在 2010 年原文基础上删减调整。

休克的临床表现。根据休克的发展过程，临床将其分为三期:（1）休克早期：神志清楚或有轻度烦躁不安及精神紧张，尿量减少。血压正常或稍微偏低，但脉压小于 30mmHg（4.0kpa），皮肤颜色苍白，口唇轻度发绀，脉细速，呼吸频率加快。（2）休克中期:主要表现为低血压和酸中毒。患者烦躁不安或嗜睡,意识不清，神智呈现昏迷状态。体温不高或呈过高型，尿量减少或无尿，面色发绀，四肢厥冷，皮肤湿冷有明显花斑，心音低钝，心率增快，脉细速或不能触及。静脉穿刺时可见血液极易凝固。（3）休克晚期：血压持续性降低甚至测不出，逐渐呈 DIC 和 MODS 表现。脓毒性休克实验室检查包括：血常规：WBC 计数显著升高，多为 $20\times10^9/L \sim 30\times10^9/L$；中性粒增多并有中毒性颗粒和核左移现象，红细胞比容增加,血小板减少。尿常规:可见少量蛋白尿、红细胞和管型。血培养及药敏试验：血培养阳性。动脉血气分析：可发现早期休克低氧血症和酸碱平衡紊乱。早期为呼吸性碱中毒，随休克发展，晚期可转化为代谢性酸中毒。肝肾功能：早期可无异常,晚期谷丙转氨酶升高、高胆红素血症和血尿素氮升高。其他诸如 DIC 指标。

脓毒性休克的诊断。脓毒性休克的诊断必须是脓毒症和休克同时存在。脓毒性休克诊断包括：有明确感染灶的患者突然寒战、高热，白细胞总数及中性粒细胞增多等征象，患者突然出现面色苍白、四肢厥冷、皮肤轻度花斑、烦躁不安、尿量减少、脉压偏小的症状体征等时，脓毒性休克的诊断基本成立；在上述临床表现进一步加重,并出现收缩压小于 80mmHg,脉压小于 20mmHg 时,即可确定诊断。

通过上述原告不厌其烦的描述，结合患者的现有临床资料可以判断患者并非死于感染性休克事实清楚，循证确实充分。

第二，患者也不是死于急性呼吸窘迫综合征（ARDS）。

急性呼吸窘迫综合征是指由心源性以外的各种肺内、外致病因素导致的急性、进行性呼吸衰竭。临床表现为呼吸窘迫和顽固性低氧血症，肺部影像学表现为非均一性的渗出性改变。患者最早出现的症状是呼吸加快，并呈进行性加重的呼吸困难、发绀，常伴有烦躁、焦虑、大汗淋漓等。其呼吸困难的特点是呼吸深快、费力，患者常感到胸部紧束、严重憋气。动脉血气分析 PaO_2 降低，$PaCO_2$ 降低，pH 升高。$PaO_2/FiO_2 \leq 200$，此比例是诊断 ARDS 的必要条件。

ARDS 的肺内因素国内有重症肺炎因素，美国感染疾病协会 / 美国胸科学会（IDSA/ATS）于 2007 年发表了成人 CAP 处理共识指南，其规定的重症肺炎标准如下，符合 1 项主要标准或 3 项次要标准以上者可诊断为重症肺炎，考虑收住

ICU 治疗。主要标准：（1）需要有创机械通气；（2）感染性休克需要血管收缩剂治疗。次要标准：（1）呼吸频率≥ 30 次 / 分；（2）氧合指数 $PaO_2/FiO_2 \leq 250$；（3）多肺叶侵润；（4）意识障碍 / 定向障碍；（5）氮质血症（BUN ≥ 20mg/dl）；（6）WBC 减少，≤ 4.0×10^9/L；（7）血小板减少，＜ 10.0×10^9/L；（8）低体温，T ＜ 36℃；（9）低血压，需要强力的液体复苏。

中华医学会呼吸病分会 1999 年制定的 ARDS 诊断标准如下，同时符合以下 5 项条件者可以诊断 ARDS：（1）有 ARDS 高危因素；（2）急性起病、呼吸频率和（或）呼吸窘迫；（3）低氧血症：ARDS 时 $PaO_2/FiO_2 \leq 200$；（4）肺部 X 线显示两肺侵润阴影；（5）PAWP ≤ 18mmHg 或临床上能除外心源性水肿。

综上所述，结合患者的现有临床资料可以判断，患者并非死于 ARDS，事实清楚，循证确实充分。

第三，患者死于过敏性休克。

过敏性休克是指人体接触特异性过敏源后出现的以急性周围循环灌注不足为主的全身性变态反应。其急发型占据 80% ~ 90%，病情紧急、来势凶猛，青霉素过敏呈闪电样发作。过敏性休克的诊断依据：有过敏史患者出现休克的临床表现；常伴有喉头水肿、气管痉挛、肺水肿等以及神经、消化系统症状和特征。过敏性休克的治疗原则：立即中止注射，立即就地抢救，药物治疗首选肾上腺素，如首次疗效不显著，3 ~ 5 分钟后重复注射，其他尚有钙制剂、升压补充血容量及气管切开、气管插管、辅助人工呼吸等治疗措施，同时还需要防止并发症等。

本案中，患者死于罗氏芬过敏性休克，其临床症状、体征等均支持过敏性休克诊断，过敏性休克为患者死亡的直接、唯一死亡原因。

第四，患者死于过敏性休克是被告一系列严重违法违规的诊疗行为所造成的。

患者属青霉素过敏患者，曾有过过敏性休克史，在患者已告知被告上述过敏史的情形下，被告仍对其输注属绝对禁忌的第三代头孢类抗菌素罗氏芬，明显违反诊疗规范。卫生部《抗菌药物临床应用指导原则》（卫医发〔2004〕285 号）第三部分为“各类抗菌药物的适应症和注意事项”，其“头孢菌素类抗生素”章节第 2 条第 1 项明确规定：“禁止于对任何一种头孢菌素类抗生素有过敏史及有青霉素过敏性休克史的患者。”第 2 项规定：“用药前必须详细询问患者先前有否对头孢菌素类、青霉素类或者其他药物的过敏史。有青霉素类、其他 β 内酰胺类及其他药物过敏史的患者，有明确应用指征时应谨慎使用本类药物。在用药过程中一旦发生过敏反应，须立即停药。如发生过敏性休克，须立即就地抢救并予以肾上腺素等相关治疗。”另外，上海市卫生局制定并于 2007 年 3 月 1 日施行的《上海市〈抗菌药物临床应用指导原则〉实施细则（施行）》也进行了同样的规范。

被告护理人员违反护理规范、违背注意义务，加速了患者死亡的严重人身损害的后果发生。患者在 7 月 31 日 18 时 30 分在输注罗氏芬半小时左右后开始出现全身皮疹、胸闷、呼吸困难、极度不适的情形，患者因无法耐受而自行将输液针头拔出；此时，如果护理人员能倾听患者及近亲属的主诉并观察病情，或许是能够诊断过敏性休克并停止输液的；即使不能诊断，转而向医生汇报，停止输液，或许严重人身损害结果也可以避免；但护理人员严重违反卫生法上的注意义务，丝毫不倾听患者及近亲属主诉，而是不管不顾当时的危机情形，直接再次输液，此行为导致错误的诊疗行为呈现持续状态。值班护士在某派出所的笔录可得到印证，[①] 此等过错加剧了患者死亡。

被告所属医护人员不仅缺乏对常见病、多发病的诊断能力，而且在患者因药物出现过敏症状及过敏性休克时，急救也严重违反过敏性休克的诊治常规，使一个本可经有效抢救完全恢复的常见病例产生死亡的严重后果。患者输注罗氏芬后的主诉、症状及体征等表现的均是典型的药物过敏，但被告所属医护人员缺乏该等常见病的诊断能力导致未能及时诊断，被告所属医护人员也违反《抗菌药物临床应用指导原则》中的“在用药过程中一旦发生过敏反应，须立即停药。如发生过敏性休克，须立即就地抢救并予以肾上腺素等相关治疗”的治疗原则。患者在 18 时 30 分产生过敏休克症状，18 时 50 分出现休克，但从不知真伪的住院病历中可发现：直至 19 时 15 分才使用肾上腺素静推。此时距离休克已经达 25 分钟之久。被告在抢救过程中一直大量使用的是喘定平喘和皮质激素抗炎。而与过敏性休克抢救有关的早期使用钙制剂、升压、补充血容量及气管切开、气管插管、辅助人工呼吸等基本未见使用。气管插管措施直至 20 时分才采取，其时距离休克发生已达 1 小时 10 分钟；另外，其心三联、呼二联直至 20 时 05 分和 20 时方实施，此时距离休克已达 1 小时 15 分和 1 小时 10 分。另外，被告在 19 时 25 分竟然还在匪夷所思地使用“消心痛舌下含服”。从现有证据看，始终未见被告对患者进行了测定血压、心电监护等必要的急救措施。所以，其所谓的抢救不符合诊疗规范。另外，患者过敏性休克后，被告的急救设施极其缺乏，身边既无心电监护、更奢谈呼吸机，就连最基本的供氧能力也无法达到。

---

① 该段省略。

被告也严重违反住院病案书写规范。患者住院病程录页面上出现正反二面记载不同患者的情况，一面是血液科患者刘某，另一面却是中医科患者朱某；护理记录单上一字未写，是空白；体温单上一字未写，为空白；无论是长期医嘱单还是临时医嘱单，“执行时间”和“护士签名”均为空白；7 月 31 日 17 时患者的体温是 36.5℃，但临时医嘱单却在 17 时出现了“物理降温 st”的字样。

被告还存有将患者收住血液科问题。患者罹患的是肺炎，那么理应在呼吸内科接受专业治疗；但本案中却被安排到对肺炎并不专业的血液科治疗，此不仅明显违反诊疗常规，也与患者死亡后果具有一定的因果关系。

综上所述，本案例的医疗事故损害后果完全是由于被告医院实施了一系列严重不负责任、严重违反诊疗常规的行为所导致，患者罹患的仅仅是极其常见的、多发的普通肺部感染，被告理应承担完全责任。另外，根据《医疗事故分级标准（试行）》标准，本病例应属一级甲等医疗事故。

（3）医方抗辩①

患者因高热于 7 月 29 日、30 日来我院发热门诊和急诊就诊，初诊为“高热、上呼吸道感染、两侧肺炎”，予退热、抗炎等处理，建议住院遭患者拒绝。患者 7 月 31 日下午再次就诊时，出现呼吸急促，在医生的强烈建议下于 16 时 45 分急诊入院。入院后医方立即给予患者相关的治疗和抢救，随后病人突然病情加重，表现为气促症状，医生积极予以抢救治疗，同时与家属交待病危。随着病情进行性加重，患者出现了心跳呼吸停止，复苏未见成效，于当天 20 时 05 分宣布临床死亡。

患者入院后医方及时采血培养证实为铜绿假单孢菌，该病菌感染引起败血症，说明该患者系革兰氏阴性杆菌所致的重症脓毒血症（感染性休克），由于病程短，进展快，病情复杂，抢救无效而死亡。

门急诊医生未违反诊疗常规，给予病人积极检查和治疗，同时建议住院治疗。入院后医务人员迅速到位，积极抢救。我们认为医疗行为符合诊疗常规。

2. 医学会的鉴定分析说明及鉴定结论

（1）鉴定分析意见②

对于青霉素有过敏反应史的患者应用头孢菌素时应当慎重，并密切观察。医

---

① 摘录自上海市某区医学会 2009 年 11 月《医疗事故技术鉴定书》第 2 条“争议要点”之“医方认为”。

② 摘录自上海市某区医学会 2009 年 11 月《医疗事故技术鉴定书》第 8 条“分析意见”。

方对头孢菌素过敏反应的警惕性不够。护士发现输液脱开而且病人很痛苦时，该护士未进一步询问和检查，也未采取相应措施，而是继续输液，直至病情进一步加重。抢救时应用肾上腺素的时间和途径不够合理。

（2）鉴定结论①

本病例构成医疗事故。根据《医疗事故处理条例》第2、4条，《医疗事故分级标准（试行）》和《医疗事故技术鉴定暂行办法》第36条，本病例属于一级甲等医疗事故，医方承担主要责任。

（三）法院判决

本案发生于原《侵权责任法》生效前适用《医疗事故处理条例》期间，尽管本案构成一级甲等医疗事故且医方承担主要责任，但无论代理人如何坚持、如何说理，一审不支持死亡赔偿金；原告不服，上诉至中级人民法院，仍不支持死亡赔偿金。不支持的原因也很简单，《医疗事故处理条例》中没有规定死亡赔付死亡赔偿金，上海市也没有其他救济途径，至于其他省市的其他路径救济，与上海市无关。

（四）案例分析

在本案中不仅执业医师违反《抗菌药物临床应用指导原则》导致严重人身损害后果，护士也同样违反护理规范、注意义务存有过错，护理人员违反注意义务情形加重患者损害的案例较为少见。另外，本案被告医师在药物过敏早诊断及治疗、急救等环节明显不符合当时的医疗水准，与患者的死亡也存有直接的因果关系。

二、孙某等诉上海某大学附属医院医疗损害责任纠纷案

（一）诉争由来

孙某，男，1956年生，时年60岁，有青霉素过敏史。2016年9月19日因左眼视物模糊进行性加重半年入住被告医院神经外科，被诊断为前颅窝脑膜瘤，2016年9月23日在全麻下行脑膜瘤切除术。术前、术后均使用头孢曲松钠等抗炎。10月5日结合脑脊液漏症状，予罗氏芬抗感染（9时05分临时医嘱头孢曲松钠2g静滴）。10时59分护理记录记载患者发冷、寒战。16时45分左右，患者呼之

① 摘录自上海市某区医学会2009年11月《医疗事故技术鉴定书》第9条“结论”。

可应，双侧瞳孔等大等圆，体温 38℃，测得血压 73/32mmHg，脉搏 123 次 / 分，呼吸 35 次 / 分，氧饱和度 94%，查体神志嗜睡。10 月 6 日 6 时 15 分左右患者再次出现血压下降至 50/30mmHg，心率由 120bpm 降至 85bpm，无尿。查体：神志昏迷，面部逐渐出现斑丘疹，四肢躯干斑丘疹增多。经气管插管，肾上腺素、静丙、升压药等抢救，患者病情进行性加重，于 16 时 05 分临床死亡。死亡原因：呼吸循环衰竭。死亡诊断：过敏性休克，前颅底脑膜瘤。

由此成讼，本案例经历二次医疗损害鉴定。

（二）上海市某区医学会的首次医疗损害鉴定

1. 诊治概要、患方代理人的首次鉴定陈述、医方抗辩

（1）诊治概要①

根据送鉴资料，患者男性 60 岁，2016 年 9 月 19 日因左眼视物模糊进行性加重半年入住被告医院神经外科。现病史：半年前先明显诱因下出现左眼视物模糊，无外伤史，无眼科病史。呈进行性加重诉已达近乎失明程度。颅脑 CT 平扫显示前颅窝脑膜瘤可能，伴双侧额叶水肿。MRI 平扫示前颅凹底中线区域团块状占位。建议增强检查，两侧大脑动脉受压、上抬改变。拟“前颅窝脑膜瘤”收治入院。既往史：否认高血压、糖尿病、冠心病。有青霉素过敏史。

入院检查：体温 36.7℃，脉搏 75 次 / 分，呼吸 16 次 / 分，血压 110/80mmHg。专科检查：神志清楚，定时定向良好，GCS15’。双侧瞳孔等大等圆 3mm，光反射（+），双眼视力低下粗测明显下降，左眼视力粗测指数 1m，右眼指数 3m。眼球各向活动无受限。双侧鼻唇沟对称存在，伸舌居中。颈软，四肢肌力 5 级，肌张力可。白细胞 $7.73\times10^9/L$（参考值 $3.97\times10^9/L$ ~ $9.15\times10^9/L$），中性粒细胞 79.90%（参考值 50% ~ 70%），入院诊断为前颅窝脑膜瘤。9 月 20 日胸部 CT 显示右肺下叶后基底段支气管炎症。右肺上叶钙化灶。9 月 21 日头颅 MRI 检查显示额叶下方前颅窝底脑膜瘤，邻近额叶受压移位变形伴白质水肿。患者入院后予兰苏、甘露醇等治疗，择期手术。

2016 年 9 月 23 日患者在全麻下行脑膜瘤切除术（术前用药为头孢曲松钠注射剂 2g 静滴），术中诊断为嗅沟脑膜瘤。术后转 ICU 监护，9 月 25 日即术后第二天，病程记录有额叶精神症状，晨时体温 37℃，头部伤口引流 500m1 淡血性液体。

① 摘录自上海市某区医学会 2017 年 6 月《医疗损害技术鉴定书》第 4 条“诊治概要”。

患者神志清楚，但时有幻觉，必要时镇静。给予切口换药及脱水处理。9月26日术后第3天，生命体征平稳，一般情况较前好转，晨时体温36.8℃，颅内压2mmHg。复查颅脑CT显示沟脑膜瘤术后改变，皮下、额窦无积液。予拔除引流管及颅内压监护探头，转入普通病房医嘱予奥拉西坦注射液、丙戊酸钠、头孢曲松钠等补液治疗。10月1日血常规白细胞 $12.14 \times 10^9/L$，中性粒细胞85.90%，血红蛋白93g/L（参考值131g/L ~ 172g/L），白蛋白25.40g/L（参考值35g/L ~ 50g/L）。予补充白蛋白，铁泰，继续脱水等治疗。10月2日予强的松5mg口服每日2次，10月3日患者诉昨日侧卧时有一过性鼻腔流液，坐位或站立时无流液，自觉吞咽较困难口齿不清。复查头颅CT示术区仍有大面积水肿，额窦内积液。考虑脑脊液鼻漏。嘱患者保持坐位。

10月5日患者生命体征平稳，诉体位改变时仍有鼻腔流液。白细胞 $15.34 \times 10^9/L$，中性粒细胞83.60%，血糖17.2mmo1/L（参考值3.9mmo1/L~6.16mmo1/L）；C反应蛋白49.9mg/L（参考值0 ~ 10mg/L）；脑脊液常规检查（10月4日）：白细胞 $20 \times 10^6/L$，10月5日脑脊液检查白细胞 $10 \times 10^6/L$，结合脑脊液漏症状，予罗氏芬抗感染（9时05分临时医嘱头孢曲松钠2g静滴）。10时59分护理记录记载患者发冷、寒战，体温37.9℃（耳部），脉搏83次/分，血压120/60mmg，予留取血标本（未见报告）。11时44体分温39℃（耳部），予复氨2ml肌注，12时52分复测体温39.6℃（耳部），予消炎痛栓1/2粒肛塞，14时13分体温39.8℃（耳部），测得脉搏96次/分，呼吸24次/分，血压103/66mmHg，嘱温水擦浴，多饮水。后加用稳可信+甲硝唑抗感染。16时02分左右局麻下行腰椎穿刺术，见淡黄色澄清脑脊液流出，测得压力为14cmH$_2$O，放出脑脊液15ml，术程顺利，患者无不适主诉。嘱去枕平卧6小时。16时10分体温38.4℃（耳部），脉搏121次/分。16时45分左右，患者呼之可应，双侧瞳孔等大等圆，体温38℃，测得血压73/32mmHg，脉搏123次/分，呼吸35次/分，氧饱和度94%，查体神志嗜睡，即予面罩吸氧，心电监护，予加快补液速度，补充胶体血压逐渐上升。21时10分血压129/36mmHg，患者背部及胸前区出现散在片状红疹。予葡萄糖酸钙对症处理。23时患者转入ICU治疗，23时41分医嘱甲强龙注射液40mg静推、去甲肾上腺素注射剂4mgIBN等。

10月6日6时15分左右患者再次出现血压下降至50/30mmHg，心率由120bpm降至85bpm，无尿。查体：神志昏迷，面部逐渐出现斑丘疹，四肢躯干斑丘疹增多。经气管插管，肾上腺素、静丙、升压药等抢救，患者病情进行性加重，于16时05分临床死亡。死亡原因：呼吸循环衰竭。死亡诊断：过敏性休克，前颅底脑膜瘤。

（2）患方代理人的首次鉴定陈述①

第一，已经确切地知道患者有药物过敏史且明确记载在既往史、长期诊疗医嘱［页面右上角盖有非常醒目的“青霉素阳性”红色印章；页面左上角为：姓名 ×××（青霉素+）、临时诊疗医嘱（页面右上角盖有非常醒目的“青霉素阳性”红色印章;页面左上角为:姓名 ××× 青霉素+）］内，但被告及其所属医师、护师严重不负责任,仍执意使用与青霉素类有交叉过敏反应的药物头孢曲松纳(罗氏芬）静点且根本不做任何皮肤实验。此直接导致输注头孢曲松钠过敏→过敏性休克→呼吸循环衰竭→死亡。被告依法构成重大医疗侵权。②

第二，在已经明显出现头孢曲松纳（罗氏芬）过敏反应及过敏性休克的症状、

① 鉴定陈述是在2010年原文基础上微调。

② 《国家卫生计生委办公厅、国家中医药管理局办公室、解放军总后勤部卫生部药品器材局关于印发〈抗菌药物临床应用指导原则〉（2015年版）的通知》，国卫办医发〔2015〕43号。

《抗菌药物临床应用指导原则》

第三部分　各类抗菌药物的适应证和注意事项

头孢菌素类

【注意事项】

1. 禁用于对任何一种头孢菌素类抗菌药物有过敏史及有青霉素过敏性休克史的患者。

2. 用药前必须详细询问患者既往有否对头孢菌素类、青霉素类或其他药物的过敏史。有青霉素类、其他 β－内酰胺类及其他药物过敏史的患者，有明确应用指征时应谨慎使用本类药物。在用药过程中一旦发生过敏反应，须立即停药。如发生过敏性休克，须立即就地抢救并予以肾上腺素等相关治疗。

被告医院提供的“注射用头孢曲松纳说明书”明确记载：【禁忌】对头孢菌素类抗生素过敏者禁用。对青霉素过敏者也可能对本品过敏。【注意事项】警惕（1）本品应在专业的医师指导下用药，且医院能对过敏反应采取急救措施。使用本品前，需详细询问病史，询问要有针对性，包括青霉素、头孢菌素类、其他药物过敏史、过敏体质（如是否有过敏性休克，过敏性哮喘、过敏性鼻炎、荨麻疹等疾病史）、家族史等。对于有过敏史特别对药物过敏史的患者应谨慎使用本品，关于药物禁用请参考禁忌部分。有青霉素过敏性休克者不宜用头孢菌素类药物。用药后，尤其是首次用药的30分钟内留院严密观察，如发现过敏性休克及时应予以紧急处理。与其他头孢菌素类抗生素药物一样，本品也有过敏反应致死的报道，即使患者过敏史不详或曾经使用本品情况不详。（2）交叉过敏反应：对一种头孢菌素或头霉素过敏者对其他头孢菌素或头霉素也可能过敏。对青霉素类、青霉素衍生物或青霉胺过敏者也可能对头孢菌素或头霉素过敏。对青霉素过敏患者应用头孢菌素发生过敏反应者达5%～10%；如作免疫反应测定时，则对青霉素过敏患者对头孢菌素过敏者达20%。

体征等情况下，被告所属医护人员诊疗不专业且懈怠，导致未能及时诊断并积极抢救治疗，不符合当时水准，丧失最佳的抢救治疗时机，导致患者最终死亡。

第三，根据已经查证属实的证据，被告医院在患者住院期间补货并使用了不同批号的罗氏芬药物，原告有理由认为正是后续使用的与前次不同批号的罗氏芬导致过敏休克死亡。

综上所述，患者并非原发疾病导致死亡，而系被告所属医护人员严重不负责任且不专业诊治、不专业紧急救治而导致的医源性侵害而死亡，被告医院的这种不负责任及不专业诊治、不专业紧急救治不符合当时的医疗水准，因此，本病例属于一级甲等医疗损失，医方应承担完全责任。

（3）医方抗辩①

患者自手术日及术后早期（9月23日至26日）均在使用罗氏芬，期间无过敏现象。10月5日使用罗氏芬无需做皮试。患者之前使用该药静脉点滴无过敏反应，且头孢曲松钠（罗氏芬）系非青霉素类药物。患者在10月5日出现高热、反应下降等情况，医方抢救及时准确。

2. 区医学会的鉴定分析说明及鉴定意见

（1）鉴定分析说明②

根据法院送鉴资料、阅片，现场调查，专家组的意见如下。

患者脑膜瘤诊断明确，手术治疗得当。根据患者病史、症状体征，以及CT和MRI检查结果（CT示前颅窝脑膜瘤可能，伴双侧额叶水肿；MRI显示前颅凹底中线区域团块状占位，两侧大脑动脉受压、上抬改变），医方予明确诊断和手术治疗符合诊疗常规。

术后治疗方面。患者术后出现脑脊液漏，有发热，血项高，予头孢曲松钠等抗感染治疗并不违规。根据头孢曲松钠（罗氏芬）药品说明书的《注意事项》中对于有过敏史特别是对药物过敏史的患者应谨慎使用本品未规定需做皮试。本例患者使用头孢曲松钠药物有指征，曾有青霉素过敏史，应谨慎使用，并非禁忌使用。

出现过敏反应后的救治情况。患者有青霉素过敏史，使用头孢曲松钠药物应谨慎，医方对该患者使用头孢曲松钠可能发生过敏反应的认识不足，救治措施不

① 摘录自上海市某区医学会2017年6月《医疗损害技术鉴定书》第2条“争议要点”之“医方认为”。

② 摘录自上海市某区医学会2017年6月《医疗损害技术鉴定书》第5条“分析说明”。

够完善，存在过错。患者术后 10 月 5 日 9 时 05 分左右医嘱予头孢曲松钠 2g 静滴，2 小时后出现发冷寒战，之后发热血项高；14 时 45 分血压下降至 73/32mmHg，医方在治疗抢救上较多考虑颅内感染，对可能存在药物过敏反应考虑不周。以上过错行为不能排除与患者最终死亡存在一定的因果关系。

过敏性休克是发展凶险、危及生命的病症。本例患者发生过敏性休克后病情变化较快，且对围手术期和术后均有头孢曲松钠使用史的患者，早期诊断药物过敏性休克有一定难度。此外，该患者未做尸检，确切的死因不明确。综合临床病史，专家组分析认为此患者感染性休克致死也不能完全排除，故医方承担轻微责任。

（2）鉴定意见[①]

本例属于对患者人身的医疗损害。医院在医疗活动中存在对有青霉素过敏史患者使用头孢曲松钠可能发生过敏反应的认识不足，救治措施不够完善的医疗过错，与患者最终死亡的人身损害结果存在一定的因果关系。参照《医疗事故分级标准（试行）》，患者的人身医疗损害等级为一级甲等。本例医疗损害医方的责任程度为轻微责任。

（三）上海市医学会的重新医疗损害鉴定

1. 诊治概要、患方代理人的重新鉴定陈述、医方再次抗辩

（1）诊治概要

基本同首次鉴定诊治概要，故省略。

（2）患方代理人的重新鉴定陈述[②]

第一，首次鉴定书第 5 条分析说明丧失公正性，不符合临床实践。

患者根本无术后颅内感染证据，也曾经行腰穿检查，因此，区医学会“患者术后出现脑脊液漏，有发热，血项高，予头孢曲松钠等抗感染并不违规”的观点是文字游戏。预防性抗感染并无明显过失，但本案有特殊性，患者是青霉素过敏患者，而青霉素与头孢菌素类有交叉过敏反应，除非病情必须、除非迫不得已，除非两权相害取其轻，否则坚决不应使用头孢菌素类。本案例没有证据表明有术后颅内感染，如果说使用其他类抗生素预防感染没有过错的话，在患者当时的情

---

① 摘录自上海市某区医学会 2017 年 6 月《医疗损害技术鉴定书》第 5 条“鉴定意见”。

② 重新鉴定陈述系 2017 年原文基础上删减和整合。

况下，在青霉素过敏的情况下，使用罗氏芬却是重大错误、重大过失。临床实践中，一个对生命负责任的医生，一个有用药常识的医生，针对青霉素过敏患者，绝大多数有经验的医生都不会贸然使用头孢曲松钠（罗氏芬），即使必须使用，也应先做皮试确定到底能不能使用。区医学会专家组进行鉴定的均是资深专家，对此心知肚明。

鉴定专家组的不公正还在于，被告已经自认为过敏性休克，过敏性休克是被告医院的死亡诊断，但专家组仍罔顾事实为其生硬辩解“该患者未做尸检，确切的死因不明确”。被告诊疗经过确切记载“于2016年10月5日出现过敏性休克，意识转为昏迷，血压持续下降，经气管插管，升压药物维持生命体征，补液维持内环境稳定，肾上腺素，抗组胺，激素。人工胸外按压等积极抢救，于2016年10月6日16时05分宣布临床死亡”。

第二，区医学会鉴定专家组曲解临床用药诊疗规范的规定。

被告医护人员使用头孢曲松钠（罗氏芬）不符合《抗菌药物临床应用指导原则》[①]确定的原则，根本没有在“用药前必须详细询问患者……”患者在外院曾有过过敏休克史，但被告医护浅尝辄止，仅记载“过敏史：确认食物、药品过敏史，曾有青霉素过敏史，具体不详”，其实质是根本未详细询问。另外，被告也未做到“有青霉素类、其他β－内酰胺类及其他药物过敏史的患者，有明确应用指征时应谨慎使用本类药物”。该等规定是“有明确应用指征时”且“谨慎使用”，在本案中，难以得出头孢曲松钠（罗氏芬）“有明确应用指征”，更看不到被告“谨慎使用”，被告是在患者有青霉素过敏史时径行使用。依据常识，脑脊液药物敏感试验是科学使用抗生素的重要依据，至于一般性预防用药，如果患者对青霉素过敏不能或不宜使用头孢菌素类药物时，针对葡萄球菌、链球菌可选用克林霉素＋庆大霉素，针对革兰氏阴性杆菌可以使用氨曲南等。另外，医方在2016年10月5日12时也给予患者盐酸万古霉素1000mgIVG。因此，本案例，头孢曲松钠（罗氏芬）根本无明确应用指征，基于患者利益最大化、基于对生命健康权的重视，被告医院

① 《抗菌药物临床应用指导原则》第三部分各类抗菌药物的适应证和注意事项之头孢菌素类【注意事项】（1）禁用于对任何一种头孢菌素类抗菌药物有过敏史及有青霉素过敏性休克史的患者。（2）用药前必须详细询问患者既往有否对头孢菌素类、青霉素类或其他药物的过敏史。有青霉素类、其他β－内酰胺类及其他药物过敏史的患者，有明确应用指征时应谨慎使用本类药物。在用药过程中一旦发生过敏反应，须立即停药。如发生过敏性休克，须立即就地抢救并予以肾上腺素等相关治疗。

完全可选择其他抗菌药物。

第三,鉴定专家组未将头孢曲松钠（罗氏芬）药物说明书作为一个整体对待。

“注射用头孢曲松纳说明书”明确记载 :【禁忌】对头孢菌素类抗生素过敏者禁用。对青霉素过敏者也可能对本品过敏。【注意事项】警惕①本品应在专业的医师指导下用药，且医院能对过敏反应采取急救措施。使用本品前，需详细询问病史，询问要有针对性。包括青霉素、头孢菌素类、其他药物过敏史、过敏体质（如是否有过敏性休克，过敏性哮喘、过敏性鼻炎、荨麻疹等疾病病史）、家族史等。对于有过敏史特别对药物过敏史的患者应谨慎使用本品，关于药物禁用请参考禁忌部分。有青霉素过敏性休克者不宜用头孢菌素类药物。用药后，尤其首次用药的 30 分钟内留院严密观察，如发现过敏性休克及时予以紧急处理。与其他头孢菌素类抗生素药物一样，本品也有过敏反应致死的报道，即使患者过敏史不详或曾经使用本品情况不详。②交叉过敏反应 :对一种头孢菌素或头霉素过敏者对其他头孢菌素或头霉素也可能过敏。对青霉素类、青霉素衍生物或青霉胺过敏者也可能对头孢菌素或头霉素过敏。对青霉素过敏患者应用头孢菌素发生过敏反应者达 5% ~ 10% ;如作免疫反应测定时，则对青霉素过敏患者对头孢菌素过敏者达 20%。

根据该等说明书，已经无须赘述，任何一个有医学常识的执业医师均清楚在青霉素过敏情况下使用罗氏芬的严重危害性，不错，说明书没有说绝对禁忌，但如果使用必须满足上述所有条件，其实质是禁忌。

第四，被告疏于密切观察及诊断不专业导致确诊迟延，丧失最佳干预时间；被告的抢救治疗不符合当时的医疗水准，最终导致患者死亡。

患者属于青霉素阳性使用头孢曲松钠（罗氏芬）患者，被告本应密切观察并适时发现过敏反应,但至 2016 年 10 月 5 日 16 时 45 分血压下降至 73/32mmHg 后，仍未能诊断为过敏性休克（直至 2016 年 10 月 6 日 1 时 08 分诊断），此时与静脉点滴后出现过敏反应之“2 小时后出血发冷寒战，之后发热，血项高”过去了快 6 个小时。提请注意一个事实，即患者出现症状、被告诊断出过敏性休克及使用重酒石酸去钾肾上腺素的时间。根据被告 2016 年 12 月 5 日 12 时 03 分的病程录，已经描述有“患者今日上午出现寒战，自觉发冷”，2016 年 10 月 5 日 17 时 30 分病程录中有“17 时出现反应下降、大汗淋漓、查体呼之不应”“予以面罩吸氧、心电监护，测得血压为 96/68mmHg”的记载。根据临时诊疗记录记载，被告第一次使用该药物的时间是 2016 年 10 月 5 日 23 时 41 分。根据病程录，直至 2016 年 10 月 6 日 1 时 08 分，被告才考虑、诊断为过敏性休克并使用肾上腺素，此时距离出现症状及血压下降等已经过了 14 个小时；即使单纯以 2016 年 10 月 5 日 14 时 13 分血压下降为 103/66mmHg 开始计算，时间也已经过去了 11 个小时。另外，被告的抢救治疗不符合当时的水准，最终导致患者死亡。

第五，同案类比。

代理人曾于 2009 年代理过类似的医疗事故案，同样属于青霉素过敏使用头孢曲松钠（罗氏芬）致死情形，另一区医学会鉴定为构成医疗事故并由医方承担主要责任，此案被告认诺鉴定结果，未提起再次鉴定，属已决案，供类比。

（3）医方的再次抗辩①

在 10 月 5 日使用罗氏芬之前，患者从 9 月 23 日至 26 日一直在使用罗氏芬，期间未出现任何过敏表现，表明该病人对罗氏芬不过敏。静脉滴注的用量远远超过皮试的用量，因此，10 月 5 日无须再对该药进行皮试。其次头孢曲松属于头孢类抗生素，而非青霉素类药物。因此，患者对青霉素有过敏史，但仍然可以对头孢曲松无过敏反应。患方 10 月 5 日出现高热、反应下降等情况时，医方抢救及时、准确，10 月 5 日下午情况好转。最终患者病情进展迅速 10 月 6 日死亡。患者于 10 月 5 日出现寒战、高热，白细胞数增高，出现重度感染征象，给予抗感染、扩容及血培养等处理。患者情况迅速变差是由于感染性中毒性休克所致。

2. 市医学会的鉴定分析说明及鉴定意见

（1）鉴定分析说明②

根据送鉴资料，专家组分析的意见如下。

诊断和手术指征。根据患者症状（左眼视物模糊）、体征（双眼视力低下粗测明显下降）及辅助检查（颅脑 CT 及 MRI 显示前颅凹占位，脑膜瘤可能），医方术前诊断“前颅窝脑膜瘤”正确，行脑膜瘤切除术有手术指征。

用药。该患者术后低热应用抗感染治疗，体温一度正常，10 月 3 日再次发热达 37.9℃，有脑脊液漏表现，10 月 5 日复查血白细胞较前升高，存在感染征象，

① 摘录自上海市医学会 2017 年 9 月《医疗损害技术鉴定书》第 2 条“争议要点”之“医方认为”。

② 摘录自上海市医学会 2017 年 9 月《医疗损害技术鉴定书》第 5 条“分析说明”。

应用抗感染治疗有适应证。对青霉素过敏的病人也可有部分对头孢菌素过敏，患者有青霉素过敏史，应慎用头孢菌素。医方选用头孢菌素考虑欠充分，但头孢曲松钠（罗氏芬）药物说明书上未指出青霉素过敏者禁用和应用前需施行皮试。

医方的过错。患者10月5日先后出现发冷、寒战、高热、血压下降、意识改变、皮疹，医方虽陆续采取了去甲肾上腺素、甲强龙、万汶、改用稳可信及甲硝唑抗感染、非那根、肾上腺素等抗过敏处理，但医方对病情变化的认识有局限，对休克的处理措施欠有力（用药的剂量、及时性不够）。医方的过错与患者死亡存在一定的因果关系。

死亡原因。患者10月5日有全身皮疹，并进行性加重，过敏性休克存在，导致过敏的药物以头孢曲松钠可能性为大。根据患者的临床病程，脑膜瘤体积大，术后近2周出现高热、意识障碍，下丘脑反应、感染性休克也需考虑。过敏性休克、下丘脑反应、感染性休克均是导致患者死亡的原因，救治有相当难度。

（2）鉴定意见①

本例属于对患者人身的医疗损害。医院在医疗活动中存在对患者出现休克的原因认识不全面、措施欠得力的医疗过错，与患者死亡的人身损害结果存在一定的因果关系。参照《医疗事故分级标准（试行）》，患者死亡的人身医疗损害等级为一级甲等。本例医疗损害医方的责任程度为次要责任。

（四）案例分析

本案与前案属于同案不同判情形，前案有青霉素过敏休克史，因此，根据《抗菌药物临床应用指导原则》的规定，头孢曲松钠（罗氏芬）为禁忌；本案有青霉素过敏休克史但并未记载，仅记载有青霉素过敏史，因此，即便依据《抗菌药物临床应用指导原则》，罗氏芬使用也不是禁忌。

本案的重大问题在于头孢曲松钠（罗氏芬）药物使用说明书，根据该等说明书，“有青霉素过敏性休克者不宜用头孢菌素类药物”而不是《抗菌药物临床应用指导原则》所规定的绝对禁忌，此构成冲突，即药品上市持有人或生产厂家药物说明书宽泛于诊疗规范，该等情况下，可以理解为药品上市持有人或生产厂家药物说明书违背诊疗规范规定，除非其药物不存在说明缺陷，否则应承担法律责任。

---

① 摘录自上海市医学会2017年9月《医疗损害技术鉴定书》第6条“鉴定意见”。

本案更重大的问题还在于头孢曲松钠（罗氏芬）药物使用说明书，根据该等说明书“有青霉素过敏性休克者不宜用头孢菌素类药物”一定程度可推论“有青霉素过敏史可以用”，只是“对于有过敏史特别对药物过敏史的患者应谨慎使用本品”，另外，更为重大的是，该等药物说明书，根本未提及对青霉素过敏者使用罗氏芬需要做皮试，正是因为该等说明书，医疗实践中，医院使用头孢曲松钠（罗氏芬）时很多医院根本不做皮试。本案区、市二级医学会均援引了头孢曲松钠（罗氏芬）药物说明书，区医学会鉴定书分析说明中指出“根据头孢曲松钠（罗氏芬）药品说明书《注意事项》对于有过敏史特别是对药物过敏史的患者应谨慎使用本品未规定需做皮试。本例患者使用头孢曲松钠药物有指征，曾有青霉素过敏史，应谨慎使用，并非禁忌使用”。上海市医学会鉴定书分析说明同样指出“医方选用头孢菌素考虑欠充分，但罗氏芬（头孢曲松钠）药物说明书上未指出青霉素过敏者禁用和应用前需施行皮试”。

“注射用头孢曲松纳说明书”系主要争议源头，笔者除代理两起头孢曲松钠（罗氏芬）致死案外，还接触过一次注射用头孢曲松纳致死案，该案是一个男性儿童，与该等两个案性质类似。笔者并未能广泛调研，不清楚全国范围内有多少青霉素过敏休克史或青霉素过敏史患者使用注射用头孢曲松纳（罗氏芬）后状况，但笔者深信，应不止我所知道的三例。本案中也曾探讨药品缺陷或药品说明书说明缺陷之医疗产品损害责任，但因患者家属不愿意久陷悲伤而作罢。

主要参考文献

一、论著类

1.（汉）许慎：《说文解字》，（宋）徐铉等校订，中华书局 2013 年版。

2.（清）张玉书等编：《康熙字典》，上海书店出版社 1985 年版。

3. 王利明：《侵权责任法》（第 2 版），中国人民大学出版社 2021 年版。

4. 王利明：《侵权行为法研究》（上卷），中国人民大学出版社 2004 年版。

5. 张新宝：《侵权责任法》（第 5 版），中国人民大学出版社 2020 年版。

6. 张新宝：《侵权责任法原理》，中国政法大学出版社 2005 年版。

7. 杨立新：《医疗损害责任法》，法律出版社 2012 年版。

8. 杨立新：《侵权责任法》，北京大学出版社 2014 年版。

9. 杨立新：《医疗侵权法律与适用》，法律出版社 2008 年版。

10. 杨立新：《侵权行为法专论》，高等教育出版社 2005 年版。

11. 程啸：《侵权责任法》（第 3 版），法律出版社 2021 年版。

12. 程啸：《侵权责任法》，法律出版社 2011 年版。

13. 程啸：《侵权行为法总论》，中国人民大学出版社 2008 年版。

14. 徐爱国编：《英美侵权行为法》，法律出版社 1999 年版。

15. 张民安：《现代法国侵权责任制度研究》（第 2 版），法律出版社 2007 年版。

16. 胡雪梅 :《英国侵权行为法》，中国政法大学出版社 2008 年版。

17. 王泽鉴 :《损害赔偿》，北京大学出版社 2017 年版。

18. 王泽鉴 :《侵权行为法》（第 1 册），中国政法大学出版社 2001 年版。

19. 邱聪智 :《民法研究（一）》（增订版），中国人民大学出版社 2002 年版。

20. 黄丁全 :《医事法》，中国政法大学出版社 2003 年版。

21. 黄丁全 :《医事法新论》，法律出版社 2013 年版。

22. 杜志淳主编 :《司法鉴定概论》（第 2 版），法律出版社 2012 年版。

23. 王岳主编 :《医事法》（第 3 版），人民卫生出版社 2019 年版。

24. 王岳、邓虹主编 :《外国医事法研究》，法律出版社 2011 年版。

25. 刘鑫 :《医事法学》（第 2 版），中国人民大学出版社 2015 年版。

26. 刘鑫 :《医疗损害技术鉴定研究》，中国政法大学出版社 2014 年版。

27. 夏芸 :《医疗事故赔偿法——来自日本法的启示》，法律出版社 2007 年版。

28. 龚赛红 :《医疗损害赔偿立法研究》，法律出版社 2001 年版。

29. 乔世明 :《医疗过错认定与处理》，清华大学出版社 2003 年版。

30. 田韶华、杨清 :《专家民事责任制度研究》，中国检察出版社 2005 年版。

31. 林位强 :《澳门医疗事故法研究——兼论非财产损害赔偿》，法律出版社 2017 年版。

32. 黄薇主编 :《中华人民共和国民法典侵权责任编释义》，法律出版社 2020 年版。

33.《民法典立法背景与观点全集》编写组编 :《民法典立法背景与观点全集》，法律出版社 2020 年版。

34. 王胜明主编 :《中华人民共和国侵权责任法解读》，中国法制出版社 2010 年版。

35. 全国人大常委会法制工作委员会民法室编 :《中华人民共和国侵权责任法条文说明、立法理由及相关规定》，北京大学出版社 2010 年版。

36. 最高人民法院侵权责任法研究小组编著 :《〈中华人民共和国侵权责任法〉条文理解与适用》，人民法院出版社 2010 年版。

37. [英] 查尔斯 · 福斯特 :《医师法》，刘文戈译，译林出版社 2020 年版。

38. [美] 文森特 · R. 约翰逊 :《美国侵权行为法》（第 5 版），赵秀文等译，中国人民大学出版社 2017 年版。

39. [日] 吉村良一：《日本侵权行为法》(第4版)，张挺译，中国人民大学出版社2013年版。

40. [日] 植木哲：《医疗法律学》，冷罗生、陶芸、江涛等译，法律出版社2006年版。

41.《日本民法典》，王书江译，中国法制出版社2000年版。

42. [德] 克里斯蒂安·冯·巴尔：《欧洲比较侵权行为法》(第2版)(上卷)，张新宝译，法律出版社2004年版。

43. [德] 克里斯蒂安·冯·巴尔：《欧洲比较侵权行为法》(第2版)(下卷)，焦美华译，法律出版社2004年版。

44.《德意志联邦共和国民事诉讼法》，谢怀轼译，中国法制出版社2001年版。

45. [美] Douglas H.Ubelaker：《全球司法鉴定实践》，何晓丹、李成涛主译，陈忆九、吴何坚主审，科学出版社2019年版。

46. [英] 乔纳森·赫林、杰西·沃尔：《医事法里程碑判例》，王岳主译，北京大学医学出版社2020年版。

47. [美] 约翰·罗尔斯：《正义论》，何怀宏、何包钢、廖申白译，中国社会科学出版社1988年版。

48. 教育部高等学校教学指导委员会编：《普通高等学校本科专业类教学质量国家标准(下)》，高等教育出版社2018年版。

49. 法律出版社法规中心：《医院常用诊疗规范、法规文件全书》。

50. [德] 埃尔温·多伊奇、汉斯－于尔根·阿伦斯：《德国侵权法——侵权行为、损害赔偿及痛苦抚慰金》(第5版)，叶名怡、温大军译，刘志阳校，中国人民大学出版社2016年版。

二、论文类

1. 陈孝平：《关于将医学教材及医学出版物中“患者”一词统一更改为“病人”的建议》，载《中国实用外科杂志》2017年第1期。

2. 王一方：《为什么不能以“病人”取代“患者”？》，载《中国医学人文》2017年第1期。

3. 胡凤松等：《不同群体对“患者”和“病人”两词的态度研究》，载《中国卫生法制》2019年第2期。

4. 杨竞、陈勇川 :《非治疗性临床试验的伦理考量——基于 2020 版 GCP 的探讨》, 载《医学与哲学》2020 年第 14 期。

5. 梁慧星 :《论〈侵权责任法〉中的医疗损害责任》, 载《法商研究》2010 年第 6 期。

6. 梁慧星 :《我国〈侵权责任法〉的几个问题》, 载《暨南学报 (哲学社会科学版)》2010 年第 3 期。

7. 许传玺、付文飙 :《关于修订〈产品质量法〉中产品责任规则的若干思考》, 载《北京社会科学》2019 年第 10 期。

8. 马辉 :《药品和医疗器械缺陷认定标准探析》, 载《医学与社会》2014 年第 10 期。

9. 刘静、马辉 :《医疗产品侵权实证研究》, 载《中国卫生法制》2019 年第 3 期。

10. 王岳 :《英国侵权法视野下中国医疗过失的流变和展望》, 载《医学与哲学》2016 年 12A 期。

11. 刘鑫、梁俊超 :《论我国医疗损害技术鉴定制度构建》, 载《证据科学》2011 年第 3 期。

12. 肖柳诊 :《中美医疗损害责任制度改革之比较研究》, 载《医学与哲学》2014 年 11A 期。

13. 胡伟为、胡恺为 :《美国医疗损害赔偿研究述评》, 载《医学与社会》2012 第 10 期。

14. 张莉 :《医疗纠纷与赔偿责任体系建立——法国医疗赔偿制度最新发展及启示》, 载《行政法学研究》2015 年第 5 期。

15. 夏芸 :《日本医疗诉讼改革及对鉴定结论的评价》, 载《证据科学》2009 年第 3 期。

16. 陈邦达 :《医疗损害鉴定不信任问题研究——以上海市“一元化”模式为例》, 载《交大法学》2019 年第 2 期。

17. 陈志红 :《罗马法“善良家父的勤谨注意”研究》, 载《西南民族大学学报·人文社科版》2005 年第 8 期。

18. 张新宝、明俊 :《侵权法上的原因力理论研究》, 载《中国法学》2005 年第 2 期。

19. 张新宝 :《人身损害鉴定制度的重构》, 载《中国法学》2011 年第 4 期。

20.《法国建立国家医疗事故赔偿制度》,载《法律与医学杂志》2003 年第 1 期。

三、外文论著

1.Barry R.Furrow et al., *Health Law-Cases, Materials and Problems*, West Group, 2001.

2.Eleanor DeArman Kinney et al., *Protect American Health Care Consumers*, Duke University Press, 2002.

附录 有关诊疗规范的规定

根据笔者查阅的中华人民共和国国家卫生健康委网站政策法规之规范性文件栏目（截至 2021 年 8 月 10 日），[①] 发现《医院常用诊疗规范、法规全书》相关法条内容并不完整，有大量遗漏，根据笔者逐一统计，《民法典》所称的“其他有关诊疗规范的规定”还有以下各项。

1.《关于印发长期处方管理规范（试行）的通知》（2021 年 8 月 10 日），国卫办医发〔2021〕17 号

附件：长期处方管理规范（试行）

2.《国家卫生健康委办公厅关于印发常见动物致伤诊疗规范（2021 年版）的通知》（2021 年 7 月 29 日），国卫办医函〔2021〕417 号

附件：常见动物致伤诊疗规范（2021 年版）

3.《国家卫生健康委办公厅关于禁止开展“小腿神经离断瘦腿手术”的通知》（2021 年 7 月 26 日），国卫办医函〔2021〕410 号

4.《国家卫生健康委办公厅关于印发抗肿瘤药物临床合理应用管理指标（2021 年版）的通知》（2021 年 6 月 17 日），国卫办医函〔2021〕336 号

附件：抗肿瘤药物临床合理应用管理指标（2021 年版）

5.《国家卫生健康委关于认定上海交通大学医学院附属瑞金医院等医院人体

① 网址：http：//www.nhc.gov.cn/wjw/gfxwjj/list_2.shtml，职业病及地方病未予统计。

器官移植执业资格的通知》(2021年6月10日)，国卫医函〔2021〕115号

6.《关于发布〈儿童血细胞分析参考区间〉等3项推荐性卫生行业标准的通告》(2021年4月19日)，国卫通〔2021〕3号

附件：现发布《儿童血细胞分析参考区间》等3项推荐性卫生行业标准，编号和名称如下：

WST779-2021 儿童血细胞分析参考区间；WST780-2021 儿童临床常用生化检验项目参考区间；WST781-2021 便携式血糖仪临床操作和质量管理指南。

7.《国家卫生健康委办公厅关于印发儿童血液病、恶性肿瘤相关12个病种诊疗规范（2021年版）的通知》(2021年4月29日)，国卫办医函〔2021〕249号

附件：儿童脑胶质瘤诊疗规范（2021年版）、儿童髓母细胞瘤诊疗规范（2021年版）、儿童颅咽管瘤诊疗规范（2021年版）、儿童室管膜肿瘤诊疗规范（2021年版）、儿童中枢神经系统生殖细胞肿瘤诊疗规范（2021年版）、儿童颅外恶性生殖细胞肿瘤诊疗规范（2021年版）、儿童及青少年鼻咽癌诊疗规范（2021年版）、儿童甲状腺癌诊疗规范（2021年版）、儿童胸膜肺母细胞瘤诊疗规范（2021年版）、儿童及青少年神经纤维瘤病诊疗规范（2021年版）、儿童慢性活动性EB病毒感染诊疗规范（2021年版）、儿童朗格罕细胞组织细胞增生症诊疗规范（2021年版）、儿童自身免疫性溶血性贫血诊疗规范（2021年版）

8.《国家卫生健康委办公厅关于印发β内酰胺类抗菌药物皮肤试验指导原则（2021年版）的通知》(2021年4月13日)，国卫办医函〔2021〕188号

附件：β内酰胺类抗菌药物皮肤试验指导原则、β内酰胺类药物侧链相似性比较

9.《关于印发新型冠状病毒肺炎诊疗方案（试行第八版 修订版）的通知》(2021年4月14日)国卫办医函〔2021〕191号

附件：新型冠状病毒肺炎诊疗方案（试行第八版修订版）

10.《关于开展不合理医疗检查专项治理行动的通知》(2021年4月6日)，国卫办医函〔2021〕175号

附件：不合理医疗检查专项治理行动工作方案

11.《国家卫生健康委办公厅关于印发医疗机构内新型冠状病毒感染预防与控制技术指南（第二版）的通知》(2021年4月6日)，国卫办医函〔2021〕

169号

附件：（1）医疗机构内新型冠状病毒感染预防与控制技术指南（第2版）；（2）医务人员进出隔离病区流线布局流程示意图；（3）医务人员防护用品选用原则及穿脱流程；（4）新型冠状病毒肺炎常态化疫情防控医疗器械及环境物体表面消毒方法推荐方案；（5）呼吸道职业暴露后的处置流程

12.《国家卫生健康委办公厅关于印发血管导管相关感染预防与控制指南（2021年版）的通知》（2021年3月17日），国卫办医函〔2021〕136号

附件：血管导管相关感染预防与控制指南（2021年版）部门工作文件

13.《国家卫生健康委、公安部、司法部关于印发戒毒治疗管理办法的通知》（2021年1月25日），国卫医发〔2021〕5号

附件：戒毒治疗管理办法

14.《国务院应对新型冠状病毒肺炎疫情联防联控机制综合组关于印发大规模新冠病毒核酸检测实验室管理办法（试行）的通知》（2021年2月17日），联防联控机制综发〔2021〕33号 部门规范性文件

附件：大规模新冠病毒核酸检测实验室管理办法（试行）

15.《国家卫生健康委办公厅关于印发心血管系统疾病相关专业医疗质量控制指标（2021年版）的通知》（2021年2月5日），国卫办医函〔2021〕70号

附件：心血管系统疾病相关专业医疗质量控制指标（2021年版）部门规范性文件

16.《国家卫生健康委办公厅关于印发病案管理质量控制指标（2021年版）的通知》（2021年1月15日），国卫办医函〔2021〕28号

附件：病案管理质量控制指标（2021年版）

17.《国家卫生健康委办公厅关于印发低温消毒剂卫生安全评价技术要求的通知》（2020年12月31日），国卫办监督函〔2020〕1062号

附件：低温消毒剂卫生安全评价技术要求

18.《国家卫生健康委办公厅关于印发新型抗肿瘤药物临床应用指导原则（2020年版）的通知》（2020年12月29日），国卫办医函〔2020〕1047号

附件：新型抗肿瘤药物临床应用指导原则（2020年版）

19.《关于印发医疗机构新型冠状病毒核酸检测工作手册（试行 第二版）的通知》（2020年12月28日），联防联控机制医疗发〔2020〕313号

附件：医疗机构新型冠状病毒核酸检测工作手册（试行第二版）

20.《关于加强老年人居家医疗服务工作的通知》（2020 年 12 月 17 日），国卫办医发〔2020〕24 号

附件：居家医疗服务参考项目（试行）

21.《关于印发医疗卫生机构与养老服务机构签约合作服务指南（试行）的通知》（2020 年 12 月 11 日），国卫办老龄发〔2020〕23 号

附件：医疗卫生机构与养老服务机构签约合作服务指南（试行）

22.《国家卫生健康委办公厅关于印发质子泵抑制剂临床应用指导原则（2020 年版）的通知》（2020 年 12 月 3 日），国卫办医函〔2020〕973 号

附件：质子泵抑制剂临床应用指导原则（2020 年版）

23.《国家卫生健康委办公厅关于印发精神障碍诊疗规范（2020 年版）的通知》（2020 年 11 月 23 日），国卫办医函〔2020〕945 号

附件：精神障碍诊疗规范（2020 年版）

24.《关于印发流行性感冒诊疗方案（2020 年版）的通知》（2020 年 10 月 27 日），国卫办医函〔2020〕893 号

附件：流行性感冒诊疗方案（2020 年版）

25.《国家卫生健康委办公厅关于加强医疗机构麻醉药品和第一类精神药品管理的通知》（2020 年 9 月 11 日），国卫办医发〔2020〕13 号

26.《国家卫生健康委办公厅关于印发体外膜肺氧合（ECMO）技术临床应用管理规范的通知》（2020 年 9 月 1 日），国卫办医函〔2020〕763 号

附件：体外膜肺氧合（ECMO）技术临床应用管理规范

27.《关于印发儿童急性感染性腹泻病诊疗规范（2020 年版）的通知》（2020 年 9 月 7 日），国卫办医函〔2020〕762 号

附件：儿童急性感染性腹泻病诊疗规范（2020 年版）

28.《国家卫生健康委办公厅关于印发人体器官移植技术临床应用管理规范（2020 年版）的通知》（2020 年 8 月 24 日），国卫办医函〔2020〕705 号

附件：人体器官移植技术临床应用管理规范（2020 年版）

29.《国家卫生健康委办公厅关于印发药事管理和护理专业医疗质量控制指标（2020 年版）的通知》（2020 年 8 月 4 日），国卫办医函〔2020〕654 号

附件：药事管理专业医疗质量控制指标（2020 年版）、护理专业医疗质量控

制指标（2020 年版）

30.《国家卫生健康委办公厅关于进一步加强单病种质量管理与控制工作的通知》（2020 年 7 月 23 日），国卫办医函〔2020〕624 号

附件：（1）单病种质量管理与控制技术方案（2020 年版）；（2）单病种质量监测信息项（2020 年版）；（3）省级单病种质控工作联系人信息表

31.《国家卫生健康委办公厅关于进一步加强产科专业医疗质量安全管理的通知》（2020 年 7 月 23 日），[①] 国卫办医函〔 2020 〕 626 号

附件：产房分娩安全核查表、产房分娩安全核查表使用说明

32.《关于印发新型冠状病毒肺炎重症患者呼吸支持治疗和体外膜肺氧合临床应用指导方案（试行）的通知》（2020 年 7 月 16 日），国卫办医函〔2020〕585 号

附件：新型冠状病毒肺炎重症患者呼吸支持治疗和体外膜肺氧合临床应用指导方案（试行）

33.《国家卫生健康委办公厅关于印发肝脏、肾脏、心脏、肺脏移植技术医疗质量控制指标（2020 年版）的通知》（2020 年 6 月 6 日），国卫办医函〔2020〕443 号

附件：（1）肝脏移植技术医疗质量控制指标（2020 年版）；（2）肾脏移植技术医疗质量控制指标（2020 年版）；（3）心脏移植技术医疗质量控制指标（2020 年版）；（4）肺脏移植技术医疗质量控制指标（2020 年版）

34.《国家卫生健康委办公厅关于进一步完善预约诊疗制度加强智慧医院建设的通知》（2020 年 5 月 21 日），国卫办医函〔2020〕405 号

35.《关于印发新冠肺炎出院患者主要功能障碍康复治疗方案的通知》（2020 年 5 月 13 日），国卫医函〔2020〕207 号

附件：新冠肺炎出院患者主要功能障碍康复治疗方案

36.《国家卫生健康委办公厅关于进一步推动互联网医疗服务发展和规范管理的通知》（2020 年 4 月 18 日），国卫办医函〔2020〕330 号

---

① 医疗机构要加强产房分娩安全核查工作，在严格执行查对制度及各类孕产妇妊娠风险评估（筛查）的基础上，开展产房分娩安全核查工作，按照产房分娩安全核查表使用说明（附件 2）规范填写《产房分娩安全核查表》（附件 1），并将《产房分娩安全核查表》作为医疗文书纳入病历进行管理，降低医疗差错及安全不良事件发生的概率，保障医疗质量和医疗安全。

37.《关于发布强制性卫生行业标准〈炭疽诊断〉的通告》(2020 年 4 月 21 日)，国卫通〔2020〕6 号

附件：现发布强制性卫生行业标准《炭疽诊断》，编号和名称如下：WS 283-2020 炭疽诊断（代替 WS 283-2008）

38.《国家药监局、国家卫生健康委关于发布药物临床试验质量管理规范的公告》(2020 年 4 月 27 日)，2020 年第 57 号

附件：药物临床试验质量管理规范

39.《关于发布〈静脉血液标本采集指南〉等两项推荐性卫生行业标准的通告》(2020 年 3 月 26 日)，国卫通〔2020〕3 号

附件：现发布《静脉血液标本采集指南》等 2 项推荐性卫生行业标准，编号和名称如下：

WS/T 661-2020 静脉血液标本采集指南；WS/T 662-2020 临床体液检验技术要求。

40.《关于印发新型冠状病毒肺炎重型、危重型病例诊疗方案（试行第二版）的通知》(2020 年 2 月 14 日)，国卫办医函〔2020〕127 号

附件：新型冠状病毒肺炎重型、危重型病例诊疗方案（试行第二版）

41.《国家卫生健康委办公厅关于印发新冠肺炎出院患者健康管理方案（试行）的通知》(2020 年 3 月 13 日)，国卫办医函〔2020〕225 号

附件：新冠肺炎出院患者健康管理方案（试行）

42.《国家卫生健康委办公厅关于进一步加强疫情期间医疗机构感染防控工作的通知》(2020 年 3 月 13 日)，国卫办医函〔2020〕226 号

43.《关于印发新冠肺炎康复者恢复期血浆临床治疗方案（试行第二版）的通知》(2020 年 3 月 4 日)，国卫办医函〔2020〕185 号

附件：新冠肺炎康复者恢复期血浆临床治疗方案（试行第二版）

44.《国家卫生健康委办公厅关于印发新冠肺炎重型、危重型患者护理规范的通知》(2020 年 2 月 29 日)，国卫办医函〔2020〕170 号

附件：新冠肺炎重型、危重型患者护理规范

45.《关于调整试用磷酸氯喹治疗新冠肺炎用法用量的通知》(2020 年 2 月 26 日)，国卫办医函〔2020〕165 号

46.《关于印发加强医疗机构药事管理促进合理用药的意见的通知》(2020 年

2月21日），国卫医发〔2020〕2号

47.《国家卫生健康委办公厅关于在国家远程医疗与互联网医学中心开展新冠肺炎重症危重症患者国家级远程会诊工作的通知》（2020年2月21日），国卫办医函〔2020〕153号

48.《国家卫生健康委办公厅关于在疫情防控中做好互联网诊疗咨询服务工作的通知》（2020年2月6日），国卫办医函〔2020〕112号

49.《国家卫生健康委办公厅关于加强重点地区重点医院发热门诊管理及医疗机构内感染防控工作的通知》（2020年2月3日），国卫办医函〔2020〕102号

50.《国家卫生健康委办公厅关于印发神经系统疾病和肾病专业医疗质量控制指标（2020年版）的通知》（2020年1月9日），国卫办医函〔2020〕13号

附件：神经系统疾病医疗质量控制指标（2020年版）、肾病专业医疗质量控制指标（2020年版）

51.《国家卫生健康委办公厅关于印发第一批日间手术病种手术操作规范（试行）的通知》（2020年1月2日），国卫办医函〔2020〕1号

附件：第一批日间手术病种手术操作规范（试行）

52.《国家卫生健康委办公厅关于印发原发性肝癌诊疗规范（2019年版）的通知》（2019年12月29日），国卫办医函〔2019〕934号

附件：原发性肝癌诊疗规范（2019年版）

53.《国家卫生健康委关于印发开展产前筛查技术医疗机构基本标准和开展产前诊断技术医疗机构基本标准的通知》（2019年12月25日），国卫妇幼函〔2019〕297号

附件：开展产前筛查技术医疗机构基本标准、开展产前诊断技术医疗机构基本标准

54.《国家卫生健康委办公厅关于印发有关病种临床路径（2019年版）的通知》（2019年12月29日），国卫办医函〔2019〕933号

附件：224个病种临床路径（2019年版）

55.《国家卫生健康委办公厅关于印发第二批日间手术（操作）试点病种及术式推荐目录的通知》（2019年12月18日），国卫办医函〔2019〕904号

附件：第二批日间手术（操作）试点病种及术式推荐目录

56.《国家卫生健康委办公厅关于印发新型抗肿瘤药物临床应用指导原则

（2019 年版）的通知》（2019 年 12 月 16 日），国卫办医函〔2019〕896 号

附件：新型抗肿瘤药物临床应用指导原则（2019 年版）

57.《国家卫生健康委办公厅关于印发内镜诊疗技术临床应用管理规定及呼吸内镜诊疗技术等 13 个内镜诊疗技术临床应用管理规范的通知》（2019 年 12 月 2 日），国卫办医函〔2019〕870 号

附件：（1）内镜诊疗技术临床应用管理规定；（2）呼吸内镜诊疗技术临床应用管理规范（2019 年版）；（3）消化内镜诊疗技术临床应用管理规范（2019 年版）；（4）普通外科内镜诊疗技术临床应用管理规范（2019 年版）；（5）关节镜诊疗技术临床应用管理规范（2019 年版）；（6）脊柱内镜诊疗技术临床应用管理规范（2019 年版）；（7）泌尿外科内镜诊疗技术临床应用管理规范（2019 年版）；（8）胸外科内镜诊疗技术临床应用管理规范（2019 年版）；（9）妇科内镜诊疗技术临床应用管理规范（2019 年版）；（10）儿科呼吸内镜诊疗技术临床应用管理规范（2019 年版）；（11）儿科消化内镜诊疗技术临床应用管理规范（2019 年版）；（12）小儿外科内镜诊疗技术临床应用管理规范（2019 年版）；（13）鼻科内镜诊疗技术临床应用管理规范（2019 年版）；（14）咽喉科内镜诊疗技术临床应用管理规范（2019 年版）。

58.《国家卫生健康委办公厅关于印发呼吸内科和产科专业医疗质量控制指标（2019 年版）的通知》（2019 年 11 月 26 日），国卫办医函〔2019〕854 号

附件：（1）呼吸内科专业医疗质量控制指标（2019 年版）；（2）产科专业医疗质量控制指标（2019 年版）

59.《国家卫生健康委办公厅关于做好医疗机构配制制剂有关工作的通知》（2019 年 11 月 28 日），国卫办医函〔2019〕863 号

60.《国家卫生健康委办公厅关于加强体表慢性难愈合创面（溃疡）诊疗管理工作的通知》（2019 年 11 月 29 日），国卫办医函〔2019〕865 号

附件：（1）医疗机构创面修复科基本标准（试行）；（2）创面修复科临床医师、护士基本技能要求

61.《国家卫生健康委办公厅关于印发心血管疾病介入等 4 个介入类诊疗技术临床应用管理规范的通知》（2019 年 11 月 15 日），国卫办医函〔2019〕828 号

附件：（1）心血管疾病介入诊疗技术临床应用管理规范（2019 年版）；（2）综合介入诊疗技术临床应用管理规范（2019 年版）；（3）外周血管介入诊疗

技术临床应用管理规范（2019年版）；（4）神经血管介入诊疗技术临床应用管理规范（2019年版）

62.《国家卫生健康委办公厅关于加强孕妇外周血胎儿游离DNA产前筛查与诊断监督管理的通知》（2019年11月19日），国卫办妇幼函〔2019〕847号

63.《国家卫生健康委办公厅关于印发诊所改革试点地区诊所基本标准（2019年修订版）的通知》（2019年10月30日），国卫办医函〔2019〕802号

附件：诊所改革试点地区诊所基本标准（2019年修订版）

64.《国家卫生健康委办公厅关于印发非新生儿破伤风诊疗规范（2019年版）的通知》（2019年10月31日），国卫办医函〔2019〕806号

附件：非新生儿破伤风诊疗规范（2019年版）

65.《关于印发心房颤动分级诊疗技术方案的通知》（2019年9月1日），国卫办医函〔2019〕710号

附件：（1）心房颤动分级诊疗重点任务及服务流程图；（2）心房颤动分级诊疗服务技术方案

66.《国家卫生健康委办公厅关于印发儿童血液病、恶性肿瘤相关10个病种诊疗规范（2019年版）的通知》（2019年9月4日），国卫办医函〔2019〕716号

附件：（1）儿童再生障碍性贫血诊疗规范（2019年版）；（2）儿童原发性免疫性血小板减少症诊疗规范（2019年版）；（3）儿童血友病诊疗规范（2019年版）；（4）儿童噬血细胞综合征诊疗规范（2019年版）；（5）儿童淋巴母细胞淋巴瘤诊疗规范（2019年版）；（6）儿童霍奇金淋巴瘤诊疗规范（2019年版）；（7）儿童成熟B细胞淋巴瘤诊疗规范（2019年版）；（8）儿童ALK阳性间变性大细胞淋巴瘤诊疗规范（2019年版）；（9）儿童神经母细胞瘤诊疗规范（2019年版）；（10）儿童及青少年骨肉瘤诊疗规范（2019年版）；（11）儿童及青少年尤文肉瘤诊疗规范（2019年版）；（12）儿童及青少年横纹肌肉瘤诊疗规范（2019年版）；（13）儿童及青少年非横纹肌肉瘤类软组织肉瘤诊疗规范（2019年版）；（14）儿童肝母细胞瘤诊疗规范（2019年版）；（15）儿童肾母细胞瘤诊疗规范（2019年版）；（16）儿童视网膜母细胞瘤诊疗规范（2019年版）

67.《国家卫生健康委办公厅关于印发临床用血质量控制指标（2019年版）的通知》（2019年7月12日），国卫办医函〔2019〕620号

附件：临床用血质量控制指标（2019年版）

68.《关于印发儿童腺病毒肺炎诊疗规范（2019 年版）的通知》（2019 年 6 月 25 日），国卫办医函〔2019〕582 号

附件：关于印发儿童腺病毒肺炎诊疗规范（2019 年版）的通知

69.《国家卫生健康委办公厅关于印发社区医院基本标准和医疗质量安全核心制度要点（试行）的通知》（2019 年 5 月 31 日），国卫办医函〔2019〕518 号

附件：（1）社区医院基本标准（试行）；（2）社区医院医疗质量安全核心制度要点（试行）

70.《国家卫生健康委关于印发血站技术操作规程（2019 年版）的通知》（2019 年 4 月 28 日），国卫医函〔2019〕98 号

附件：血站技术操作规程（2019 年版）

71.《国家卫生健康委办公厅关于印发罕见病诊疗指南（2019 年版）的通知》（2019 年 2 月 27 日），国卫办医函〔2019〕198 号

附件：罕见病诊疗指南（2019 年版）

72.《关于印发儿童社区获得性肺炎诊疗规范（2019 年版）的通知》（2019 年 2 月 1 日），国卫办医函〔2019〕138 号

附件：儿童社区获得性肺炎诊疗规范（2019 年版）

73.《关于发布〈淋病诊断〉等 4 项强制性卫生行业标准的通告》（2019 年 1 月 2 日），国卫通〔2019〕1 号

现发布《淋病诊断》等 4 项强制性卫生行业标准，编号和名称如下：WS 268–2019 淋病诊断（代替 WS 268–2007）WS 269–2019 布鲁氏菌病诊断（代替 WS 269–2007）WS 293–2019 艾滋病和艾滋病病毒感染诊断（代替 WS 293–2008）WS 295–2019 流行性脑脊髓膜炎诊断（代替 WS 295–2008）。

74.《国家卫生健康委办公厅关于印发苯丙胺类兴奋剂使用相关障碍诊断治疗指导原则的通知》（2018 年 12 月 26 日），国卫办医函〔2018〕1178 号

附件：苯丙胺类兴奋剂使用相关障碍诊断治疗指导原则

75.《关于印发原发性肺癌等 18 个肿瘤诊疗规范（2018 年版）的通知》（2018 年 12 月 13 日），国卫办医函〔2018〕1125 号

附件：（1）原发性肺癌诊疗规范（2018 年版）；（2）甲状腺癌诊疗规范（2018 年版）；（3）食管癌诊疗规范（2018 年版）；（4）胃癌诊疗规范（2018 年版）；（5）胰腺癌诊疗规范（2018 年版）；（6）乳腺癌诊疗规范（2018 年版）；（7）宫

颈癌诊疗规范（2018年版）;（8）子宫内膜癌诊治规范（2018年版）;（9）卵巢癌诊疗规范（2018年版）;（10）肾癌诊疗规范（2018年版）;（11）前列腺癌诊疗规范（2018年版）;（12）膀胱癌诊疗规范（2018年版）;（13）淋巴瘤诊疗规范（2018年版）;（14）黑色素瘤诊疗规范（2018年版）;（15）成人急性淋巴细胞白血病诊疗规范（2018年版）;（16）成人急性髓系白血病诊疗规范（2018年版）;（17）成人慢性粒细胞白血病诊疗规范（2018年版）;（18）脑胶质瘤诊疗规范（2018年版）

76.《关于印发流行性感冒诊疗方案（2018年版修订版）的通知》（2018年11月19日），国卫办医函〔2018〕1019号

附件：流行性感冒诊疗方案（2018年版）

77.《关于发布推荐性卫生行业标准〈院前急救机构与医院急诊科患者病情交接单〉的通告》（2018年9月26日），国卫通〔2018〕22号

78.《关于发布〈内科输血〉等3项推荐性卫生行业标准的通告》（2018年9月26日），国卫通〔2018〕20号

现发布《内科输血》等3项推荐性卫生行业标准，编号和名称如下：WS/T 622–2018 内科输血；WS/T 623–2018 全血和成分血使用；WS/T 624–2018 输血反应分类。

79.《关于印发儿童急性淋巴细胞白血病、儿童急性早幼粒细胞白血病诊疗规范（2018年版）的通知》（2018年10月8日），国卫办医函〔2018〕868号

附件：（1）儿童急性淋巴细胞白血病诊疗规范（2018年版）;（2）儿童急性早幼粒细胞白血病诊疗规范（2018年版）

80.《关于印发碳青霉烯类抗菌药物临床应用专家共识等3个技术文件的通知》（2018年9月18日），国卫办医函〔2018〕822号

附件：（1）碳青霉烯类抗菌药物临床应用专家共识；（2）碳青霉烯类抗菌药物临床应用评价细则；（3）替加环素临床应用评价细则

81.《关于印发新型抗肿瘤药物临床应用指导原则（2018年版）的通知》（2018年9月14日），国卫办医函〔2018〕821号

附件：新型抗肿瘤药物临床应用指导原则（2018年版）

82.《关于发布〈高频电刀安全管理〉等两项推荐性卫生行业标准的通告》（2018年8月17日），国卫通〔2018〕15号

现发布《高频电刀安全管理》等两项推荐性卫生行业标准，编号和名称如下：WS/T 602-2018 高频电刀安全管理；WS/T 603-2018 心脏除颤器安全管理。

83.《关于印发人工流产后避孕服务规范（2018 版）的通知》（2018 年 8 月 7 日），国卫办妇幼发〔2018〕17 号

附件：人工流产后避孕服务规范（2018 版）

84.《关于公布经批准开展产前诊断技术的医疗机构名单的公告》（2018 年 5 月 17 日），国家卫生健康委员会 2018 年第 4 号

附件：经批准开展产前诊断技术的医疗机构名单

85.《关于印发手足口病诊疗指南（2018 年版）的通知》（2018 年 5 月 15 日），国卫办医函〔2018〕327 号

附件：手足口病诊疗指南（2018 年版）

86.《关于发布推荐性卫生行业标准〈口腔颌面部 X 射线检查操作规范〉的通告》（2018 年 5 月 10 日），国卫通〔2018〕9 号

87.《关于发布〈丙型肝炎诊断〉等 7 项卫生行业标准的通告》（2018 年 3 月 6 日），国卫通〔2018〕4 号

现发布《丙型肝炎诊断》等 7 项卫生行业标准，编号和名称如下：

一、强制性卫生行业标准

WS 213-2018 丙型肝炎诊断（代替 WS 213-2008）；WS 216-2018 登革热诊断（代替 WS 216-2008）；WS 273-2018 梅毒诊断（代替 WS 273-2007）；WS 291-2018 麻风病诊断（代替 WS 291-2008）；WS 588-2018 手足口病诊断；WS 589-2018 病原微生物实验室生物安全标识。

二、推荐性卫生行业标准

WS/T 590-2018 基孔肯雅热诊断。

88.《关于发布推荐性卫生行业标准〈献血相关血管迷走神经反应预防和处置指南〉的通告》（2018 年 2 月 5 日），国卫通〔2018〕1 号

现发布推荐性卫生行业标准《献血相关血管迷走神经反应预防和处置指南》，编号和名称如下：WS/T 595-2018 献血相关血管迷走神经反应预防和处置指南。

89.《关于发布〈结核病分类〉等两项强制性卫生行业标准的通告》（2017 年 11 月 9 日），国家卫生计生委

现发布《结核病分类》等两项强制性卫生行业标准，编号和名称如下：WS

196–2017 结核病分类（代替 WS 196–2001）；WS 288–2017 肺结核诊断（代替 WS 288–2008）。

90.《关于印发日间手术试点医院名单的通知》（2017 年 11 月 7 日），国卫办医函〔2017〕1100 号

附件：日间手术试点医院名单

91.《关于发布〈酶学参考实验室参考方法测量不确定度评定指南〉等 4 项推荐性卫生行业标准的通告》（2017 年 9 月 6 日），国卫通〔2017〕14 号

现发布《酶学参考实验室参考方法测量不确定度评定指南》等 4 项推荐性卫生行业标准，其编号和名称如下：WS/T 493–2017 酶学参考实验室参考方法测量不确定度评定指南；WS/T 494–2017 临床定性免疫检验重要常规项目分析质量要求；WS/T 503–2017 临床微生物实验室血培养操作规范；WS/T 505–2017 定性测定性能评价指南。

92.《关于发布〈钉螺调查〉等 9 项推荐性卫生行业标准的通告》（2017 年 8 月 1 日），国卫通〔2017〕11 号

现发布《钉螺调查》等 9 项推荐性卫生行业标准，其编号和名称如下：WST 563–2017 钉螺调查；WST 564–2017 巴贝虫病诊断；WST 565–2017 蛔虫病诊断；WST 566–2017 片形吸虫病诊断；WST 567–2017 阴道毛滴虫病诊断；WST 568–2017 阿米巴病肠外脓肿诊断；WST 569–2017 疟原虫检测血涂片镜检法；WST 570–2017 肠道蠕虫检测 改良加藤厚涂片法；WST 571–2017 裂头绦虫幼虫检测。

93.《关于发布〈病原微生物实验室生物安全通用准则〉等 5 项卫生行业标准的通告》（2017 年 7 月 24 日），国卫通〔2017〕7 号

现发布《病原微生物实验室生物安全通用准则》等 5 项卫生行业标准，其编号和名称如下：

一、强制性卫生行业标准

WS 233–2017 病原微生物实验室生物安全通用准则（代替 WS 233–2002）；WS 296–2017 麻疹诊断（代替 WS 296–2008）。

二、推荐性卫生行业标准

WS/T 191–2017 软下疳诊断（代替 WS 191–1999）；WS/T 236–2017 生殖器疱疹诊断（代替 WS 236–2003）；WS/T 562–2017 克 – 雅病诊断。

94.《国家卫生计生委办公厅关于印发包虫病诊疗方案（2017 年版）的通知》

（2017 年 6 月 2 日），国卫办医函〔2017〕559 号

附件：包虫病诊疗方案（2017 年版）

95.《关于公布经批准开展人类辅助生殖技术和设置人类精子库的医疗机构名单的公告》（2017 年 4 月 11 日），国家卫生计生委 2017 年第 6 号

附件：经批准开展人类辅助生殖技术和设置人类精子库的医疗机构名单

96.《关于发布〈医用常规 X 射线诊断设备质量控制检测规范〉等 8 项卫生行业标准的通告》（2017 年 4 月 10 日），国卫通〔2017〕2 号

附件：（1）WS 76–2017 医用常规 X 射线诊断设备质量控制检测规范（代替 WS 76–2011）；（2）WS 262–2017 后装 γ 源近距离治疗质量控制检测规范（代替 WS 262–2006）；（3）WS 518–2017 乳腺 X 射线屏片摄影系统质量控制检测规范（代替 GBZ 186–2007）；（4）WS 520–2017 计算机 X 射线摄影（CR）质量控制检测规范（代替 GBZ187–2007）；（5）WS 521–2017 医用数字 X 射线摄影（DR）系统质量控制检测规范；（6）WS 522–2017 乳腺数字 X 射线摄影系统质量控制检测规范；（7）WS 530–2017 乳腺计算机 X 射线摄影系统质量控制检测规范；（8）WS 531–2017 螺旋断层治疗装置质量控制检测规范

97.《国家卫生计生委办公厅关于印发糖尿病视网膜病变分级诊疗服务技术方案的通知》（2017 年 3 月 23 日），国卫办医函〔2017〕280 号

附件：糖尿病视网膜病变分级诊疗服务技术方案

98.《国家卫生计生委关于加强医疗美容主诊医师管理有关问题的通知》（2017 年 3 月 17 日），国家卫生计生委

99.《国家卫生计生委办公厅关于印发〈人感染 H7N9 禽流感早诊早治专家共识〉的通知》（2017 年 2 月 26 日），国卫发明电〔2017〕14 号

附件：人感染 H7N9 禽流感早诊早治专家共识

100.《关于发布〈临床实验室质量指标〉等 5 项推荐性卫生行业标准的通告》（2017 年 1 月 25 日），国卫通〔2017〕1 号

现发布《临床实验室质量指标》等 5 项推荐性卫生行业标准，其编号和名称如下：WS/T 496–2017 临床实验室质量指标；WS/T 497–2017 侵袭性真菌病临床实验室诊断操作指南；WS/T 498–2017 细菌性腹泻临床实验室诊断操作指南；WS/T 499–2017 下呼吸道感染细菌培养操作指南；WS/T 514–2017 临床检验方法检出能力的确立和验证

101.《关于印发乳腺癌和甲状腺癌分级诊疗技术方案的通知》（2016 年 12 月 29 日），国卫办医函〔2016〕1446 号

附件：（1）乳腺癌和甲状腺癌分级诊疗重点任务及服务流程；（2）乳腺癌分级诊疗服务技术方案；（3）甲状腺癌分级诊疗服务技术方案

102.《关于印发慢性阻塞性肺疾病分级诊疗服务技术方案的通知》（2016 年 12 月 22 日），国卫办医函〔2016〕1414 号

附件：（1）慢性阻塞肺疾病分级诊疗重点任务及服务流程图；（2）慢性阻塞性肺疾病分级诊疗服务技术方案

103.《关于印发冠状动脉粥样硬化性心脏病和脑血管疾病分级诊疗技术方案的通知》（2016 年 12 月 22 日），国卫办医函〔2016〕1424 号

附件：（1）冠状动脉粥样硬化性心脏病和脑血管疾病分级诊疗重点任务及服务流程图；（2）冠状动脉粥样硬化性心脏病分级诊疗服务技术方案；（3）脑血管疾病分级诊疗服务技术方案

104.《关于发布〈医院消毒供应中心 第 1 部分：管理规范〉等 10 项卫生行业标准的通告》（2016 年 12 月 27 日），国卫通〔2016〕23 号

现发布《医院消毒供应中心 第 1 部分：管理规范》等 10 项卫生行业标准，其编号和名称如下：

一、强制性卫生行业标准

WS 310.1–2016 医院消毒供应中心第 1 部分：管理规范（代替 WS310.1–2009）；WS 310.2–2016 医院消毒供应中心第 2 部分：清洗消毒及灭菌技术操作规范（代替 WS 310.2–2009）；WS 310.3–2016 医院消毒供应中心第 3 部分：清洗消毒及灭菌效果监测标准（代替 WS 310.3–2009）；WS 506–2016 口腔器械消毒灭菌技术操作规范；WS 507–2016 软式内镜清洗消毒技术规范。

二、推荐性卫生行业标准

WS/T 508–2016 医院医用织物洗涤消毒技术规范；WS/T 509–2016 重症监护病房医院感染预防与控制规范；WS/T 510–2016 病区医院感染管理规范；WS/T 511–2016 经空气传播疾病医院感染预防与控制规范；WS/T 512–2016 医疗机构环境表面清洁与消毒管理规范。

105.《国家卫生计生委关于印发医学检验实验室基本标准和管理规范（试行）的通知》（2016 年 7 月 20 日），国卫医发〔2016〕37 号

附件：医学检验实验室基本标准和管理规范（试行）

106.《国家卫生计生委关于印发病理诊断中心基本标准和管理规范（试行）的通知》（2016 年 11 月 21 日），国卫医发〔2016〕65 号

附件：病理诊断中心基本标准和管理规范（试行）

107.《国家卫生计生委关于印发血液透析中心基本标准和管理规范（试行）的通知》（2016 年 12 月 2 日），国卫医发〔2016〕67 号

附件：血液透析中心基本标准和管理规范（试行）

108.《关于发布〈尖锐湿疣诊断〉等 3 项推荐性卫生行业标准的通告》（2016 年 11 月 29 日），国卫通〔2016〕18 号

附件：WS/T 235–2016 尖锐湿疣诊断（代替 WS 235–2003）；WS/T 237–2016 性病性淋巴肉芽肿诊断（代替 WS 237–2003）；WS/T 513–2016 生殖道沙眼衣原体感染诊断

109.《关于发布强制性卫生行业标准〈医院中央空调系统运行管理〉的通告》（2016 年 11 月 2 日），国卫通〔2016〕16 号

110.《关于首批干细胞临床研究机构名单的公告》（2016 年 10 月 24 日），2016 年第 12 号

111.《关于发布〈电子病历共享文档规范 第 1 部分：病历概要〉等 57 项卫生行业标准的通告》（2016 年 8 月 23 日），国卫通〔2016〕12 号

附件：现发布《电子病历共享文档规范 第 1 部分：病历概要》等 57 项卫生行业标准，其编号和名称如下。（省略）

112.《关于发布〈卫生信息共享文档〉等 22 项卫生行业标准的通告》（2016 年 7 月 12 日），国卫通〔2016〕10 号

现发布《卫生信息共享文档》等 22 项卫生行业标准，其编号和名称如下：

一、推荐性卫生行业标准（省略）

二、强制性卫生行业标准（省略）

113.《关于发布〈尿路感染临床微生物实验室诊断〉等 4 项推荐性卫生行业标准的通告》（2016 年 7 月 7 日），国卫通〔2016〕9 号

附件：现发布《尿路感染临床微生物实验室诊断》等 4 项推荐性卫生行业标准，其编号和名称如下：WS/T 489–2016 尿路感染临床微生物实验室诊断；WS/T 490–2016 临床化学测量系统校准指南；WS/T 491–2016 梅毒非特异性抗体检测操

作指南；WS/T 492–2016 临床检验定量测定项目精密度与正确度性能验证

114.《关于发布强制性卫生行业标准〈脊髓灰质炎诊断〉的通告》（2016 年 4 月 26 日），国卫通〔2016〕6 号

附件：WS 294–2016 脊髓灰质炎诊断

115.《关于发布〈抗疟药使用规范〉等两项推荐性卫生行业标准的通告》（2016 年 5 月 20 日），国卫通〔2016〕4 号

附件：WS/T 485–2016 抗疟药使用规范；WS/T 487–2016 隐孢子虫病的诊断

116.《国家卫生计生委办公厅关于血站加强寨卡病毒防范工作的通知》（2016 年 5 月 19 日），国卫办医函〔2016〕525 号

117.《国家卫生计生委关于印发血站技术操作规程（2015 版）的通知》（2015 年 12 月 17 日），国卫医发〔2015〕95 号

附件：血站技术操作规程（2015 版）

118.《关于发布推荐性卫生行业标准〈弓形虫病的诊断〉的通告》（2015 年 12 月 15 日），国卫通〔2015〕21 号

附件：WS/T 486–2015 弓形虫病的诊断

119.《关于发布强制性卫生行业标准〈疟疾的诊断〉的通告》（2015 年 11 月 16 日），国卫通〔2015〕18 号

附件：WS 259–2015 疟疾的诊断

120.《关于发布〈D– 二聚体定量检测〉等 2 项推荐性卫生行业标准的通告》（2015 年 11 月 6 日），国卫通〔2015〕15 号

附件：（1）D– 二聚体定量检测；（2）血清 25– 羟基维生素 D3 检测操作指南　同位素稀释液相色谱串联质谱法

121.《国家卫生计生委医政医管局关于印发〈药物代谢酶和药物作用靶点基因检测技术指南（试行）〉和〈肿瘤个体化治疗检测技术指南（试行）〉的通知》（2015 年 7 月 29 日），国卫医医护便函〔2015〕240 号

122.《国家卫生计生委关于取消第三类医疗技术临床应用准入审批有关工作的通知》（2015 年 6 月 29 日），国家卫生计生委

附件：限制临床应用的医疗技术（2015 版）

123.《关于发布〈前列腺特异性抗原检测前列腺癌临床应用〉等 4 项推荐性卫生行业标准的通告》（2015 年 6 月 23 日），国卫通〔2015〕9 号

附件：现发布《前列腺特异性抗原检测前列腺癌临床应用》等 4 项推荐性卫生行业标准，其编号和名称如下：WS/T 460–2015 前列腺特异性抗原检测前列腺癌临床应用；WS/T 461–2015 糖化血红蛋白检测；WS/T 462–2015 冠状动脉疾病和心力衰竭时心脏标志物检测与临床应用；WS/T 463–2015 血清低密度脂蛋白胆固醇检测

124.《关于发布〈临床常用生化检验项目参考区间第 5 部分：血清尿素、肌酐〉等 4 项推荐性卫生行业标准的通告》（2015 年 4 月 21 日），国卫通〔2015〕5 号

附件：现发布《临床常用生化检验项目参考区间第 5 部分：血清尿素、肌酐》等 4 项推荐性卫生行业标准，其编号和名称如下：WS/T404.5–2015 临床常用生化检验项目参考区间第 5 部分：血清尿素、肌酐；WS/T404.6–2015 临床常用生化检验项目参考区间第 6 部分：血清总钙、无机磷、镁、铁；WS/T404.7–2015 临床常用生化检验项目参考区间第 7 部分：血清乳酸脱氢酶、肌酸激酶；WS/T404.8–2015 临床常用生化检验项目参考区间第 8 部分：血清淀粉酶

125.《关于发布推荐性卫生行业标准〈放射性皮肤疾病护理规范〉的通告》（2015 年 3 月 6 日），国卫通〔2015〕2 号

126.《国家卫生计生委办公厅关于印发登革热诊疗指南（2014 年版）的通知》（2014 年 8 月 19 日），国卫办医函〔2014〕746 号

附件：登革热诊疗指南（2014 年版）

127.《国家卫生计生委关于发布〈医疗机构患者活动场所及坐卧设施安全要求 第 1 部分：活动场所〉等 2 项强制性卫生行业标准的通告》（2014 年 6 月 17 日），国卫通〔2014〕6 号

附件：现发布《医疗机构患者活动场所及坐卧设施安全要求 第 1 部分：活动场所》等 2 项强制性卫生行业标准，其编号和名称如下：WS 444.1–2014 医疗机构患者活动场所及坐卧设施安全要求 第 1 部分：活动场所；WS 444.2–2014 医疗机构患者活动场所及坐卧设施安全要求 第 2 部分：坐卧设施

128.《国家卫生计生委办公厅关于修订艾滋病患者免费抗病毒治疗标准的通知》（2014 年 4 月 30 日），国卫办医函〔2014〕326 号

附件：（1）成人 / 青少年艾滋病患者抗病毒治疗标准；（2）儿童艾滋病患者抗病毒治疗标准

129.《国家卫生计生委办公厅关于印发人感染 H7N9 禽流感诊疗方案（2014

年版）的通知》（2014年1月24日），国卫办医发〔2014〕6号

附件：《人感染H7N9禽流感诊疗方案（2014年版）》

130.《关于发布新材料、新工艺技术和新杀菌原理判定依据的通告》（2013年12月20日），国卫通〔2013〕9号

附件：利用新材料、新工艺技术和新杀菌原理生产消毒剂和消毒器械的判定依据

131.《关于发布〈医院电力系统运行管理〉等4项强制性卫生行业标准的通告》（2013年9月6日），国卫通〔2013〕2号

附件：现发布《医院电力系统运行管理》等4项强制性卫生行业标准，其编号和名称如下：WS 434–2013 医院电力系统运行管理；WS 435–2013 医院医用气体系统运行管理；WS 436–2013 医院二次供水运行管理；WS 437–2013 医院供热系统运行管理

132.《关于发布〈裂头蚴病的诊断〉等2项强制性行业标准的通告》（2013年6月14日），国卫通〔2013〕1号

附件：现发布《裂头蚴病的诊断》等2项强制性行业标准，其编号和名称如下：（1）WS 438–2013 裂头蚴病的诊断；（2）WS 439–2013 钩虫病的诊断。

133.《国家卫生健康委关于印发人体捐献器官获取与分配管理规定的通知》（2019年1月17日），国卫医发〔2019〕2号

附件：人体捐献器官获取与分配管理规定

134.《国家卫生计生委关于印发医疗机构临床检验项目目录（2013年版）的通知》（2013年8月5日），国卫医发〔2013〕9号

附件：《医疗机构临床检验项目目录》（2013年版）

135.《国家卫生计生委关于通过技术审查的消毒产品目录的通告》（2013年7月24日），国卫通〔2013〕4号

附件：（1）通过技术审查的消毒产品目录；（2）通过变更审核的化学品毒性鉴定机构目录

136.《国家卫生和计划生育委员会通告（国卫通〔2013〕3号）——关于发布〈干扰实验指南〉等6项推荐性卫生行业标准的通告》（2013年7月16日），国卫通〔2013〕3号

附件：现发布《干扰实验指南》等6项推荐性卫生行业标准，其编号和名

称如下：WS/T 416–2013 干扰实验指南；WS/T 417–2013 γ – 谷氨酰基转移酶催化活性浓度测定参考方法；WS/T 418–2013 受委托临床实验室选择指南；WS/T 419–2013 参考物质中酶活性浓度的赋值；WS/T 420–2013 临床实验室对商品定量试剂盒分析性能的验证；WS/T 421–2013 抗酵母样真菌药物敏感性试验 肉汤稀释法

137.《关于发布〈高压氧临床应用技术规范〉的通告》（2013 年 5 月 17 日）（2013 年 5 月 17 日），卫计生通〔2013〕7 号

附件：高压氧临床应用技术规范

138.《关于印发〈医院人感染 H7N9 禽流感病毒核酸检测标准操作程序〉等技术规范的通知》（2013 年 5 月 16 日），卫办医政函〔2013〕402 号

附件：（1）医院人感染 H7N9 禽流感病毒核酸检测标准操作程序；（2）H7N9 禽流感病毒核酸检测试剂盒（PCR- 荧光探针法）说明书

139.《国家卫生和计划生育委员会办公厅关于印发口腔种植技术管理规范的通知》（2013 年 4 月 23 日），卫办医政发〔2013〕32 号

附件：口腔种植技术管理规范

140.《关于印发胃癌等五种恶性肿瘤规范化诊疗指南的通知》（2013 年 4 月 23 日），卫办医管发〔2013〕33 号

附件：胃癌诊疗指南、直肠癌诊疗指南、结肠癌诊疗指南、原发性乳腺癌诊疗指南、宫颈癌诊疗指南

141.《关于印发〈人感染 H7N9 禽流感病例诊断程序〉的通知》（2013 年 4 月 10 日），国家卫生和计划生育委员会办公厅

附件：附件：人感染 H7N9 禽流感病例诊断程序

142.《关于印发四肢骨折等 9 个常见病种（手术）早期康复诊疗原则的通知》（2013 年 4 月 2 日），卫办医政发〔2013〕25 号

附件：四肢骨折等 9 个常见病种（手术）早期康复诊疗原则

143.《关于印发脑卒中等 8 个常见病种（手术）康复医疗双向转诊标准（试行）的通知》（2013 年 4 月 2 日），卫办医政函〔2013〕259 号

附件：脑卒中等 8 个常见病种（手术）康复医疗双向转诊标准（试行）

144.《关于发布〈临床生物化学检验常规项目分析质量指标〉等 8 项推荐性卫生行业标准的通告》（2012 年 12 月 25 日），卫通〔2012〕23 号

附件：现发布《临床生物化学检验常规项目分析质量指标》等 8 项推荐性卫生行业标准，其编号和名称如下：WS/T 403–2012 临床生物化学检验常规项目分析质量指标；WS/T 404.1–2012 临床常用生化检验项目参考区间 第 1 部分：血清丙氨酸氨基转移酶、天门冬氨酸氨基转移酶、碱性磷酸酶和 γ – 谷氨酰基转移酶；WS/T 404.2–2012 临床常用生化检验项目参考区间 第 2 部分：血清总蛋白、白蛋白；WS/T 404.3–2012 临床常用生化检验项目参考区间 第 3 部分：血清钾、钠、氯；WS/T 405–2012 血细胞分析参考区间；WS/T 406–2012 临床血液学检验常规项目分析质量要求；WS/T 407–2012 医疗机构内定量检验结果的可比性验证指南；WS/T 408–2012 临床化学设备线性评价指南

145.《关于发布推荐性卫生行业标准〈临床实验室检验项目参考区间的制定〉的通告（2012 年 12 月 24 日），卫通〔2012〕22 号

附件：现发布推荐性卫生行业标准《临床实验室检验项目参考区间的制定》。其编号和名称如下：WS/T 402–2012 临床实验室检验项目参考区间的制定

146.《关于发布〈血液储存要求〉等 3 项卫生行业标准的通告》（2012 年 12 月 3 日），卫通〔2012〕21 号

附件：现发布《血液储存要求》等 3 项卫生行业标准，其编号和名称如下：

一、强制性卫生行业标准

WS 399–2012 血液储存要求。

二、推荐性卫生行业标准

WS/T 400–2012 血液运输要求；WS/T 401–2012 献血场所配置要求。

147.《关于发布〈囊尾蚴病的诊断〉（WS 381–2012）标准第 1 号修改单的通告》（2012 年 10 月 12 日），卫通〔2012〕18 号

148.《关于发布〈糖尿病筛查和诊断〉等 2 项卫生行业标准的通告》（2012 年 9 月 24 日），卫通〔2012〕17 号

附件：现发布《糖尿病筛查和诊断》等 2 项卫生行业标准，其编号和名称如下：

一、强制性卫生行业标准

WS 397–2012 糖尿病筛查和诊断。

二、推荐性卫生行业标准

WS/T 398–2012 缺血性脑卒中诊断和诊疗质量控制。

149.《关于发布〈临床常用急救操作技术 第 2 部分：催吐、洗胃〉等 6 项卫

生行业标准的通告》(2012年9月日)，卫通〔2012〕15号

附件：现发布《临床常用急救操作技术 第2部分：催吐、洗胃》等6项卫生行业标准，其编号和名称如下：

一、强制性卫生行业标准

WS 387.2-2012 临床常用急救操作技术 第2部分：催吐、洗胃；WS 387.3-2012 临床常用急救操作技术 第3部分：氧疗及人工气道建立；WS 387.4-2012 临床常用急救操作技术 第4部分：呼吸道分泌物吸引；WS 387.5-2012 临床常用急救操作技术 第5部分：外伤患者紧急止血、包扎和搬运；WS 392-2012 呼吸机临床应用。

二、推荐性卫生行业标准

WS/T 393-2012 医疗机构临床路径的制定与实施。

150.《关于发布〈肺炎诊断〉等10项卫生行业标准的通告》(2012年9月3日)，卫通〔2012〕14号

附件：现发布《肺炎诊断》等10项卫生行业标准，其编号和名称如下：

一、强制性卫生行业标准

WS 382-2012 肺炎诊断；WS 383-2012 支气管哮喘诊断；WS 384-2012 妊娠期高血压疾病诊断；WS 385-2012 先天性胆道畸形诊断；WS 386-2012 结直肠癌诊断；WS 387.1-2012 临床常用急救操作技术 第1部分：心肺复苏。

二、推荐性卫生行业标准

WS/T 388-2012 早产诊断；WS/T 389-2012 医学X线检查操作规程；WS/T 390-2012 医院急救科规范化流程；WS/T 391-2012 CT检查操作规程。

151.《卫生部、国家食品药品监督管理局、国家中医药管理局关于印发医疗机构从业人员行为规范的通知》(2012年6月26日)，卫办发〔2012〕45号

附件：医疗机构从业人员行为规范

152.《关于印发外周血管介入诊疗技术管理规范的通知》(2012年7月9日)，卫办医政发〔2012〕88号

附件：外周血管介入诊疗技术管理规范

153.《关于印发综合介入诊疗技术管理规范的通知》(2012年7月9日)

154.《关于印发神经血管介入诊疗技术管理规范的通知》(2012年7月9日)，卫办医政发〔2012〕87号

附件：神经介入管理规范

155.《关于发布〈带绦虫病的诊断〉等 3 项强制性行业标准的通告》（2012 年 6 月 4 日），卫通〔2012〕9 号

附件：现发布《带绦虫病的诊断》等 3 项强制性行业标准，其编号和名称如下：（1）WS 379–2012 带绦虫病的诊断；（2）WS 380–2012 并殖吸虫病的诊断；（3）WS 381–2012 囊尾蚴病的诊断。

156.《关于印发人工髋关节置换技术管理规范（2012 版）的通知》（2012 年 5 月 29 日），卫办医政发〔2012〕68 号

附件：人工髋关节置换技术管理规范（2012 版）

157.《关于印发〈常用康复治疗技术操作规范（2012 年版）〉的通知》（2012 年 4 月 27 日），卫办医政发〔2012〕51 号

附件：常用康复治疗技术操作规范（2012 年版）

158.《关于发布〈医疗机构消毒技术规范〉等 2 项推荐性卫生行业标准的通告》（2012 年 4 月 5 日），卫通〔2012〕6 号

附件：现发布《医疗机构消毒技术规范》等 2 项推荐性卫生行业标准。其编号和名称如下：WS/T 367–2012 医疗机构消毒技术规范；WS/T 368–2012 医院空气净化管理规范

159.《卫生健康委关于印发严重精神障碍管理治疗工作规范（2018 年版）的通知》（2018 年 5 月 28 日），国卫疾控发〔2018〕13 号

附件：严重精神障碍管理治疗工作规范（2018 年版）

160.《关于发布〈旋毛虫病的诊断〉标准的通告》（2012 年 3 月 2 日），卫通〔2012〕3 号

附件：现发布强制性行业标准《旋毛虫病的诊断》，其编号和名称如下：WS 369–2012 旋毛虫病的诊断

161.《国家卫生健康委关于印发血站技术操作规程（2019 版）的通知》（2019 年 4 月 28 日），国卫医函〔2019〕98 号

附件：血站技术操作规程（2019 版）

162.《卫生部关于单采血浆站管理有关事项的通知》（2012 年 1 月 10 日），卫医政发〔2012〕5 号

163.《国家卫生健康委员会关于印发癌症疼痛诊疗规范（2018 年版）的通知》

（2018 年 8 月 27 日），国卫办医函〔2018〕734 号

附件：癌症疼痛诊疗规范（2018 年版）

164.《关于发布〈血清甘油三酯的酶法测定〉等 8 项标准为推荐性行业标准的通告》（2011 年 11 月 14 日），卫通〔2011〕22 号

附件：现发布《血清甘油三酯的酶法测定》等 8 项标准为推荐性行业标准，其编号和名称如下：

WS/T 355–2011 血清甘油三酯的酶法测定；WS/T 356–2011 基质效应与互通性评估指南；WS/T 357–2011 骨代谢标志物临床应用指南；WS/T 358–2011 血清（浆）脂蛋白（a）的免疫测定；WS/T 359–2011 血浆凝固实验血液标本的采集及处理指南；WS/T 360–2011 流式细胞术检测外周血淋巴细胞亚群指南；WS/T 361–2011 乳酸脱氢酶催化活性浓度测定参考方法；WS/T 362–2011 血清胆固醇参考测量程序分光光度法。

165.《关于发布〈血红蛋白测定参考方法〉等 13 项推荐性卫生行业标准的通告》（2011 年 9 月 30 日），卫通〔2011〕22 号

166.《卫生部办公厅关于加强脐带血造血干细胞管理工作的通知》（2011 年 10 月 24 日），卫办医政发〔2011〕134 号

167.《关于发布〈血红蛋白测定参考方法〉等 13 项推荐性卫生行业标准的通告》（2011 年 9 月 30 日），卫通〔2011〕16 号

附件：现发布《血红蛋白测定参考方法》等 13 项推荐性卫生行业标准，其编号和名称如下：

WS/T 341–2011 血红蛋白测定参考方法；WS/T 342–2011 红细胞比容测定参考方法；WS/T 343–2011 红细胞沉降率测定参考方法；WS/T 344–2011 出血时间测定要求；WS/T 345–2011 血清尿素测定参考方法；WS/T 346–2011 网织红细胞计数的参考方法；WS/T 347–2011 血细胞分析的校准指南；WS/T 348–2011 尿液标本的收集及处理指南；WS/T 349–2011 α–淀粉酶催化活性浓度测定参考方法；WS/T 350–2011 血清葡萄糖测定参考方法；WS/T 351–2011 碱性磷酸酶（ALP）催化活性浓度测定参考方法；WS/T 352–2011 丙氨酸氨基转移酶催化活性浓度测定（无磷酸吡哆醛）参考方法；WS/T 353–2011 天门冬氨酸氨基转移酶催化活性浓度测定（无磷酸吡哆醛）参考方法。

168.《卫生部、国家发展改革委、财政部等关于印发〈乡镇卫生院管理办法（试

行)〉的通知》(2011年7月7日),卫农卫发〔2011〕61号

附件:乡镇卫生院管理办法(试行)

169.《卫生部办公厅关于印发外科10个病种县医院版临床路径的通知》(2011年7月12日),卫办医政发〔2011〕100号

附件:外科10个病种县医院版临床路径

170.《卫生部办公厅关于印发突发中毒事件卫生应急处置15个技术方案的通知》(2011年7月6日),卫办应急发〔2011〕94号

附件:(1)氨;(2)氯气;(3)硫化氢;(4)砷化氢;(5)一氧化碳;(6)单纯性窒息性气体;(7)苯及苯系物;(8)甲醇;(9)氰化物;(10)亚硝酸盐;(11)盐酸克伦特罗;(12)有机磷酸酯类杀虫剂;(13)抗凝血类杀鼠剂;(14)致痉挛性杀鼠剂;(15)化学中毒事件应急医学人员防护导则

171.《关于发布〈颈椎人工间盘置换手术〉等9项卫生行业标准的通告》(2011年7月1日),卫通〔2011〕11号

附件:现发布《颈椎人工间盘置换手术》等9项卫生行业标准,其编号和名称如下:

一、强制性卫生行业标准

WS 354–2011 颈椎人工间盘置换手术;WS 329–2011 麻醉记录单;WS 330–2011 多囊卵巢综合征诊断;WS 331–2011 妊娠期糖尿病诊断;WS 332–2011 急性阑尾炎诊断;WS 333–2011 胰腺癌诊断;WS 334–2011 子宫颈癌诊断。

二、推荐性卫生行业标准

WS/T 335–2011 人工髋、膝关节置换术;WS/T 336–2011 前列腺癌诊断。